NCS Sport Marketing

NCS 국가기간전략산업

# 스포츠 마케팅

이광욱 저

양 성 원

# 머리말

대한민국은 월드컵, 동계・하계올림픽, 세계육상선수권대회, 아시안게임, F1대회 등 방문객 백만명 이상 500억 원 이상의 메가 스포츠 행사를 전 세계적으로 6번째 유치한 스포츠 강국이 되었다.

이제 스포츠는 국위선양을 위한 수단이나 단순한 여가활동으로 여겨지는 단계를 넘어서 스포츠산업으로서 지니는 가치와 잠재력 면에서 많은 관심을 받고 있다. 스포츠마케터란 김연아, 손홍민, 류현진 선수 등 인기 스포츠 선수가 기업이나 제품의 광고모델로 나서고, 관련 행사에 참여하는 모습을 종종 볼 수 있다. 기업이 자사의 제품이나 회사의 이미지를 개선하고 인지도를 향상하는 데 스포츠 선수가 지닌 긍정적인 이미지와 인기를 활용하는 것이다. 즉, 스포츠를 통해 마케팅을 하는 것이다. 이때 기업이 더욱 효과적으로 스포츠 마케팅을 할 수 있도록 스포츠와 관련된 각종 행사지원, 선수지원, 스포츠 용품 판매 등을 대행하는 사람이 바로 스포츠 마케터이다.

본 스포츠마케팅 양성과정(국가기간・전략산업직종훈련)의 스포츠 마케터는 스포츠팬의 의식과 행태를 분석해 각 매체(TV, 라디오, 신문, 잡지, 옥외광고, 전광판, 포스트 등)를 통해 스포츠와 관련된 홍보 및 마케팅을 하기도 하고, 각종 스포츠 행사의 개최, 후원, 진행 등을 통해 기업명 혹은 단체명, 상품명 등이 대중에게 널리 인지될 수 있도록 기획하는 일을 수행한다. 스폰서십 계약체결, 프로선수들이 각종 대회를 참가하는데 있어서 계약을 하고 의류용품을 지원하는 일 등을 수행하다 보면, 스포츠마케터가 팀과 선수, 에이전시와 선수, 광고주와 에이전시 등 다양한 관계를 중재해야 할 때가 있다.

따라서 협상능력이 중요한 능력이라고 생각한다. 이해관계가 다른 사람들 간의 관계를 중재해야 하고 적절한 합의점을 도출하기 위해 다른 사람들을 잘 설득할 수 있는 논리와 진심이 있는 사람에게 적합하다. 이처럼 스포츠마케터는 스포츠를 이용해 수익을 창출하는 직업이기 때문에 다양한 시각으로 스포츠를 바라볼 줄 알아야 하며, 창조적인 사고와 기발한 발상 등이 요구된다. 그러기 위해서는 무엇보다도 스포츠에 대한 열정이 바탕이 되어야 하다고 판단된다.

이 책은 2014년부터 국가기간 전략산업 "스포츠마케팅 양성과정"을 강의하면서 스포츠마케팅 관련 교재와 논문을 바탕으로 학생들에게 실질적으로 스포츠마케팅에 대한 이해를 돕고자 하는 마음으로 출발하였으며, 그동안의 강의 자료와 포트폴리오 및 NCS 교육과정을 중심으로 구성하였다.

스포츠마케팅을 연구하는 한 사람으로서 최선의 노력을 하였으나, 응용학문의 특성상 내용의 수준이 다소 상이하며 미흡하고 부족한 부분에 있어서는 질책과 조언을 부탁드립니다.

끝으로 본서가 조금이나마 교육생 분들에게 도움이 되었으면 하는 간절한 마음이며, 본서가 나오기까지 많은 도움을 주신 인천직업전문학교 유선 이사장님 이하 교무행정 선생님들에게 깊은 감사를 드리며, 포트폴리오 자료 도움을 준 권병훈, 김판근, 김윤아, 이경민 학생과 양성원 관계자 여러분들에게 깊은 감사의 뜻을 전합니다.

2017년 12월
Dreams Do Come True
이광욱 Dream

# ▸▸▸ 차 례 ◂◂◂

## 제1부

## 제3부

NCS 국가기간전략산업 스포츠마케팅

# 제1부

# 제 1 장 스포츠 산업

## 1. 스포츠의 개념

### 1) 스포츠의 의의

- 스포츠는 Deporture, Desprter, Disport의 어원에서 유래-기분전환이라는 의미이다.
- 놀이와 일의 연속선상의 경쟁적인 신체 활동 경쟁과 오락성을 가진 신체 활동이나 훈련을 포함하는 모든 운동활동이다.
- 〈건강한 신체〉를 기르고 〈건전한 정신〉을 함양하여 〈질 높은 삶〉을 위해 - 〈자발적〉으로 행하는 〈신체활동〉을 기반으로 하는 〈사회 문화적 형태〉 즉, 스포츠는 신체활동을 기반으로 선의의 경쟁과 규칙을 준수하는 모든 활동이다.

### 2) 스포츠의 가치

- 개인적 가치 : 건강, 오락, 사교, 성취감. 스포츠는 다양한 가치와 혜택을 제공한다.
- 사회적 가치 : 스포츠를 매개로 사회통합과 일체감을 형성한다.
- 국가적 가치 : 건강한 국민 육성, 생산성 향상, 국가의 대·내 경쟁력 강화, 국가적 가치를 배양한다.

## 2. 스포츠의 본질적 특성

### 1) 스포츠의 본질적 특성

- 스포츠는 놀이와 게임의 개념을 포함한다(놀이-게임-경기-스포츠).
- 스포츠는 규칙(제도화 된 룰)이 존재한다.
- 스포츠는 기술과 장비를 활용한다.
- 스포츠는 공간과 시설이 필요하다.

### 2) 스포츠 서비스의 특성

스포츠는 상품과 서비스의 특성이 공존한다.

스포츠상품을 서비스의 측면에서 스포츠가 사람들에게 참여의 기회나 관람의 기회 등을 제공하고 있기에 서비스의 일반적인 정의에 부합된다는 관점이다.

- 무형성(intangibility) : 실체를 볼 수 없으며 어떤 서비스인지 상상하기 어렵다.
- 비분리성(inseparability) : 생산과 소비가 동시에 일어나기 때문에 이를 분리 할 수 없다.
- 이질성(heterogeneity) : 가변적 요소가 많기 때문에 품질이 고르지 않고 서비스가 개인에 따라 다르다.
- 소멸성(perishability) : 재고로 보관할 수 없다.

### 3) 스포츠 상품의 개념

- 유, 무형의 다양한 형태로 존재한다.
- 경기와 물리적 용구 기구는 물론 선수, 관중 등 사람도 포함된다.
- 상품은 시설관리와 소비자 혜택을 동시에 고려해야한다.

- 핵심제품은 건강과 즐거움이고, 확장 제품은 다양한 형태를 지닌다.
- 수요와 공급의 법칙이 적용된다.

## 3. 스포츠산업의 이해

### 1) 스포츠산업의 정의

스포츠산업이란 스포츠 활동에서 요구되는 용품과 장비, 스포츠시설과 서비스, 스포츠경기, 이벤트, 스포츠강습 등과 같은 유·무형의 재화나 서비스를 생산·유통시켜 부가가치를 창출하는 산업이라 정의할 수 있다(스포츠산업백서, 2014).

참여 스포츠와 관람 스포츠의 확대로 스포츠 산업의 고유 제품이라고 할 수 있는 스포츠 용품과 스포츠 시설은 물론, 경쟁, 자아실현, 사회적 교류, 심리적 만족 등 무형의 상품을 제공하는 스포츠 서비스에 대한 사회적 수요가 급증했다. 이로 인해 스포츠는 부가가치를 창출하는 산업으로 발전해 전체 산업에서 차지하는 비중이 높아지고 있다(신승호, 2015).

스포츠와 관련된 재화 및 서비스를 생산 유통하는 산업활동이다. 프로구단이나 아무추어 경기대회, 선수와 팀이 만들어 낸 경제활동, 스포츠 시설에서의 교습과 이용으로 생겨나는 경제활동, 스포츠용품제조업 및 유통업영역, 여기서 더 나아가 스포츠시설건설업, 스포츠마케팅, 정보의 가공 및 생산 등 다양한 산업 영역을 포괄한다(강호정외, 2013). 즉, 스포츠 관련 활동에 참가하는 스포츠 소비자들의 욕구를 충족시키기 위해 스포츠 단체나 기업이 가지고 있는 인적, 물적, 지적자원을 활용하여 각종 재화나 서비스를 생산 유통시켜 부가가치를 창출하는 산업이다.

국내의 스포츠산업은 스포츠산업진흥법, 국민체육진흥법, 체육시설의 설치 및 이용에 관한 법률에 의해 법률적 근거로 규정되어 있다. 스포츠산업진흥법 제2조에 의하면 스포츠 활동에서 요구되는 용품과 장비, 스포츠시설과 서비스, 스포츠 경기, 이벤트, 스포츠강습 등과 같이 유 · 무형의 재화나 서비스를 생산 · 유통시켜 부가

가치를 창출하는 산업이라 정의하고 있다. 즉, 스포츠와 관련된 경제활동을 총칭하여 이를 스포츠산업이라 한다(스포츠산업백서, 2014).

## 2) 스포츠산업의 중요성1)

### ① 스포츠 산업은 고부가가치 산업이다

많은 국가에서 신성장 동력으로 인정받고 있는 스포츠산업은 본질적으로 월드컵과 올림픽 같은 메가 스포츠 이벤트를 통해 또는 프로스포츠를 통해 김연아, 박지성, 추신수, 박인비, 류현진 등과 같은 스타선수에 의해 고부가가치를 지닌 제품을 생산하고 있다. 예를 들어, 김연아와 박지성의 경우 실제적으로 스포츠 선수로서 경기장에서 자신이 지니고 있는 경기력과 스포츠가 지니는 고유한 가치와 선수들의 경기력이 결합한 상품성을 지님으로써 소비자들이 선호하는 정보가치를 제공하고, 이를 통해 스폰서십 혹은 선수보증광고(endorsement) 등의 형태를 통해 부가가치를 생산하고 있다.

스포츠 산업은 부가가치가 높은 성장산업으로 인정받고 있으며, 스포츠를 소비지향적 문화 오락 활동으로 간주하는 일상적이고 편협한 시각에서 탈피하여 고부가가치를 창출하는 성장산업으로 변화하고 있다.

### ② 스포츠 산업은 무한한 성장 잠재력을 가지고 있다

스포츠산업은 제조업, 서비스, 유통업 등 기존 산업과 연계된 복합 산업으로서 스포츠산업으로 기능할 때, 다른 어떤 콘텐츠보다도 성장 잠재력이 무한한 산업이다. 이 때문에 부가가치창출 효과가 높고 일자리를 만드는 효과가 크다. 국민 경제 전체에서 직간접적으로 유발되는 부가가치 단위를 보여주는 계수인 '부가가치 유발계수'도 스포츠산업은 0.791로 전체 산업 평균 0.687보다도 높고, '스포츠산업 취업유발계수'는 14.4(명/10억 원)로 전체 산업 평균 12.4(명/10억 원)보다 고용유발 효과가 높다. 스포츠산업은 성장 잠재력이 큰 창조산업이자 미래 산업인 것이다. 특

1) 스포츠산업백서, 2014

히, IT분야의 급속한 발전과 함께 스포츠가 중요한 비즈니스 콘텐츠로 부각되고 있다. 골프와 가상현실기술이 융·복합된 스크린 골프의 경우 2012년 기준 1조 7천억 원 규모의 신 시장을 창출하였다. 이렇듯 스포츠산업은 타산업과의 융·복합을 통하여 신 시장을 창출할 수 있는 무한한 성장 잠재력을 지난 산업이다.

스포츠 산업은 기존 산업과 연계된 복합 산업으로 성장잠재력이 무한한 산업이다.

IT분야의 급속한 성장으로 인해 스포츠가 중요한 비즈니스 콘텐츠로 부각되고 있으며 관광, 문화 등 스포츠 연관 산업과 함께 빠르게 발전하고 있다.

③ 스포츠 산업은 미디어적 가치를 가지고 있다

스포츠 이벤트는 각종 미디어의 중요한 방송 콘텐츠로 다루어지고 있다. 또한, 여러 메가 스포츠 이벤트나 경기장 그리고 스포츠 스타는 그 자체가 하나의 미디어적 가치를 가지고 있으며 기업들의 중요한 마케팅 수단으로 활용될 수 있다. 예를 들어, 프로스포츠 경기장을 보면 경기장 펜스에 여러 기업의 로고를 볼 수 있으며 골프 같은 개인 종목의 경우 기업들은 특정 스포츠 선수를 이러한 미디어적 가치를 고려하여 후원하게 된다. 다시 말해, 특정선수를 응원하는 스포츠 팬 층이 확보 된 상태에서 특정기업이 자사제품의 광고를 위해 금전적인 보상을 통해 그 선수를 자사의 제품광고에 출연시키거나 선수의 모자, 가방, 의류 등에 기업로고를 부착하여 미디어에 노출하게 된다. 이때 스포츠 소비자들이 그 선수를 좀 더 자주 미디어 매체를 통해 만나기를 원할 때 이 선수의 미디어적 가치는 극대화된다. 따라서 선수 자체가 미디어적 가치를 지닌 하나의 상품으로 인식되게 된다.

스포츠산업은 스포츠 이벤트, 경기장, 선수 등의 구성요소가 모두 미디어적 가치를 지니고 있는 산업이다.

스포츠 산업은 각종 미디어에서 중요한 콘텐츠로 다루어지고 있으며, 스포츠이벤트, 국제 스포츠스타는 그 자체가 하나의 미디어 콘텐츠로써 기업의 중요한 수단으로 활용되고 있다.

④ 스포츠 산업은 국민복지에 기여한다.

스포츠산업은 스포츠 참여를 통해 그 어떤 산업보다 국민의 삶의 질에 높은 관련성을 보인다. 스포츠는 단순히 경기장 혹은 미디어를 통해 관람하는 수준의 것이 아니라 직접 참여를 통하여 생산과 소비를 동시에 누릴 수 있는 복합적인 형태의 스포츠 수요가 증가하고 있다. 예를 들어, 최근 인기를 끌고 있는 '우리 동네 예체능'의 경우, 다양한 생활체육 동호인의 존재를 알리고 해당 종목 생활체육의 붐을 반영하는 것으로서, 이는 해당 스포츠의 관람을 뛰어넘어 이제는 실제로 스포츠 소비자들이 경기에 임함으로써 생산과 소비에 동시에 관여하는 형태의 스포츠산업의 단면을 나타낸다. 따라서 이미 방송된 배드민턴, 볼링, 축구, 농구, 수영 등의 종목뿐만 아니라 여러 스포츠 종목에 걸친 이러한 수요는 계속해서 증가할 것으로 예상된다.

스포츠 산업은 국민의 건강을 유지하고 증진 시킬 수 있는 가치를 가지고 있으므로 국민의 건강과 삶의 질 향상에 기여할 수 있다.

스포츠산업의 중요성은 고부가가치 산업, 높은 성장 잠재력, 미디어적 가치, 국민 건강과 국민 복지에 기여한다.

## 3) 스포츠 산업의 특성

스포츠 산업은 스포츠 고유의 특성과 스포츠와 대중의 조화를 통해 지속적으로 이어지는 스포츠 문화, 그리고 스포츠로 인해 발생하는 경제적인 현상과 밀접한 관련이 있다. 스포츠는 전통적으로 교육적 가치, 사회적 가치뿐만 아니라 건강 증진, 오락 기회를 제공하고 있다. 하지만 사회와 환경의 변화에 따라 여가를 중시하는 생활이 보편화되고 건강에 대한 관심이 높아지면서 스포츠는 기본적인 가치의 제공과 함께 대중의 다양한 욕구를 충족할 수 있는 상업적, 산업적 영역으로 발달하게 되었다(신승호, 2015).

스포츠 산업은 "스포츠 활동과 관련된 제품을 생산하고 소비하는 일련의 모든 활동"(강호정 · 이준엽, 2005; 김도균, 2011)이라고 할 수 있으며, "스포츠 활동에서 요구되는 용품과 장비, 스포츠 시설과 서비스, 스포츠 경기, 이벤트, 스포츠 강습 등과 같이 유 · 무형의 재화나 서비스를 생산 · 유통시켜 부가가치를 창출하는 산업"이라고 정의할 수 있다(김용만 · 박세혁, 전호문, 2009; 김정만 · 전찬수, 2009). 즉, 스포츠 산업은 스포츠를 통해 창출되는 모든 경제적인 활동이라고 할 수 있다.

1984년 미국 로스앤젤레스올림픽을 기점으로 주목받기 시작한 스포츠 산업은 21세기를 맞이하면서 경제성장에 따라 소득수준이 향상되고, 주 5일 근무제 등을 통한 여가 활동과 삶의 질 향상에 대한 관심이 증가되는 시대적 흐름에 따라 스포츠 관련 소비가 더욱 활발해지며 발전하고 있다(이병기 · 김주호, 2014). 아울러 남녀노소 계층을 가리지 않고 다양해지는 스포츠 소비는 관광, 정보기술(IT) 산업, 각종 오락 산업 등을 포함한 지식정보사회와도 융합을 이루며 스포츠 산업이 발전하는 데 중요한 역할을 하고 있다(신승호, 2015).

스포츠를 통한 자아실현 및 경제적인 가치 인식이 높아지면서 스포츠 산업의 고유 제품이라고 할 수 있는 스포츠 용품과 함께 스포츠 시설은 물론, 무형의 상품을 제공하는 스포츠 서비스에 대한 사회적 수요가 급증하기 시작했다. 스포츠 산업에 대한 소비 규모가 스포츠 선진국을 중심으로 확대되기 시작했고 전체 산업에서 차지하는 비중 역시 전 세계적으로 높아지는 추세다(문화체육관광부, 2013; 이병기 · 김주호, 2014).

산업이란 각각의 생산 단위가 노동, 자본, 토지, 경영, 기술 등의 생산요소를 투입해 재화나 서비스를 생산하거나 제공하는 일련의 활동 과정을 말하는 것으로서, 스포츠 산업은 다음의 특성을 가지고 있다(스포츠산업백서, 2014; 신승호, 2015).

첫째, 스포츠산업은 복합적인 산업분류 구조를 가진 산업이다.

스포츠용품업의 운동 및 경기용품 유통 및 임대업, 스포츠시설 운영업, 스포츠경기 서비스업과 스포츠 정보 서비스업 등을 포함하는 스포츠서비스업은 3차 산업으로 분류할 수 있다. 따라서 스포츠산업은 2차 산업과 3차 산업에 포함되어 복합적인 산업분류 구조의 특성을 지니고 있다.

둘째, 공간·입지 중시형 산업이다. 스포츠 참여활동은 적절한 장소와 입지 조건이 선행되어야 하며, 시설에 대한 의존도가 높다. 예를 들어, 최근 건설된 서울시 고척 스카이돔이나 광주 챔피언스 필드 등의 프로야구장, 강원도 일대의 스키장 그리고 전국의 골프장은 접근 용이성과 시설의 규모 등이 소비자들에게 주된 관심의 대상이 된다. 뿐만 아니라 수상스키, 윈드서핑 같은 해양스포츠나 스노우보딩, 스키 등의 겨울스포츠는 고유의 특성으로 제한된 장소에서만 할 수 있기 때문에 입지 조건에 크게 의존할 수밖에 없는 공간 및 입지 중시형 산업이다.

셋째, 시간 소비형 산업이다. 스포츠산업은 산업의 발달에 따른 노동시간의 감소(예 : 주5일 근무제), 삶의 질 제고를 위한 여가활동의 증대와 노동과 휴식에 대한 인식 및 가치관의 변화로 인하여 발전한 산업으로 관람스포츠와 참여스포츠가 활성화되는 것은 스포츠 활동에 소비하는 시간이 많이 늘어난 것이 일조한 것으로 보인다. 프로야구의 평일 야간 경기의 경우 18시 30분에 경기를 시작해서 21시 혹은 22시가 넘어서 끝나기도 한다. 골프는 18홀 플레이의 평균 시간은 약 4시간 30분이 소비된다. 따라서 스포츠 소비자들은 관람스포츠와 참여스포츠 모두 사용가치를 지급하고 시간을 소비하며 스포츠를 즐기기 때문에 스포츠는 시간 소비형 산업의 성격을 나타낸다.

넷째, 스포츠산업은 최종소비재 · 서비스를 다루는 산업이고 소비자와 직접 접촉하는 산업이다. 스포츠는 그 자체의 특성에서 선택재로서의 성격을 지니고 있으며, 소비자의 능동적인 참가를 통해 산업이 성립한다고 하는 측면을 가지고 있다. 따라서 오락성이 중심 개념인 산업이라고 할 수 있다. 스포츠가 하나의 산업으로 자리할 수 있었던 것은 '필요'보다는 '재미'와 관련이 있는 '오락'이 존재하고 있기 때문이다. 즉, 대중들은 경제적 및 시간적 여유를 가지게 되면서 친구, 가족, 혹은 주변 인들과의 친목 도모를 의해 다양한 활동 중에서 선택하여 스포츠 활동에 참여하거나 관람을 하게 된다. 하지만 스포츠 참여 혹은 스포츠 관람에 대한 전제조건은 오락적인 재미(fun)를 배제할 수 없다. 스포츠 소비자들은 강팀들의 경기, 즉 수준 높은 스포츠 경기를 관람하기를 원하며 멋진 플레이를 보기 위해서 기꺼이 입장료를 내고 장거리를 이동하여 관람한다. 이러한 활동의 내재적 측면에는 '재미'와 관련이 있는 '오락'이 존재함을 알 수 있다. 따라서 프로스포츠는 조금 더 재미있고 수준 높은 경기를 보여줌으로써 소비자들의 오락에 대한 욕구를 충족시킴으로 이윤을 창출하게 된다.

다섯째, 감동과 건강을 가져다주는 산업이다. 흔히 스포츠를 각본 없는 드라마라고 이야기한다. 스포츠는 영화나 연극같이 각본에 의한 감동을 주는 것과는 달리 각본이 없고 결과의 불확실성 때문에 승부를 섣불리 예측하기 힘들다. 이러한 결과의 불확실성은 극적인 승부를 만들어 내며 스포츠 소비자들에게 감동을 전해준다. 올림픽게임, 아시안게임, 월드컵 축구경기 등을 통해 국가를 대표하는 자국의 선수들을 응원하며 승리에 함께 기뻐하고 패배에 같이 눈물을 흘리는 감동을 느낄 수 있다. 이러한 감정이입을 통해 선수들을 응원하는 과정에서 쌓여있던 에너지와 스트레스를 분출하고 대리만족을 경험하기도 한다.

### 4) 스포츠산업의 분류

스포츠 활동이 대중의 새로운 문화소비 양식으로 보편화되고, 스포츠의 경제 가치가 인식되면서 스포츠 산업은 정부의 관심 영역으로 자리 잡아 가고 있다. 이에 따라 정부도 관광산업, 의료산업, 물류산업, 에너지산업 등과 함께 스포츠 산업의 중요성을 인식해 통계청에서 제공하고 있는 산업분류에 포함하고 있다(이병기 · 김주호, 2014).

스포츠 정책에 의한 분류는 크게 스포츠 시설업, 스포츠 용품업, 스포츠 서비스업으로 분류된다. 스포츠시설업은 스포츠시설 운영업과 스포츠시설 건설업으로 분류되고, 스포츠용품업은 운동 및 경기용품업, 운동 및 경기용품 유통 및 임대업으로 분류되며, 스포츠서비스업은 스포츠경기 서비스업, 스포츠 정보서비스업, 스포츠교육기관, 기타 스포츠서비스업으로 분류된다. 세부적인 사항은 다음과 같다(스포츠산업백서, 2014).

#### ① 스포츠시설업

- 스포츠시설 운영업 : 경기자 운영업, 참여스포츠시설 운영업, 골프장 및 스

키장 운영업, 기타 스포츠시설운영업

- 스포츠시설 건설업 : 스포츠시설 건설업

② 스포츠용품업

- 운동 및 경기용품업 : 운동 및 경기용품 제조업, 스포츠 의류 및 관련 섬유제품 제조업, 스포츠가방 및 신발 제조업
- 운동 및 경기용품 유통 및 임대업 : 운동 및 경기용품 도매업, 운동 및 경기용품 소매업, 운동 및 경기용품 임대업

③ 스포츠서비스업

- 스포츠경기 서비스업 : 스포츠경기업, 스포츠베팅업, 스포츠마케팅업
- 스포츠정보 서비스업 : 스포츠미디어법, 기타 스포츠정보 서비스업
- 스포츠 교육기관 : 스포츠 교육기관
- 기타 스포츠서비스업 : 스포츠게임 개발 및 공급업, 스포츠여행업.

**스포츠 시설업**

- **스포츠시설 운영업**
  - **경기장 운영업**
    - 실내경기장 운영업
    - 실외경기장 운영업
    - 경주장 운영업
  - **참여스포츠시설 운영업**
    - 종합 스포츠시설 운영업
    - 체력단련시설 운영업
    - 수영장 운영업
    - 볼링장 운영업
    - 당구장 운영업
    - 골프연습장 운영업
    - 스포츠 무도장 운영업
    - 체육공원 운영업
    - 기원 운영업
  - **골프장 및 스키장 운영업**
    - 골프장 운영업
    - 스키장 운영업
  - **수상스포츠시설 운영업**
    - 낚시장 운영업
    - 기타 수상스포츠시설 운영업
  - **기타 스포츠시설 운영업**
    - 기타 스포츠시설 운영업
- **스포츠시설 건설업**
  - **스포츠시설 건설업**
    - 스포츠시설 조경 건설업
    - 스포츠 토목시설물 건설업

**스포츠 용품업**

- **운동 및 경기용품업**
  - **운동 및 경기용품 제조업**
    - 운동 및 경기용 장비 제조업
    - 체력단련용 장비 제조업
    - 자전거 제조업
    - 낚시 및 수렵용 장비 제조업
    - 놀이터용 기구 제조업
    - 스포츠 응원용품업
    - 기타 운동 및 경기용품 제조업
  - **스포츠 의류 및 관련 섬유제품 제조업**
    - 스포츠 의류 제조업
    - 캠핑용 직물제품 제조업
    - 스포츠 관련 직물제품 제조업
    - 스포츠 관련 의류부분품 제조업
  - **스포츠 가방 및 신발 제조업**
    - 스포츠 가방 제조업
    - 스포츠 신발 제조업
    - 스포츠 관련 신발부분품 제조업
- **운동 및 경기용품 유통 및 임대업**
  - **운동 및 경기용품 도매업**
    - 운동 및 경기용구 도매업
    - 자전거 도매업
    - 스포츠 의류 도매업
    - 스포츠 가방 도매업
    - 스포츠 신발 도매업
  - **운동 및 경기용품 소매업**
    - 운동 및 경기용구 소매업
    - 자전거 소매업
    - 스포츠 의류 소매업
    - 스포츠 가방 소매업
    - 스포츠 신발 소매업
    - 스포츠 관련 무점포 소매업
  - **운동 및 경기용품 임대업**
    - 운동 및 경기용품 임대업

**스포츠 서비스업**

- **스포츠 경기 서비스업**
  - **스포츠 경기업**
    - 스포츠 경기업
  - **스포츠 베팅업**
    - 스포츠 복권발행 및 판매업
    - 기타 스포츠 베팅업
  - **스포츠 마케팅업**
    - 스포츠 에이전트업
    - 회원권 대행 판매업
    - 스포츠 마케팅 대행업
    - 기타 스포츠 마케팅업
- **스포츠 정보 서비스업**
  - **스포츠 미디어업**
    - 스포츠 신문 발행업
    - 스포츠 잡지 및 정기간행물 발행업
    - 스포츠 관련 라디오 방송업
    - 스포츠 관련 지상파 방송업
    - 스포츠 관련 프로그램 공급업
    - 스포츠 관련 유선 방송업
    - 스포츠 관련 위성 및 기타 방송업
  - **기타 스포츠 정보서비스업**
    - 기타 스포츠 정보서비스업
- **스포츠 교육기관**
  - **스포츠 교육기관**
    - 스포츠 교육기관
    - 기타 스포츠 교육기관
- **기타 스포츠 서비스업**
  - **스포츠 게임 개발 및 공급업**
    - 온라인 · 모바일 스포츠 게임 개발 및 공급업
    - 기타 스포츠 게임 개발 및 공급업
  - **스포츠 여행업**
    - 스포츠 여행업

**[그림 1-1] 스포츠산업 특수분류**

## 5) 스포츠 산업환경

### ① 스포츠산업의 대외적 환경변화

- 근로시간 축소로 여가시간이 증대
- 산업의 IT화
- 뉴 미디어 시대의 도래
- 스포츠 세계화와 경쟁심화

### ② 스포츠산업의 대내적 환경변화

- 참여 레저 스포츠 관심증대
- 스포츠마케팅의 인식제고
- 이벤트의 성공과 프로스포츠의 활성화
- 스포츠 용품의 경쟁심화

### ③ 스포츠산업의 SWOT 분석

| S | W |
|---|---|
| -스포츠강국 진입 및 프로선수의 해외진출<br>-국제대회 개최 및 지속적 유치로 스포츠 저변이 확대<br>-정부의 스포츠산업 육성에 대한 강력한 의지<br>-스포츠용품 업체의 기술개발 의지 확고 | -스포츠지원을 시장가치로 연계부족<br>-스포츠산업 자본의 영세성<br>-기술발전의 스포츠용품 개발에 대한 연계부족<br>-스포츠미디어 가치 개발 여건 미성숙<br>-프로 스포츠마케팅 여건의 제약 |
| **O** | **T** |
| -세계 스포츠시장의 지속적인 성장<br>-여가, 건강 등의 삶의 질에 대한 가치관 변화<br>-생활체육활성화로 스포츠 참여도 증가<br>-스포츠 융합 비즈ㄴ스 모델 창출기대 | -해외 프로 스포츠와 마케팅 업계의 시장 선점<br>-국내 스포츠용품의 시장 경쟁력 약화<br>-해외 유명브랜드 선호도 심화<br>-다른 엔터테인먼트 산업의 투자 증가 |

# 제 2 장 스포츠 산업의 정책과 제도

## 1. 스포츠 산업의 변천

스포츠산업 정책의 본격적인 시작은 정부가 스포츠산업을 정책대상으로 파악하고 지원하기 시작한 1990년 후반부터라 할 수 있다. 1990년 전까지는 스포츠산업체가 대부분 소규모 영세업체로 운영되었기에 정부로부터의 정책적 지원 대상에서 제외되었다. 그러나 지원의 대상은 아니었지만 정부는 관련 법률을 제 · 개정하여 정책지원의 근거는 마련하고 있었다. 1965년 6월 14일 개정된 국민체육진흥법(법률 제1698호)이 최초의 스포츠산업관련 법률로 '체육용구의 생산 장려와 민간체육시설에 대한 보조 및 면세규정', 동법 제14조의2의 '국가는 체육진흥을 위하여 각종 운동용구의 생산에 필요한 조치를 강구하여야 한다', 시행령(1966. 2. 7. 대통령령 제2404호)의 '운동용구 생산 업자에 대한 융자의 알선과 외국의 운동용구 생산기술의 도입과 보급에 대한 지원제도'등 법률 내 스포츠산업체 지원 근거를 일부 마련하였다.

이후 1982년 12월 31일 국민체육진흥법이 전문개정 되면서 '체육용구와 기자재'로 생산 장려 범위를 확대하고, 체육용구 생산우수업체를 지정하여 국민체육진흥기금을 융자할 수 있도록 하였으며, 체육시설 설치자금에도 국민체육진흥기금을 융자할 수 있도록 하였으나 1991년이 되어서야 처음으로 6개 체육용구 생산업체에 9억 7,900만 원이 지원되었다. 1989년 3월 31일에는 「체육시설의 설치·이용에 관한법률」이 제정됨으로써 민간 체육시설업의 효율적인 관리와 체계적인 육성을 할 수 있는 기반이 마련되었다.

1990년대 스포츠산업 정책은 제1차 국민체육진흥 5개년 계획(1993~1997), 제2차 국민체육진흥 5개년 계획(1998~2002)이며, 제1차 국민체육진흥 5개년 계획은 체육용구의 품질수준향상과 체육활동에 필요한 용구의 적정한 공급을 목표로 체육용구 생산업체의 투자여건 조성을 위한 금융지원, 전시회 개최지원, 국산 체육용 기구 구매·사용을 적극적으로 장려하였다. 이 외에도 지속적인 품질향상 및 표준화

기술 지도를 통한 공인 제품의 확대, 우수체육용구업체 지정대상과 융자규모를 확대하여 스포츠용품업의 발전을 도모하였다. 민간스포츠시설업의 육성을 위해서는 골프장, 스키장에 대한 특별소비세 감면, 체육시설 설치·운영의 인·허가 절차 간소화 등 규제완화를 통한 제도개선에 초점을 맞추었다. 제2차 국민체육진흥 5개년 계획은 '스포츠산업'이라는 용어가 처음 사용됨으로써 스포츠를 산업적 시각에서 다루었다. 제2차 국민체육진흥 5개년 계획은 민간체육시설을 적극적으로 지원하여 민간영역에서의 서비스 공급을 촉진함과 동시에 소비자를 보호하기 위한 제도적 장치 마련을 목표로 하였다. 스포츠산업을 육성하기 위하여 체육시설업·용품업체에 대한 지원, 우수 생활체육용구 생산업체에 대한 산업적 지원, 경륜·경정 등 여가스포츠산업 육성, 스포츠소비자의 서비스 개선 등을 정책으로 포함하였다.

2000년대 스포츠산업 정책은 스포츠산업 육성대책(2001), 스포츠산업 비전 2010(2005), 2009~2013스포츠산업 중장기계획(2008)이며, 2000년대 정책은 1990년대보다 지원내용이 더욱 구체화 되었다.

우선 스포츠산업 육성대책은 스포츠산업을 21세기 핵심 산업으로 육성하여 고부가가치를 창출한다는 목표 아래 2001년 8월 발표되었다. 이 대책은 현재 정부가 추진하고 있는 스포츠산업 육성의 기본방향과 과제를 종합적으로 제시하고 있다는 점에서 의의를 찾을 수 있다. 정부는 스포츠자원의 상품가치 개발, 스포츠서비스업 중점지원, 고부가가치 실현을 위한 지식정보 기반구축, 민간기업의 경쟁력 강화 지원 등을 기본방향으로 정하고 장·단기 과제를 추진하였다. 2005년에 발표한 스포츠산업 비전 2010은 문화체육관광부 스포츠 여가 산업과에서 7월에 발표한 계획으로 이 계획에는 스포츠산업 활성화와 국제경쟁력 강화를 위한 집중지원 전략의 필요

성을 인식하고 체계적으로 스포츠산업을 지원하여 국가전략산업의 하나로 성장시키기 위한 의지를 담고 있다. 스포츠산업 진흥을 위한 추진과제 선정, 고부가가치 스포츠용품 개발 및 국제경쟁력 강화, 레저스포츠산업기반 확대, 프로스포츠산업의 성장기반 구축 등 향후 스포츠 산업의 경쟁력을 강화할 수 있는 특성화 분야에 집중지원을 핵심으로 하였다. 2008년에 발표한 2009~2013 스포츠산업 중장기계획은 '체육 강국에 걸맞은 스포츠산업 선진국 도약'이라는 비전을 달성하기 위해 '스포츠산업의 글로벌 경쟁력 강화', '대표적 융·복합 산업으로서 신성장 동력화', '선순환구조 형성을 통한 지역경제 활성화'의 3대 목표, 5대 추진전략 및 15대 추진과제를 마련하여 스포츠산업을 선진국형 산업으로 육성하기 위해 발표한 계획이다. 추진과제로는 스포츠용품 대표 브랜드 육성, 스포츠 융합 신서비스 창출, 프로스포츠 경쟁력 제고, 지역 스포츠산업 수요창출 및 인프라 구축, 스포츠산업진흥기반 구축 등이 포함되었다.

2010년대 스포츠산업 정책은 2014~2018 스포츠산업 중장기 발전계획(2013)이 대표적이다. 문화체육 관광부는 2008년 발표한 계획에 이어 새로운 스포츠산업 중장기 발전 계획을 2013년 12월에 발표했다.

'스포츠산업의 융·복합화를 통한 미래성장 동력 창출'을 비전으로 스포츠 시장규모를 37조 원(2013년)에서 53조 원(2018년)으로 늘리고 스포츠산업 일자리 또한 23만 명(2013년)에서 27만 명(2018년)으로 늘리고자 하는 목표 아래 추진전략과 추진과제를 마련하였다. 고령화 사회, 여가 증가 등 국민의 행복추구 및 건강에 대한 관심 증가로 인한 스포츠 참여 확대와 캠핑, 아웃도어 등 레저산업 급성장, 스포츠산업의 융·복합화 및 산업적 가치 증가, '스포츠 강국'을 넘어 '스포츠산업 강국'을 위한 전략 등을 위한 계획이 바탕이 된다. 따라서 이를 통해 '융·복합 미래 스포츠시장 창출', '스포츠 참여·관람 촉진으로 잠재수요 확대', '스포츠산업 선도 기업 육성', '스포츠산업 선순환 생태계 기반 조성'이라는 중점 추진과제를 2014년 현재 진행하고 있다(스포츠산업백서, 2014).

## 2. 스포츠산업 정책의 수단

### 1) 스포츠용품 인증제도

① 개념

스포츠용품의 기능향상과 품질향상을 도모하고 국제 경쟁력 강화를 목적으로 제품을 과학적으로 평가하고, 스포츠용품의 품질과 운동기능을 과학적으로 평가하여 우수한 제품을 공인하는 제도이다.

② 기대 효과

- 스포츠 용품의 품질과 기능향상
- 기술발전과 기술개발 장려
- 무역 연계를 통한 수출증대와 국제적 위상상승
- 우수제품에 대한 홍보효과
- 수입 대상국의 수입제한 장벽극복

## 3. 스포츠산업 경쟁력 강화 지원

### 1) 스포츠 용품 시험 및 인증 사업

#### (1) 스포츠 용품 시험 및 인증 사업의 개념 및 필요성

최근 들어 국가 간 자유무역(FTA : Free Trade Agreement)협정 및 세계무역기구(WTO : World Trade Organization)의 지역무역협정(RTA : Regional Trade Agreement)에 의한 관세 철폐 추세가 전 세계적으로 빠르게 확산되면서 국내·외적으로 자국 산업을 보호할 목적으로 제정되었던 산업, 무역, 금융 관련각종 규제가 완화되거나 철폐되어가고 있다.

이러한 세계 산업여건의 변화에 따라 각국에서는 WTO의 무역기술장벽(TBT : Technical Barriers to Trade)위원회 규제원칙을 준수하면서 표준·인증 제도를 자국 산업의 기술발전을 위해 적극적으로 활용하기 위한 정책을 추구하고 있다. 이른바 표준, 기술, 무역의 연계를 강화하는 산업정책을 운영하는 것이다.

그리고 표준·인증 제도를 활용하여 기술개발을 장려하기 위한 방법으로 다양한 지원제도를 도입하는 유인정책을 구사하고 있다.

이에 정부는 국내 스포츠용품의 품질향상과 국제경쟁력 강화를 위해 스포츠용품 인증제도(KISS)를 2005년 도입하여 2014년 현재까지 운영하고 있다. 스포츠용품 인증제도는 체육활동에 사용되는 운동용품에 대하여 품질과 운동기능을 과학적으로 평가하여 우수제품을 공인하는 제도이다.

스포츠용품 시험 및 인증사업은 우수 품질의 스포츠용품을 시험 후 인증을 부여하는 스포츠용품 품질인증제 (KISS 마크), 스포츠용품을 구성하는 재료 또는 완제품의 역학 시험을 수행하는 스포츠용품 시험소 운영, 해외인증 획득지원을 통한 해외 경쟁력 제고 및 스포츠용품 인증기준 개발 사업으로 구성되어 있다(스포츠산업백서, 2014).

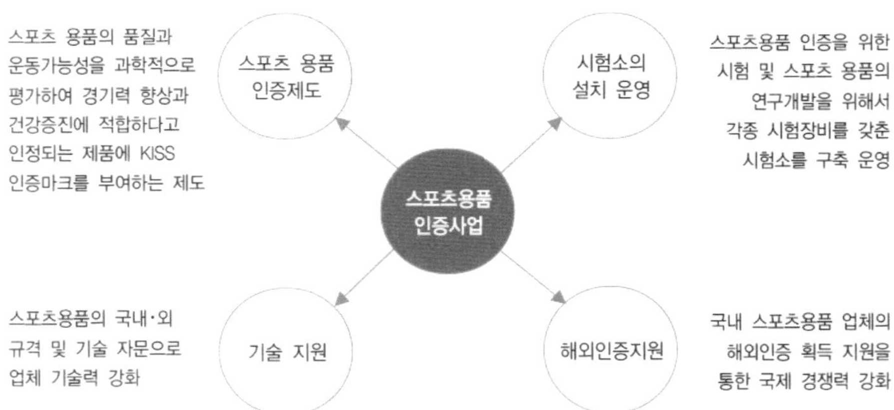


출처 : 스포츠산업백서(2014)

**[그림 2-1] 인증제사업 구성도**

### (2) 스포츠 용품 시험 및 인증 사업의 추진과정

정부는 국내 스포츠용품업체의 기술력 향상 및 국제경쟁력 확보를 위해 2007년부터 2014년까지 총 79억 원을 투자하여 스포츠용품 인증사업을 추진하고 있다.

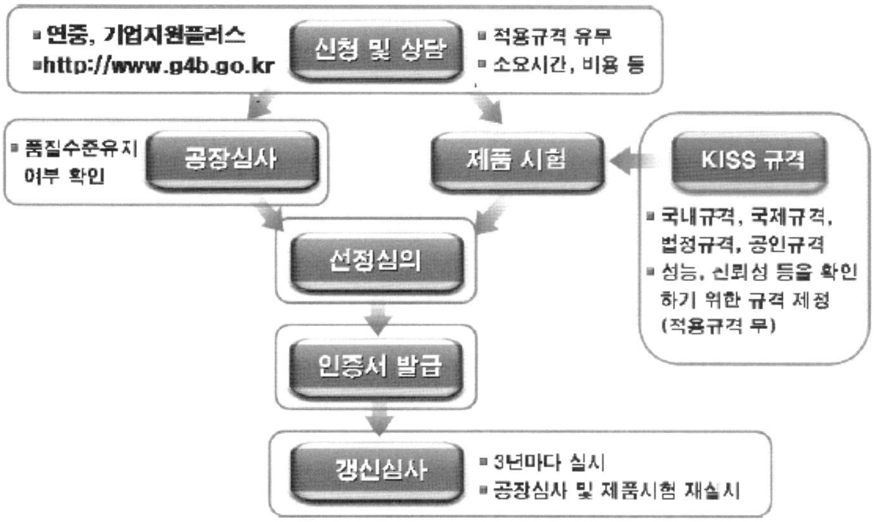


출처 : 스포츠산업백서(2014)

**[그림 2-2] KISS 인증절차**

### (3) 스포츠 용품 인증 제도의 사업 구성도

- 스포츠 용품의 품질과 운동기능을 과학적으로 평가하여 우수제품을 공인하는 제도 스프츠 용품의 인증을 위한 시험 및 연구개발을 위해 시험소 설치운영
- 스포츠용품 특성에 적합한 인증을 부여할 수 있는 ISO(국제표준기구)인증 기관지정
- 스포츠용품 표준 인증 및 연구개발 자료의 수집 분석을 하여 제품 개발을 지원하기 위한 인증자료센터를 구축하였다.

## 2) 스포츠레저산업전 개최

### (1) 개최목적

① 21세기 고부가가치 산업인 스포츠산업의 발전을 도모

② 국내 스포츠용품의 브랜드 인지도를 제고하여 해외진출의 기반 조성

### (2) 개최현황

2001년 서울국제 올림픽(스포츠산업)박람회가 처음 개최되었고, 매년 1회 올림픽공원 및 서울 소재의 박람회장에서 정기적으로 개최되고 있다.

#### ① 2013년 서울국제스포츠레저산업전

- 2013년 서울 코엑스에서 개최되었으며, 국내 330개 업체와 해외 98개 업체 총 428개 업체가 참가하였고, 부스 역시 국내업체가 1,428부스, 해외업체가 187부스를 사용하여 역대 최대 규모로 진행되었다.
- 개최 성과
  - 국내 최대 스포츠레저산업 전문박람회로 자리매김하였으며 전시규모 성장에 따른 중소 스포츠용품 기업의 유통망 확장에 기여하였다.
  - 전시회의 지속적 확대 개최 및 전시콘텐츠 다양화의 발판을 마련하여 동종 군소 전문전시회 통합 및 최신 트렌트 품목을 유치하였다.
  - 스포츠용품분야 UFI(국제전시연맹)인증을 획득하여 국제전시회로써 인증을 받았다.
  - 참가업체 지원 및 전시회의 국제화를 위해 바이어·마케팅을 지원하고 다양한 학술행사, 사업설명회, 패션쇼 등 실질적이고 실효성 있는 마케팅 지원 프로그램을 운영하여 긍정적인 평가를 받았다.

#### ② 2014년 서울국제스포츠 레저 산업전

- 국내 358개 업체와 해외 84개 업체, 총 442업체가 참가하였고, 부스 역시

국내업체가 1,586개 부스, 해외업체가 159개 부스를 사용하였다.

- 개최성과
  - 국내 358개사, 1,586개 부스가 설치되어 2013년 330개사 1,428개 부스에 비해 참가업체수는 8.5%, 부스규모는 11.1% 증가하였다.
  - 2013년까지 뚜렷한 참가 증가세를 보이던 아웃도어 제조업체의 참가가 다소 주춤하였으나 수중/수상레포츠와 헬스/피트니스 제조업체가 증가세를 보였다.
  - 우수해외박람회와 견주어 국내업체만의 독자적인 차별화 전략을 통해 발전시킬 필요성이 있다고 판단되는 헬스, 피트니스 부문은 매년 제품의 질적 향상과 더불어 참가 업체 수 역시 증가하는 추세를 보임으로써 박람회의 특화가 점진적으로 이루어졌다.
  - 해외 바이어 부문에 있어서 일본, 중국, 홍콩 등 세계 34개국에서 보다 구매력 있는 바이어가 내방하여 상담이 이루어졌고, 참가업체가 직접 추천 바이어를 적극 유치 및 초청하여 실질적인 구매 상담이 이루어 질 수 있도록 지원하였다.

### 3) 우수체육용구 생산업체 지정 및 기금융자 확대

#### (1) 사업개요

국내체육용구 생산업체의 생산 장려 및 경쟁력 확보를 지원하기 위하여 국민체육진흥법 제17조에 따라 생산장려 품목 지정, 우수체육용구 생산업체 지정, 우수업체에 대한 국민체육진흥기금융자 등의 시책을 추진하였다.

#### (2) 생산장려 체육용품 및 우수체육용구 생산업체 지정

- 생산을 장려하는 체육용구 기자재 : 국내외 각종 경기대회 경기종목, 학교체육에 사용되는 체육용구 및 기타 국민체육진흥을 위하여 필요한 체육용구 등이 있다.

- 지정방법 : 문화체육관광부 장관이 산업통상자원부 장관과 협의하여 지정한다.
- 현황 : 2014년 생산 장려 품목으로 지정된 체육용구는 모두 611개 품목이며, 우수체육용구 생산업체는 100개 업체, 293개 품목이다.

### (3) 체육용품 생산업체 기금융자 사업

- 1991년에 우수체육용구 생산업체에 대한 기금 융자 사업이 실시되었으며 2014년 까지 총 243억 2,700만원을 융자하였다.
- 현황 : 융자대상업체는 2014년 문화체육관광부장관이 지정한 100개 우수체육용구 생산업체이며, 생산업체의 신청을 받아 융자심의회를 개최하여 설비자금, 연구개발자금, 원자재구입 자금을 지원, 설립자금은 5억 원, 연구개발자금은 3억 원, 원자재 구입 자금은 1억 원을 한도로 융자하고 있으며, 융자이율은 2001년 6%에서 2004년 5%와 $%로 인하하였다.

## 4) 스포츠산업 전문인력 양성

### (1) 전문인력 양성의 필요성

- 체육분야가 공공체육시설 등 다양한 체육시설의 효율적 운영과 스포츠산업체에서의 경영활동까지 확대되면서 체육활동 전반의 운영과 관리를 담당할 전문가 양성이 시급해지고 있다.
- 스포츠산업체 및 체육단체 사무인력들이 환경변화에 능동적으로 대처할 수 있도록 이에 적합한 직무능력 구비를 위한 재교육 및 새로운 창업기회 확대에 따른 스포츠산업 관련 창업 희망자에 대한 지원교육이 요구되고 있다.

### (2) 양성사업계획 및 교육과정

- 스포츠산업 전문인력 양성사업은 스포츠마케터, 스포츠시설업 경영관리자 과정 등의 교육과정을 스포츠개발원을 통해 추진하고 있다.
- 지속적인 교육 및 전문인력을 양성하기 위해 스포츠경영관리사 국가기술 자격증 제도를 시행 중에 있다.
- 해외연수과정, 스포츠경영관리사 자격증 취득자들의 전문교육을 위한 과정 도입, 그리고 프로스포츠 마케팅현장학습 및 체육단체 임직원 스포츠 비즈니스교육 등 교육과정을 다양화하고 있다.
- 스포츠산업 전문인력은 산업계의 수요와 현장중심의 교육과정으로 창의적이고 수준 높은 전문 인력을 양성함으로서 전문 인력 부족을 해소하고, 산업의 자생력과 국제경쟁력을 강화하기 위해 인력을 확대하는 등 지속적인 증가추세를 보일 것으로 전망된다.
- 2014년부터 스포츠산업 전문 인력 양성사업은 스포츠산업융합 특성화대학원, 스포츠산업융합분야 CEO아카데미, 스포츠산업분야 인턴과정으로 전면 개편되었다.

## 5) 스포츠산업 정보망 및 연구 활성화

### (1) 스포츠산업 정보망 사업의 추진방향 및 목적

- 정부는 한국 스포츠개발원을 통해 스포츠마케팅 기법, 첨단기술, 특허 등 산업 정보DB구축 및 콘텐츠를 개발하고 다양한 국내외 첨단정보의 체계적 수집, 가공 및 서비스 제공에 필요한 포털사이트 개발을 추진하고 있다.
- 민간 스포츠정보 제공업의 전문성 향상을 지원하고 경기기록 조사, 가공업, 선수기량 등의 평가업, 스포츠팬 성향조사업 등을 활성화하며, 스포츠 에이전트 활동을 양성할 수 있는 제도적 기반을 마련하기 위한 것이다.
- 개별 산업체 홈페이지 구축 및 운영 대행, 전자상거래 활성화 등을 지원하게 된다.

### (2) 연구활성화 사업의 추진

- 스포츠산업 관련 연구 활성화를 위하여 한국스포츠개발원의 스포츠산업 연구실을 확대하여 운영하고 있다.
- 스포츠산업연구실은 현재 스포츠서비스업, 스포츠시설업, 스포츠마케팅 등 스포츠산업관련 핵심과제의 중점연구를 수행하고 지원하고 있다.
- 한국 스포츠개발원 내 연구심의 위원회에서 연도별 스포츠상업관련 중점 연구방향 설정 및 연구사업을 평가하고 있다.

## 스포츠산업 진흥법 시행령 [시행 2016.8.4.]
## [대통령령 제27429호, 2016.8.2., 전부개정 제정·개정이유]

- [전부개정]

◇ **개정이유**

스포츠산업의 발전을 도모하고, 스포츠산업을 체계적으로 육성 · 지원하기 위하여 문화체육관광부장관은 스포츠산업 실태조사를 실시하도록 하고, 스포츠산업과 관련된 기술개발 자금을 지원 · 출연할 수 있도록 하는 한편, 지방자치단체 등은 프로스포츠단 창단에 출자 · 출연할 수 있도록 하며, 프로스포츠단 사업 추진에 필요한 경비를 지원할 수 있도록 하는 등의 내용으로 「스포츠산업 진흥법」이 개정(법률 제13967호, 2016. 2. 3. 공포, 8. 4. 시행)됨에 따라, 실태조사의 범위와 방법, 기술개발의 지원 · 출연 대상과 사업, 프로스포츠단 창단에의 출자 · 출연의 방법 등 법률에서 위임된 사항과 그 시행에 필요한 사항을 정하려는 것임.

◇ **주요내용**

가. 실태조사의 범위와 방법(제3조)

문화체육관광부장관이 정기적으로 실시하여야 하는 스포츠산업 실태조사의 범위를 스포츠산업의 매출액과 사업 실적 등으로 정하고, 해당 실태조사를 스포츠산업 관련 전문성을 갖춘 기관 또는 단체에 의뢰하여 실시할 수 있도록 하는 등 실태조사의 범위와 방법을 정함.

나. 기술개발의 지원 · 출연 대상과 사업(제4조)

문화체육관광부장관은 「특정연구기관 육성법」에 따른 특정연구기관, 「고등교육법」에 따른 대학, 산업대학 등이 스포츠산업 관련 기술개발 사업, 스포츠산업 관련 기술의 조사 · 연구를 위한 사업 등을 하는 경우에는 기술개발을 수행하는 데 드는 자금을 지원하거나 출연할 수 있도록 기술개발의 지원 · 출연 대상과 사업을 정함.

다. 프로스포츠단 창단에의 출자 · 출연 등(제13조)

1) 지방자치단체 또는 공공기관이 프로스포츠단 창단에 출자하거나 출연하는 경우 자본금 또는 재산의 전부나 일부를 단독으로 또는 공동으로 출자하거나 출연할 수 있도록 함.

2) 지방자치단체 또는 공공기관이 프로스포츠단 사업 추진에 지원할 수 있는 경비의 범위를 인건비를 포함한 프로스포츠단의 운영비, 프로스포츠단의 부대시설 구축을 위한 비용 등으로 정함.

라. 공유재산의 사용료와 납부 방법 등(제14조)

1) 지방자치단체의 장은 공공체육시설의 효율적 활용과 프로스포츠의 활성화를 위하여 공유재산을 사용 · 수익하게 하는 경우에는 공유재산의 연간 사용료를 매년 징수하되, 프로스포츠단과 협의한 경우에는 사용 · 수익 허가 기간 동안의 사용료 전부를 한꺼번에 징수할 수 있도록 하는 등 공유재산의 사용료와 납부 방법에 대하여 정함.
2) 지방자치단체의 장은 공유재산 중 민간자본을 유치하여 건설 또는 수리 · 보수된 시설을 포함한 체육시설을 프로스포츠단의 연고 경기장으로 사용 · 수익하는 것을 허가하는 등의 경우에 사용료를 감경 또는 면제할 수 있도록 함.

**부칙**

이 영은 2016년 8월 4일부터 시행한다.

## 6) 스포츠산업진흥법의 기대효과2)

스포츠산업진흥법 개정안이 지난 8월4일 시행됐다. 대한민국의 미래 먹거리인 스포츠산업의 육성과 발전을 위해 마련된 법이다. 그러나 아직 넘어야 할 산은 높다. 한국 언론에 '스포츠, 경제로 읽다'라는 신개념을 도입한 한국스포츠경제는 스포츠산업진흥법 개정의 기대 효과와 남은 과제 등을 시리즈로 집중 분석해 국내 스포츠산업의 활성화를 모색한다.

한국스포츠경제 정재호] 스포츠 산업은 일자리 창출을 위한 정부의 집중 육성 분야 중 하나다. 정부는 관련 분야의 투자와 지원을 통해 선진국형 양질의 일자리를 만들겠다는 방침이다.

한국 경제가 큰 틀에서 저성장 기조로 접어들면서 무한한 잠재력을 지닌 스포츠

2) 스포츠산업진흥법의 기대효과|작성자 유현규 Andy

산업이 더욱 주목을 받고 있다. 2016년 대구 스포츠 문화·산업 비전 보고대회 자료에 따르면 국내 스포츠 산업은 지난 5년간 연평균 4.4%씩 지속 성장세에 있고 2014년 기준 매출액은 41조원에 달했다. 스포츠 산업 종사자는 27만 명이고 사업체 수 7만1,000개로 집계됐다. 정부는 이를 2018년까지 매출액 53조원-종사자 33만 명 규모로 키우겠다는 목표를 세웠다.

스포츠 산업의 성장을 뒷받침할 제도적인 토대는 지난 8월 4일 본격 시행된 스포츠산업진흥법(진흥법)으로 볼 수 있다. 2015년 12월 31일 국회를 통과하고 올해 2월 3일 국무회의를 거쳐 시행된 진흥법은 하위법령 20개 정도로 구성돼 있다. 문화체육관광부(문체부)는 진흥법이 지방자치단체(지자체)의 구단 지원과 경기장 장기간 임대·수의 계약 등 프로 스포츠의 육성 및 산업 발전에 필요한 재정·행정적 지원의 법적 근거와 환경을 조성해 나갈 것으로 기대하고 있다.

문체부와 한국스포츠개발원이 진단한 진흥법의 기대 효과는 ▲지자체와 상생 ▲구단의 수익 개선 및 지자체의 시민구단 지원을 통한 자생력 강화 ▲구단의 공격적 시설 투자 기반 마련 ▲관중의 만족 개선 및 편의성 증대 ▲시민들의 건전한 여가 제공 등 크게 5가지로 요약된다.

**<표 2-1> 숫자로 본 국내 스포츠 산업**

| 매출액 | 종사자 | 사업체수 | 5개 프로종목 관중 | 5대 프로종목 매출액 | 연평균 성장률 |
|---|---|---|---|---|---|
| 41조 3,700억원 | 27만명 | 7만 1,000개 | 1,000만명 | 4조 9,347억원 | 4.4% |

* 자료 : 문화체육관광부. * 2014년 기준. * 성장률은 2010~2014년.
* 5개 프로종목 : 야구, 축구, 농구, 배구, 골프

가장 중요한 건 지자체와 상생이다. 진흥법은 홈구장에 대한 구단의 25년 사용·수익 및 관리위탁을 가능하게 함으로써 공격적인 시설 투자와 장·단기적 수익성 개선, 장기적 수익 모델 수립에 기여한다.

프로 스포츠는 기본적으로 지역 연고제를 근간으로 하고 있어 지자체와 상생을 위한 고민이 반드시 필요하다. 이에 진흥법은 전부 개정을 통해 지자체와 수익 공

유 등 프로 구단의 재투자를 유도하는 방안을 마련해 놨다. 프로 구단의 수익 일부를 지역 사회에 환원하고 지역 유소년 스포츠 육성 및 낙후된 지역 스포츠 분야에 재투자해 지자체 스포츠 마케팅 지원 등에 사용함으로써 지역 경제 활성화를 도모하겠다는 것이다.

자생력을 갖게 된 구단은 더 많은 관중 유치를 위해 공격적인 시설 투자를 하게 된다. 구단은 연고지 구장을 수의계약으로 장기 임대해 운영할 수 있게 됨에 따라 경기장을 직접 소유하지 못하더라도 장기적이고 독자적인 사업이 가능해졌다.

시설 투자의 최대 수혜자는 관중들이다. 낙후된 경기장을 프로 구단이 직접 개·보수할 수 있게 되면 구장을 찾는 관중의 만족도는 자연히 증대된다. 2015년 한국스포츠개발원이 내놓은 4대 스포츠 종목별 발전방안 연구 현황에 따르면 국내 프로 스포츠 산업은 관중 1,000만 명 시대에 전체 매출액이 4조9,347억 원에 이르는 것으로 나타났다. 부문별로는 골프 시장이 3조4,817억 원으로 최다를 차지한 가운데 야구가 5,630억 원, 축구 5,090억 원, 농구 2,160억 원, 배구 1,650억 원 순으로 뒤를 이를 만큼 시장이 커졌다.

프로 스포츠 관람이 가족·연인·친구·동료 간의 나들이와 친목 도모 등이 가능한 건전한 여가 활동으로 자리매김했다는 뜻이다. 이에 합당한 관람 시설 구축은 구단과 지자체 모두 간과해선 안 될 부분이다.

2014년부터 진흥법 개정안 작업에 참여한 국민체육진흥공단 한국스포츠개발원 정책개발실 소속의 김대희 박사는 "진흥법으로 당장 지자체의 세수는 줄 것이다. 다만 큰 경기장은 프로구단이 아니면 장기 임대하면서 사용할 데가 없다. 시간이 지날수록 감가상각이 될 수밖에 없다"며 "진흥법에 의해 장기임대를 주면 시설이 좋게 바뀌고, 시설 투자를 통해 지역 경제가 활성화되며 많은 관중이 유입되고 지역 경제와 관람 문화가 활성화된다. 이런 청사진으로 지자체와 구단의 상생 협의점을 계속 찾아가야 된다. 시나 구단이 상생할 수 있도록 멀리 보고 먼저 자기 것을 내려놓고 합의하는 자세가 요구된다"고 말했다.

정재호 기자 kemp@sporbiz.co.kr

제 3 장

# 스포츠 경영이해

## 1. 스포츠 경영

### 1) 경영(Management)의 정의

#### (1) 경영의 개념

조직의 목적을 효과적으로 달성하기 위하여 경영 시스템이 효과적이고 효율적으로 상호작용 할 수 있도록 계획-조직-지휘-조정-통제하는 연속적인 활동이다.

조직의 목표달성을 위한 것, 경영자가 수행하는 활동, 연속적인 것, 경영은 효율성과 효과성을 추구한다.

#### (2) 경영관리 과정(PDS)

계획(Planning) → 실행(Doing ) → 평가(Seeing)

#### (3) 경영을 보는 관점 - 과정 측면의 관점

① **계획** : 경영목표를 세우고 달성하기 위한 방안이다.

② **조직화활동** : 계획을 달성하기 위한 조직 활동으로 인적, 물적자원, 지적자원 등을 배분하고 조정하는 활동이다.

③ **지휘활동** : 리더십을 발휘하고, 동기부여, 원활한 의사소통을 행하는 활동이다.

④ **통제활동** : 실행을 확인하고 문제 시 수정 보완하는 활동이다.

### (4) 경영을 보는 관점 - 업무 측면의 관점

① 경영전략 : 기업 활동 범위와 성장방향을 제시하는 것이다.

② 인사관리 : 채용, 교육훈련, 배치, 승진, 보상, 유지, 퇴직 등과 같이 조직의 인적자원을 효율적으로 관리하는 활동이다.

③ 마케팅관리 : 고객의 욕구와 기업의 목표를 만족시키기 위한 제품과 서비스의 교환이 일어날 수 있도록 하기 위한 모든 활동이다.

④ 생산관리 : 고객이 원하는 제품이나 서비스를 창출하는 활동이다.

⑤ 재무관리 : 경영목표 달성을 위하여 자본을 합리적으로 조달 운영하는 활동이다.

⑥ 정보시스템관리 : 전략의 수립과 기업 활동에 필요한 정보를 수집 가공하여 적절한 부서나 사람에게 제공하는 활동이다.

⑦ 조직구조관리 : 조직을 어떻게 구성할 것인가에 대한 의사결정 활동이다.

### (5) 경영을 보는 관점 - 의사결정 측면의 관점

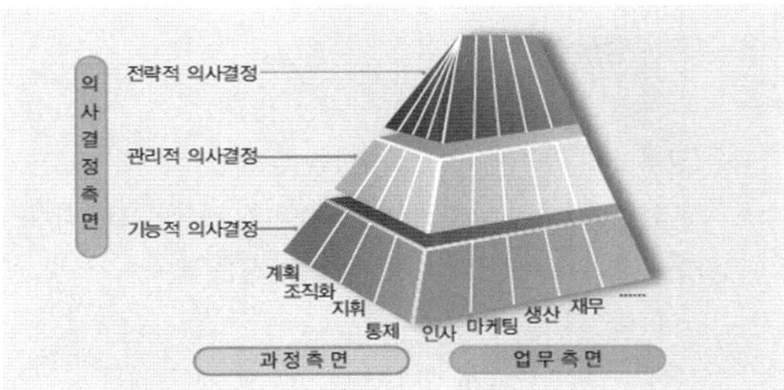


**[그림 3-1] 경영을 보는 관점**

의사결정이란 불확실한 상황 하에서 복잡한 문제를 해결하기 위해 여러 대체 안을 창출하고, 그 중 가능한 대체 안을 선택하며, 선택한 대안에 대해 사후적으로 평가하는 것을 의미한다.

① 전략적 의사결정 : 장기목표를 달성하기 위한 전체에 영향을 미치는 활동에 대한 의사결정으로 최고경영자 층에서 이루어진다.

② 관리적 의사결정 : 자원의 획득과 효율적인 사용과 관련된 의사결정

③ 기능적 의사결정 : 업무의 효율적이고 효과적인 수행과 관련된 의사결정

## 2) 스포츠 경영

### (1) 스포츠 경영 개념

스포츠와 관련된 재화나 서비스를 생산 유통시키는 조직이 목표를 효과적으로 달성하기 위하여 스포츠경영자가 인적 물적 지적자원을 효율적으로 계획 실행 평가하는 일련의 연속적인 활동이다.

chelladuri (1994) - 스포츠 서비스 생산을 위해 필요 요소는 인적자원, 기술, 지원부서, 조직 환경이다.

### (2) 스포츠 경영 구성요소

① 전략

- 목표를 달성하기 위하여 나아갈 방향을 정하는 것이다.
- 스포츠경기에서 우승하기 위해서는 팀워크와 전략이 필요하다.

② 사람 : 적합한 사람을 채용하여 그 사람의 생산성을 높여줌으로써 경영목표를 달성하는 것이 경영의 필수과정이다.

③ 자본 : 경영활동을 영위하고 운영하는 데 필요한 자금이다.

④ 정보 : 경쟁자에 비해 경쟁우위를 가지기 위해서는 외부환경에 대한 정보를 신속 정확하게 파악하고 이를 전략적으로 활용할 수 있어야 한다.

### (3) 스포츠 경영지도 원리

스포츠 경영의 모든 원칙과 이론을 전개하고 또 이를 실천하려 할 때 스포츠 경영이 추구하는 이정표가 된다.

① 생산성 : 투입되는 자원이 조화를 이루게 하여 생산성을 높이고, 이를 통해 상승효과(Synergy Effect)를 유도한다.

② 수익성 : 스포츠 조직이 시장에서 이윤을 획득할 수 있는 잠재적 능력을 나타내는 지표이며, 스포츠 조직이 성장할 수 있는 원동력으로 작용한다.

#### (4) 스포츠 경영의 주체

① 기술적 자질 : 특정분야에서 활동을 수행하는데 필요한 기술과 지식을 활용하는 능력이다.

② 인간관계적 자질 : 다른 사람을 이해하고 동기부여 시키고, 함께 일을 하는 능력이다.

③ 개념적 자질 : 추상적인 상황에 대해 생각하고 개념화 할 수 있는 능력이다.

## 2. 스포츠 경영환경

### 1) 스포츠 경영환경

#### (1) 스포츠 경영환경이란

스포츠와 관련된 재화나 서비스를 제공하는 조직의 경영활동에 직접 또는 간접적으로 영향을 미치는 모든 요인이다.

#### (2) 스포츠의 경영환경의 의의

기업은 주변 환경과 상호작용하는 개방 시스템이므로 환경과 분리된 기업은 존재할 수 없다.

## 2) 경영환경의 특성

### (1) 경영환경의 특성

외부환경에 어떤 변화가 일어날 지에 대한 충분한 정보의 부족으로 불확실성이 발생한다. 불확실성에 대응하기 위해서는 지속적 환경탐색과 환경변화에 대한 적응과 관리가 필요하다.

### (2) 내부환경과 외부환경

조직 내부에서 조직 활동에 영향을 미치는 요소를 내부 환경이라고 하고 조직 외부에서 영향을 미치는 요소를 외부환경이라고 한다.

### (3) 과업환경과 일반환경

조직 활동에 직접적으로 영향을 미치는 환경요소를 과업환경이라고 하고 간접적으로 영향을 미치는 환경요소를 일반환경이라고 한다.

### (4) 경제적 환경의 영향

경제적 성정으로 스포츠 소비자들의 라이프스타일이 변화하였으며, 과거에 접하기 어려웠던 스포츠에 대한 관심이 증가하고 있다.

### (5) 인구통계환경의 영향

노인과 여성인구 변화는 현대사회에서 중요한 인구통계학적 위치를 차지한다.

### (6) 기술적 환경의 영향

- 기술의 발달은 스포츠인구의 증가를 가져온다.
- 기술의 발달로 스포츠 고객의 욕구를 쉽게 파악할 수 있다.
- 기술의 발달로 스포츠 고객의 욕구를 충족시킬 수 있는 수단이 증대된다.

#### (7) 사회 · 문화적 환경의 영향

환경에 대한 관심 증가로 자연을 훼손하지 않는 스포츠 시설의 개발이 중요해지고 있다.

### 3) 스포츠 경영환경의 변화

#### (1) 스포츠 건강에 대한 인식 변화

스포츠 건강에 대한 인식 강화, 프로스포츠의 발전, 참여스포츠에 대한 인식전환

#### (2) 생활체육의 확산

- 경제성장과 생활체육의 확산
- 삶의 질과 가치관의 변화
- 정책변화로 생활체육의 장려로 자치단체별 스포츠시설 건립, 주 5일 근무제 확대실시

#### (3) 스포츠 경영의 글로벌화

- 국제스포츠 행사에서의 위상강화
- 스포츠시장의 상업주의 인식
- 스포츠마케팅의 글로벌화

#### (4) 스포츠경영의 글로벌화

① 글로벌 경영이란

- 제품, 기술, 서비스가 각국으로 자유롭게 이동하며
- 인적자원과 자본의 흐름이 자유로운 상황에서
- 효율적인 의사 결정을 내리도록 하는 경영활동

② 글로벌 경영환경

- 지구촌이 하나의 시장으로 변모
- 국가별 고유 환경요소와 지구촌 시장으로서의 공통 환경 요소가 함께 영향
- 전 세계 모든 기업과의 경쟁

## 4) SWOT 분석

### (1) SWOT 분석

기업 내부환경의 강점과 약점, 외부환경의 기회와 위협 요인을 파악하여 조직이 앞으로 나아갈 전략방향을 도출하는 분석방법을 말한다.

### (2) SWOT 모형

| 구분 | 기회 (O) | 위협 (T) |
|---|---|---|
| 강점 (S) | SO전략<br>강점을 가지고<br>기회를 살리는 전략 | ST전략<br>강점을 가지고<br>위협을 최소화 하는 전략 |
| 약점 (W) | WO전략<br>약점을 보완하며<br>기회를 살리는 전략 | WT전략<br>약점을 보완하며<br>위협을 최소화하는 전략 |

**[그림 3-2] SWOT 분석을 통한 SWOT 전략**

SWOT분석은 기업의 강점(Strength), 약점(Weakness), 기회(Opportunity), 위협(Threat)을 파악하는 환경 분석으로 기업의 강점과 기회는 살리고, 약점과 위협은 최소화하고자 하는 경영기법이다. 이를 하나씩 매치시켜보면

- SO 전략 : 공격적 전략(사업구조, 사업영역, 사업 포트폴리오, 시장 확대)
- ST 전략 : 다각화 전략(신사업진출, 신제품 및 신기술 개발, 신 고객 창출)
- WO 전략 : 전략적 제휴(혁신, 구조조정)
- WT 전략 : 방어전략(원가절감, 축소/철수전략)

**<표 3-1> 스타벅스 swot 분석**

| 구분 | 기회 | 위협 |
|---|---|---|
| 강점 | SO 전략 내부 환경의 강점<br>-커피의 재발견<br>-종업원 중심의 기업문화<br>-브랜드 이미지<br>-품질에 대한 고집<br>-실용적인 내부 설계<br>-신뢰받는 기업 | ST 전략 외부 강점<br>-고급커피시장의 확대<br>-새로운 트렌드 형성 |
| 약점 | WO 전략 내부 약점<br>-과도한 미국풍<br>-비싼 가격<br>-일회용품 사용<br>-매장 수의 급격한 증가 | WT 전략 외부 약점<br>-지나친 미국풍에 따른 거부감<br>-늘어나는 경쟁업체들<br>-불안정한 원두가격<br>-반전시위에 따른 반미감정 |

# 3. 스포츠 경영전략

## 1) 전략과 전술 비전의 개념

### (1) 전략

기업이나 조직이 목표를 달성하기 위하여 미래에 수행하여야 할 방향을 정하는 것이다.

조직의 장기적 목표달성을 위하여 장기적인 방향과 자원 활용 방법을 제시하는 포괄적 활동계획이다.

조직의 여러 활동들을 결합하여 독특하고 가치 있는 전략적 지위를 창출해 내는 것이다.

#### (2) 전술

단기적인 일상적인 활동으로 행위, 목적, 일정, 결과의 구성요소가 존재하며 전략을 추구해야 한다.

특정한 목표를 수행하기 위한 행동 계획을 가리키는 전략(strategy)과는 별개이다. 전술은 적의 병력을 격멸함으로써 전략 목적을 달성하는 데 그 목적을 둔다.

#### (3) 비전

장기적으로 조직이 지향하는 가치관과 이념, 목표, 사업 전개방향 및 전략 등을 포함하여 조직구성원이 공유하는 경영 구상을 말한다.

- 미션은 내가 매일매일 최선을 다하여 성취하는 부분,
- 비전은 좀 더 미래지향적인 느낌으로 미션이 잘 성취되었을 때 도달할 수 있는 미래의 모습인 것 같다.
- 비전은 회사가 지향하는 목표이며, 미션은 비전을 달성하기 위해 수행하는 단계별 전략입니다.
- 미션을 수행하기 위해 외부환경 분석을 통해 기회와 위기요인을 검토하고 내부전략으로 핵심역량분석, 사업부전략 분석 등을 통해 강점과 약점을 파악하여 전반적인 회사의 단기, 중기 장기 전략을 수립한다.

### 2) 경영전략

#### (1) 경영전략 개념

외부환경인 기회와 위협 그리고 내부자원의 강점과 약점을 조화시키는 역할을 하며, 조직의 목적을 달성하는 총체적 활동과 미래에 대한 방향을 설정하는 조직의 활동이다.

### (2) 경영 전략의 수준

① 경영 전략의 분류방법

- 기업전략 : 기업의 사명을 정의하고, 사업수준과 기능수준에서 나오는 제안들을 검토하며, 관련된 사업 단위들 사이의 연계성을 발견하고 전략적 우선순위에 의한 자원할당과 관련된 이슈들을 다룬다.
- 사업부 전략 : 개별사업 단위의 목표를 성공적으로 달성하기 위해 사업의 장기적 경쟁우위를 어떻게 구축하고 공고히 할 것인가에 초점을 둔다.
- 기능별 전략 : 기능별 전략은 사업부 전략을 실행하기 쉽도록 각 기능조직 단위로 실행할 전략을 규정하고 구체화하는 것으로 개별 사업부내에 있는 인사, R&D, 재무관리, 생산, 마케팅 등의 기능별 조직에서 제품기획, 영업활동, 자금조달 등 세부적인 수행방법을 결정한다.

### (3) 기업 수준의 전략 유형

① 기업 수준의 전략 유형 개념 : 경영자가 기업을 원하는 방향으로 이끌기 위해 수립하는 전략이다. 글릭(Glueck)은 성장전략, 안정전략, 방어전략, 혼합전략으로 분류하였다.

② 성장전략 : 규모를 증대, 사업 범위 확대 등의 공격적 전략이다. 지속성장을 위해 필요한 전략이다. 성장전략을 위해서는 보유자원의 강점을 더욱 효과적으로 이용한 사업확장, 신제품개발, 경영다각화, 인수합병, 글로벌 시장침투 방법을 활용하는 기회를 만들어야 한다.

③ 안정전략 : 현재의 활동을 지속하는 것이다. 시장점유율을 유지하고, 사업 확장리스크를 피하려는 전략이다. 현존사업에 만족하고 환경의 변화가 예상되지 않는 경우에 선호한다. 안정전략은 성장이나 축소가 진행 된 후 강점을 공고히 할 시간이 필요할 때 추구한다.

④ 축소전략 : 방어적 전략으로, 경영환경이 불리하게 진행되거나 환경의 불확실성이 지속되는 경우에 비용감축을 통해 능률을 확보하고 성과를 높이기 위하

여 경영의 규모나 다양성을 축소하게 된다.

⑤ 혼합전략 : 두 개 이상의 전략을 동시에 추구하는 것을 말한다. 기업의 규모가 크면 클수록 혼합전략을 선호하게 된다.

### (4) 전략과 경쟁우위

① 경쟁우위 개념 : 경영전략은 경쟁우위를 획득하고, 이를 지속적으로 발전시키는 것을 목적으로 한다. 경쟁우위란 경쟁자에 비해 상대적으로 우위를 나타내는 것으로, 경쟁자보다 높은 성과를 실현하거나, 실현할 수 있는 잠재력을 갖추는 것을 말한다.

② 경쟁 우위의 원천 : 품질, 서비스 원가, 유통, 인지도, 상품개발 등 다양한 요소가 있다.

### (5) 전략사업단위(SUB, Strategic business unit)

① 전략사업단위 개념 : 사업부 수준의 전략을 의미하는 것으로, 전략의 수립과 집행의 기본단위가 된다.

② 전략사업단위의 요건 : 특정사업에 대한 전략적 의사결정을 일관성 있게 수립하고, 집행할 수 있는 단위를 말하는 것으로 다음 요건을 갖추어야 한다.

- 다른 전략사업단위와 구별할 수 있는 독자적 사업과 분명한 목표
- 시장에서 경쟁자와 경쟁관계 성립
- 경영의 기능인 생산, 마케팅, 자금 등의 독자적 통제 능력

## 3) 전략 경영

### (1) 전략경영(strategic management) 개념

① 전략경영 개념 : 기업이나 조직이 설정한 장기적인 목표를 달성하기 위해 각종 정책들을 수립하고 이를 통해 자원을 전략적으로 배분하는 경영활동을 말한다.

② **전략경영 역할** : 목표 달성을 위해 전략을 수립 · 집행 · 통제 · 피드백하는 과정을 말한다.

## 4) 스포츠 경영전략수립

### (1) 사업구조 분석

① **사업구조 개념** : 조직이 전개하고 있는 사업의 구성을 사업구조라 한다.

② **사업구조 분석 개념** : 사업구조가 다양하므로 사업에 따라 내부요인과 외부환경에 대해 평가하고, 이를 바탕으로 적합한 목표와 전략을 제시하는 활동을 말한다.

### (2) 포트폴리오 전략

① **포트폴리오 개념** : 조직은 전개하고 있는 사업이 다양하므로 각 사업부별 환경을 분석하여 적응할 수 있는 전략을 개발하거나 최적의 투자방법을 결정하는 활동을 말한다.

② **포트폴리오 전략 특징** : 현재와 미래의 사업에 대한 전략계획을 수립한다.

③ **포트폴리오 전략 시사점** : 자원의 배분, 개별사업부 전략 수립, 성과목표의 설정, 사업의 균형 있는 평가 등이다.

④ **포트폴리오 대표적 전략 모형** : BCG 매트릭스와 GE 매트릭스

### (3) BCG 매트릭스

① **BCG 매트릭스 개념** : 보스톤 컨설팅 그룹에 의해 개발된 시장점유율과 시장성장률을 기준으로 현재의 사업부를 평가하고 향후 전략을 수립하는 분석의 툴이다.

② **시장성장률** : 사업부가 속한 시장의 성장률을 나타내며, 시장성장률의 고저의 구분은 경제성장률 등을 기준으로 한다.

③ **상대적 시장점유율** : 해당시장에서 점유율이 가장 높은 기업에 대한 자사의 점

유율을 비교한다.

④ 모형도

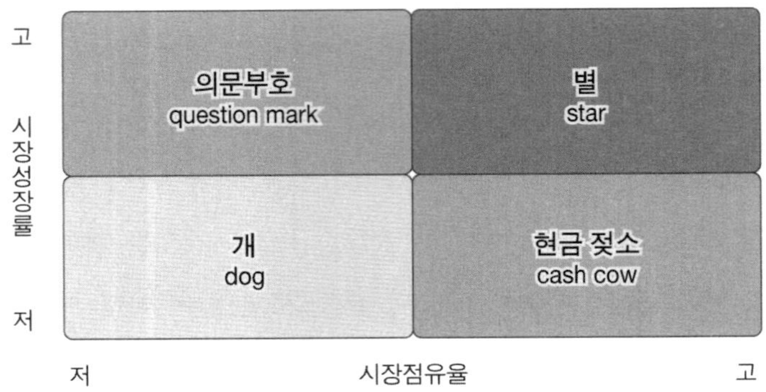


**<각 분면 별 특징>**

- Star : 높은 시장성장률과 점유율로 인하여 강력한 경쟁적 위치확보, 기업의 향후 주력사업부분으로 성장, 많은 현금소지와 창출, 획득한 이윤은 시장점유율을 유지하는데 중점을 두고 재투자하는 성장기
- Quest Mark : 문제아. 초기자금 필요 소수사업부 집중투자
- cash cow : 선도적인 지위구축, 많은 이익, 사업의 투자재원 마련
- dog : 시장에서의 지위 취약, 철수에 대한 검토

⑤ BCG 매트릭스 전략 유형

| 사업단위의 유형 | 주요전략 유형 |
|---|---|
| star | 유지전략, 확대전략 |
| cash cow | 유지전략 |
| question mark | 확대전략, 수확전략 , 철수전략 |
| dog | 수확전략, 철수전략 |

⑥ G E 매트릭스

- 매트릭스 개발 : BCG 매트릭스의 단순성을 보완하기 위해 GE가 맥킨지의 도움으로 자사의 사업부별로 분석하기 위해 개발했다.

- **매트릭스 구성** : 산업매력도와 자사의 경쟁지위의 2가지 요소로 9가지 매트릭스로 분석한다.
- **산업매력도** : 시장규모와 성장률, 기술적 특성, 경쟁강도, 진입 및 철수장벽, 경기변동성, 자본소요, 현재 및 미래의 산업 수익성, 정부 정책 등의 중요성을 반영하여 결정한다.
- **경쟁지위** : 시장점유율, 원가경쟁력, 제품의 품질과 서비스, 기술능력, 경영능력 등의 다양한 요인을 포괄적으로 반영한다.

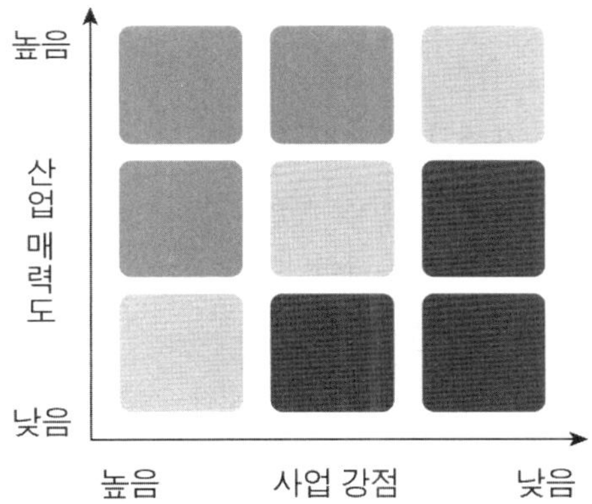


**[그림 3-3] GE 매트릭스 모형**

## 5) 성장전략

① **성장전략 개념** : 조직은 지속적 성장을 추구하기 때문에 성장전략이 중요하다. 4분면을 제품과 시장, 기존과 새로움으로 구분하여 조직의 성장방향을 설정한다.

② **성장전략의 명칭** : 앤소프가 모델화하였으며, 성장벡터 또는 시장 제품 매트릭스라고도 한다.

③ **성장벡터** : 현재의 제품/시장분야에서 조직이 어느 방향으로 어떻게 성장할 것인가를 제시하는 활동이다.

④ 시장 제품 매트릭스

| | | 시 장 | |
|---|---|---|---|
| | | 기존시장 | 신 시장 |
| 제품 | 기존제품 | 시장침투전략 | 시장개발전략 |
| | 신제품 | 신제품개발전략 | 경영다각화 전략 |

- 시장침투전략 : 기존 고객에게 기존상품을 더 많이 판매함으로 써 시장점유율을 늘려 기업성장을 도모하려는 전략
- 시장개발전략 : 기존제품을 새로운 고객에게 판매함으로써 매출액을 높이려는 전략
- 신제품개발전략 : 기존고객에게 새로운 제품을 개발하여 판매함으로써 매출액 목표를 달성하려는 기업성장전략
- 경영다각화 전략 : 새로운 제품을 개발하여 새로운 고객에게 판매함으로써 기업성장을 도모하려는 전략으로 가장 혁신적인 전략이고 위험도가 가장 높은 전략

## 6) 경쟁전략

### (1) 경쟁전략 개념

① 경쟁전략 개념 : 시장에서 경쟁자에 비해 보다 높은 경쟁우위를 유지할 수 있는 방안을 모색하는 전략

② 경쟁전략 수립 목적 : 경쟁자와 비교하여 경쟁우위를 확보하는 목적

③ 경쟁전략 수립을 위한 선결과제

- 장기적 수익이 보장되는 매력 산업인지 여부에 대한 결정
- 해당산업에서 상대적인 경쟁우위에 대한 수준의 결정

④ 경쟁전략의 의의 : 어떻게 하면 경쟁자에 대하여 보다 높은 경쟁우위를 유지할 수 있는가를 연구하는 것

1. 시장에서의 핵심적 성공요인을 포함해야 한다.
2. 사실상의 차이를 가져올 정도로 구별되어야 한다.
3. 환경변화나 경쟁자의 대응조치에도 불구하고 지속되어야 한다.

### (2) 경쟁 우위

① 경쟁우위 개념 : 시장에서 경쟁자에 비해 우위를 확보할 수 있는 요인을 말한다. 경쟁자가 쉽게 모방하거나 소비자의 효능을 대체할 수 없을 때 경쟁우위는 지속될 수 있다. 경영자원과 핵심역량이 그 산업에 적합해야 한다.

② 경쟁우위 창출 : 환경변화가 심할수록 경쟁우위는 따라서 크게 변하게 되며, 경쟁우위의 변화는 외부환경의 변화와 이에 다른 대응전략에 따라 변화한다. 외부환경 변화에 대응 할 수 있는 요인은 정보의 획득과 유연성이 크게 작용한다.

③ 경쟁우위 유지를 위한 요인 : 지속성, 획득가능성, 모방가능성 등의 3가지 요인 분석이 필요하다.

④ 경쟁자의 입장에서 선두기업의 경쟁우위를 모방하기 위한 조건 : 경쟁자가 갖고 있는 경쟁우위의 요인, 경쟁우위의 모방에 따른 저렴한 소요비용, 선두기업의 경쟁우위 창출방법에 대한 이해, 선두기업의 경쟁우위 창출의 경영자원의 확보가 필요하다.

### (3) 산업구조 분석 5가지 경쟁 요인

조직에서의 수익성은 산업 내에서 경쟁관계로만 결정되는 것이 아니고, 산업 전체의 수익성도 고려되어야 한다. 이를 분석하는 체계로서 5가지 경쟁 요인 분석을 활용하도록 마이클포터가 제시하였다.

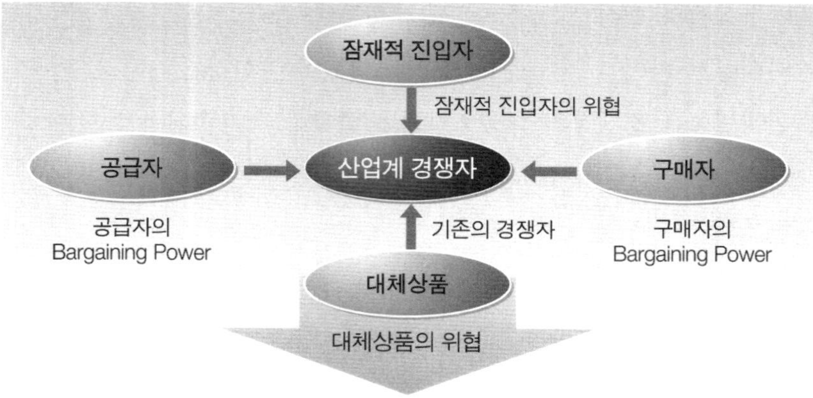


### (4) 본원적 경쟁 전략

① **원가 우위전략** : 원가에 영향을 미치는 여러 요인들을 통제하여 보다 저념한 가격으로 상품을 제공하여 경쟁우위를 지키려는 전략으로 규모의 경제, 학습 효과, 설비가동률, 제품설계, 투입비용, 공정기술 입지 요소가 있다.

② **차별화 전략** : 경쟁상품과 비교하여 구별되는 특징을 갖는 전략을 말한다. 고객이 차별화를 인정하지 않을 경우 의미가 없으며, 차별화를 위하여 추가로 필요한 비용 이상을 가격에 부담시키기 어려우면 원가의 압박으로 작용한다. 차별화 요소로 제품 외관이나 성능, 서비스 마케팅 집중도, 원재료 품질, 입지 조건, 종업원 경험과 숙련도, 특정 활동을 수행하는 방법이 있다.

③ **집중도 전략** : 특정집단, 특정 상품, 지역 등 제한된 시장을 집중적으로 공략하는 전략을 말한다. 고객집단이 독특한 욕구를 갖고 있는 시장 틈새를 공략하는 것이다. 집중화의 요소는 시장 내 이질적인 세시장이 존재하는 경우, 세시장 내에서 선도 기업들이 관심을 기울이지 않는 경우, 세시장의 성장 잠재력이 크거나 수익성이 높은 경우이다.

④ 본원적 경쟁 전략의 모형

| 경쟁범위 \ 경쟁 우위 | 원가우위 | 차별화 우위 |
|---|---|---|
| 산업 전체 | 원가우위전략 | 차별화전략 |
| 특정 산업 | 원가우위 집중전략 | 차별화우위 집중전략 |

## (5) 기회매트릭스

① 기회매트릭스 개념 : 기업이 경영환경을 분석하는 목적은 새로운 경영의 기회를 포착하는 것이다. 기회란 고객의 필요 또는 관심을 조직이 만족시킴으로서 이윤을 창출할 수 있는 경우를 말한다. 기회매트릭스는 이러한 경영 영역을 발견하는 것을 목적으로 한다.

② 기회 매트릭스의 활용방법으로 공급이 없거나 부족한 부분으로 진출, 기존상품을 새로운 방식으로 개선하여 진출하는 방법이 있다.

## (6) 혁신전략

① 혁신전략 개념 : 기존의 방법을 혁신을 통해 우위를 점하고자 하는 전략을 말한다.

② 혁신전략의 요소 : 유통망의 개척, 새로운 시장의 발굴, 신기술 개발 등이다.

③ 경영혁신 기법

- 리스트럭처링 : 사업구조를 재구축한다는 의미로 사용되며, 사업의 개발·생산·유통 시스템을 구조적으로 재편성하여 발전가능성이 높은 방향으로 사업구조를 바꾸거나 비교우위가 있는 사업에 투자재원을 집중적으로 투입하는 경영혁신 기법을 말한다.

- **리에니지니어링** : 생산성 향상을 위해 개선의 차원을 넘어, 원점에서 다시 시작하여 조직구조를 재창조하고자 하는 경영혁신기법을 말한다.
- **벤치마킹** : 특정 분야에서 우수한 상대를 기준으로 자기 기업과의 차이를 비교 분석하여 좋은 점을 받아들이는 경영혁신기법을 말한다.

# 제 4 장 스포츠조직 관리

## 1. 스포츠조직 관리이해

### 1) 스포츠조직 구조

#### (1) 스포츠조직 구조 개념

① 스포츠조직 구조 개념 : 스포츠산업과 관련된 모든 형태의 사회적 집단으로, 목표를 달성하기 위해 자원을 최적으로 조직할 수 있는 조직 구조를 창출하는 과정이다.

#### (2) 스포츠 조직의 특성

① 스포츠 산업에의 관여 : 스포츠 조직은 스포츠산업과 직, 간접적으로 관여하고 있다.

② 사회적 존재 : 스포츠 조직의 구성요소는 서로 상호작용한다.

③ 목표 지향적 : 스포츠 조직은 수익성과 공익성의 두 가지 목표를 함께 추구하고 있다

④ 구조적 활동체계 : 스포츠 조직은 목표달성을 위해 필요한 활동을 수행하기 위해, 여러 하부조직을 조직의 특성에 맞는 구조로 구축하고 있다.

⑤ 구분 가능 : 스포츠조직은 그 조직의 구성원과 비구성원을 구별할 수 있는 경계선을 가지고 있다.

#### (3) 스포츠 조직 일반적 경영원칙

① 명령 일원화의 원칙

② 감독 한계의 원칙

③ 계층 단축화의 원칙

④ 전문화의 원칙

⑤ 권한과 책임의 원칙

⑥ 조정의 원칙

### 2) 스포츠 조직 구조 요소

#### (1) 스포츠 조직 구조 요소

① **조직구조의 개념** : 조직을 구성하는 부문 간의 확립된 관계의 유형이다.

② **핵심적 요소**

- **복잡성** : 조직 분화를 지향한다.
- **공식화** : 직무의 표준화를 지향한다.
- **집권화** : 의사결정 권한 정도를 지향한다.

③ **부가적 요소**

- **통합화** : 조직 활동의 조정 및 통합이다.

#### (2) 복잡성(과업의 분화)

① 복잡성 개념

경영목표를 고려하여 필요한 일(작업)을 결정하고 이를 명확히 하여 담당자에게 할당하고, 세분화된 업무를 다시 유사한 업무들로 묶는 활동이며, 조직의 분화 상태를 알 수 있고, 권위의 계층을 알 수 있는 요소로 분화가 심화되면 복잡성이 증대한다.

② 분화의 형태

- 수평적 분화 : 조직 내 부서 간 다른 역할의 수행으로 발생하는 것으로 전문화와 부문화로 구분된다.
- 수직적 분화 : 조직 내 계층의 수를 나누는 것으로 계층이 많을수록 복잡성은 상대적으로 증대한다.

예) 나이키(Nike)는 같은 다국적 네트워크 조직의 경우 운동화 디자인은 미국에서, 제조는 아시아에서 이루어지며 전 세계 판매망을 통해 판매되고 있다.

### (3) 공식화

① 공식화 개념

조직에서의 업무(직무)가 얼마나 표준화되어 있는가 또는 업무의 목적과 취할 수 있는 수단 및 행동이 얼마나 구체적으로 제시되어 있는가 하는 정도이며, 조직 내 직무가 표준화되어 있는 정도를 나타내는 것으로 조직 구성원들의 행위와 태도를 규제한다. 공식화를 달리 직무표준화라고 한다.

② 직무표준화 정도

- 높음 : 공식조직, 제조부서, 하위 계층 등으로 직무수행이 정형화되어 있고 재량권이 없다.
- 낮음 : 비공식 조직, 연구개발부서, 상위계층 등으로 규정이 적어 재량권 발휘가 가능하다.

### (4) 집권화

① 집권화 개념 : 조직에서의 권한이 위에서 아래로 어떻게 배분 또는 분포되어 있는가 하는 정도와 양태이며, 조직의 의사결정 권한의 배분정도를 나타낸다.

② 권한의 개념 : 특정사항에 대해 상부의 지침 없이 스스로 결정할 수 있는 공식적 권리이다.

#### (5) 통합

① **통합 개념** : 조직의 분화가 심화되면 조정과 통합이 필요하다. 조직이 과업을 수행하면서 부서 간 이견을 조정하고 통합시키는 과정이다.

② **분화와 통합의 연관성** : 통합은 분화가 전제되기 때문에 필요한 것으로 상호 깊은 연관성을 갖고 있다. 조직이 과업을 유기적으로 수행하기 위해서는 분화와 통합이 효율적으로 작용되어야 한다.

### 3) 스포츠조직 구조 유형

#### (1) 조직을 이루는 5가지 기본 부문(Mintzberg)

① **민츠버그의 정의** : 조직은 5가지 기본부문으로 구성되어 있다.

② **구성** : 경영층, 중간라인, 업무핵심층, 테크노스트럭처, 지원 스텝 등으로 구성되어 있다.

③ **역할** : 각각의 부문은 서로 다른 방향으로 권한을 행사한다.

#### (2) 조직 구조의 유형

① 조직 구조의 유형

- **조직구조 유형의 개념** : 조직을 이루는 5가지 부분의 조합에 따라 5가지의 조직구조가 가능하다.
- **조직구조 유형의 구분** : 단순구조, 기계적 관료제구조, 전문적 관료제 구조, 사업부제 구조 및 애드호크러시 등으로 구분된다.

② 조직구조 유형별 특성

- 단순 조직구조
  - 단순한 조직구조 형태, 상대적 소규모 조직, 공식화 정도가 낮음, 권한이 상층부에 집중된다.

- 신속성과 유연성이 장점, 단점은 최고경영자에게 권한 집중, 최고경영자가 조직성과를 좌우한다.

- **기계적 관료제 조직구조** : 수직적 조직, 관료적 조직, 고정적 전문화된 업무, 중앙집권적 의사결정구조, 공식적 상하 간 의사소통, 엄격한 위계질서, 강력한 통제, 많은 규칙과 규정이 있다.
- **전문적 관료제 조직구조** : 수평적 조직, 적응적 조직, 비고정적 공유 가능한 업무, 분권화된 의사결정구조, 비공식적 상호의사소통, 수직적/수평적 협력, 규제/통제의 정도가 낮음, 자유로운 분위기/권한위양이 된다.
- **사업부제 구조** : 제품, 지역 또는 고객단위별로 분할되어 운영되며, 손익발생의 기본단위가 사업부이다. 구매, 생산 및 판매활동을 수행하는 분권적 조직으로 독립적으로 운영되며 사업부 간 조정 필요성은 크지 않다. 장점은 자원의 효율적 배분이 가능, 위험을 분산시킬 수 있으며, 환경변화에 능동적 대응이 가능, 단점은 통제기능이 약화될 가능성이 높고, 본부가 사업부의 권한을 침범할 우려가 존재한다.
- **애드호크러시** : 과업으로 구성되어 임무가 완수되면 해산되는 임시 조직, 수평적 직무 전문화가 이루어지며 프로젝트 중심으로 운영, 구성원의 능력을 발휘하기 수월하여 혁신성이 강하다.

## 4) 조직 설계

### (1) 조직설계의 개념

기업의 이념과 목표를 달성하기 위해 자원을 최적으로 조직할 수 있는 조직 구조를 창출하는 과정이다.

### (2) 조직설계 기본원칙

① **조직설계 기본원칙의 개념** : 기본원칙은 분화와 부문화이다.

② **분화** : '전체 과업을 더 작은 과업단위로 세분하는 것'을 말하고, 이는 일반적

으로 '수평적 분화(horizontal differentiation)' 혹은 '작업의 분화'라고 한다.

③ **부문화** : 분화된 하위단위들을 전체 효율성을 높이기 위해서 결합하는 것을 부문화라고 한다.

### (3) 조직설계의 6가지 영향요인

① 조직설계 영향요인 : 환경, 기술, 사람, 라이프사이클, 규모, 전략이다.

② 환경과 조직구조의 관계

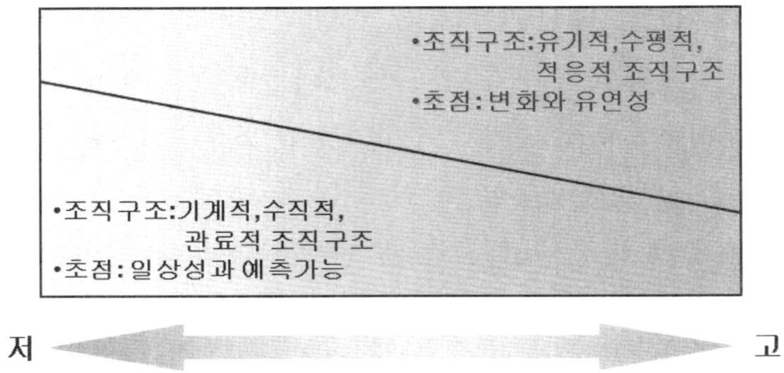


**[그림 4-1] 환경의 불확실성**

# 2. 스포츠 조직 자원 및 인적관리

## 1) 인적자원 관리 개념

### (1) 인적자원관리(Human Resources Management) 개념

조직에 필요한 인력을 확보하고 이들의 능력을 최대한 개발하여 조직의 목표를 달성하고, 아울러 개인의 성장과 발전을 위한 관리활동을 말한다.

### (2) 인적자원 관리의 목표

① 필요한 인력의 확보 ② 보유 인력의 능력 개발을 통한 조직목표 달성 ③ 개인

의 성장과 발전을 위한 관리 ④ 개인의 목표와 조직의 목표가 동시 달성되는 목표의 통합이다.

#### (3) 인적자원 관리 절차

인적자원 관리 계획수립 → 모집 →선발 → 확보 →교육훈련 →평가관리 →승진, 이동, 보상 →퇴직관리

#### (4) 인적자원 관리 내용

① 인적자원계획의 수립
② 직무에 대한 분석 및 평가
③ 선발과 채용
④ 훈련과 개발
⑤ 평가와 보상
⑥ 교체와 이직관리

#### (5) 인적자원 관리 중요성

① 조직의 목표는 인적자원에 의해 달성된다.
② 인적자원 간의 경쟁심을 유발하여 조직전체의 성과가 향상된다.
③ 인적자원의 만족은 외부고객으로 연결되어 고객만족이 가능하다.

### 2) 인적자원관리 계획과 통제

#### (1) 인적자원관리 계획수립

① 현재의 인적자원 평가
② 미래의 인적자원 수요예측
③ 인적자원의 수요를 충족시키기 위한 프로그램으로 주기적인 평가와 수정을 반복한다.

### (2) 인적자원의 통제

① 인적자원 통제 개념 : 조직의 목적이나 방침에 따라 인적자원의 행위를 제한하는 것을 말한다.

② 인적자원 통제 분류

- 사전통제 : 예상되는 문제를 사전에 발견하고 조치를 취하는 방법으로 선발이 대표적인 경우이다.
- 사후통제 : 결과에 따라 문제를 발견하고 조치를 취하는 방법으로 업적평가, 전보, 면직, 보상 등이 해당한다.

## 3) 직무에 대한 분석 및 평가

### (1) 직무분석의 개념

① 직무분석의 개념 : 조직이 요구하는 직무의 내용 또는 요건을 체계적으로 정리, 분석하는 과정으로, 직무기술서(과업)와 직무명세서(인적요인)가 결과물이다.

1)일의 범위, 양을 조절하고, 2)통제 및 감독관계를 명확히 하고, 3) 업무개선 및 인사고과의 기초가 되며, 4) 직무의 가치나 보상액 산정에 도움을 준다.

② 직무분석의 목적 : 업무의 양과 범위를 적절하게 조정하고, 책임, 감독 및 통제관계를 명확하게 하여 조직합리화의 기초로 활용, 업무개선 및 인사고과의 기초, 직무급 산정의 기초, 정원 산정 및 작업환경 개선의 기초가 된다.

### (2) 직무분석의 방법

① 면접법 : 면접을 통해 직무에 관한 정보를 획득하는 방법이다.

② 관찰법 : 관찰을 통해 직무에 관한 정보를 수집하는 방법이다.

③ 중요사건화법 : 직무 수행 중에 발견되는 중요한 일을 사건화하여 정보를 수집하는 방법이다.

④ 워크샘플링법 : 관찰법에서 발견한 것으로 여러 번에 걸친 관찰을 통해 직무 정보를 획득하는 방법이다.

⑤ 질문지법 : 질문지를 통해 직무에 관련된 정보를 체크하거나 평가하여 정보를 획득하는 방법이다.

### (3) 직무평가의 개념

① 직무평가의 개념 : 각 직무의 중요도, 위험도, 곤란도 등을 평가하여 직무의 상대적 가치를 결정하는 체계적인 방법이다.

② 직무평가 분류 : 점수법, 요소비교법, 서열법, 분류법 등으로 분류한다.

### (4) 직무평가 방법

① 점수법 : 직무를 구성요소로 분해하고, 요소별 중요도에 따라 점수를 부여하고, 점수 합계를 비교하여 직무의 가치를 평가하는 방법이다.

② 요소비교법 : 핵심이 되는 기준 직무를 선정하고 기분 직무의 평가요소를 결정한 다음 각 직무의 평가요소를 기준 직무의 평가 요소와 비교해서 직무의 상대적 가치를 정하는 방법이다.

③ 서열법 : 직무와 직무를 상호 비교하여 직무 서열을 정하는 방법이다.

④ 분류법 : 먼저 기준을 정하여 직무별로 적절하게 판정하여 분류하여 직무의 가치를 결정하는 방법이다

## 4) 채용관리

### (1) 채용관리 개념

① 채용관리 개념 : 인적자원을 선발하기 위하여 모집, 선발하고 채용하는 과정

② 채용관리 개념 구분

- 모집 : 모집을 전제로 우수한 인력을 조직적으로 유인하는 과정
- 선발 : 조직에 가장 적합한 인력을 고르는 과정

- 배치 : 선발된 인력을 적성, 희망, 능력에 따라 적절한 직무를 할당하는 과정

### (2) 모집 관리

① **모집 방법** : 모집은 사내 모집과 사외모집으로 구분

② **사내 모집** : 인사기록표를 참고하는 경우와 사내 공개 모집 방법 등

③ **사외 모집 방법** : 광고, 직업소개소 혹은 헤드헌터 의뢰, 구성원들로부터 추천, 국가 혹은 민간 훈련기간 활용, 연고자 채용, 수시모집 응모자 활용

④ 사내 모집 장단점

- 장점
  - 구성원의 사기앙양
  - 의욕 있는 인재의 발굴
  - 사원의 능력개발 기여
- 단점
  - 인력의 편중현상
  - 조직의 질서 파괴 위험
  - 광범위한 인재 발굴 기회의 상실
  - 신청에 따른 비밀 누설 개연성 존재

### (3) 선발관리

① **일반적인 선발절차** : 예비면접 - 입사원서 검토 - 경력서 조사 - 신체검사 - 선발시험 - 채용면접 - 관련자 의견 조회 - 선발

② **선발 도구** : 시험, 면접 및 신체검사

③ **선발비율** : 총 응모자 수에 대한 선발인원의 비율

## 5) 인적자원 개발

### (1) 인적자원 개발

① **인적자원 개발 개념** : 선발된 인적자원을 자신의 환경과 담당직무에 최대의 능력을 발휘할 수 있도록 기술과 기능 그리고 업무지식 등을 향상시키는 활동

- **훈련** : 현재 지향적 관점에서 직무능력을 원활하게 할 목적
- **개발** : 미래 지향적인 관점에서 조직 구성원의 성장과 발전을 목적으로 전개된다.

### (2) 인적자원개발 프로그램

- 신입사원교육
- 기초교육
- 실무교육

### (3) 인적자원개발 방법

- 강의법
- 토의법
- **역할연기법** : 타인의 역할을 연기를 통해 경험해 봄으로써 자신과 타인을 이해하는데 도움을 주는 방법
- **사례연구법** : 사례를 이용하여 교육생들의 문제해결 능력을 함양시키는 방법
- **비즈니스 게임** : 참가자들이 상황을 이해하고 의사결정을 할 수 있도록 하는 방법
- **인 바스켓 훈련** : 관리자의 결재능력을 높이기 위한 훈련방법. 관리자의 일상 상황과 비슷한 장면을 설정하고 결재서류를 인 바스켓(미결함)에 넣어 두면 수강자는 그러한 서류에 대하여 차례로 의사결정을 하여 아웃바스켓(기결함)으로 옮겨 넣는데, 비교적 단시간(30~45분)에 다량(20~30통)의 서류를 처리하게 함으로써 독해력 · 판단력 · 결단력 등을 높이고자 하는 것

### 6) 평가와 보상

① **인적평정센터법** : 피고과자들을 2-3일간 합숙시키면서 상황에 다른 의사결정, 토의, 심리검사를 실시하여 피고과자들의 잠재적 능력과 자질을 평가하는 방법

② **행위기준고과법** : 인사고과를 담당하는 자가 부하들의 행위를 정기적으로 관찰하고 이에 근거하여 평가하는 방법

③ 인적자원 평가의 목표

- 인적자원의 질적 향상 및 인적자원의 효과적 활용
- 경력개발 촉진
- 자기계발 및 인적자원의 효과적 관리
- 구성원간의 인간관계 개선
- 조직행위를 바람직하게 개발할 수 있는 기초

④ 보상

- **금전적 보상** : 임금, 상여금, 복리후생 등
- **비금전적 보상** : 도전감, 책임, 인정, 성취감 등
- **성과중심 보상** : 인센티브, 보너스, 장려금 등
- **종업원 중심 보상** : 성과와 관련 없이 모든 조직 구성원에게 주는 임금체계
- 승진

### 7) 교체와 이직 관리

① **교체** : 인적자원의 배치 및 충원시 인력의 교체는 필수불가결한 것

② **이직** : 인력을 기업 내에 보유하지 않는 것

③ 교체와 이직은 인적자원관리 활동에 있어서 조직의 유효성과 공정성을 진단하는 차원에서 매우 중요한 요소

제 5 장

# 스포츠 재무관리

## 1. 스포츠 재무관리 개념

### 1) 정의

스포츠조직에 재무관리의 이론과 방법을 적용하여 자본을 합리적으로 조달하고 조달된 자본을 효율적으로 운영하는 활동이다. 스포츠 팀이나 그단, 시설물 또는 스포츠 용품업자들이 각 경영 목표를 달성하기 위해 필요한 자본을 합리적으로 조달하고, 조달된 자본을 효과적으로 운용 관리하는 것이다.

### 2) 스포츠 재무관리 목표

스포츠 조직 가치의 극대화이다.

### 3) 스포츠재무관리 기능

- 투자결정 기능 : 스포츠 조직이 보유하고 있는 자본을 미래수익성과 성장성을 예측하여 어디에 얼마만큼 투자할 것인가를 결정하는 것이다.
- 자본조달 결정 기능 : 새로운 자산을 구입하거나 투자 계획을 수행하기 위해 필요한 자본을 어떻게 조달할 것인가를 결정하는 것이다.

# 2. 화폐의 시간적 가치

## 1) 화폐의 시간적 가치 개념

### (1) 정의

동일한 금액이라도 어느 시점에서 평가하느냐에 따라 그 가치가 달라지는 것을 의미한다. 스포츠 조직의 화폐가치는 미래가치와 현재가치의 계산을 통해 서로 다른 시점에서 발생하는 화폐의 가치를 일정 기준 하에서 비교하는 것이다.

## 2) 화폐의 미래가치

### (1) 정의

현재의 특정 금액이 일정 기간이 흐른 후에 그 가치가 얼마가 될 것인가를 알아보는 것이다.

## 3) 화폐의 현재가치

### (1) 정의

미래에 발생하게 될 현금흐름의 화폐가치를 현재시점에서 평가한 값을 말한다.

### (2) 화폐의 시간적 가치 개념의 이용

- 실물투자 결정 : 경기장 건설이나 스포츠 용품판매를 위한 건물 토지 등의 구입 여부를 판단하기 위해 실물투자에 대한 의사결정시 활용한다.
- 스포츠 조직가치 측면 : 스포츠 조직의 영업이익의 현재가치를 계산하거나 지급이자의 현재가치를 계산 또는 순이익의 현재가치를 구할 때에 활용한다.

# 3. 스포츠 조직 재무분석

## 1) 정의

스포츠 조직의 재무 활동 전반에 걸친 분석으로 자본과 관련된 모든 스포츠 경영 활동을 평가하고, 향후 기업의 운영을 위한 의사결정에 도움을 주기 위한 분석이다.

각 스포츠 기업들은 재무분석을 통하여 다양한 재무제표를 작성한다.

## 2) 재무분석 방법

재무분석 방법은 재므제표에 의한 비율분석이 일반적이다.

## 3) 재무제표

스포츠 기업이 경영활동을 수행하는데 따른 자본의 흐름이나 상태를 나타내는 표로 대차대조표와 손익계산서 등을 의미한다.

- 대차대조표 : 특정시점에서의 스포츠 조직 재무상태를 명시하기 위해 자산, 부채, 자본 현황을 집계하여 작성하는 재무제표이다.
- 손익계산서 : 일정기간 동안의 영업성적을 정확히 결상하여 그 수익을 달성하기 위해 어떠한 비용을 사용했는가를 밝히고 기말현재의 미처분 이익을 나타내는 계산표를 말한다.

# 4. 재무비율 분석

재무비율은 재무제표상에 표기된 특정 항목의 수치를 다른 항목의 수치로 나눈 것으로서, 스포츠 조직의 재무상태나 경영성과를 비교하는데 사용되는 비율이다.

### 1) 유동성 비율

유동자산을 유동부채로 나눈 비율로서 단기간 내에 현금화할 수 있는 자산과 1년 이내에 상환해야 할 부채를 비교한 것이다. 기법은 유동비율과 당좌비율이다.

### 2) 레버리지비율

안정성비율이라고 불리는데 기업이 조달한 전체 자본 중 어느 정도가 타인자본에 의존하고 있는가를 나타내는 비율이다. 기법은 부채비율과 이자보상비율이다.

### 3) 활동성비율

기업이 자산을 얼마나 효율적으로 활용하고 있는가를 나타내는 비율이다. 일반적으로 매출액에 대한 주요 자산의 회전율로 나타낸다. 기법은 재고자산회전율, 총자산회전율, 고정자산회전율이다.

### 4) 수익성비율

기업이 투자한 자본 대비 얼마만큼의 이익을 달성했는가를 측정하는 것이다. 기법은 총자본수익률, 매출액순이익률, 자기자본순이익률이다.

### 5) 생산성비율

기업이 상품생산 대비 투입한 전체생산요소에 대한 산출량을 비율로 나타낸 것으로서 경영활동의 효율성 또는 합리적인 성과배분 분석에 이용된다. 기법은 노동생산성, 자본생산성이다.

## 5. 스포츠조직의 손익분기점(Break even point)분석

### 1) 정의

총비용과 총수익이 일치하여 손해도 이익도 발생하지 않는 상태이다.

### 2) 기본가정

① 모든 비용이 고정비와 변동비로 구성된다.
② 생산능력의 범위 내에서 고정비는 일정하고 단위당 판매가격과 단위당 변동비는 일정하다.

### 3) 고정영업 비용과 변동영업 비용

① **고정비용** : 건물과 기계의 감각상각비, 임차료, 경영진 보수, 재산세, 보험료는 유지비용이다.
② **변동비용** : 직접노무비, 직접재료비, 판매수수료, 판매원 급료 등이다.

## 6. 스포츠조직의 자본 조달

### 1) 자본

① **자본** : 자본이란 기업의 자본이 되는 돈을 말한다. 즉 스포츠 조직에서의 자본이란 스포츠경영을 가능하게 하는 재원으로 스포츠 조직운용 자본 시설물 설립 및 유지비, 팀이나 구단주 운영비등이 이에 해당된다.
② **자본비용** : 자본비용이란 스포츠 조직이 자본을 사용하는 대가로 자본투자자에게 지급해야하는 비용을 말한다. 자본비용은 크게 타인 자본 비용과 자기자본 비용으로 구분된다.

### 2) 자본조달 원천

자본 조달은 크게 내부에 의한 자본조달과 외부에 의한 자본조달로 분류할 수 있다. 이때 내부에 의한 자본조달은 스포츠 조직 자체 내에서 미래에 대한 불확실성을 대비 또는 조직 사업의 재투자를 위한 사내 유보 액을 생각할 수 있으며 반면 외부에 의한 자본조달은 스포츠 조직이 외부에서 직접금융 또는 간접금융을 통해서 자본 조달하는 방법이다.

① **외부에 의한 자본조달** : 직접금융과 간접금융의 조달방법이 있다.
② **직접금융** : 주식발행, 채권발행, 기타 조달방법(민자유치, 기금, 회원권, 스폰서십)
③ **간접금융** : 은행차입, 매입채무, 기업어음

## 7. 스포츠조직의 투자 결정

### 1) 투자결정 과정

① 조직의 위험수준과 수익성을 정하는 투자결정은 조직의 가치를 결정하는 가장 중요한 요인이므로 합리적인 의사결정과정을 따라야 한다.
② **투자결정 과정** : 대상탐색 - 대상의 현금흐름 측정 - 투자안의 경제성 평가 - 투자안의 선택 - 실행 - 통제

### 2) 투자결정 기법

① 화폐의 시간적 가치를 고려하지 않는 방법 : 회수기간법, 회계적 이익률법
② 화폐의 시간적 가치를 고려하는 방법 : 순현가법, 내부수익률법
③ 이상적인 투자결정기법의 4가지 조건

- 측정된 모든 현금흐름이 고려되어야 한다.
- 적절한 할인율을 사용하여 화폐의 시간가치를 반영하여야 한다.
- 가치의 가산원칙을 따라야한다.
- 조직의 가치를 극대화할 수 있는 투자 안을 선택할 수 있어야 한다.

④ **순현가법** : 순현가법(Net Present Value Method)이란 투자로 인하여 발생할 미래의 모든 현금흐름을 적절한 할인율로 할인하여 현재가치로 투자 안을 측정하는 방법을 말한다.

모든 경제성 분석기법 가운데 가장 우월한 기법은 순현가법이다.

# 제 6 장 스포츠생산관리

## 1. 생산관리

### 1) 정의

생산과정이란 투입물을 변환과정을 통해 산출물로 만드는 일련의 과정이다.

스포츠 산업에서 생산과정은 스포츠 서비스업, 스포츠 시설업 그리고 스포츠용품업을 구분해서 살펴볼 수 있다.

### 2) 스포츠서비스업의 생산관리

① 구성요소 : 고객상호 작용과 후방지원과정으로 구분된다.

② 고객상호 작용과정 : 조직과 스포츠서비스를 구입하는 고객과의 직접적인 상호작용 관계를 뜻하는 것으로 고객이 스포츠조직이 제공하는 서비스를 경험한 후 서비스 품질에 대한 평가를 결정하므로 스포츠서비스 조직에게 있어 매우 중요한 과정이다.

③ 스포츠 경기 : 소비자들에게 보다 편리하고 재미있게 경기를 관람할 수 있도록 고려한다.

④ 스포츠시설운영 : 시설 이용자의 욕구 파악과 욕구에 부응할 수 있는 서비스 개발한다.

⑤ 스포츠용품유통 : 소비자가 상품 구입 시 만족도에 영향을 주는 요소를 파악하고 관리한다.

⑥ 스포츠용품업 : 원가를 절감하고 품질을 관리한다.

### 3) 스포츠용품 제조업의 생산관리

① 스포츠기업이 보유하고 있는 자원을 바탕으로 스포츠 상품을 생산하여 소비자에게 제공하는 활동이다.

② 생산시스템의 관리 요소

- 총괄생산계획 : 중기계획으로 생산량, 재고수준, 고용수준, 잔업 수준 등에 대한 총괄적인 계획이다.
- 주생산계획 : 총괄생산계획에 따른 분기별, 월별 또는 주별 단위로 생산량 및 생산시기를 구체적으로 계획하는 것이다.
- 자재소요계획 : 제품생산에 따른 자재의 소요량을 계획하는 것으로 기업의 재고를 줄일 수 있고, 노동력과 설비의 효율성을 높일 수 있다.
- 일정계획 : 작은 단위로 작업계획을 구체화시킨 것으로 전통적인 수작업으로 일정계획 방식과 프로젝트의 대표적 일정관리인 PERT/CPM 등이 있다.

④ 간트도표 : 생산작업 순서를 결정하고 이에 대한 진행상황을 횡선으로 나타내어 기업의 생산활동 진행상황을 한 눈에 볼 수 있게 하는 막대도표이다.

⑤ PERT/CPM : 규도가 큰 프로젝트의 일정계획과 통제를 위해 개발된 대표적인 기법으로 PERT는 전체 프로젝트를 구성하고 있는 활동과 그 선후관계를 네트워크로 표현하는 것이고, CPM은 전체 프로젝트상 여러 공정 중에서 가장 시간이 많이 걸릴 것으로 판단되는 애로 공정을 뜻하므로 설립하고자 하는 시설이 복잡할 때 사용하는 일정계획방법이다.

## 2. 스포츠 생산과정 설계

스포츠 상품의 생산과정이 효율적으로 구성되기 위해서는 내부적 기업지원 활동과 고객대응 활동의 주요 요소별로 고객관점에서 충분한 검토를 통해 효율적인 설계가 이루어져야한다.

### 1) 과정 분석

① 과정분석

- 제품, 서비스 생산과정 활동 및 흐름을 개선하기 위한 체계적인 방법이다.
- 각 과정에 따른 도표를 기초로 분석하여 효율적인 과정의 틀을 마련하기 위한 것이다.

② 과정분석의 구분

- 내부적 기업지원 활동 : 지속적인 기술개발이 가능하도록 환경, 시스템 최신화 및 업무의 원활한 흐름 등 체계적으로 시스템 구축을 위한 투자가 요구된다.
- 아울러 경영자의 높은 관심과 적극적인 지원 및 적절한 통제가 없으면 제품 및 서비스에 한계가 올 수 있으므로 경영진들의 지원이 필요하다.
- 기업내부에서 이루어지는 물적 지원은 비록 소비자에게 직접적으로 보여지는 부분은 아니나 소비자의 스포츠관람, 참여 및 스포츠용품을 원활하게 구매 할 수 있도록 지원하는 분야에 해당한다.

③ 소비자 대응활동

- 소비자와의 직접적인 상호작용을 의미한다.
- 소비자가 성공적으로 스포츠상품을 구매하도록하기 위해서는 일관되고 사용되기 편리한 시스템을 구축하여야 한다.

- 판매직원, 안내원, 선수 등으로 볼 수 있는데 이들은 실제 소비자들을 직접 응대한다고 볼 수 있으므로 소비자에 대한 서비스 마인드를 향상시키고자하는 노력이 필요하다.

## 2) 과정 설계시 고려 사항

### ① 서비스 전략

- 서비스 컨셉 결정은 최고경영자가 주도적으로 결정한다.
- 목표를 명확히 하고 경쟁기업과 차별화되는 실행전략을 수립한다.

### ② 소비자 접촉

- 소비자가 생산과정에 참여한다는 의미로 정보나 화폐교환, 신체적 접촉, 팀과 선수들의 팬서비스, 최종제품 제공과정 참여 등이 포함된다.
- 소비자와 만남의 시간이 길어질수록 소비자 통제에 대한 어려움 증대 및 서비스 과정을 합리적으로 관리하기 어려워지므로 이에 대한 적절한 대응이 필요하다.
- 스포츠 상품의 생산과정 설계시에는 여러 측면에서 스포츠의 특성을 고려해야한다.

- **소비자 접촉측면** : 소비자들이 생산과정에 참여로 인한 소비자 접촉에 대한 관리방안을 모색해야 한다.
- **전략적 측면** : 경쟁기업과 차별화되는 목표를 선정해야 한다.
- **일반 제조공정과의 차이 측면** : 재고가 불가능하므로 수요 공급의 변화에 유연하게 대응할 수 있도록 설계해야 한다.
- 경쟁기업의 모방이 쉽기 때문에 지속적인 개선이 이루어져야 한다.

# 3. 스포츠시설 입지와 배치

## 1) 스포츠시설의 입지

스포츠 시설의 입지란 경기장이나 스포츠 센터 등 각종 스포츠 시설의 위치를 의미한다.

스포츠 시설의 입지는 과학적으로 소비자 욕구와 시장 환경, 경쟁자 및 주변 환경, 부대시설 등을 모두 고려하여 결정한다. 스포츠 시설의 입지 결정은 교통, 통신의 발달과 밀접한 관계가 있다.

### (1) 스포츠시설 입지 선정의 틀

입지의 이해 -입지의 고려요인파악 -입지의 대안평가 -입지결정

### (2) 스포츠시설 입지의 고려요인

① 소비자의 접근 용이성

② 경쟁자의 위치

③ 인력과 지역사회 발전정도

### (3) 입자결정 기법

① 가중치 이용법 : 입지 선정을 위해 고려되어야 할 요인들을 선별해서 열거한 후, 요인의 상대적 중요성 정도에 따라 가중치를 두어 계산하는 방법이다.

② 가중치 이용법 절차

- 고려해야 할 입지요인을 정한다.
- 파악된 각 입지요인의 중요도에 가중치를 결정한다.
  (이때 모든 가중치의 합은 1 이 되어야 한다.)
- 각 입지의 요인점수를 매긴다.
- 각 요인에 매겨진 요인점수와 가중치를 곱한다.

• 가장 높은 점수를 받은 입지를 택한다.

③ **중력모델법** : 시설물의 매력도는 시설물의 규모와 시설물까지의 이동거리 및 시간의 관계로 보고 시설물의 매력도를 기본으로 입지를 결정하는 방법이다.

## 2) 스포츠시설의 배치

배치란 스포츠시설물 내 물리적 공간을 시간, 비용, 기술의 제약 하에 최적으로 배열하는 것을 말한다. 설비의 배치는 최소의 비용으로 최적의 배열을 함에 따라 스포츠시설물을 효과적으로 운영하고 이용자의 편리성을 증대시킬 수 있는 매우 중요한 요소이다.

### (1) 시설배치의 고려 요인

① **자본투자** : 최소한의 비용으로 무조건 시설배치를 하는 것이 아니라 경제적이고 효과적인 투자가 필요하다.

② **업무처리능률화** : 이용자가 편리하게 스포츠시설을 사용할 수 있고 운영요원들이 상호접촉이 많은 사람들과 원활히 상호교류를 할 수 있도록 시설을 배치한다.

③ **시설물의 유연성** : 다양한 목적으로 시설물을 활용할 수 있도록 유연성을 확보해야 한다.

④ **소비자의편의성** : 이동경로나 편의시설 등을 이용함에 있어 어려움이 없어야 한다.

⑤ **심미성** : 효율적인 시설물 배치가 되었다고 해도 미관상으로 아름답지 않으면 재배치에 대해 고려해야 하며, 사회적, 경제적 지위가 상승할수록 미적인 요소가 강조된다.

### (2) 종합스포츠 센터의 시설배치

① **운영관리 시설의 집중** : 출입문에서 중앙 홀까지를 운영관리 축으로 하여, 각

활동군의 접근을 용이하게 한다.

② 기능별 시설의 분리 : 활동의 규모와 성격을 고려하여 수직적으로 기능을 분리하는데 동적 활동과 수중 활동 군을 저층에 배치하며, 정적 그룹을 문화 활동 공간을 고층에 배치한다.

③ 소비자들이 시설을 이용하는데 있어 동선, 소음 및 정적활동에 방해가 되지 않아야 한다.

④ 대기행렬 이론

- 시설을 이용하기 위해서 기다리는 줄을 대기행렬이라고 이것을 체계적으로 분석하는 틀이 대기행렬이다.
- 대기에 따른 비용(기회비용)과 서비스 시설확충 시의 비용이라는 상충적인 관계에서 총비용을 최소화하는데 있다.

## 4. 스포츠 서비스업 품질관리

서비스 품질을 결정하는 주요 차원들에 대한 체계적인 관리를 통해 스포츠 서비스업의 품질 수준을 높일 수 있다.

### 1) 스포츠 서비스업 품질관리의 정의

① 스포츠조직이 소비자에게 소구할 수 있는 가장 확실한 방법은 확장제품을 제공하는 것이며 이는 서비스적 측면이 매우 강하다.

② 기업의 제품 및 서비스를 구매한 소비자가 판단하는 서비스 품질의 수준이라 할 수 있으며, 이를 토대로 스포츠서비스 품질은 스포츠와 관련된 제품과 서비스를 구매한 경험이 있는 스포츠소비자의 주관적인 서비스에 대한 판단이라 할 수 있다.

## 2) 파라슈라만의 스포츠 서비스 품질의 5가지 차원

① **공감성** : 기업이 자상하고 개별적인 관심을 소비자에게 보여주는 것이다.

② **응답성(반응성)** : 서비스 제공자가 자발적으로 소비자를 응대하는 태도이다.

③ **확신성** : 종업원의 공손함과 지식, 그리고 소비자에게 신뢰와 확신을 심어 줄 수 있는 능력이다.

④ **신뢰성** : 믿을 수 있고 정확한 서비스를 수행하는 능력으로 소비자의 기대에 지속적으로 부응하는 것이다.

⑤ **유형성** : 물리적인 시설과 장비 및 종업원의 외모에 관한 것, 예를 들어 시설물을 깨끗하게 보이게 하고, 보다 전문적인 시설을 갖춘 곳으로 보여주기 위해서 직원들에게 복장 유니폼을 입게 한다.

## 3) 스포츠 품질관리

### (1) 스포츠 시설업의 품질관리

스포츠 시설업은 시설 이용의 편리성, 청결성, 심미성, 안전성 등 시설관리의 주요 차원들에 대한 체계적인 관리를 통해 스포츠 서비스업의 품질 수준을 높일 수 있다.

### (2) 스포츠 용품업의 품질관리

스포츠 용품업은 상품의 탁월성, 사용자의 적합성(욕구충족성), 제조공정의 국제규격 충족성 등의 다양한 관점에서 품질수준을 유지하기 위해 체계적인 관리를 수행해야한다.

# 제 7 장 스포츠마케팅의 이해

## 1. 스포츠마케팅의 정의

스포츠마케팅은 스포츠상황에서 전개되는 인간행동과 관련되는 여러 가지 상황에 대하여 가장 효율적인 해답을 추구하는 마케팅의 새로운 응용분야이다(이병기 외, 2014). 즉, 스포츠마케팅은 스포츠와 마케팅이 융합된 학문으로 마케팅에서 발전된 원리와 방법을 스포츠 관련 분야에 응용하는 학문이다. 이 장에서는 먼저 마케팅의 정의를 살펴보고, 스포츠마케팅에 대한 정의를 알아보고자 한다.

### 1) 마케팅

"마케팅은 고객들(customers and clients), 협력자들(partners), 그리고 더 나아가 사회전반(society at large)에게 가치 있는 것을 만들고, 알리며, 전달하고, 교환하기 위한 활동과 일련의 제도 및 과정들이다(미국마케팅학회, 2017).

즉, 고객(소비자), 협력자, 사회전반의 니즈(needs)와 원츠(wants)를 충족시켜주기 위한 제품이나 서비스, 기타 관련기술을 동원하여 경쟁우위를 확보하고 이를 통해 조직이나 개인의 목적을 달성해주는 활동이다.

마케팅관리란 표적시장을 선택하고, 우월한 고객가치의 창조, 전달 및 알림을 통해 고객을 획득, 유지, 확대하는 기술과 과학을 말한다(Kotler, 2012).

개인과 집단이 일상생활의 구매 또는 참여욕구와 필요를 충족시키며 가치 있는 것을 창조하고 다른 개인 집단에게 제품의 가치를 창조 교환하는 사회적 경영 과정을 마케팅이라 한다.

다시 말해서 마케팅이란 욕구에 대한 이해를 통해 제품 및 서비스를 제공하며 그들에게 만족을 이끌어낼 수 있게 하는 과정이라 할 수 있다.

따라서 이러한 마케팅의 기본적인 정의를 바탕으로 스포츠를 마케팅 활동의 매개체로 하는 스포츠마케팅은 다음과 같이 정의할 수 있다.

## 2) 스포츠 마케팅

스포츠마케팅이란 스포츠와 마케팅이 결합된 용어로 마케팅을 하는 데 있어 스포츠를 그 매개체로 한다는 것에 의의가 있다.

"스포츠마케팅은 스포츠 제품을 매개로 스포츠 소비자의 욕구를 충족시켜 주고, 스포츠 관련조직의 목적달성을 위한 창조적인 교환활동이다."(강호정외, 2013).

스포츠마케팅도 스포츠에 대한 소비자들의 일반적인 욕구를 효과적으로 충족해 주고 전달해 주는 특징을 갖고 있다. 스포츠라는 제품을 매개로 소비자의 욕구를 충족시켜주며 스포츠와 관련된 조직의 목적을 달성하기 위한 교환활동이라 정의 내릴 수 있다(Mullin. 2007).

스포츠마케팅의 정의와 관련하여 스포츠마케팅은 다음의 4가지 요소를 중심개념으로 하고 있다. 즉, 스포츠 제품과 스포츠 소비자의 욕구, 스포츠 관련조직의 목적달성, 창조적 교환활동이라는 개념을 그 중심개념으로 하고 있는 것이다.

첫째, 스포츠마케팅은 모든 활동의 중심에 스포츠 제품을 그 매개체로 활용한다는 것이다. 스포츠 제품에는 눈에 보이는 스포츠용품 뿐만 아니라 선수나 기업의 스포츠 관련 이미지 등 보이지 않는 요소인 무형의 제품(intangible goods)까지도 스포츠마케팅의 매개체로 활용한다.

둘째, 스포츠마케팅은 스포츠 소비자의 욕구충족을 위해 노력한다. 마케팅은 무엇보다도 소비자 혹은 고객의 니즈와 원츠를 중시하는 활동이다. 마찬가지로 스포츠마케팅에서도 스포츠 소비자들의 니즈와 원츠가 무엇인지를 파악하고, 이를 충족시켜주는 것에 모든 마케팅 역량을 집중해야 한다는 것을 의미한다.

셋째, 스포츠마케팅은 스포츠 소비자의 욕구충족을 통해 스포츠 관련조직의 목적달성에 기여한다. 스포츠마케팅의 궁극적인 목적은 영리조직이든 비영리조직이든 스포츠 조직에 대한 열광적인 팬 혹은 충성도 높은 고객을 창출하여 자사의 목적을 달성하는 데 그 초점을 두고 있다는 것을 의미한다. 영리조직이라고 한다면 자사제품이나 서비스에 대한 매출증대, 좋은 이미지 형성 등이 조직이 달성해야 할 목적이 되며, 비영리조직이라고 하면 긍정적 이미지의 형성 등을 통해 조직의 활동을 보다 긍정적으로 알리고자 하는 것이 스포츠마케팅을 실시하는 이유가 된다.

넷째, 스포츠마케팅은 다양한 창조적 교환활동을 수반한다. 특정 스포츠 관련조직에 가입한 스포츠 소비자들은 관련 조직을 후원하거나 참가비, 관람비 등을 지불하게 된다. 이에 대한 반대급부로 스포츠 소비자들은 다양한 혜택을 제공받게 되며, 이때 제공된 혜택에 불만족을 느끼게 되면 소비자는 두 번 다시 재구매 활동을 하지 않게 될 것이다. 따라서 스포츠 관련 조직은 소비자들의 니즈와 원츠를 사전에 파악하여 소비자 욕구를 충족시켜주기 위한 다양한 형태의 창조적 활동을 기획하고 이를 제공하게 된다. 이러한 창조적 활동에는 단순히 스포츠의 관람에 머무는 것이 아니라 다양한 커뮤니티활동이나 사교활동 등을 할 수 있도록 제공하기도 한다. 최근에는 페이스 북이나 트위터 등 SNS 등을 통해서 이러한 창조적 교환활동을 지원하기도 한다.

즉, 스포츠 마케팅은 나이키, 아디다스, 언더아머, 프로스펙스, 르까프 등 스포츠 의류 및 용품 생산업체에게는 매출과 직결되는 마케팅 활동이고, 스포츠 팀과 경기연맹 등 스포츠 단체에게는 보다 많은 재원을 확보하기 위한 마케팅 활동이며, 일반기업에게는 스포츠를 이용해 기존의 광고 또는 홍보 활동 등을 보조해 주는 강력한 마케팅 커뮤니케이션 도구라 할 수 있다.

스포츠 마케팅은 크게 세 가지로 분류할 수 있다(김도균, 2017).

첫 번째는 스포츠자체의 마케팅이다. 일반적으로 스포츠 마케팅이라고 지칭되는 스포츠 자체의 마케팅은 스포츠를 직접 제품화해 판매 및 서비스하는 마케팅 활동이다. 각종 스포츠 협회, 프로 스포츠 단체에 의해 행해지는 마케팅활동이며 프로 종목의 협회 구단 운영 등의 형태로 나눌 수 있다. 즉, 관람스포츠나 참여스포츠의 경우는 보다 많은 관중이나 회원을 확보하고 스포츠용품 제조업에서는 스포츠 용품이나 시설 및 프로그램 등을 판매하기 위해 행하는 마케팅 활동 및 각종 스포츠 단체에 집행되는 마케팅 활동을 의미한다(강호정외, 2013).

두 번째는 스포츠를 활용한 마케팅이다. 스포츠를 활용한 마케팅은 스포츠 마케팅의 가장 대표적인 사례다. 스포츠를 매개로 하는 모든 마케팅 활동을 스포츠를 활용한 마케팅이라고 부른다. 이는 스포츠를 이용해 제품을 판매하거나 기업 이미지를 향상시키려는 노력의 일환이며 상업적 목적을 달성하기 위해 특정 스포츠 활동을 지원하는 마케팅이다. 스폰서십을 포함한 다양한 마케팅 활동이 여기에 해당한다. 스포츠를 활용한 마케팅은 기업이 고객에게 가장 이해하기 쉽고 친근하게 다가갈 수 있기 때문에 기업에서 추구하는 마케팅 이미지와 소비자 욕구가 잘 맞아떨어지면 매우 효과적이다. 대부분의 글로벌 기업들은 전 세계인의 이목이 집중되는 올림픽을 중심으로 국제스포츠 경기의 후원사가 되거나 현장과 미디어 중계에 광고를 노출시키는 데 혈안이 돼 있다. 타이틀 스폰서를 지원하는 기업은 대회의 인기가 올라가고 화제가 될 때마다 기업과 제품의 마케팅 역시 상승효과를 얻게 된다.

글로벌 기업으로 성장한 삼성은 1990년대 후반부터 올림픽 공식 후원사로 참여하는 것은 물론 잉글랜드 프로축구팀 첼시 FC의 스폰서를 맡고 있다. 유럽시장 진출에 어려움을 겪던 삼성은 첼시 FC의 스폰서 마케팅 이후 유럽 매출액은 2004년 135억 달러에서 2008년 247억 달러로 83% 성장했으며, 브랜드 인지도 역시 33%에서 48%로 껑충 뛴 '스폰서마케팅'의 성공사례 중 하나다.

현대 기아차는 2008년 이후 국내기업으로는 처음으로 북미 미식축구 결승전인 슈퍼볼 경기에 광고주로 참여했다. 전 세계 180개국에 생중계된 경기에 35억 원의 만만치 않은 광고비를 지불했지만, 광고 직후 홈페이지 방문객은 열배 가량 증가하고 2008년 3% 수준이던 미국시장 점유율은 2011년 9.4%로 3배 이상 높아졌다(김민

희, 2011).

스포츠를 이용한 마케팅은 스포츠를 촉진 수단으로 이용하는 마케팅으로 스폰서십은 스포츠를 이용한 마케팅의 범주에 속한다. 스포츠 후원은 상업적 목적을 달성하기 위한 목적으로 스포츠 활동에 재정적 혹은 이에 상응하는 지원을 제공하는 것이라고 정의될 수 있다.

스포츠를 이용한 마케팅이 기업에 의해 이용되는 이유로는 다음과 같은 점을 들 수 있다.

- 독특한 광고 노출효과 : 타이틀 스폰서, 유니폼에 상표부착 등
- 특정 표적시장을 목표로 하는 프로모션 전개에 유리
- 소비자들의 높은 광고 수요성
- 많은 오디언스에 도달 : 질 높은 스포츠 중계, 보도 시청률
- 공익추구의 측면을 강조함으로써 기업 이미지의 향상에 유리

세 번째는 선수와 팀을 활용한 마케팅 이다. 선수를 활용한 마케팅은 기업으로부터 후원계약으로 활용되고 있는 마케팅 활동 수단이다. 이는 선수의 매니지먼트 활동뿐 아니라 선수로부터 파생되는 모든 활동을 말하며, 이를 효과적으로 할 수 있도록 중간역할을 하는 것이 에이전트다. 선수를 활용한 마케팅을 통해 광고 인도스먼트, 제품 인도스먼트, 제품 개발 등의 활동을 할 수 있다. 우선, 선수를 활용한 마케팅은 선수를 광고에 출연시키는 것과 선수 이미지를 제품에 사용하는 것이다. 제품 인도스먼트는 선수의 후원계약을 활용해 기업 제품을 홍보하는 활동으로 홍보대사와 세일즈 프로모션 활동에 활용되는 것이다. 예를 들어, 스포츠 제품을 판매하는 대리점이 오픈했을 때, 프로야구 경기 전 갖는 팬 사인회를 하는 것들이 바로 스포츠 선수를 활용한 마케팅이다. 제품 개발은 선수를 활용해 기업의 제품을 개발하고 판매하는 것이다.

1980년대 신흥 기업 나이키는 마이클 조던의 가능성에 투자했다. 이후 그의 눈부신 활약에 의해 '에어조던'이라는 브랜드로 나이키를 세계 최고의 스포츠기업으로

탈바꿈 시켰다. 타이거우즈와도 5년간 4천만 달러의 스폰서십 계약을 맺은 뒤 골프 의류시장 1위, 골프신발 시장 2위를 차지하는 등 매출이 60% 이상 증가하는 효과를 얻어냈다. 국내에선 KB금융이 김연아 마케팅에서 재미를 봤다. 김연아 선수는 밴쿠버 올림픽 금메달을 포함해 ISU가 주최한 시니어 국제 대회에서 금 16개, 은 4개, 동 3개 등 총 23개의 메달을 땄다. 특히 김연아 선수는 올림픽, 세계 선수권, 그랑프리파이널, 4대륙 선수권 등에서 우승하면서 피겨사상 여자 선수 최초로 그랜드슬램을 달성하기도 했다. 김연아 선수가 경기 중계, 인터뷰 등을 통해 국민의 사랑을 받으면서 기업들은 앞 다투어 광고모델이나 홍보대사 등으로 활용했다. 김연아 선수가 2014년 2월 소치올림픽 은메달을 따고 은퇴를 했지만 브랜드 가치는 현역 선수를 능가했다.

2014년 8월 포브스 보도에 따르면 2013년 6월부터 2014년 6월까지 1년간 김연아는 광고, 상금 등으로 1630만 달러를 벌어 세계 여성 스타 중 넷 번째로 수입이 많은 것으로 나타났다. 2014년 말 김연아는 SK텔레콤, 삼성전자, KB국민은행, 동서식품 등 10여 개의 광고를 유지하고 있고, 광고모델 선호도 1위에 오르기도 했다.

김연아의 인기는 아이스 쇼로 연결됐다. 올댓스케이트 김연아 아이스쇼를 통해 기업들은 타이틀 스폰서나 다양한 카테고리의 스폰서로 참여해 김연아 선수를 기업의 이미지 홍보나 자사 제품 마케팅에 활용해 왔다.

삼성전자의 하우젠이나 갤럭시S, KCC의 스위첸 등이 제품 브랜드를 내세웠고, E1은 그룹 브랜드 자체를 타이틀로 내세우며 고객 홍보 부스 설치, 매장 티켓 프로모션 및 고객의 아이스쇼 초청, 행사장 브랜딩 등 다양한 활동을 벌였다. 국민은행, 동서식품 등도 경기장 브랜딩 등 서브스폰서로 참여했다(김주호, 2015).

지난 2010년 밴쿠버동계올림픽 피겨스케이팅에서 우승 때 우대금리를 제공했던 '피겨퀸 연아사랑적금'이 한 달 만에 약1000억, 약2만 2000구좌를 모집한 것이다. 대웅제약 역시 대표제품의 광고모델로 축구선수 차두리를 발탁해 지난해 매출규모를 월 평균 18억 원에서 67% 상승한 30억 원으로 올리는 성공을 거두기도 했다(김민희, 2011).

**<표 7-1> 스포츠마케팅의 종류(웹스미디어 컴퍼니, 2017).**

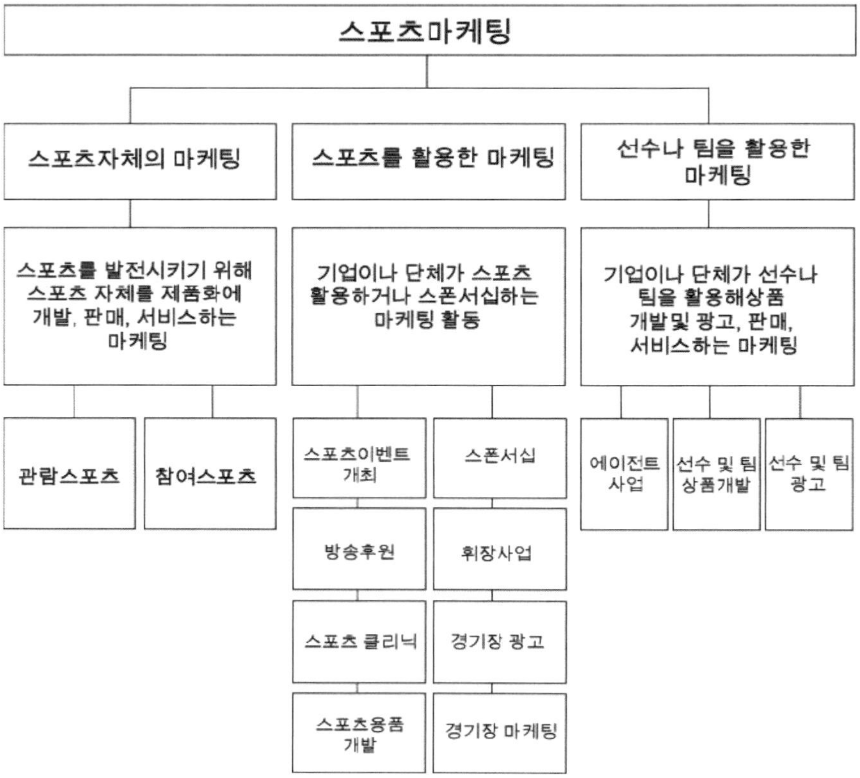


우리가 주목하는 분야는 스포츠를 통한 마케팅으로써 기업이 제품이나 서비스 등의 판매촉진을 위한 수단으로 스포츠를 이용하는 것인데, 제품 및 서비스 판매나 기업의 이미지 제고 등이 주목적이 된다(한정호 외, 2001).

기업에서 스포츠를 활용하는 목적은 무엇보다 고객에게 주는 이미지나 신뢰도가 어떤 광고나 홍보활동보다도 효과가 크기 때문이다. 기업들이 스포츠이벤트의 스폰서로 참여하는 비용은 해마다 급상승하는 추세이다. 좋은 이벤트를 최대한으로 활용하는 것이 최상의 스포츠마케팅이다.

코카콜라사의 마케팅 백서에 따르면 코카콜라를 마시는 소비자의 39%가 코카콜라가 올림픽 후원사이기 때문에 구매한다고 한다. 코카콜라사가 지금과 같은 거대한 다국적 기업으로 성공한 것은 1928년 암스테르담 올림픽 공식후원자를 맡으면서이다. 코카콜라의 성과는 스포츠를 통한 소비자의 감정을 사르잡는 것을 과제로 삼으며 이를 단계적으로 실현 해 내 세계적인 글로벌 브랜드로 완성되었다(한정호 외, 2001).

미국의 경우 스포츠 스폰서십 시장의 성장은 엄청나다. 1979년만 해도 스포츠마케팅 회사는 없었지만 불과 20년만인 1999년에는 스포츠마케팅 대행사만 해도 450개에 달하고 있다. 또한 미국 4대 프로리그와 골프대회 등 스포츠이벤트에는 대략 120개 이상의 기업이 평균 83만 달러씩을 투자하고 있는 것으로 추정되고 있다. 이 수치는 연맹에 대한 투자금액만을 얘기한 것으로 이보다 더 많을 것으로 추정되는 개별구단이나 단체에 대한 투자금액은 제외된 것이다.

국내에서도 대중매체의 발달과 함께 기존 일반기업체를 벗어나 많은 영역의 기업에서 뛰어들면서 스포츠 스폰서십시장이 광대해지고 있다. 다양하고 차별적인 소비시장을 공략하기 의해서 많은 노력이 필요하다(한정호 외, 2001).

기업이 중심이 되면 스포츠는 기업의 목적달성을 위한 이용수단에 불과해진다. 때문에 스포츠를 통한 마케팅은 스포츠 스폰서십이나 스포츠커뮤니케이션이라고 불린다.

기업의 입장에서 볼 때 스포츠를 활용한 마케팅은 '스포츠 스폰서십'이라 할 수 있다. 스포츠 스폰서십이란 '기업이 현금이나 물품 노하우, 조직적 서비스 등을 운동선수나 팀, 연맹 협회에 스포츠 이벤트나 프로그램을 지원으로 하는 것' 으로 이를 통해 기업은 추구하는 목표시장에 브랜드 또는 기업 이미지를 효과적으로 커뮤니케이션 할 수 있는 목적을 달성할 수 있다. 즉 기업의 홍보, 이미지 제고, 종업원의 사기 고양, 새로운 프로모션 기회의 창조, 시장점유율의 유지 및 제고, 신용 창조 및 새로운 시장 개척 등의 다양한 목적을 달성하기 위한 직・간접적인 제휴를 통한 권리사용이다.

스포츠 스폰서십은 '기업이 현금이나 물품 또는 노하우나 조직적 서비스를 제공함으로써 운동선수나 팀 연맹 협회 스포츠행사를 지원하여 마케팅커뮤니케이션의 여러 가지 목표를 달성 할 목적으로 기획・조직・실행・통제하는 모든 활동'이라고

정의 할 수 있다(김학신, 2008).

스폰서십의 핵심구성원은 스포츠 스폰서 그리고 소비자이며 스포츠 소비자는 스포츠라는 제품·서비스, 그리고 스포츠 관련 제품을 구매하고 획득하는 개인이나 집단으로 정의 할 수 있다.

스포츠 스폰서십은 1928년 암스테르담 올림픽에서 미국 선수들에게 제공되는 코카콜라로 시작해 선수, 개인 팀 이벤트, 경기대회 스포츠 단체의 스폰서십 등으로 발전해 왔다.

스포츠 스폰서십을 통한 기업의 스포츠 단체에 대한 재정적 지원은 목표달성을 위한 투자의 개념으로 스포츠이벤트를 지원하는 것이고, 스포츠 단체는 스포츠의 인기를 판매하고 정당하게 대가를 받는 상호 동등한 협력관계에 있는 것이다. 스포츠 스폰서십은 이와 같이 스포츠단체와 기업이 동등한 입장에서 서로에게 필요한 가치 있는 것을 교환하는 활동을 말하는 것이다(김용만, 2016).

스포츠 스폰서십은 기업이 PR이나 사회봉사를 증진하기 위한 수단으로 운동경기 후원으로 기업이나 상표에 대한 친숙도를 높이거나 유지시키며, 기업이나 상표에 대한 이미지 개선, 기업의 사회적 책임을 표현, 일반대중에게 기업에 대한 신뢰와 이해를 획득하는 것으로 궁극적으로는 브랜드의 가치와 자산을 높이는 것이 목표라 할 수 있다.

기업들이 스포츠를 통한 마케팅과 후원에 적극적인 까닭은 지속적인 브랜드노출과 기업 이미지 상승효과 때문이다. 드라마, 콘서트, 공연 등에서는 특정스폰서의 브랜드 노출에 제약이 심하지만 스포츠 경기에서는 제한이 없는 것이 장점이다.

스포츠마케팅의 세계시장 규모는 어마어마하다. 스포츠 마케팅 서베이스 영국 본사가 작성한 '2004 세계 스폰서십 모니터'를 보면, 2004년 한 해 음료회사 게토레이(3억9천만 달러), 비자카드(3억 달러), 나이키(2억8천만 달러), 에미리트항공(2억4천만 달러), 아디다스(2억3800만 달러) 등 상위 50개 기업이 각종 중·단기스폰서 비용으로 44억 달러 정도를 계약했다. 순수한 스폰서료에 더해 전체 마케팅에 소요된 비용은 더 커질 수 있다. 종목별로는 축구(15억 천만 달러)에 가장 많은 돈이 몰렸고 미식축구(10억 달러), 올림픽(6억6천만 달러), 개최지 장소(5억9천만 달러), 골프(3억9천만 달러), 모터스포츠(3억2700만 달러)가 뒤를 이었다(김창금, 2004).

타이틀 스폰서 인지 여부에 따라 브랜드는 품질의 인식과 브랜드의 이미지를 고객에게 심어 줄 수 있으며 브랜드의 호감도가 높아지고 구매에도 긍정적으로 유의한 영향을 미친다(이수정, 2005).

기업의 스포츠 스폰서십의 장점은 브랜드의 이미지를 높이고 브랜드와 고객의 친밀도를 높이며 이익을 창출하는데 있을 것이다. 스포츠선수나 단체시합 이나 이벤트에서는 기업에서 금전, 물질적으로 지원을 받고 기업은 공식명칭 · 마스코트 사용권, 제품 · 서비스 영역 안에서의 독점, 보드 광고, 인쇄물 광고, 초청장 및 입장권 할당 등 많은 홍보 전략을 세우고 실행할 수 있을 것이다.

**<표 7-2> 기업이 스포츠 스폰서십을 통해 얻을 수 있는 효용(스포츠 비즈니스, 1998)**

| 유형 | 내용 |
|---|---|
| 인지도향상 | • 신상품의 인지도 창출<br>• 신규시장에서 기존 상품의 인지도 향상<br>• 부정적 이미지상품(담배, 주류 등)에 적용되는 TV광고 금지법에 대한 우회 |
| 이미지강화 | • 신상품의 인지도 창출<br>• 기존 상품 이미지 강화<br>• 직원 모집 도움<br>• 기존 상품에 대한 고정이미지 변경<br>• 부정적인 여론에 대한 대응<br>• 종업원들과 유통업자들이 상품에 대해 갖는 자부심 구축 |
| 상품사용<br>또는 판매기회 | • 잠재 고객들에게 상품 사용 기회 제공<br>• 현장판매 기회 마련<br>• 소비자 경품, 제휴 쿠폰 및 POP진열 등을 통한 추가 매출 유도<br>• 현장 판매기회 마련<br>• 기존 상품의 새로운 용도 판촉<br>• 기존 상품의 이미지 강화 |
| 접대기회 | • 주요 고객, 유통 업자, 종업원들 간의 유대강화<br>• 사내 인센티브 기회의 강화 |

스포츠 스폰서십이란 조직(주로 기업)이 자신의 목적을 효과적으로 달성하기 위해 스포츠조직, 미디어 등에 재정적, 물질적 지원 혹은 서비스를 제공하고 반대급부를 얻기 위한 활동을 말하는 것으로, 스포츠조직은 재정을 확보하기 위한 수단이 되고 있으며, 기업은 커뮤니케이션의 효과달성을 위한 수단으로 활용된다.

스포츠 스폰서십에서의 스포츠조직이라 함은 대부분 스포츠단체 혹은 구단 등을 의미하지만 스폰서십에서는 개인은 물론 팀(아마, 프로) 또는 단체 등을 총괄적으로 지칭하는 개념으로 사용한다.

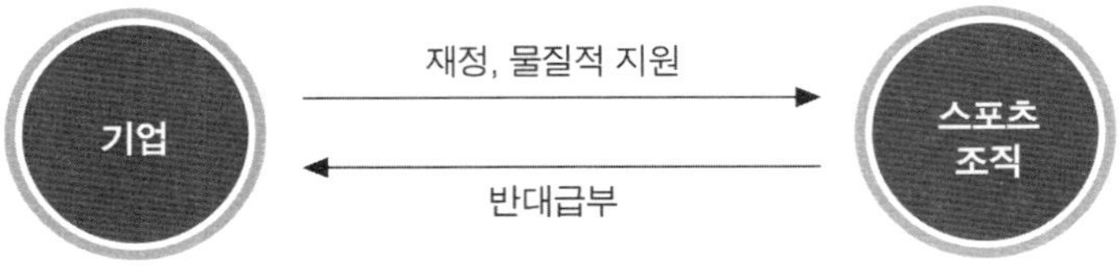


기업이 스포츠조직에 재정적, 물질적 지원을 함으로써 기대하는 효과는 인지도 향상, 이미지 강화, 제품시용 기회마련, 접대기회 마련, 판매기획 확대 등의 기대효과를 바란다(시험 삼아 사용하여 봄).

스포츠 스폰서십의 일반적인 특성은 크게 세 가지로 교환행위, 기업커뮤니케이션 수단, 권리자의 재원 마련방법 등이 있다. 첫째 교환행위는 스폰서 권리자와 기업 간에 일어나는 교환행위이다. 둘째 기업커뮤니케이션의 수단으로, 기업의 입장에서는 재정적, 물질적 혹은 서비스를 제공하는 목적은 커뮤니케이션 수단의 일환으로 활용할 목적이다. 셋째 권리자의 재원마련 방법으로 스폰서십 권리자는 조직운영, 대회개최 재원을 마련할 수 있다(최다미, 2017).

Gray(1996)는 스포츠 스폰서십을 설명하는 주요한 요인들을 6P로 설명하였다. 6P는 다음과 같다.

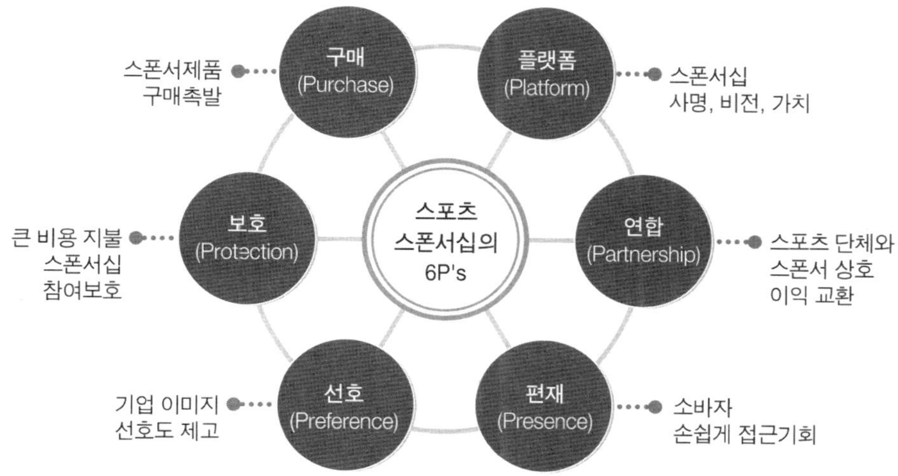


**[그림 7-1 ] 스포츠 스폰서십의 6P' S(Gray, 1996)**

플랫폼(Platform))은 스폰서십은 기업의 커뮤니케이션을 위한 발판과 경쟁사와의 차별화를 위한 기회를 제공한다. 또한 커뮤니케이션활동에서 하나의 도구로, 기본 방향을 제시하는 매우 중요한 역할을 한다. 플랫폼은 커뮤니케이션을 통해 효과적으로 알리고, 경쟁자와 차별화의 기회를 제공하는 역할을 한다.

연합(Partnership)은 스포츠 단체와 기업이 상호이익 교환의 차원을 넘어서 동반자적 관계를 형성하는 것을 의미한다.

편재(Presence)는 어느 곳에나 존재하고 있음을 의미하며, 스포츠 스폰서십은 소비자에게 자연스러우면서도 손쉽게 접근 할 수 있는 기회를 제공한다.(예 월드컵, 올림픽은 대중매체에 의한 노출범위가 넓기 때문에 전 세계를 대상으로 기업을 쉽게 알림. 접근의 용이성, 스폰서십 획득의 용이성, 사용의 편리성을 내포한다. 국제적 스포츠이벤트는 매체 소구력이 강해 전 세계에 스폰서를 알릴 수 있다.)

선호(Preference)는 스프츠 스폰서십은 상표인지도 향상과 상표선호도 강화를 위한 수단으로서의 역할을 한다. - 대중의 스포츠에 대한 좋은 이미지를 기업의 상품에 전이시켜 기업이미지 선호도를 향상시킨다.

보호(Protection)는 스포츠단체 스폰서의 성과 향상을 위한 프로그램을 제공한다.

공식스폰서는 권리자에게 비용을 지불하고, 권한 행사에 대한 보장을 받는다.

매복마케팅 방지프로그램(공식스폰서에 대한 보호 필요-공식스폰서가 기대하는 효과가 달성되어야 지속적인 스폰서십에 참가할 것이고 스폰서십 비용도 높아질 것이다.

구매(Purchase)는 스폰서의 권리는 스폰서십을 활용하여 판매증진에 기여한다. 스폰서십을 통한 상품의 인지도가 상승하며, 판매가 향상된다. 경기장 및 각종 매체를 통해서 스폰서 상품의 인지도와 신뢰도를 높여 스폰서 상품의 구매를 촉발한다(기업이 스폰서십에 참여하는 이유는 스포츠이벤트의 자산을 활용, 자사상품의 판매증진에 기여).

### (1) 스포츠마케팅의 구성요소

현대사회에서 스포츠의 가치는 정보통신 기술의 발달에 큰 영향을 받았는데, 특히 스포츠의 사업화와 프로화는 매스미디어의 절대적인 영향을 받았다고 할 수 있다. 이러한 상업화 및 프로화를 통해 대두된 스포츠마케팅에 관련된 기업, 스포츠, 미디어 그리고 이 세 분야를 연결하는 고리 역할을 하는 스포츠마케팅 대행사 등 소위 스포츠 마케팅의 4대 구성요소에 대해 살펴보면 다음과 같다.

#### ① 스포츠

스포츠 종목 또는 스포츠 단체는 기업의 스폰서십 활동 및 방송중계권, 라이센싱 및 머천다이징권 판매 등의 스포츠 마케팅 활동을 통해 재정원을 확보할 수 있고, 또한 스포츠는 각각의 종목 별로 다양한 이미지를 가지고 있음으로 해서 기업들에게 이러한 이미지에 부합되는 스폰서십활동으로 자사의 이미지 수립을 가능하게 해준다.

#### ② 기업스폰서

기존 대중매체의 이용비용이 점점 증가하고 소비자들의 정보과다 노출, 또한 TV

광고의 경우 Zapping 현상 등으로 광고효과가 떨어짐으로써 기업은 새로운 마케팅 커뮤니케이션 도구를 찾게 되었고 이러한 상황에서 스포츠는 매력적인 광고매체로 대두되었다.

또한 스포츠가 가진 이미지 즉, 성취감, 승리, 역동성, 활력, 젊음, 매력, 건강, 경쟁, 정정당당함 등 사회적으로 요청되는 이러한 이미지는 도시화와 사업화의 결과로 소외된 인간에게 자아를 확인하고 자신감을 심어 주는 역할을 하기도 한다. 그러므로 기업들이 이러한 스포츠가 가진 특성을 살려 이미지를 개선, 유지하려고하고, 이외에도 사회적 책임과 참여 의식의 부각, 고객에 대한 환대(hospitality), 임직원의 사기 진작, 애사심 고취 등 커뮤니케이션 효과를 얻기 위해 스포츠를 이용하게 되었고, 스포츠 마케팅의 중요 구성요소가 되었다.

### ③ 대중매체

스포츠는 대중매체(TV, 라V디오, 신문, 잡지 등)가 시장 점유율에 가치를 두고 있는 테마 가운데 가장 선호도가 높은 프로그램 및 기사의 장르 중 하나로 대중매체에서는 없어서는 안 될 중요한 위치를 차지하고 있다. 올림픽이나 월드컵 축구의 중계방송이 없다면 이것은 스포츠 활동 자체를 무의미하게 한다. 그러나 이러한 중계방송은 필연적으로 중계권료의 고가화가 뒤따르게 되므로 스폰서(기업) 및 피스폰서(스폰서단체)와 협조적인 관계가 필요하다.

### ④ 스포츠마케팅 대행사

스포츠마케팅은 직접 또는 간접적으로 수행될 수 있다. 스포츠마케팅이 직접 수행된다는 것은 스폰서와 피스폰서가 스포츠마케팅을 전개 할 때 발생하는 모든 과제를 스스로 수행한다는 것을 말하며, 간접적으로 된다는 것은 대행사가 전체 또는 부분 업무를 대신 처리해 주는 것을 의미한다. 국내외를 막론하고 기업이나 스포츠단체는 노하우나 각종 권리의 판매경험 부족 등의 이유로 스포츠마케팅 대행사를 필요로 하는 경우가 대부분이다.

스포츠마케팅대행사들은 선수개인, 팀, 클럽, 협회 또는 연맹의 특정 권리를 먼저 사서 이를 되 팔기도하고, 수수료를 받고 스포츠단체와 특정권리 판매계약을 체결하기도 한다. 또는 대행사 스스로 특정 스포츠 이벤트를 운영하는가 하면, 그대가로 해당 이벤트의 마케팅 권리 및 상업적 이용 권리를 소유하기도 한다.

## 2. 스포츠마케팅의 필요성

하나의 지구, 글로벌화, 세계화 그리고 스마트폰을 활용한 인터넷망의 보편화 등 첨단 디지털문명은 우리에게 지구촌 곳곳의 문화와 정보 그리고 각종 소식들을 실시간으로 전해주고 있다. 이러한 급격한 변화는 스포츠 세계에서도 나타나 전 세계적으로 스포츠에 대한 욕구와 스포츠 관련 산업이 급성장하는 계기가 마련되고 있다. 하계올림픽, 동계올림픽, 월드컵 등을 통해 수많은 스타들이 등장하고, 이들의 몸값이 천정부지로 뛰고 있음은 이미 우리가 주지하고 있는 바이다. 또한 스포츠 스타가 신고 있는 신발, 의류, 모자 등 관련 용품산업 역시 급성장하고 있어 스포츠가 이제 단순히 오락적 활동과 기업을 알리는 홍보수단에 머무르지 않고 거대한 비즈니스로 떠오르고 있는 것이다. 또한 이러한 비즈니스로서의 성장은 스포츠마케팅(sports marketing)을 하나의 학문으로 성장시키기에 충분한 동력을 제공해 주었다(박세혁 외, 2004).

스포츠의 발전은 마케팅 분야뿐만 아니라 많은 대중들에게 이제는 하나의 생활양식이 되어가고 있다. 눈만 뜨고 일어나면 전 세계 각국에서 벌어지고 있는 각종 스포츠 관련 기사를 검색하고, 스포츠 토토 등 복권의 구입하고 좋아하는 스포츠가 언제, 어디서 시작되는지에 관심을 기울이는 모습을 주위에서 심심찮게 볼 수 있는 것이 오늘날 스포츠와 관련된 일상생활의 모습이다. 이와 같이 스포츠 관련 산업이 발전하면서 스포츠 분야와 타 연관산업 간에 경쟁구도가 형성되고, 이러한 경쟁구도는 한정된 소비자를 그들 분야로 유인하기 위한 다양한 마케팅기술을 필요로 하게 되었다. 이러한 필요성의 대두는 스포츠와 마케팅이라는 학문을 자연스럽게 결합되도록 하였으며, 이를 통해 보다 나은 스포츠제품과 관련 제품 및 서비스를 제시해 타 산업과 대비하여 차별적 경쟁우위를 확보하고자 하는 마케팅 개념을 적극적으로 받아들이게 된 것이다(이학식, 2005).

뿐만 아니라 국내외적으로 산업화와 고도의 경제성장에 따른 여가시간의 증대, 건강과 사교 등을 위한 스포츠 활동의 필요성에 대한 인식의 확산, 매스미디어를 통한 다양한 스포츠 형태의 접촉 및 국민적 영웅으로서의 스포츠 스타의 탄생은 여러 가지 요인이 복합되어 스포츠 활동은 우리 삶의 중요한 비중을 차지하게 되었다. 최근 들어 스포츠산업은 양적인 성장을 지속시키는 동시에 그에 걸맞게 질적인 기반을 튼튼히 조성하기 위해 다양한 노력을 경주해야 하는 시점에 이르렀으며, 자유무역 체제에 따른 해의 스포츠시장의 개방에 대비하여 과학적이고 선진적인 스포츠마케팅 기법을 도입하는 것이 시급히 요청되고 있다.

스포츠마케팅의 필요성(강호정외, 2013).

① 스포츠 산업규모의 확대와 경쟁의 심화
② 스포츠 소비자들의 요구 증대
③ 기업 커뮤니케이션 효과 증대

- <u>스포츠마케팅 전문가 양성의 필요성</u> : 스포츠상품은 매우 복잡한 변수를 지녔고, 스포츠시장 또한 전문적인 지식과 능력 없이는 도전하기 어렵다.
- <u>스포츠산업의 내부적 필요성</u> : 스포츠에 대한 관심 증대, 스포츠 활동 참여 인구의 증가, 국내스포츠산업 시장의 확산
- 기업적 필요성 : 기업이미지 향상, 세계적 홍보, 타 광고와의 차별화, 다양한 노출효과 등으로 인해 스포츠마케팅을 필요하다.
- 국가적 필요성 : 국제적 스포츠이벤트는 국가의 위상제고, 국력과시, 국민통합, 국가경제 활성화 등에 기여하므로 국가적 관심사가 되었다.

## 1) 스포츠마케팅의 사례

### (1) 개인별 마케팅사례연구

2016년 크리스티아누 호날두(31 · 레알 마드리드 · 포르투갈)의 브랜드 가치가 2천억 원에 육박하는 것으로 조사됐다.

국제축구연맹(FIFA)은 '더 베스트 FIFA 풋볼 어워즈 2016'에서 호날두를 올해의 남자 선수상 부문 수상자로 선정했다. 이로써 호날두는 이번 수상으로 개인 통산 두 번째 FIFA 올해의 선수상을 받았다. FIFA 올해의 선수상 최다 수상자는 지네딘 지단(프랑스)과 호나우두(브라질) 호나우지뉴(브라질)이 각각 기록한 3회이다. 특히 호날두는 발롱도르와 FIFA 올해의 선수상 수상을 합산하면 무려 7회로 리오넬 메시(29 · FC바르셀로나 · 아르헨티나 · 총 6회)를 제치고 최다 수상자로 이름을 남겼다.

호날두는 올 시즌 독보적인 활약을 펼쳤다. 소속팀 레알 마드리드의 에이스 역할을 소화하며 2015~2016 유럽축구연맹(UEFA) 챔피언스리그 정상을 이끌었다. 이어 유로 2016에서는 자국 포르투갈을 사상 첫 정상으로 이끄는 기적을 만들어냈다. 여기에 최근 막을 내린 '2016 FIFA 클럽 월드컵'에서도 레알 마드리드의 우승을 이끌어 '우승 청부사'다운 면모를 선보였다. 호날두는 2016년 총 55골(레알 42골, 포르투갈 13골)을 작렬했다.

스페인 언론 '아스'는 "호날두의 브랜드 가치는 1억 6천만 유로(약 2천억 원)이다. 스포츠 마케팅 및 미디어 전문기관인 후킷(Hookit)이 호날두의 가치를 분석했다"고 보도했다. 후킷의 연구에 따르면, '크리스티아누 호날두'란 브랜드가 전 세계적으로 확산됐고, 비디오 게임, 시계, 식당, 호텔 등 호날두의 이름으로 연결된 브랜드가 약 1억 7,500만 달러의 가치로 평가됐다. 최근 그와 나이키의 계약금만 3,000만 달러(약 340억 원)인 것으로 알려졌다.

호날두는 세계 최고 수입의 스포츠 선수이기도 했다. 미국 경제지 '포브스'는 "호날두는 연간 8,800만 달러(약 1000억 원)의 수입으로, 스포츠 선수 중 가장 많은 수입을 올린 선수로 선정됐다"고 전하기도 했다.

한편, 레알은 지난 6일 호날두와의 계약을 2021년으로 연장한다고 발표했다. "호날두의 주급은 365,000파운드(약 5억 2천만 원)로 세계 최고 주급의 선수로 기록됐다.

최근 호날두는 과거 마이클 조던 부럽지 않은 콜라보레이션으로 주목받고 있다. 호날두는 하늘에 떠 있는 별만큼이나 많은 축구선수들 중에서도 단연 최고의 인기다. 단적인 예로 유럽 기업들은 3천770만 명의 팔로워를 거느리고 있는 호날두가 트위터 홍보를 한번 해주는 대가로 평균 약 3억원 정도를 지불할 정도라고 한다.

가장 대표적인 호날두 콜라보레이션은 CR7이다. CR7은 크리스티아누 호날두와 그의 등번호 7을 따서 만들어진 브랜드다. 과거 에어조단과 비슷하지만, 호날두가 직접 만들었다는 점에서 차이가 있다.

CR7 대표 상품으로는 남성속옷이 있으며, 그 외에 축구화, 운동화, 셔츠, 양말 등이 있다. 모델은 당연히 호날두며, 호날두가 속옷만 입고 있는 사진을 어마어마하게 많이 만날 수 있다.

<박세리>

박세리의 여자골프 메이저 대회 2연승을 계기로 삼성은 엄청난 광고 효과를 얻었다. 삼성은 박세리에게 1995년부터 계약금 8억 원, 연봉 1억 원 등 40억 원을 지원했다. 하지만 박세리의 메이저 대회 2연승으로 미국에서는 1억 7천만 달러의 광고 효과를 보았다.

미국 리서치 인터내셔널의 조사에 따르면 박세리의 활약으로 삼성의 인지도가 6% 급상승한 것으로 나타났다. 인지도를 1% 높이는데 약 2천 5백만 달러가 드는 것을 생각하면 엄청난 이익인 것이다. 또한, 삼성의 아스트라는 지난 5월 초 LPGA 경기 후 국내 매출이 50% 가량 증가했고 브랜드 가치 또한 2억 5천만 달러 정도 상승한 것으로 분석되고 있다. 삼성은 아스트라와는 별도로 'SERIPAK'이란 상표를 개발하기로 했다. 이에 삼성에서는 박세리 지원팀을 대폭 강화하고 선수생명 연장을 위해 체계적인 선수관리에 들어갔다.

황영조의 급작스런 은퇴로 제대로 된 스포츠 마케팅을 시작도 못하고 끝난 코오롱. 하지만 코오롱에는 이봉주 선수가 있었다. 코오롱은 1994년 이후 7억 원 정도를 투자했다.

<이봉주>

그 결과 이봉주 선수가 1998년 로테르담 마라톤 대회에서 우승하면서 그 대회에서만 30억 원 정도의 광고 효과를 얻었다. 또한 이봉주 선수가 그 대회에서 신었던 엑티브 마라톤화는 한 달 동안에 1천 5백켤레가 판매된 것으로 나타났다. 원래 엑티브 마라톤화는 연간 5백 켤레 정도 판매되던 것으로 3년 치를 한 달 사이에 판매한 결과를 가져온 것이다.

한국인 최초의 메이저리거인 박찬호. 그는 광고에 가장 많이 나오는 스포츠 스타이다.

그를 발빠르게 이용한 기업은 삼보컴퓨터. 박찬호를 모델로 기용한 삼보컴퓨터는 야구용어 '체인지업'을 사용, 2년 후에 새로운 모델로 바꿔 준다는 이벤트로 컴퓨터 시장에 선풍을 일으켰다.

또한 삼성전자와 비슷한 수준의 매출을 끌어올렸고 기업 이미지를 높여 자금대출 등에서 숨통을 틔웠으며 장기 고객인 청소년을 확보했다.

무엇보다도 삼보컴퓨터의 부도설을 일시에 잠재웠다.

박찬호가 출연하는 또 다른 광고 게토레이. 게토레이는 박찬호를 모델로 사용한

1997년 3개월 새 40억 원에서 88억 원으로 2배가량 매출이 늘었다. 또한 동양제과의 경우 박찬호로 인해 멀티그레인 시장규모의 66.6%를 차지했다.

### (2) 기업별 마케팅사례연구

현대자동차는 스포츠 마케팅에 관심이 많아 투자를 아끼지 않고 있으며, 스포츠 마케팅 부서가 존재하여 공격적인 마케팅을 끊임없이 하고 있습니다.

현대자동차의 국내스포츠마케팅 분야 중에서 가장 도드라지는 영역은 바로 축구입니다. 대표적인 예로는 K리그 클래식의 상위권 팀인 전북 현대 모터스를 직접 운영하는 것입니다. 전북현대 모터스는 모기업인 현대자동차의 후원 아래 이제는 한국을 넘어 아시아 최고의 축구 클럽이라는 평가를 받는 명실상부 대한민국 최고의 클럽입니다.

이렇게 적극적인 투자를 바탕으로 전북현대는 2016년 아시아 챔피언스 리그(ACL)에서 우승을 했습니다. 이에 대한 광고 효과는 1,808억 원의 스폰서 노출 효과를 보았다. K리그에서 861억원, ACL에서 947억 원입니다. 2015년 미디어 노출 효과 1027억 원(K리그 712억 원, ACL 315억 원)보다 껑충 뛴 액수입니다. 전북은 1년 예산으로 약 300억 원을 쓰는 것으로 알려졌습니다. 이미 ACL과 클럽월드컵 1회전 상금으로만 내년 살림의 약 18%를 메웠습니다. 모기업의 홍보 효과까지 합치면 구단의 1년 예산을 충당하고도 수십억 원이 남는 장사를 한 셈입니다.

또한 현대자동차는 대한축구협회의 공식 후원사로서 우리나라 축구의 미래를 위해서 투자하고 있습니다. 이외에도 현대자동차 계열사를 모기업으로 하는 스포츠 구단에는 축구팀 울산현대와 현대제철 레드엔젤스, 농구팀 현대 모비스 피어스, 그리고 야구팀 기아 타이거즈가 있습니다.

반면, 해외 스포츠마케팅 사례 중 가장 대표적인 것은 바로 월드컵 후원입니다. 현대자동차는 FIFA의 공식 스폰서로서 15년 넘게 4년마다 열리는 월드컵을 후원하고 있습니다. 전 세계인이 열광하는 월드컵 기간 동안 현대자동차의 브랜드 광고 노출효과는 돈으로 측정할 수 없을 만큼이라고 합니다.

2014년 브라질 월드컵 당시, 브라질 정부는 월드컵 준비를 위해 12조8,500억 원이라는 막대한 비용을 지출했습니다. 정부가 과도한 비용을 들여 월드컵을 치르고 있다며 전국에서 반정부 시위가 벌어질 정도였습니다. 그러나 브라질 정부가 추산한 경제적 파급효과는 관광수입 3조 원을 포함해 53조 원을 상회합니다.

FIFA Partners

adidas Coca-Cola 万达WANDA GAZPROM HYUNDAI KIA MOTORS VISA

FIFA World Cup™ Sponsors

Budweiser McDonald's

현대자동차그룹은 월드컵 대회 기간 동안 VIP 의전용 차량과 선수단 버스 등을 공식지원하며, 독일 스페인 이탈리아, 호주 등 16개국의 주요 도시에서 대규모 길거리 응원전을 개최하고 있습니다. 월드컵에서 경기장 광고판을 포함해 30조 원의 마케팅 효과를 기대 했습니다.

뿐만 아니라 과거 2002년 한일 월드컵이 있던 시기, 한국 경제는 7.4%의 고성장을 이뤘다. 당시 정부는 월드컵 개최에 따른 경제적 효과를 26조 원으로 추산했다. 월드컵은 치맥으로 대표되는 민간소비에도 영향을 미친다는 자료가 있다. 현대경제연구원은 2010년 남아공 월드컵 당시 16강 진출로 7,350억 원의 민간 소비지출이 추가로 이뤄졌으며, 생산유발 효과를 고려하면 경제적 효과가 1조3000억 원에 달한다는 분석을 내놓았다.

이 외에도 현대자동차는 2012년 국제스키연맹과 공식 후원사 계약을 체결했습니다. 유럽에서 인기가 많은 겨울 스포츠 종목을 후원하여 유럽시장을 공략하려는 전략입니다. 또한 영구, 호주, 인도 등에서 인기가 많은 국제 크리켓 협회를 후원하는 공식 후원사이기도 합니다. 더불어 프랑스의 올림피크 리옹, 러시아의 CSKA 모스크바를 후원하면서 유니폼 앞에 새겨진 현대자동차 브랜드 로고를 통해서 전 세계에 현대자동차의 위상을 널리 알리고 있습니다.

우리의 대표 브랜드-삼성

**<삼성그룹>**

삼성전자는 해외경영에 스포츠 마케팅을 통한 브랜드 인지도를 높이는 것이 필수적이라고 판단하여 유럽을 비롯해 동남아, 중남미, 러시아 등 전 세계 각지에서 스포츠대회를 단독 지원하거나 각종 스포츠 팀들을 후원하는 등의 방법으로 마케팅 활동을 강화하고 있다.

삼성전자는 삼성 네이션컵 세계승마대회를 개최하고 있는 것을 비롯해 지난 '95년부터 루마니아에서 삼성컵 축구대회를 개회하고 있으며 2000년 시드니 하계 올림픽에 무선기기 파트너십을 획득 한데 이어 '98년 개최한 방콕 아시안게임 오디오, 비디오제품과 백색가전의 공식 스폰서십 파트너로 지정되는 등 스포츠 마케팅을 활발하게 하고 있다.

특히 삼성네이션스컵 승마대회는 국가대항전으로 1996년 5월 프랑스 라볼에서 1회대회가 개최된 것을 비롯하여 앞으로 '99년까지 3년간 전 세계 25개국에서 28개 대회가 개최될 예정이다.

삼성은 이 대회의 공식 스폰서로 연간 4백만 달러를 지원하기로 했다.

삼성은 또 러시아 1급 프로 아이스하키팀 '디니모'와 프로 축구팀 '로코모티브', 헝가리 축구팀 VAC 삼성팀도 지원, 이들 팀 선수들은 삼성로고가 새겨진 경기복을 입고 경기에 참가하고 있으며 이들의 경기가 있는 경기장에 삼성전자 홍보 입간판 등이 세워졌다. 또한, 1996년 10월 뉴욕주 뉴로체의 와이카금 CC에서 열리는 LPGA(여자 프로골프협회)주최의 JAL빅애플클래식대회에 공동스폰서로 참가했다.

이 대회에서 삼성은 10만 달러를 후원하고 타이틀스폰서인 일본항공은 72만 5천 달러를 지원한다.

삼성은 앞으로 인구가 밀집되고 광고효과가 보장되는 뉴욕 인근 열리는 대회의 타이틀스폰서를 맡을 계획이다.

LG는 기존의 골드스타(Gold Star)에서 LG로 브랜드 교체 작업을 벌이고 있기 때문에 효과적인 브랜드 런칭을 위해 스포츠 마케팅이 어느 때보다 강화하고 있다.

LG전자 북미법인은 올해 1월의 美 PGA투어 골프대회에 그룹 이름으로 협찬 참가한 것을 비롯해 파키스탄에서 5개국 초청 LG배 국제하키 대회 개최, 튀니지에서 열린 아프리카 4개국 초청 LG컵 축구대회 개최 등에 단독 스폰서로 참가했다.

<LG그룹>

또한 LG는 한국기업으로 최초로 미국시니어 프로골프협회(PGA)골프 대회를 주관, 대회명을 'LG챔피언십'으로 정하였다. 이 대회는 97년 2월에 플로리다주 네이플 베이콜로니 CC에서 개최되어서 대회 총상금을 1백만달러로 올려 시니어골프대회 중 최고수준으로 끌어올렸다.(시니어대회의 평균상금은 84만달러) 미 PGA가 주최하는 이 대회에는 아놀드 파머, 치치 로드리게스 등 시니어스타들이 대거 참가했고 스포츠 전문방송인 ESPN을 통해 미국과 전 세계에 방영이 되었다.

대우전자는 가장 먼저 세계화를 주창, 그룹 차원에서 스포츠 마케팅을 전개하고 있으며 대우전자 차원에서도 올해 초 폴란드에서 태권도대회를 개최한 것을 비롯해 대우그룹 산하 프로 축구팀인 대우로얄즈의 중국투어 등을 통해 브랜드 강화작업을 펼쳤다.

<대우전자>

몇 해 전 느닷없이 구식 디자인에 첨단 기술은 전혀 가미되지 않은 평범한 모델의 테니스화가 유행했던 적이 있다. 제작사인 나이키조차 의아해 했던 이 사건의 뒷얘기는 더욱 흥미진진하다. 항상 최고의 운동선수를 모델로 최첨단 스포츠화를 광고해 온 나이키는 새로 개발한 첨단기능의 테니스화 광고를 위해 '코트의 악동' 존 매캔로를 섭외했다. 그런데 매캔로는 까다로운 자신의 취향을 고집, 나이키의 주력 상품 대신 평범한 구형 테니스화를 신고 대회에 출전했다. 실망한 나이키 측은 대대적으로 펼칠 예정이었던 광고와 판촉 활동을 모두 취소해 버렸다. 그러나 매캔로가 무수한 원망을 들으며 신고 나갔던 그 평범한 테니스화가 일주일 만에 2만 켤레나 팔리는 빅히트를 기록했던 것이다. 광고도 판촉도 하지 않았던 상품의 이 같은 성공은 '스포츠 마케팅'의 위력을 보여주는 사례다. 스포츠 수익의 대부분은 스폰서십 판매에서 난다고 해도 과언이 아니다. 올림픽이나 월드컵도 결국 대

기업들의 스폰서 참여로 운영된다.

예컨대 유럽 미식축구리그(WLAF; World League American Football)도 경기의 인기가 높아지면서 전체 수익 중 대기업의 후원금이 차지하는 비중이 꾸준히 올라가고 있다.

미국 기업들은 특히 각종 스포츠에 스폰서로 참여, 기업 이미지를 높이고 판촉활동을 벌이는 데 관심이 많다. 1992년 미국 기업들이 미국 내 스포츠 광고에 투자한 금액은 총 75억 달러로 해외 스포츠 광고에는 30억 달러를 투자했다.

스포츠를 통한 광고 및 홍보 효과를 그만큼 믿고 있다는 얘기다.

그렇다면 기업들이 스포츠에 투자한 돈은 어느 정도의 효과를 내는 것일까?

오랫동안 올림픽의 공식 스폰서로 참여하고 있는 코카콜라는 자체 조사 결과 미국 소비자의 38%가 올림픽 후원기업이라는 이유로 코카콜라를 마시는 것으로 나타났다고 발표했다.

<코카콜라>

또 3M이 유럽 지역을 대상으로 조사한 결과 대부분의 소비자들은 다른 조건이 같다면 올림픽 후원사의 제품에 구매의향을 표시했다.

현대적 의미에서의 본격적 스포츠 마케팅의 효시는 1984년 미국 LA 올림픽이라고 할 수 있다.

LA 올림픽에서 선보인 광범위하고 다양한 스포츠 마케팅은 이후 세계적 기업들이 앞 다투어 모방하는 모범적인 선례가 되었다. 올림픽 같은 세계적인 규모의 스포츠 행사를 후원하면 무엇보다 기업에 대한 소비자들의 신뢰도가 향상된다. 이는 곧 매출 증대로 이어지며, 거래 선에도 자사 브랜드 이미지를 확실히 심어줘 사업 다각화에도 도움이 된다.

1984년 LA 올림픽 후원업체로 참가한 브라더공업의 경우, 1984년을 기점으로 매출은 16.3%, 경상이익은 21.6% 증가했으며, 기업인지도에서도 1984년 이전의 10% 대에서 이후 60% 대로 높아졌다.

무엇보다 가장 큰 소득은 재봉틀 회사에서 정보기기 회사로 이미지 변신에 성공한 것이다. 올림픽 후원사로 참여했다는 것이 비단 외형적인 성장만으로 나타나는 것은 아니다.

세계적인 운송업체인 UPS가 사원들을 대상으로 회사에 대한 자긍심에 대해 조사한 결과 1992년 바르셀로나 올림픽 참여 후 '회사에 대해 자랑스럽게 생각한다' 는 응답이 참여 전에 비해 16% 정도 늘었다고 한다.

두말할 것도 없이 스포츠는 대중 마케팅의 훌륭한 촉진 수단이다. 특히, 스포츠 마케팅은 기업의 공익성을 강조하고 언어나 인종 등에 관계없이 전 세계인이 공감할 수 있어 기업의 이미지를 한층 더 향상시킨다.

이렇게 광범위하고 다양한 효과를 발휘하는 스포츠 마케팅의 세계에 지금 세계의 선진기업들이 앞 다투어 뛰어들고 있다.

올림픽 후원 등 스포츠 마케팅의 위력을 진작부터 적극 활용해 온 코카콜라의 스폰서십은 "세계 어디에서든지 코카콜라를 접할 수 있게 한다' 는 것이다.

이미 유명해진 상품의 판매우위를 확보하고, 브랜드 이미지를 국제적 · 국가적 · 지역적 베이스에 연결함으로써 이미지 상승 및 매출 증대를 도모하고 있다.

캐논은 자사의 하이테크 카메라를 완벽하게 전시할 수 있는 시각적인 수단으로 스포츠를 선택, 1970년 초부터 각종 스포츠 이벤트의 주요 스폰서로 활동하기 시작했다.

세계적인 행사에 캐논의 이름을 보이게 함으로써 스포츠의 인기 증대에 따른 상업적 가치 제고를 도모하는 것이다.

특히 골프, 축구, 테니스, 체조 종목에 주력하고 있으며, 1995년 스폰서십 비용으로 2800만 달러를 지출했다.

IBM은 1960년부터 올림픽 스폰서 활동을 시작했으며, 1993년 말 IOC와 TOP 프로그램을 2000년까지 후원하는 장기 계약을 체결했다.

스포츠 스폰서 외에 교육 및 학교 위주의 프로그램과 스포츠 스폰서십의 연계, 각종 문화이벤트 등에 적극 참여하고 있으며, 최근 NHL(National Hockey League)

과 새로운 계약을 체결하기도 했다.

필립스는 10년 전부터 주요 국제 스포츠 행사의 스폰서로 나서고 있다.

국제적인 스폰서십을 통해 자사의 홍보 기회를 극대화하고, 보다 동적이고(dynamic) 젊으며(youthful) 날카로운(cutting-edge) 이미지를 확립하여 판매에 연결하고자 노력하는데, 특히 현장에서 기술을 과시할 기회를 갖고 필립스의 주요 스폰서십 활동을 통해 프로모션 및 유통 채널과의 연결을 도모하고 있다. 모토롤라의 경우는 좀 특이한 예에 속한다.

1974년 소비재 사업을 떠난 이후 스폰서십에 그다지 관심을 갖지 않았던 모토롤라는, 1990년대 이후 이동전화와 호출기 같은 소비재 사업에 복귀함에 따라 일반 소비자의 주의를 끌 필요가 생기자 스포츠 마케팅에 본격적으로 뛰어들었다. 모토롤라는 특히 고유한 판매 프로그램을 설정하고자 노력하며, 그로 인한 수익을 스폰서십의 기금으로 이용하고 있다.

도요타의 경우, 장기적인 스폰서십보다는 무작위적이고 다양한 종류의 행사를 몇 년 단위의 단기 위주로 지원하고 있으며 일원화된 스폰서십 전략은 부재한 상태다.

자동차 경주분야에서의 스폰서십 활동을 제품 개발 및 기업 이미지 제고에 활용하고 있으며, 그 목적은 도요타를 기능성 자동차 생산자로 인식시키는 데 모아진다.

도요타는 특히 잠재 고객을 겨냥해 스폰서 행사와 관련한 테스트 드라이브 행사, 제품 소유자의 VIP 우대 행사 등을 별도로 마련하고 있기도 하다.

### (3) 국가별 마케팅사례연구

미국 스포츠 구단이 2016년 205조 원의 수입을 올리며 자동차 산업만큼 돈을 벌고 있다. 미국 경제전문지 포브스는 지난 1998년부터 매년 프로스포츠 구단 가치를 산정, 발표하고 있다. 미국 5대 프로스포츠 가치 총합은 2015년 조사(1505억 달러 · 182조원) 때에 비해 1년 만에 13% 성장한 것이다.

미국에서 프로스포츠는 거대 산업이다. 미국의 스포츠 시장은 세계 시장의 41%(유럽 35%)을 차지하고 있다. 2015년 5대 리그 142개 팀이 거둔 수입은 역대 최고 수준인 304억 달러(약 36조7000억 원)나 됐다. 영업이익의 합계도 49억 달러(약 6조원)에 달해 사상 최고의 호황을 누렸다.

글로벌 컨설팅 업체 프라이스워터하우스쿠퍼스(PwC)가 지난해 말 발표한 '스포츠 아웃룩 2016'에 따르면 미국 스포츠의 시장 규모는 지난해 672억 달러(약 81조원)로 2015년(77조원)보다 5.2% 증가했다. 미국에서 스포츠 산업의 비중이 자동차 산업(총 생산량 699억 달러)에 버금가는 규모로 성장한 것이다. 미국 스포츠 시장은 2020년 89조원에 이를 것으로 PwC는 예상했다. 스포츠 관련 산업까지 포함하면 시장 규모는 4600억 달러(555조원)로 늘어난다. 미국 GDP(18조5619억 달러)의 2.8%에 이른다.

미국인들이 가장 좋아하는 미식축구의 가치는 상상 이상이다. NFL은 748억 달러(약 90조3000억원)로 미국 프로스포츠 가운데 가장 높은 가치를 지닌 것으로 조사됐다. 1년 전 조사 때보다 19% 상승했다. MLB(386억 달러 · 47조원)와 NBA(373억 달러 · 45조원)의 가치를 합한 것과 비슷하다. NFL 1위 댈러스 카우보이스의 구단 가치는 42억 달러(5조원)로 전 세계 프로스포츠 구단 가운데 가장 높았다.

미국 스포츠의 성장 동력은 TV 중계권료다. PwC에 따르면 미국 내 스포츠 중계권료는 2016년 182억 달러(22조원)였다. 2015년에 비해 11.7%가 성장했다. 2020년까지 평균 5.5%가 상승할 것으로 PwC는 전망하고 있다. 특히 NFL의 중계권료는 폭발적으로 상승하고 있다. NFL이 2014년부터 2021년까지 CBS · NBC · FOX · ESPN과 맺은 중계권 계약 규모는 연평균 49억5000만 달러(약 5조9000억원)로 NBA(3조1000억원)와 MLB(1조8000억원)를 크게 앞섰다. 정희윤 스포츠산업경영연구소 소장은 "시청률은 스포츠 종목의 인기를 반영하는 지표다. 그래서 중계권료는 시청률과 정비례한다. 방송사간 경쟁이 치열해지면서 중계권료가 가파르게 상승하고 있다"고 설명했다.

향후 세계 스포츠리그의 변화, 자본으로 말할 수 있다. 포브스가 분류한 2016년 세계 프로스포츠구단 가치 10위에도 미국프로스포츠 구단이 7개가 포함됐다.

1996년 미국프로축구구단은 10개였고 팀 가치는 500만 달러, 평균연봉은 3만 달러에서 5만 달러에 불과했다. 그러나 20년이 지난 지금은 구단수가 20개로 늘었고 팀 가치도 1억5700만 달러로 증가했다. 선수들이 평균연봉도 23만 달러로 올랐다.

현재 과학기술의 발전으로 팬들이 스포츠를 접하는 플랫폼이 무척 다양해졌다. 과거에는 경기 자체만 상품이 됐지만 지금은 경기장에서 팬들이 느끼는 총체적인 모든 경험이 상품이 됐다. 모든 경험을 콘텐츠로 만들어 팔아야 한다는 의미다. 한국 팬들이 정말 원하는 게 우승과 승리뿐이라면 발전이 없을 것이다. 한국프로스포츠는 팬들이 원하는 게 무엇인지, 그걸 먼저 파악하고 그쪽에 집중적으로 투자해야 한다. 이를 이루려면 프로스포츠 분야 경영진의 의식이 달라져야 한다. 처음부터 일한 사람들이 오랜 시간 장기적인 안목을 갖고 리그를 만들어가야 한다.

### ① 일본의 J리그

1993년에 출범한 일본의 프로축구리그인 J리그가 일본의 성공적인 스포츠 마케팅 사례로 기록되면서 스포츠 마케팅의 새로운 장을 열게 되었다. J리그는 일본 축구를 세계 수준으로 끌어올린다는 목표로 시작되었다.

이런 목표를 위해 일본 축구협회는 '89년부터 치밀하게 J리그를 준비했다. 이 때 일본축구협회를 도와 J리그 마케팅 전략을 세운 장본인이 일본의 광고대행사인 하쿠호도이다. 하쿠호도는 일본 축구협회의 의뢰를 받아 일본의 프로야구와 미국의 프로야구, 분데스리가 프로축구 등 각종 프로리그의 조직과 스폰서 현황, 사업 시책 등을 조사했다.

그러나 하쿠호도의 조사 결과는 일본에서 프로축구는 성공가능성이 희박하다는 부정적인 것이었다.

가장 큰 문제점으로 지적된 것이 경기장과 시설이 절대적으로 미흡하고 프로축구를 통한 비즈니스 기회가 부족하며 기업에 소속된 팀 체제로는 여러 가지 문제가 발생할 우려가 있다는 것이었다.

물론 긍정적인 측면도 있었는데 일본 축구 선수들이 프로화에 대한 열망을 가지고 있고 소년 축구 붐이 일어나 어린이 층을 팬으로 확보하기 쉽다는 점이었다.

축구협회는 하쿠호도의 조사를 바탕으로 부정적인 측면을 최소화하면서 J리그를 성공적으로 출범시키기 위해 '89년 6월에 프로리그 검토위원회라는 J리그 출범준비위원회가 만들어졌다.

이어 그 해 9월에는 소위원회를 조직, 세부적인 개별 마케팅 전략을 세웠다.

소위원회에서는 J리그 참가조건을 제시했는데 J리그 참가팀은 모두 법인화해야 한다,

1만 5천명 관람객 수용 수준의 경기장을 보유하고 있어야 한다.

1억 5천만 엔의 분담금을 내야 한다 등의 조건을 만족시켜야 했다.

하쿠호도는 1990년부터 '프로화에 대한 선수, 지도자의 의식', '프로 축구에 대한 팬들의 의식', 'J리그에 바라는 팬의 소리', 'J리그에 대한 전국적 의식' 등을 조사, 결과를 언론에 발표하는 한편 마케팅 전략 수립에 활용했다.

리서치를 한 번 실시할 때마다 1천5백만 엔이라는 돈이 들었지만 일본 축구협회는 미래를 위한 투자라고 생각하여 리서치 및 마케팅 경비를 지출했다.

리서치를 바탕으로 하쿠호도는 J리그의 로고를 개발 발표했고 J리그의 탄생을 알리는 광고도 내보냈다.

또 J리그에 대한 팬들의 의견을 접수한다는 광고를 낸 뒤 접수된 의견에 대한 축구협회의 대답을 담은 광고를 '팬의 목소리에 대한 대답'이라는 제목으로 주요 일간지에 게재했다.

PR(홍보)시책의 일환으로 수시로 기자간담회를 실시했으며 91년 7월부터 J리그 독자 홍보지를 발간, 전국에 배포했고 1993년 5월에는 각 구단의 유니폼과 캐릭터를 전시하는 행사를 열었다.

1993년 5월 16일 개막일에 맞춰 15, 16일 이틀간 각 팀 우수선수들의 메시지를 소재로 한 광고를 신문에 게재, J리그 개막을 대대적으로 알리기도 했다.

여기서 J리그가 성공한 요인을 알아보면, 참가팀의 프랜차이즈화하여 스폰서 기업이 팀의 지분을 100% 소유했다 해도 팀 이름에 그 기업명을 사용하는 것을 금지하였다.

이는 팀을 독립적인 운영체제를 보장하기 위해서 였고, 이와 함께 유니폼에 회사명을 넣고 싶은 기업에는 사용권을 판매, 독립적인 사업으로 발전시켰다.

철저한 중앙 집중 시스템으로 마케팅 수익을 J리그협회에서 공평하게 분배하는 것을 원칙으로 했다.

이것은 미국의 풋볼리그(NFL)가 TV방영권 수입을 30개 팀에 공동으로 분배하는 데서 따온 제도다.

미우라와 같은 축구 스타를 키워 팬을 확보하고 새로운 응원 스타일을 개발, 흥미를 집중시켰으며 각종 얘깃거리를 만들어 언론에 발신함으로써 J리그 자체가 화제가 되게 했다.

결론적으로 J리그는 일본이 2002년 월드컵 유치를 위해 치밀하게 계획한 스포츠 마케팅의 전형이다.

축구는 공 하나만 있으면 충분한 간단한 운동이기 때문에 가난한 나라를 비롯해 전 세계 어디서든 사랑 받는 운동이다. 일본은 J리그의 성공적인 정착을 통해 스포츠를 통한 국가 및 기업 이미지 제고의 목표를 달성하려 했던 것이다. J리그는 하나의 스포츠를 사업화하고 수익원으로 이용하기 위해 필요한 스포츠 마케팅 전략이 무엇인지를 보여주는 사례다.

### ② 미국의 NBA와 NFL

마이클 조던과 샤킬 오닐 등 수많은 스타들로 전 세계 팬들은 열광시키고 있는 미국의 프로농구 NBA는 경기 자체가 달러박스다.

NBA는 1백59개국의 5억 가구로 중계되는 세계적인 인기 이벤트다.

NBA는 스폰서로 참여하고 있는 다국적 기업을 지원하기 위해 호주, 일본, 멕시코, 스위스 등에 리그 사무실까지 두고 있을 정도다.

NBA 자체가 하나의 커다란 사업이 된 것이다.

`94-`95년 시즌에 NBA가 입장권 판매만으로 벌어들인 돈은 30억 달러(약 2조4천억원)이다.

마이클 조던이 활약하고 있는 시카고 불스 홈경기장의 경우 내년 시즌 입장권은 전량 매진된데다가 대기자만 1만8천여 명이 기다리고 있는 실정이다.

지정석의 경우 99년도까지 팔린 상태다. 입장권 판매 현황만으로도 NBA의 인기를 짐작할 수 있는 것이다.

네슬레는 NBA의 공식 캔디 공급사로 활동하기로 하고 3년간 계약금으로 1천5백만 달러를 지불했다.

아메리칸 익스프레스는 NBA의 공식 신용 카드 공급업체로 3년간 3천만 달러를 내놓았다.

AT&T는 NBA의 공식 원거리 통신 스폰서이며 코카콜라는 NBA의 공식 음료로 연간 5백만 달러 이상을 NBA에 지출하고 있다.

코카콜라는 `94-`95년 시즌에 NBA를 주제로 한 스프라이트 광고를 전 세계 1백여 개국에 방영, 인기를 끌기도 했다. NBA는 NBA TV 중계권 확보를 위해 4년간 7

억5천만 달러를 지불하는 계약을 진행 중이다.

미국에서 NBA만큼 인기 있는 스포츠가 풋볼이다. 미국 풋볼리그인 NFL은 NBA에 비해 더 체계적으로 스포츠 비지니스를 벌이고 있다.

NFL은 마케팅 및 스포츠 비지니스를 전담하는 독립 자회사로 NFL 프로퍼티즈를 두고 있다.

NFL 프로퍼티즈는 NFL의 스폰서와 TV 방영권 관련 업무를 담당한다. NFL 프로퍼티즈는 스폰서가 NFL을 이용한 독자적인 마케팅 프로그램을 개발할 때 허가를 해주는 권리를 갖고 있으며 NFL을 주제로 한 광고와 NFL 관련 상품 및 출판물에 대한 제반 권리를 행사하고 있다.

NFL의 방영권은 폭스사가 16억 달러를 주고 사들인 것이다.

## 3. 스포츠마케팅의 특성

### 1) 스포츠자체의 마케팅

일반적으로 스포츠 마케팅이라고 지칭되는 스포츠 자체의 마케팅은 스포츠를 직접제품화해 판매 및 서비스하는 마케팅 활동이다. 각종 스포츠 협회, 프로 스포츠 단체에 의해 행해지는 마케팅 활동이며, 프로종목의 협회, 구단 운영 등의 형태로 나눌 수 있다. 스포츠 자체의 마케팅은 4P전략으로 설명할 수 있다.

#### (1) 제품(Product)

스포츠제품은 축구나 농구야구, 골프등과 같이 스포츠 종목이 지니고 있는 특성 및 그 자체에서부터 각종 이벤트와 스타선수, 팀이나 리그, 시설 및 장비와 의류, 그리고 관람 스포츠와 관련된 유형, 무형의 제품이 모두 포함된다.

### (2) 유통(Place)

스포츠 제품 자체를 유통하기 위해 유통 경로를 구축하는 행위다. 스포츠 용품, 스포츠 제품을 하부 조직을 통해서 또는 소비자에게 직접 유통할 수 있도록 하는 것이다. 스포츠 산업에서 장소나 유통 기능은 다른 산업과 차이가 있다. 스포츠 제품이 생산 장소에서 소비 장소로 이동하는 경우가 거의 없으며 이러한 현상은 서비스 산업에서만 흔히 볼 수 있다. 스포츠, 레저, 오락, 여행 산업에서 더욱 확실하다.

### (3) 촉진(Promotion)

스포츠 제품에 대한 이미지나 특성을 적절한 수단을 통해 고객들에게 전달함으로써 스포츠 제품이나 서비스를 고객이 구매할 수 있도록 하는 활동이다.

촉진은 소비자들에게 제품장소 그리고 가격에 대한 정보를 제공하는 것으로 제품과 이미지를 위치화 하는데 반드시 필요한 요소이다(이제호외, 2002).

스포츠기업은 고객 및 잠재고객에게 스포츠 제품을 알리고 설득, 회상시키는 등의 촉진목표를 효과적으로 달성하기 위해 촉진 도구들을 효과적으로 조합하여 구사할 수 있어야 한다.

### (4) 가격(Price)

스포츠 조직이 제공하는 제품이나 서비스에 대한 가치를 규명해 이를 가격으로 전달하는 것이다.

스포츠 제품의 가격결정은 일반적으로 전통적인 비용 산출 방법으로는 개별스포츠 제품의 가격을 매기기 어렵고, 스포츠 제품의 가격 그 자체는 스포츠제품의 소비자가 지불하는 총 비용에 비하면 상대적으로 적은편이며, 대부분의 경우 간접 수익이 직접 수익보다 많다. 그리고 많은 스포츠 프로그램은 반드시 영리를 목적으로 운영할 필요가 없다는 독특한 측면을 고려하여야한다(양성국외, 1996).

## 2) 스포츠를 활용한 마케팅

스포츠 후원 마케팅은 스포츠 경기 자체를 후원하거나 광고비를 지원하는 마케팅이다. 대부분의 글로벌 기업들은 전 세계인의 이목이 집중되는 올림픽을 중심으로 국제스포츠경기의 흐원사가 되거나 현장과 미디어 중계에 광고를 노출시키는데 혈안이 돼 있다.

2012년 런던올림픽과 2014년 브라질월드컵 등 세계적인 스포츠 이벤트를 앞두고 기업들이 스포츠 마케팅 채비에 나섰다. 최근 축구 대표 팀 공식 후원사인 대한축구협회(KEA)는 향후 4년간 축구 대표 팀을 후원할 공식 후원사로 삼성, 현대자동차, KT, 나이키, 하나은행, 교보생명, 아시아나항공, 화이트, E1(LPG 산업), 다음, 삼일제약, 카페 베네 등 12곳을 선정했다.

현대기아자동차는 2008년 이후 국내 기업으로는 처음으로 북미 미식축구 결승전인 슈퍼볼 경기에 광고주로 참여했다. 전 세계 180여 개국에 생중계된 경기에 35억원을 투자했지만 광고 직후 홈페이지 방문객은 기하급수적으로 늘어났다.

이에 2008년 3% 수준이던 미국시장 점유율은 2011년 9.4%로 3배 이상 증가했다. 성공적인 글로벌 전략을 위해 넘어야 할 장애물인 '세계 시장 속 낮은 인지도'를 스포츠 마케팅이 허물어 준 셈이다.

삼성의 첼시 스폰도 글로벌 스포츠 마케팅의 성공사례로 꼽힌다. 삼성은 1998년 일본 나가노 동계올림픽 후원을 시작으로 본격적인 스포츠 마케팅에 뛰어들어 삼성 브랜드를 세계에 알렸다. 국제올림픽위원회IOC) 공식스폰서인 삼성은 2005년부터 프리미어리그 첼시를 후원하며 유럽시장을 공략했다. 첼시 효과는 곧 삼성의 매출증대로 이어졌다. 삼성은 현지에서 전년대비 26% 상승한 170억 달러의 매출을 기록했다.

LG도 해외 축구팀을 후원하는 등 글로벌 스포츠 마케팅을 활발하게 진행하고 있다. LG전자는 잉글랜드 프리미어리그의 풀럼과 세계적인 스포츠 이벤트인 F1대회도 후원하고 있다. 이에 따라 LG는 180여 개국 200여 방송사가 중계하며 66억 명 이상이 시청할 것으로 예상되는 F1 대회를 후원을 통해 수천만 달러의 홍보효과를 볼 것이라고 기대했다(정인선, 2011).

### 3) 선수와 팀을 활용한 마케팅

매니지먼트 마케팅은 스타선수 지원 및 광고 노출을 통한 마케팅이다. 스포츠 스타 마케팅이라고도 할 수 있으며, 정보통신산업의 급속한 발달, 경제의 통합주의화 현상, 문화 산업주의의 등장 등과 함께 스포츠 · 방송 · 영화 등 대중 스타들의 인지도가 높아지면서 나타난 마케팅 전략 중 하나이다.

주로 기업이나 국가가 대중적으로 인지도가 높은 스포츠 · 영화 · 방송 등의 대중 스타를 내세워 제품 및 서비스를 판매하여 수익을 창출하거나 이벤트 및 사회활동 등을 통해 기업 또는 국가의 이미지를 높이려는 마케팅 전략이며, 이러한 마케팅의 성패에는 스타가 팬들에 대해 행사하는 카리스마, 즉 상업적 잠재력의 크기가 가장 큰 영향을 미친다.

스포츠 스타가 기타 영역의 스타들과 구분되는 가장 큰 특징은 첫째, 실력본위의 분야에 속하여, 둘째, 전 세계에 메시지를 쉽게 전달할 수 있는 개체로써, 셋째, 예측이나 가공이 불가능한 경쟁에 참여하는 실재라는 진정성을 지니고 있다.

국내의 박찬호와 박세리는 90년대 중반 동시에 최고의 스타가 되었다. 박찬호는 세계최고의 MLB에서 한국인 최초의 메이저 리거가 되어 좋은 성적을 거두었고, 박세리는 혜성같이 나타나 US-OPEN에서 우승함으로서 강한 인상을 심어주었다. 이때부터 국내에도 스포츠마케팅이 본격적으로 도입되었다.

박찬호와 박세리의 국민적 관심과 언론의 노출은 그들의 스폰서 기업이나 광고 출연업체에 큰 수익을 안겨주었고, 많은 기업들이 본격적으로 스포츠마케팅을 시작하게 되었다. 이후 이승엽과 류현진 선수 역시 각 분야의 최고의 스타가 되면서 많은 기업들이 스폰서가 되었다.

이전 해외 유명 리그에 진출한 선수들이 프로스포츠 스타 대부분이였다면 최근의 스포츠 스타들은 신인 아마추어 스타가 많다.

김연아는 피겨스케이팅, 박태환은, 최고 인기종목인 수영에서 나타난 스타이다.

두 종목 모두 이 선수들 이전에는 입상 성적도 올리지 못하였기 때문에 첫 번째 메달리스트라는 점도 이들의 인기에 뒷받침이 되었지만 또 다른 특징으로는 두 선수 모두 스포츠마케팅에 의해서 더욱 높은 인기를 구가할 수 있었다는 점이다. 김연아 선수의 경우 최근에는 독립하였지만 이전에는 세계 최고의 스포츠마케팅사인 IMG와 국내최고의 스포츠마케팅사인 IB스포츠의 소속이었다. 분명 본인이 출중한 실력을 가지고 있지만 이러한 회사의 뒷받침이 큰 힘이 되었다. 이러한 소속사는 선수를 통한 수익창출 뿐만 아니라 훈련, 스케줄, 이미지관리 등 선수가 최고의 자리에서 각광 받을 수 있도록 도와준다. 팬과의 만남, 홈페이지 관리, 이미지 메이킹, 스캔들의 대처 등을 처리함으로서 모두가 좋아하는 스타로 만들어 가는 것이다. 박태환 선수의 경우에는 스피도, SK텔레콤 등의 스폰서에서 전담팀을 편성하여 도움을 주었다.

최근의 스타들은 광고출연이나 방송출연 역시, 금액이 아닌 자신의 이미지에 도움이 되는 것 등을 최소한으로 한정하여 출연한다. 적절하게 수위를 조절함으로서 팬들과의 관계 및 인기를 유지하며, 선수의 컨디션도 조절할 수 있는 상태를 만드는 것 역시 스포츠마케팅의 한 분야이다(김상유, 2011).

스포츠 스타를 이용한 마케팅은 브랜드와 제품의 이미지에 의한 효과를 보다 극대화 시킬 수 있는 마케팅 전략 중 하나로서 몇 몇 스포츠 스타를 이용하는 기업들은 대형 스타가 될 가능성이 있는 재목을 조기에 발굴하여 집중적으로 육성하는 경향도 보인다. 이는 해당 기업이 스포츠 스타가 일반 소비자에게 미치는 파급 효과를 충분히 인지하고 이를 유•무형의 기업의 이익으로 연결시키려는 장기적인 마케팅 노력이라고 볼 수 있다. 또한 이러한 스포츠 스타 마케팅은 기업들만의 전유물은 아니다. 마케팅을 통해 얻는 경제적 효과 및 무형 효과가 때로는 매출 등의 유형적 가치보다 더 큰 경우도 많기 때문에 최근에는 국가적인 지원에 의한 스타 발굴의 필요성도 조심스레 대두되고 있는 추세이다.

**<표 7-3> 스포츠 분야 브랜드 가치순위 2016, 포브스**

**2016년 스포츠 스타 스폰서십 수입**

| 순위 | 선수 | 종목 | 수입(파운드) |
|---|---|---|---|
| 1 | 로저 페더러 | 테니스 | 4,920만 |
| 2 | 르브론 제임스 | 농구 | 4,430만 |
| 3 | 필 미컬슨 | 골프 | 4,100만 |
| 4 | 타이거 우즈 | 골프 | 3,690만 |
| 5 | 케빈 듀란트 | 농구 | 2,950만 |
| 6 | 로리 매킬로이 | 골프 | 2,870만 |
| 7 | 노바크 조코비치 | 테니스 | 2,790만 |
| 8 | 크리스티아누 호날두 | 축구 | 2,620만 |
| 9 | 조던 스피스 | 골프 | 2,620만 |
| 10 | 라파엘 나달 | 테니스 | 2,620만 |
| 11 | 리오넬 메시 | 축구 | 2,300만 |
| 16 | 우사인 볼트 | 육상 | 1,640만 |

자료:런던마케팅스쿨

'테니스 황제' 로저 페더러(스위스)가 전 세계 스포츠 선수 가운데 브랜드 가치가 가장 높은 것으로 평가됐습니다.

-. 미국 경제전문지 포브스는 28일 스포츠 선수와 팀, 대회, 사업 등 4개 분야에 걸쳐 브랜드 가치 순위 상위 10걸을 발표했다.

=. 선수 부문에서는 페더러가 3천600만 달러(약 412억원)의 가치로 전 종목을 통틀어 가장 브랜드 가치가 높은 선수로 인정받았습니다. 페더러는 지난해 같은 조사에서 2천700만 달러로 3위였으나 올해 1위로 올라섰습니다.

-. 미국프로농구(NBA) 클리블랜드 캐벌리어스의 우승을 이끈 르브론 제임스(미국)가 3천400만 달러로 2위에 올랐다.

=. 골프 선수 필 미컬슨(미국)이 2천800만 달러로 3위, 리우데자네이루 올림픽 육상 남자 100m 우승 등 3관왕을 차지한 우사인 볼트(자메이카)는 2천500만 달러로 4위였습니다.

지난해 이 조사에서 3천만 달러로 1위에 오른 '골프 황제' 타이거 우즈(미국)는 브랜드 가치 평가액 2천300만 달러가 되면서 5위로 내려섰다.

-. 우즈는 2007년부터 2013년까지 연속 1위를 지켰고 2014년에 제임스에게 1위를 내줬다가 2015년에 다시 1위를 탈환했다.

=. 스포츠 팀 부문에서는 미국프로야구 명문 뉴욕 양키스가 6억6천만 달러로 1위에 올랐다.

미국프로풋볼(NFL) 댈러스 카우보이스가 5억7천700만 달러로 그 뒤를 이었다. 스포츠 이벤트 브랜드 가치를 보면 NFL 왕조를 가리는 슈퍼볼이 6억3천만 달러로 2007년부터 10년 연속 1위를 지켰고, 하계올림픽은 3억6천600만 달러로 2위다.

-. 스포츠 사업 분야에서는 글로벌 스포츠 브랜드 나이키가 270억 달러로 1위였다.

=. 네, 이에 대해 포브스는 "이 순위는 스포츠팀이나 사업의 자산 규모, 또는 선수의 수입 액수를 평가한 것이 아니다. 해당 브랜드의 이름 그 자체가 수입이나 가치에 얼마나 기여하는지를 측정한 것"이라고 설명했다.

[출처] 페더러, 전 세계 스포츠 선수 가운데 브랜드 가치 1위 | 작성자 NEWSCAN

**<표 7-4> 포브스 선정 스포츠 관련 브랜드 가치 순위(단위 : 미국달러)**

▲ 선수

| 순위 | 선수(국적·종목) | 브랜드 가치 액수 |
|---|---|---|
| 1. | 로저 페더러(스위스 · 테니스) | 3천600만 |
| 2. | 르브론 제임스(미국 · 농구) | 3천400만 |
| 3. | 필 미컬슨(미국 · 골프) | 2천800만 |
| 4. | 우사인 볼트(자메이카 · 육상) | 2천500만 |
| 5. | 타이거 우즈(미국 · 골프) | 2천300만 |
| 6. | 크리스티아누 호날두(포르투갈 · 축구) | 1천900만 |
| 7. | 케빈 듀랜트(미국 · 농구) | 1천600만 |
| 8. | 리오넬 메시(아르헨티나 · 축구) | 1천500만 |
| 9. | 로리 매킬로이(북아일랜드 · 골프) | 1천300만 |
| 10. | 마헨드라 싱 도니(인도 · 크리켓) | 1천100만 |

▲ 팀

| 순위 | 팀(종목) | 브랜드 가치 액수 |
|---|---|---|
| 1. | 뉴욕 양키스(미국 · 야구) | 6억6천만 |
| 2. | 댈러스 카우보이스(미국 · 미식축구) | 5억7천700만 |
| 3. | LA 레이커스(미국 · 농구) | 5억4천600만 |
| 4. | 레알 마드리드(스페인 · 축구) | 5억2천100만 |
| 5. | FC 바르셀르나(스페인 · 축구) | 5억900만 |

▲ 대회

| 순위 | 행사 | 브랜드 가치 액수 |
|---|---|---|
| 1. | 슈퍼볼 | 6억3천만 |
| 2. | 하계올림픽 | 3억6천600만 |
| 3. | 동계올림픽 | 2억8천500만 |
| 4. | 월드컵 축구 | 2억2천900만 |
| 5. | 레슬매니아 | 1억8천만 |

▲ 사업

| 순위 | 업체 | 브랜드 가치 액수 |
|---|---|---|
| 1. | 나이키 | 270억 |
| 2. | ESPN | 165억 |
| 3. | 아디다스 | 70억 |
| 4. | 언더 아머 | 55억 |
| 5. | 스카이스포츠 | 50억 |

출처 : emailid@yna.co.kr

## 세계에서 브랜드 가치 가장 높은 스포츠선수는 페더러 팀 브랜드 가치는 NFL 댈러스 카우보이스가 1위

(서울=연합뉴스) 김동찬 기자 = '테니스 황제' 로저 페더러(스위스)가 전 세계 모든 종목의 스포츠선수를 통틀어 브랜드 가치가 가장 높다는 조사 결과가 나왔다.

미국 경제 전문지 포브스는 25일(한국시간) 스포츠선수와 팀, 대회, 사업 등 4개 분야에 걸쳐 브랜드 가치 순위 상위 10걸을 발표했다.

선수 부문에서는 페더러가 3천720만 달러(약 420억원)의 가치를 인정받아 2년 연속 1위 자리를 지켰다.

지난해 같은 조사에서 3천600만 달러의 브랜드 가치를 인정받아 1위에 오른 페더러는 올해 36세로 테니스 선수로는 은퇴를 생각할 나이가 됐지만 브랜드 가치는 오히려 소폭 상승했다.

미국프로농구(NBA)의 '킹' 르브론 제임스(미국)가 3천340만 달러로 2위, 지난해 리우데자네이루 올림픽 육상 3관왕 우사인 볼트(자메이카)는 2천700만 달러로 3위에 각각 올랐다.

2007년 시작된 이 조사에서 2013년까지 줄곧 1위를 지켰고 2014년 제임스에게 1위를 내줬다가 2015년에 1위를 탈환했던 '골프 황제' 타이거 우즈(미국)는 1천660만 달러로 6위에 머물렀다.

우즈는 지난해 5위를 기록한 바 있다.
국제축구연맹(FIFA) 올해의 선수에 뽑힌 크리스티아누 호날두(포르투갈)가 2천150만 달러로 4위, 미국프로골프(PGA) 투어의 베테랑 필 미컬슨(미국)은 1천960만 달러로 5위에 자리했다.

댈러스 카우보이스의 경기 모습. [AP=연합뉴스]

스포츠팀 부문을 보면 미국프로풋볼(NFL) 댈러스 카우보이스가 8억9천600만 달러로 미국프로야구 메이저리그 뉴욕 양키스의 6억8천800만 달러를 제치고 1위에 올랐다.

지난해 조사에서는 뉴욕이 1위(6억6천만 달러), 댈러스(5억7천700만 달러)가 2위였다.

NBA LA 레이커스가 5억9천500만 달러로 3위, 잉글랜드 프로축구 프리미어리그 맨체스터 유나이티드는 5억6천400만 달러로 4위를 기록했다.

스포츠 이벤트의 브랜드 가치는 NFL 슈퍼볼, 스포츠 사업 분야는 글로벌 스포츠 브랜드 나이키가 지난해와 마찬가지로 1위 자리를 고수했다.

포브스는 "해당 브랜드의 이름 그 자체가 수입이나 가치에 얼마나 기여하는지를 측정한 것"이라며 단순히 팀이나 선수, 사업, 이벤트의 자산 규모를 평가한 것이 아니라고 설명했다.

## 4. 스포츠마케팅의 유래

스포츠마케팅의 역사와 발전단계는 크게 두 가지 관점에서 구분하여 볼 수 있다. 하나는 인물중심의 역사로 보는 것이며 다른 하나는 미디어의 발달과 연관 지어서 살펴보는 방법이다. 인물중심으로 본 스포츠마케팅의 발달사(이학식, 2005).

첫째로 인물중심에 의한 스포츠마케팅의 역사를 볼 수 있다. 스포츠마케팅의 효시는 1880년대 이전의 미시적 스포츠마케팅 활동을 들 수 있다. 이 시기의 대표적인 사람으로 플럭(Fullerk)과 펠런(Phelan)을 들 수 있다. 이들은 권투선수나 당구용품을 홍보, 판촉하기 위하여 신문이나 잡지 등을 활용했으며, 아울러 스폰서 역할까지도 한 것으로 알려져 있다.

그 다음 스포츠마케팅을 발전시킨 인물은 미국의 프로야구 선수이자 내셔널 리그의 창시자인 스팰딩(Spalding)으로 알려져 있다. 스팰딩은 프로야구와 내셔널 리그를 통해 스포츠용품 산업의 획기적 발전을 가져오게 하였다. 스포츠마케팅을 홍보수단의 하나로 격상시킨 인물은 빌 비크(Bill Veeck)로 알려져 잇다. 비크는 마케팅전문가로 미국 프로야구의 유명한 흥행사이기도 하며, 본격적으로 엔터테인먼트를 활용한 홍보 전략을 도입하여 스포츠마케팅의 역사에 지대한 공헌을 한 것으로 평가받고 있다.

또 다른 인물로는 찰스 오스카 핀리(Charles Oscar Finley)와 개리(Gary), 피터 우베로스(Peter Uberroth), 마크 흄 매코맥(Mark Hume McCormack) 등이 스포츠마케팅의 발전에 기여한 인물들로 평가 받고 있다. 특히 개리는 마케팅 전쟁의 개념을 스포츠마케팅에 도입한 것으로 유명하며, 매코맥은 스포츠마케팅을 하나의 종합적인 엔터테인먼트화하여 토털 스포츠마케팅 회사인 IMG(International Marketing Group)를 설립해 본격적인 스포츠마케팅시대를 열었다.

## 미디어 발달과정 및 스포츠마케팅의 발전단계[3)]

둘째로 미디어의 발달과정과 스포츠마케팅의 발전단계가 있다. TV의 발명은 영화나 드라마, 뉴스 등을 생활의 일부분으로 만들었을 뿐만 아니라 스포츠 역시도 생활의 일부분으로 만들 정도로 파괴적인 발명품이었다. 이를 통해 스포츠 프로그램이 방영이 되고, 많은 사람들이 스포츠 경기가 있을 때마다 TV 앞에 모여 앉아 스포츠를 즐기는 일은 일상생활이 되었다.

이러한 스포츠 프로그램의 1930년~1950년대 사이에 시작되었다. 1951년부터 1960년까지 컬러방송의 시작과 더불어 스포츠마케팅은 더욱 발전하기 시작했으며,

3) 박세혁 외 2004

이때부터 올림픽 방송권 제도가 시작되었다. 1970년대 초반에는 국내에서도 스포츠 경기에 대한 중계방송이 활발하게 이루어졌으며, 1980년대에 접어들면서 스포츠 스폰서십의 경쟁이 심화되고, 이로 인해 스포츠 매니지먼트회사도 출현하기 시작하였다. 최근 들어 각종 미디어를 통한 스포츠마케팅이 전성기를 누리고 있다고 해도 과언이 아닐 정도로 스포츠마케팅이 활성화를 이루고 있다.

셋째로 국내 스포츠 마케팅 산업의 발전 과정. 우리나라 스포츠 마케팅 산업의 발전 과정은, 미국에서와 마찬가지로 넓은 의미에서 흥행사들에 의해 시작되었다고 볼 수 있다(김종, 최재원, 1997).

물론 그전부터 비슷한 류의 스포츠 흥행사업이 있었겠지만 60년대 초반 프로권투의 출발이 '스포츠 프로모터'라는 개념을 일반에게 소개했다.

당시는 TV등 대중매체의 미발달로 스포츠 대중화의 기반이 형성되지 못한 상황에서 스포츠 흥행업은 영세할 수밖에 없었다. 1982년 프로야구의 출범을 시작으로 씨름, 축구 등이 프로화가 진행되면서 국내 스포츠계도 새로운 국면을 맞이하게 된다.

TV 수상기의 보급이 '관람 스포츠산업'의 발전을 가져온 첫 번째 계기라면 프로스포츠의 탄생은 그 두 번째 계기라 할 수 있다.

이전까지의 스포츠에 대한 국민적 관심수준은 올림픽이나 아시안게임 등에서의 우리 선수들의 활약상 등에 머물러 있었으나, 프로야구가 시도한 지역 연고제는 스포츠를 일상생활 속으로 진입시키는데 큰 역할을 하였다. 스포츠의 프로화는 여러 측면에서 스포츠 상업주의를 스포츠 마케팅으로 승화시키는 계기를 마련하고 있다. 우리나라의 프로야구는 년 간 830만 명 이상이 관람하는 가장 사랑 받는 대중 스포츠 중 하나로 자리 잡고 있으며, 나날이 발전하는 프로선수들의 스포츠 밸류는 곧 미디어 밸류를 낳아 TV 및 신문에 고정 시간과 지면을 할애함으로써 소비자와 관심을 증폭시키는 계기가 되고 있다.

물론 일부 구단을 제외하고는 자생력을 논하기 이른 감이 없지 않으나 현재의 성장 추세가 지속되고 팬 서비스와 부대사업 개발 등을 위한 철저한 마케팅 노력이 따라준다면 흑자구단의 탄생도 먼 미래의 일은 아닐 것이다.

이와 같은 맥락에서 볼 때 프로스포츠의 출발과 성장은 국내 스포츠 마케팅의 도입과 발전에 궤를 같이 했다고 할 수 있을 것이다.

국내기업들이 스포츠마케팅에 관심을 갖게 된 것은 '86년 아시안게임과 88올림픽의 국내 개최를 통해서였다.

이전의 올림픽에서 드러난 여러 성공사례들이 우리 기업을 자극하였을 것으로 보인다.

'64년 동경 올림픽의 미즈노와 아식스, '72년 뮌헨의 아디다스, '84년 LA의 컨버스 등이 일약 세계적 브랜드로 성장하고, '84년 대회의 공식 스폰서였던 브라더의 인지도가 스폰서 참여 후 60% 가까이 상승하며 미싱 전문회사에서 종합정보기기 회사로의 이미지 변신에 성공했다는 성공담들이 그것이다.

'86년 아시안 게임에서 국내 기업들은 과다한 정도로 엄청난 광고비를 투입했고, 88년 올림픽에서는 2년 전 수준을 훨씬 웃도는 비용을 투자, 공식후원업체, 공급업체 등 다양한 형태로 참여 열기를 더하였다.

실제로 광고, 판촉에 올림픽 휘장이나 마스코트를 사용하는 대가로 지출한 돈만도 무려 1천억 원으로 추정되고 있다.

88올림픽에 적극 참여했던 국내 기업들은 자사 브랜드 고지와 이미지 제고에 큰 도움이 되었고, 북방 시장 개척의 계기 마련과 함께 기존 해외 거래 선과의 관계가 더욱 밀접해지는 등의 긍정적 평가를 내린 바 있다.

88올림픽 이후 현재에 이르기까지 국내 스포츠 마케팅은 질과 양 모두에서 급성장하고 있다.

'90년 북경 아시안 게임에서는 마치 국내 대회로 착각할 만큼 국내기업의 폭넓은 참가 상황이 눈에 띄었고, 90년대에는 기업의 스포츠 마케팅 활동 무대로 해외로 넓어졌다.

스포츠의 효용성을 해외시장 개척에 활용하기 시작한 것이다.

예전에는 국내 노출을 전제로 해외 스포츠 이벤트의 투자방향이 최근에 와서는 해당 특정 지역 내의 효과를 우선 고려하는 쪽으로 선회하고 있다.

국내 기업의 유망시장으로 부상하고 있는 동구, 남미에서의 스포츠 마케팅 활동이 두드러진다.

따라서 지역별 인기 스포츠에의 투자를 통해 국내 기업의 해외 스포츠마케팅도 다양한 종목으로 확산되고 있다.

한편으로 해외대형 이벤트의 수익 사업권을 획득, 직접 영업활동에 참여하는 새로운 형태의 마케팅 시도가 이루어졌다.

국내에서도 많은 변화가 진행되고 있다.

프로축구의 타이틀 스폰서 적용처럼 대회 명을 기업으로 하는 스포츠 행사가 늘어나고 있으며, 이러한 경향은 프로, 아마의 구분 없이 이용되는 추세이다. 또한 스폰서 역할에 만족하지 않고, 기획, 조직, 운영의 모든 단계에서 기업이 참여하는 형태로 선호되고 있다.

'88년 이후 지금까지가 국내 스포츠 마케팅의 성장기라 할 수 있겠으나 아직은 해외 선진국에 비교할 때 많이 뒤쳐진 것이 우리 마케팅의 현실이다.

# 제 8 장 스포츠 소비자 행동

## 1. 스포츠 소비자 개념

스포츠마케팅에서 소비자는 마케팅 전략과 계획을 수립하고 이를 실천에 옮기는 마케팅 활동을 수행해 나가는 데 있어 가장 기본적으로 선행되어야 요인으로 소비자와 구매자의 행동에 대한 철저한 이해 라 할 수 있다. 왜냐하면 스포츠소비자에 대한 명확한 정의가 이루어 질 때 스포츠소비자를 참여스포츠소비자와 관람스포츠소비자 및 스포츠용품소비자로 분류할 수 있고 그에 따라 스포츠 시장세분화에 중요한 기준을 만들 수 있기 때문이다.

### 1) 스포츠 소비자 정의

스포츠 소비자는 시간소비, 비용부담, 노력, 편익 등의 행동을 수행하는 모든 사람들에 대해 적용 가능한 개념으로 스포츠라는 제품 혹은 서비스 그리고 스포츠관련 제품을 구매하고 획득하는 개인 또는 집단으로 정의 할 수 있다(이병기 외, 2014).

스포츠 제품을 구매하는 개인과 단체 일반적 분류(Brustad, 1992).

- 행동적 : 행동적으로 스포츠 활동을 하는 소비자의 관여 수준
- 인지적 : 매체를 통해 참여하는 인지적 관여 수준
- 정서적 : 행동적 관여와 인지적 관여를 통해 획득하는 태도로서의 관여 수준

### 2) 스포츠 소비자 분류

- 참여스포츠소비자 : 건강을 위해 스포츠 활동에 직접 참여하는 소비자
- 관람스포츠소비자 : 직접 경기관람을 통해 스포츠에 참여하는 소비자
- 매체스포츠소비자 : 경기관람을 미디어를 통해 참여하는 소비자
- 스포츠상품소비자 : 스포츠용품, 장비, 시설 등을 구매 또는 이용하는 소비자

### 3) 스포츠 소비자의 분류 기준

인구통계학적 기준, 지리적 기준, 사회심리학적 기준, 행동과학적 기준

## 2. 스포츠소비자 구매의사 결정과정

### 1) 소비자 구매 의사 결정과정

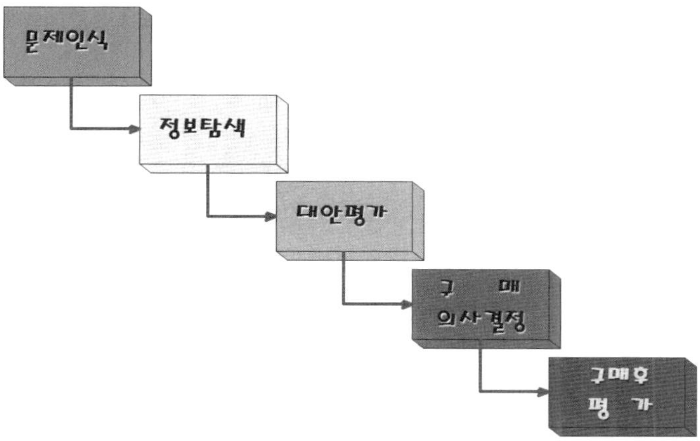


① 문제인식 : 동기 인식단계 정보를 취합하고 욕구처리 방법인식

- 실제 상태와 이상적인 상태 사이에 발생한 차이를 인지하는 것
- 실제 상태 : 만족스럽지 않은 현재 사용 제품

- 이상적인 상태 : 신뢰할 수 있는 제품 즉, 동기인식 단계로 보관된 정보를 취합하고, 욕구 처리 방법을 인식하는 단계

② 정보탐색 : 보관정보 이외에 새로운 정보 수집
- 문제 지각 후 욕구충족 매체에 대한 소비자의 구체적 행동
- 정보 탐색 기간과 강도
- 소비자의 경험
- 구매 중요성
- 비용 즉, 보관 정보 이외에 새로운 정보를 수집, 관리하는 단계

③ 대안 평가와 탐색 : 선택된 대안을 평가하는 것
- 참여 스포츠 소비자의 선택대안 평가 단계 (Mullin 등, 2000)
- 평가기준과 평가방식에 의해 제품을 평가하는 과정
- 제품군→ 제품계층→ 제품계열→ 제품유형→ 제품상표
- 즉, 선택된 대안을 평가하는 것으로 신념 혹은 가치관을 근거로 한다.

④ 구매 : 상품에 대해 구매 혹은 이용하는 행동

⑤ 구매 후 행동 : 구매한 상품에 대해 사용 혹은 이용하고 평가를 결정한다.

⑥ 구매 후 평가
- 제품 사용 결과 느끼는 제품에 대한 태도
- 소비자 만족으로 연결

## 2) 문제인식 방법

① 내적 인식 : 소비자가 스스로 문제를 인식하는 경우로 테니스 라켓의 경우 무게 때문에 타점에 문제가 생기는 경우 이를 교체하고자 하는 욕구를 가지는 상태

② 외적 인식 : 광고 및 눈 등의 정보를 듣고 인식하는 상태

## 3) 정보탐색 방법

① **내적 탐색** : 기억되어 있는 정보를 끄집어내는 과정으로 결과에 만족하면 다음단계로 진행하고 불만족일 경우 외적 탐색으로 진행된다.

② **외적 인식** : 기억 이외의 원천에서 정보를 탐색하는 활동

## 4) 대안평가 및 탐색

① **대안평가 및 탐색** : 정보 수집 결과에 따라 몇 개의 상표를 평가하고 더 많은 정보를 탐색하는 괴정을 말한다. 평가는 구매자의 기준에 따라 이루어진다. 예를 들면 스포츠센터의 경우 시설의 근접성, 프로그램의 적합성, 지도자의 유능성, 가격 등의 속성을 기준으로 평가한다. 속성의 중요도와 각 속성에 대한 평가를 종합하여 태도가 결정된다.

② **다속성 태도 모형** : 고관여 제품의 경우 제품 속성이 여러 가지이고, 인지된 정보를 바탕으로 하여 신념을 형성하며, 이를 근거로 구매행동을 한다. 이러한 과정에서 나타나는 신념과 태도 간의 관계를 설명하는 모형을 말한다.

### 〈의사결정의 다속성 태도 모형〉

다음은 헬스장을 운영하기에 위해 앞서 A, B, C의 각 입지별 가중치를 계산하여 입지적 수를 구했을 때, 가장 적합한 입지요인은 어느 곳인지 쓰시오.

| 입지요인 | 가중치 | A입지 | B입지 | C입지 |
|---|---|---|---|---|
| 시설물 지대 | 0.3 | 90 | 70 | 80 |
| 상권 형성 | 0.2 | 85 | 80 | 85 |
| 유동 및 거주인구 | 0.15 | 55 | 70 | 60 |
| 교통 환경 | 0.15 | 60 | 70 | 65 |
| 노동환경 | 0.1 | 70 | 65 | 50 |
| 지역사회 태도 | 0.1 | 50 | 70 | 50 |

A입지 : (0.3*90)+(0.2*85)+(0.15*55)+(0.15*60)+(0.1*70)+(0.1*50)=73.25

B입지 : (0.3*70)+(0.2*80)+(0.15*70)+(0.15*70)+(0.1*65)+(0.1*70)=71.50

C입지 : (0.3*80)+(0.2*85)+(0.15*60)+(0.15*65)+(0.1*50)+(0.1*50)=69.75

## 5) 구매 후 행동

① **구매 후 행동** : 구매 한 제품의 사용에 따른 만족 또는 불만족을 경험하고, 구매 결정의 잘못을 평가하며, 재구매 여부를 결정하는 일련의 과정을 말한다.

② **구매 후 부조화 이론** : 구매한 상품이 기대에 미치지 못하여 신념, 태도 혹은 행동이 일치하지 않거나 갈등이 일어나면 심리적 긴장상태가 발생하는데 이 때는 불쾌감이 일어나며, 긴장 상태를 해소하는 방향으로 태도나 행동을 결정하는 것을 말한다.

③ 구매 후 부조화가 발생하는 경우

- 구매 후 구매 결정을 취소할 수 없을 때
- 구매 제품에 대한 소비자의 관여도가 높을 때
- 구매 전 여러 대안이 존재할 때

④ 소비자 만족

- 소비자의 제품과 서비스에 대한 호의적 경험이나 감정으로 형성된 태도
- 구매 전 제품 성능에 대한 기대수준과 제품 사용 후에 소비자가 느끼는 실제성능의 차이
- 다차원적 개념
- 제품과 소비자의 특성에 따라 개인 차 발생
- 반복구매에 결정적 영향

소비자 만족은 다차원적 개념으로서 소비자들이 스포츠제품이나 서비스 등에 대해 갖게 되는 호의적 경험이나 감정으로 형성된 일종의 태도로 초기 구매행동 뿐만 아니라 지속적인 구매행동에도 결정적인 영향 미친다.

## 3. 소비자의 정보처리 과정

### 1) 정보처리 과정

소비자는 하루에 5,000개 이상의 광고에 노출되고 있다. 이에 따라 주의를 기울이고 내용을 이해함으로써 긍정적 또는 부정적 태도가 형성되게 하는 일련의 과정을 말한다.

### 2) 정보처리 과정

자극 - 노출 - 주의 - 지각 - 태도 - 의사결정

## 4. AIDA모델과 AIDMA모델 및 FCB 그리드 모델

### 1) AIDA모델

광고 등에서 사용하는 용어로 소비자의 일반적인 반응순서는 관심(Attention)을 갖고, 흥미(Interest)를 느끼며, 욕구(Desire)가 발생하여, 행동(Action)한다는 이론이다.

### 2) AIDMA모델

미국의 광고 전문가 홀이 주장한 광고 효과의 심리적 단계를 나타내는 것으로 먼저 광고를 주목(Attention)하고, 흥미(Interest)를 일으키고, 다음 욕망(Desire)을 일으켜, 이를 기억(Memory)함으로써 구매 행동(Action)으로 옮겨 가는 과정을 말한다.

## 3) FCB 그리드 모델

### (1) 모델의 정의

FCB 그리드 모델은 미국 광고대행사 FCB(Foote, Cone & Belding)의 광고전략 모델로서 후에 부사장을 역임한 조사 전문가였던 리처드 본(Richard Vaughn)이 완성한 것이다. 이 모델은 특정 제품이 어느 공간에 속하는지 파악해 각 공간에 맞는 광고전략을 제안하고 있다(서범석, 2010).

<table>
<tr><th colspan="2" rowspan="2">구분</th><th colspan="2">두뇌 세분화</th></tr>
<tr><th>이성(좌뇌)</th><th>감성(우뇌)</th></tr>
<tr><td rowspan="2">관여도</td><td>고관여</td><td>1공간 : 고관여-이성<br>• 자동차, 주택, 가구, 신제품, 보험<br>• 위계 : Learn → Feel → Do<br>• 근거 : 경제학적 모델<br>• 전략 : USP<br>• 크리에이티브 : 구체적 제품정보(특정) 실연<br>• 미디어 : 롱카피<br>• 조사 : 회상, 진단조사</td><td>2공간 : 고관여-감성<br>• 보석, 화장품, 패션, 모터사이클<br>• 위계 : Feel → Learn → Do<br>• 근거 : 심리학적 모델<br>• 전략 : 브랜드 이미지<br>• 크리에이티브 : 강력한 실행요소<br>• 미디어 : 인쇄매체는 극적 노출, 방송은 이미지 강조<br>• 조사 : 태도 변화, 정서환기</td></tr>
<tr><td>저관여</td><td>3공간 : 저관여-이성<br>• 식품, 가정용품, 휘발유<br>• 위계 : Do → Learn → Feel<br>• 근거 : 자극-반응 이론<br>• 전략 : 단순노출<br>• 크리에이티브 : 상가광고<br>• 미디어 : POP, 작은 크기 광고<br>• 조사 : 판매</td><td>4공간 : 저관여-감성<br>• 담배, 맥주, 사탕<br>• 위계 : Do → Feel → Learn<br>• 근거 : 사회학적 이론<br>• 전략 : 저관여 학습<br>• 크리에이티브 : 주목 끌기<br>• 미디어 : 빌보드, 신문, POP<br>• 조사 : 판매</td></tr>
</table>

출처 : 서범석(2010). 『현대광고기획론

그리드에서는 각 공간을 구분하는 두 가지 기준을 제시하고 있다. 첫째는 상·하 공간을 구분하는 것으로 관여도이다. 둘째는 좌·우 공간을 구분하는 것으로 두뇌 이론이다. 먼저 관여도(involvement)란 어떤 의사결정이 자신과 얼마나 관련이 있으며(relevance), 중요한지(importance), 그리고 그에 따라 의사결정이 잘못되었을 때 얼마나 손실이 큰지(perceived risk)를 의미한다. 만약 관련이 많고, 중요하며, 지각되는 손실이 크다면 고관여(high involvement)이며, 반대의 경우는 저관여(low involvement)다. 예를 들어 소비자 입장에서 자동차나 아파트 같은 제품은 구매결정을 내릴 때 자신과 관련이 많고 중요하며, 잘못 구매하면 심리적, 물리적 위험이 매우 큰 고관여 제품이다. 반면 음료수나 과자는 저관여 제품이라 할 수 있다.

FCB 그리드에서 관여도를 측정하는 항목은 "의사결정이 매우 중요하다-중요하지 않다", "잘못된 브랜드를 선택했을 때 손실이 크다-작다", " 의사결정에 심사숙고한다-하지 않는다" 이다.

다음으로 두뇌 이론(brain theory)은 "소비자가 광고 메시지를 어떻게 처리하는가?"와 관련된 것이다. 인간은 좌 · 우 두뇌가 각기 분화되어 상이한 정보 처리 과정을 거친다. 좌뇌는 주로 이성(thinking)과 관련되어 논리적 판단이나 언어 등을 관장한다. 그에 반해 우뇌는 감성(feeling)으로 좀 더 직관적이고 시각적인 것을 담당한다. 예를 들어 이성적 판단을 내릴 때는 좌뇌가 작동을 하며, 감성이나 느낌이 강조될 때는 우뇌가 작동을 하는 것이다.

그리드에서 이성-감성을 측정하는 항목은 "의사결정이 주로 논리적이거나 객관적이다-아니다", "의사결정이 주로 기능적 사실에 근거한다-하지 않는다"(이상 이성 항목), "의사결정이 주로 느낌에 근거한다-근거하지 않는다", "의사결정이 개인의 개성을 표현하는 것이다-아니다", "의사결정이 모양새, 맛, 촉감, 냄새 또는 소리 등 감각적 영향을 받는다-아니다"(이상 감성 항목) 등이다.

FCB 그리드는 이 두 축, 관여도(상-하)와 두뇌 이론(좌-우)에 따라 네 공간을 제시하고 있다. 이 각 공간에 어떤 제품들이 해당되는지 파악하고, 각 공간에 적합한 광고 크리에이티브 전략과 미디어 전략을 제안하고 있다(서범석, 2010).

## 5. 소비자 행동과 블랙박스 이론

① 블랙박스이론 : 스포츠시장에서 일어나는 여러 요인을 분석하고 과학적 방법을 활용하여도 결과는 소비자의 구매행동으로 나타난다. 구매의사결정 과정은 블랙박스와 같이 투명하게 알지 못하다는 이론이다.

② 수정블랙박스이론 : 보다 구체적인 마케팅 믹스와 제반 요인, 소비자의 특성 및 의사결정 요인에 따른 소비자 반응은 더욱 다양하게 나타난다는 이론이다.

## 6. 스포츠 소비 집단의 이해

### 1) 스포츠 소비자 행동

#### (1) 스포츠 소비자 행동의 개념

소비자가 상품의 구매 또는 사용과 관련하여 수행하는 의사결정 및 그 실행 행동으로 물리적 행동과 구매의사 결정과정에서 발생하는 모든 내적, 외적 행동을 말한다.

#### (2) 소비자 행동에 영향을 미치는 요인

① 내적요인(개인적 요인)

- 개인적 요인 : 나이, 성별, 직업, 경쟁상황, 라이프스타일, 개성, 자아관
- 심리적 요인 : 동기부여, 지각, 학습, 신념과 태도, 기억

② 외적요인(환경적 요인)

- 문화적 요인 : 문화, 사회계층
- 사회적 요인 : 준거집단, 가족, 역할과 지위

③ 일반적 요인(Kotler & Armstrong, 2001)

- 문화적 요인 : 문화, 사회계층 등
- 사회적 요인 : 가족 및 사회적 지위 등
- 개인적 요인 : 성, 연령, 직업 등
- 심리적 요인 : 동기부여, 태도 등

④ 관람스포츠소비자 관람행동 영향 요인

- 경기매력성 : 경기력
- 사회경제학적 특성 : 가격, 촉진 등
- 사회인구통계학적 특성 : 연령, 성, 직업 등
- 관중 선호도 요인 : 경기일정, 접근성, 시설 등

#### (3) 태도의 일반적 모형

고관여 태도 모형, 저관여 태도 모형, 다속성 태도 모형 등으로 나눈다. 고관여 태도 모형은 구매 또는 사용 시 높은 관여를 보이고, 구매행동이 관여도에 크게 작용한다. 저관여 태도모형은 낮은 관여도를 보이며 습관적 구매태도를 보인다. 다속성 태도 모형은 구매 상품의 여러 속성에 따라 복잡하게 나타난다.

### 2) 소비자 충성도

#### (1) 소비자 충성도

① 소비자 충성도 : 기업이 지속적으로 소비자에게 탁월한 가치를 제공하므로 써 소비자로 하여금 해당 기업이나 브랜드에 호감이나 충성심을 만들어 지속적 구매가 일어나도록 유지시키는 활동이다.

② 소비자 충성도 모형 : 참가자의 행동과 심리상태에 따라 낮은, 높은, 잠재적, 가식적, 충성도로 나눈다.

| | | 심리적 | |
|---|---|---|---|
| | | 저 | 고 |
| 행동적 | 고 | 가식적 충성도 | 높은 충성도 |
| | 저 | 낮은 충성도 | 잠재적 충성도 |

### (2) 충성도 모형

① 낮은 충성도 : 심리적 애착이 낮고, 참가율도 낮은 상태

② 잠재적 충성도 : 심리적 애착이 강하지만, 제약요인으로 참가가 낮은 상태

③ 가식적 충성도 : 참가율이 높지만, 심리적 애착이 약한 상태

④ 높은 충성도 : 참가율도 높고 심리적 애착도 강한 상태

### (3) 브랜드 충성도

브랜드 충성도는 소비자 충성도가 소비자를 주체로 보는 반면 상품의 브랜드를 주체로 볼 경우 브랜드 충성도이다.

## 3) 관여도

### (1) 관여도 개념

주어진 조건에서 특정 상품에 대한 개인의 관심이나 관련성 정도를 나타낸다.

### (2) 관여도의 내용

① 일반적 분류

- 인지적 관여도 : 심리적 동기에 의해 발생하는 것으로 상품의 기능적 성과에 대한 관심에서 발생한다.
- 행동적 관여도 : 실제 생산 혹은 판매에 참여하므로 발생한다.
- 정서적 관여도 : 가치 표현적 동기에서 발생하는 것으로 상품을 이용한 후 결과를 전달하는 목적의 관여도

② 시간적 분류

- 지속적 관여도 : 특정 상품에 대해 평상시에도 관심이 많아 지속적인 관여를 말한다. 습관적 관여도라고 하기도 한다.
- 상황적 관여도 : 특별한 상황에 처했을 때 발생하는 것으로 순간적 충동구매가 대표적 경우이다.

③ 수준적 분류

- 고관여 : 관여 수준이 높은 경우로, 적극적 정보탐색, 신중한 선택, 구매 후 행동에도 관심이 많다.
- 저관여 : 관여도 수준이 낮은 경우로 소극적 정보탐색에 의한 구매 행동

### (3) 관여도 결정 요인

① 개인적 요인 : 개인의 특성에 따라 관여도 수준이 결정
② 상황적 요인 : 상황의 특성에 따라 관여도 수준이 결정
③ 상품적 요인 : 상품의 특성에 따라 관여도 수준이 결정

## 4) 구매 행동

### (1) 관여도와 구매행동의 개념

관여도의 수준에 따라 나타나는 구매행동을 말하는 것으로 고관여와 저관여 구매행동으로 구분된다.

### (2) 구매 행동 분류

① 고관여 구매 행동 : 복잡한 구매행동, 부조화 감소 구매행동
② 저관여 구매 행동 : 습관적 구매행동, 다양성 추구 구매행동

### (3) 고관여 구매행동

① **고관여 구매행동의 개념** : 구매 의사 결정에 있어 중요하거나, 개인적 관심이 많은 경우에는 신중하게 결정하게 된다.

② **복잡한 구매 행동** : 구매에 있어 높은 관여를 보이고, 각 상표 간 큰 차이가 있을 경우 구매 행동은 매우 복잡하게 나타난다.

③ **부조화 감소 구매행동** : 구매 상품이 관여도가 높고, 고가이며, 자주 구매하는 경우가 아니면서 구매 후 결과에 대해 위험 부담이 있는 경우의 구매행동이다. 스스로 상품의 차이를 판단하기 어렵기 때문에 정보를 얻기 위해 많은 노력을 하지만 최종 결정은 비교적 빨리 이루어진다.

### (4) 저관여 구매 행동

① **저관여 구매 행동의 개념** : 구매에 대해 관심이 적거나, 중요한 구매의사 결정의 필요성이 없을 때, 구매가 긴급한 상황이 아닌 경우에는 저관여 구매행동을 나타낸다. 저관여 구매행동은 습관적 구매행동과 다양성 추구 구매행동으로 나타난다.

② **습관적 구매행동** : 상품에 대해 비교적 낮은 관여를 나타내며, 상표 간 차이가 미미한 경우이다. 이를 구입할 때 같은 상품을 지속적으로 구매하면 이는 높은 상표충성도 때문이 아니라 습관적 구매행동이기 때문이다.

③ **다양성 추구 구매 행동** : 구매 상품이 비교적 저관여 상태이며, 상표 간 차이가 뚜렷한 경우 다양성을 추구하기 위해 상표를 바꾸어 구매하는 경우

### (5) 고관여 상품과 저관여 상품

<table>
<tr><td colspan="2" rowspan="2"></td><td colspan="2">관여 정도</td></tr>
<tr><td>고관여</td><td>저관여</td></tr>
<tr><td rowspan="2">차별화정도</td><td>큼</td><td>-복잡한 구매과정<br>-브랜드 충성도 좌우<br>(아파트 구입)</td><td>-시험적 구매<br>-다양한 추구구매<br>-무작위 구매<br>(음식 구입)</td></tr>
<tr><td>적음</td><td>-구매 후 많은 고심<br>-브랜드에 대한 근거 없는 믿음<br>(자동차 구입)</td><td>-최저가 우선 구매<br>-무작위구매<br>(음료수, 과자구입)</td></tr>
</table>

### (6) 관여도와 소비자 인지 리스크

① 소비자 인지 리스크 개념 : 상품 구매에 따라 소비자가 느끼는 위험

② 관여도와 소비자가 인지 리스크 관계 : 소비자 인지 리스크가 큰 상품일수록 관여도가 높은 상품이고, 리스크가 적은 상품은 저관여 상품이다.

③ 소비자 인지 리스크 유형 : 경제적 인지 리스크, 사회적 인지리스크, 기능적 인지 리스크, 신체적 인지 리스크

# 제 9 장 스포츠시장 세분화 전략(STP전략)

## 1. 시장 세분화

모든 시장은 경쟁자가 존재하는 한 시장 전체를 다 점유하기는 불가능하다. 그러므로 시장을 작은 시장으로 나누어 경쟁제품과 차별화하기 위해서는 적절한 마케팅 프로세스가 필요하다. 마케팅 프로세스는 〈그림 3-1〉과 같이 시장 세분화, 표적시장 선정, 포지셔닝 3단계로 나누어진다(김도균, 2011).

세분화란 같은 욕구를 가진 고객을 별 개의 시장으로 구분하는 것을 말한다. 성별, 나이, 소득, 라이프스타일, 지역, 사용상향 등 다양하게 시장을 분할 할 수 있다.

타겟팅이란 이렇게 세분화된 시장 중에 자사의 제품이 집중적으로 공략해야 할 시장을 고르는 것을 말한다.

포지셔닝이란 그 타케팅 된 고객들의 마음속에 독특한 위치를 차지하도록 하는 마케팅활동을 말한다.

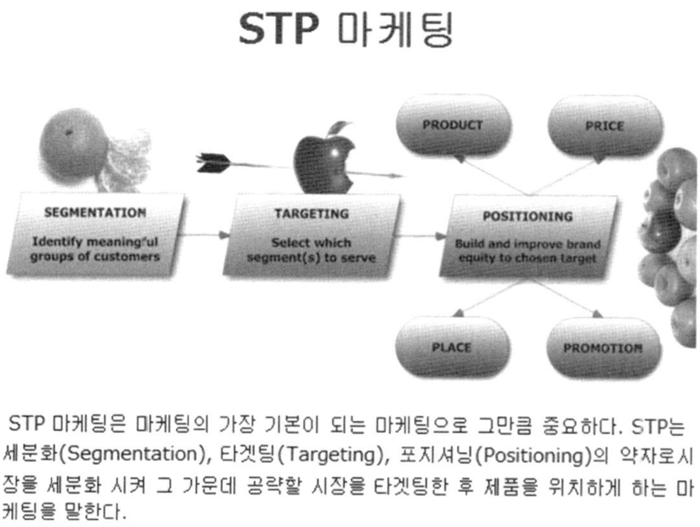


**[그림 9-1] 시장 세분화, 표적 시장 선정, 포지셔닝 3단계**

시장 세분화는 기업이 독자적 기준으로 전체 시장을 특성에 맞게 나누는 활동으로 시장을 나누는 기준은 인구통계학적 기준이나 지리적 기준 등이 있다. 표적 시장 선정은 시장의 특성에 따라 세분화된 시장에 제품이나 서비스를 구매할만한 고객 집단을 찾아내는 활동 즉, 마케팅을 가장 효과적이고, 효율적으로 수행할 수 있는 시장을 선택하는 단계이다. 최근 표적 시장의 선정으로 마케팅 전략의 성패가 갈라진다고 할 수 있을 만큼 중요성이 부각되고 있다. 마지막 단계인 포지셔닝은 제품이 경쟁제품에 비해 소비자의 마음속에 차별화되어 위치시키려는 활동을 말한다(장승규, 2014).

## 1) 시장세분화의 의의

스포츠소비자의 일정한 기준에 따라 크게 몇 개의 세분시장으로 나누어 각각의 시장에 차별적인 마케팅 전략을 구사하는 방법이 바로 세분화 마케팅이다. 즉 스포츠소비자들의 집단 내에서는 제품에 대한 욕구와 구매행동이 서로 유사하고 집단

간에는 상이하도록 몇 개의 소비자 집단으로 소비자들을 군집화하는 방법이 바로 시장세분화인 것이다(안광호 외, 2014).

## 2) 시장세분화 기준

시장세분화란 거대한 전체 시장을 소비자들이 지니고 있는 공통 특성에 따라 여러 개의 시장으로 나누는 것이다.

인구통계학적 기준, 사회경제적 기준, 심리학적 기준, 지리적 기준, 행위적 기준 및 편익 기준이 대표적으로 사용된다.

| 요인 | 적용변수 |
|---|---|
| 인구통계학적 기준 | • 나이, 성별, 가족수명주기, 인종<br>• 측정과 적용이 용이하고, 소비자 구매행동과 밀접한 관계 |
| 사회경제학적 기준 | • 수입, 교육, 직업 등이 사회경제적 기준이 됨. |
| 심리학적 기준 | • 개성, 관심, 라이프스타일<br>• 정확한 측정이 어렵고, 세분시장 도달 가능성이 낮다 |
| 지리학적 기준 | • 대륙, 나라, 도시, 물리적 기후 지역단위별로 세분화<br>• 경계확인이 용이하고, 인구통계 등 자료 활용이 용이 |
| 행위적 기준 | • 구매빈도, 구매량, 소비자의 로열티<br>• 제품사용량, 전문화 정도 등에 따라 유사집단을 세분화 |
| 소비자혜택기준 | • 소비자 필요, 희망상품 특성<br>• 편익의 다양성과 소비자 구매 행동광의 관계 파악 |

### (1) 인구통계학적 기준

인구통계학적 기준은 나이, 성별, 가족구성원의 수, 가족생애주기, 소득, 직업, 교육수준, 사회적 계층, 종교, 인종 그리고 국적 등의 변수에 따라 세분화가 가능하다.

인구통계학적 기준이 시장세분화에 가장 잘 활용되는 이유는

첫째, 측정하기가 용이하다.

둘째, 인구통계학적 정보는 다른 기준에 비해 쉽게 얻을 수 있다.

셋째, 인구통계학적 요인은 스포츠소비자의 행위나 태도와 밀접한 관계를 가진다.

### (2) 사회경제학적 기준

교육수준이 높을 경우, 보다 많은 수입과 좋은 직업을 가지는 경향이 있다. 전통적인 사회계층은 상류, 중류, 하류층으로 구분된다. 일부 스포츠의 경우는 모든 사회계층을 포용하고 있는 반면 일부 스포츠는 특정 계층만을 대상으로 하고 있다.

### (3) 심리학적 기준

심리학적 변수로는 라이프스타일, 성격 등이 있다. 소비자 행동 조사자인 Michael Solomon은 왜 소비자들이 그러한 결정을 내리는지에 대한 포괄적인 이해를 밝혀 내 준다고 한다. 이러한 이유로, 많은 스포츠마케터들은 시장을 세분화하는 방법으로 심리학적 기분을 선호한다.

소비자들의 라이프스타일을 이해하기 위해 마케터들은 개인의 행동, 관심, 그리고 의견과 관련된 문항들을 측정한다. 즉 각 세분시장에 속하는 소비자들은 그들의 활동, 관심, 의견 등에서 유사성을 지닐 뿐만 아니라 스포츠제품이나 서비스에 대한 선호에 있어서도 유사한 경향이 있다고 본다(강정호 외, 2013).

### (4) 지리적 기준

국가, 지방, 도시 등의 지역에 따라 소비자를 세분화 할 수 있는 지리적 기준은 단순하지만 강력한 방법이다. 대부분의 스포츠 팀들은 지리적 세분화 방법을 이용한다. 예를 들어 프로야구구단들을 살펴보면, 두산, NC다이노스, 넥센히어로즈, LG트윈스, 기아타이거즈, SK와이번스, 한화이글스, 롯데자이언츠, 삼성라이온즈, KT위즈 등 다양한 팀들이 특정도시를 대표하는데. 각 팀이 대표하는 도시의 소비자에게 보다 많은 마케팅 영향력을 미칠 수 있다.

### (5) 소비자 행위 기준

행동적 세분화 변수로는 제품에 대한 지식, 태도, 사용상황, 제품에 대한반응 등이 있다.

행동적 세분화를 하는 기준을 얼마나 많이, 자주, 제품을 구매하는지 그리고 구매한 제품이나 서비스에 대한 로열티는 얼마나 높은지에 따라 소비자를 분류하기 때문이다.

### (6) 소비자 편익기준

소비자들이 제품을 구입할 때 고려하는 주요 편익의 차이에 따라서 소비자들을 몇 개의 차별적 집단으로 나누는 방법이다.

대표적인 Reebok사는 시장을 세분화하기 위해 소비자 편익에 초점을 맞추어 어떤 소비자는 높은 실용성을 지닌 조깅화를 선호하고 어떤 소비자는 패션 감각이 높은 조깅화를 원하기 때문에 각 소비자의 편익에 맞춰 제품을 제조한다.

## 2. 목표시장 선택

목표시장 선정은 스포츠 조직의 마케팅 목표를 가장 효율적이고 효과적으로 획득할 수 있는 세분시장을 선택하는 것이다.

### 1) 세분시장의 평가

세분시장을 평가하기 위해서는 세분시장의 규모와 성장률, 세분시장의 구조, 기업의 목표와 자원과 같은 요인을 살펴보아야 한다. 특히 목표시장을 선정할 때 각각의 잠재력을 지닌 세분시장을 시장의 규모, 시장의 접근가능성 및 측정가능성에 따라 평가를 할 수 있어야 한다.

#### (1) 목표시장의 평가요인

- 목표시장의 크기
- 목표시장의 접근가능성
- 목표시장의 측정가능성

### 2) 목표시장 선정

목표시장 선정 후 활용할 수 있는 시장 커버리지 전략에는 비차별화 전략, 차별화 전략, 집중화 전략이 있다.

#### (1) 비(무)차별화 전략

세분시장 간의 차이를 무시하고 하나의 제품으로 전체시장을 목표시장으로 선택할 때 이용되는 전략이다. 다양한 소비자의 욕구를 맞추기보다는 각 소비자 특성의 공통점을 밝혀서 이에 따라 마케팅 전략을 수립하다.

비차별화 마케팅의 장점은 규모의 경제를 실현함으로써 마케팅 비용절감 효과를 얻을 수 있다는 점이다.

#### (2) 차별화 전략

여러 개의 표적시장을 선정하고 각각의 표적시장에 적합한 마케팅 전략을 개발해야 한다. 차별화 전략의 장점은 스포츠소비자의 필요와 욕구에 따라 제품과 서비스를 다양한 가격과 형태로 제공하여 보다 많은 소비자를 확보할 수 있다는 점이다. 단점으로는 다양한 마케팅 프로그램을 제공하면 비용이 증가된다는 점이다. 따라서 수익 대비 비용의 철저한 분석에 따라 차별화 전략 채택 여부를 결정해야 한다.

#### (3) 집중화 전략

기업의 자원이 제한되어 있을 경우에 주로 사용되는 방법으로 큰 시장에서 작은 시장점유율을 누리기보다는 하나 또는 소수의 적은 시장에서 높은 시장점유율을 누리기 위한 전략이다. 집중화 전략은 특정시장의 욕구와 필요를 경쟁자보다 잘 알 수 있기 때문에 시장 내 강력한 지위를 유지할 수 있으며 이를 기반으로 소비자 충성도를 높일 수 있다.

목표시장 선택이 결정되면 선택된 시장 특성에 따라 가격정도, 품질, 사용법, 기능 등 다양한 면에서 어떻게 포지셔닝을 할 것인가를 결정해야 한다.

## 3. 포지셔닝

### 1) 포지셔닝의 개념

포지션이란 소비자의 인식 속에 자사 제품이 경쟁제품에 비하여 차지하고 있는 위치를 말하며 이를 수행하는 활동을 포지셔닝(Positioning)이란 한다.

포지셔닝맵이란 제품에 대해 고객이 지각하는 것을 1차원, 2차원, 3차원 그래프로 표시한 것으로 소비자의 머릿속에 인식되어 있는 자사제품과 경쟁제품의 포지션을 나타내는 것을 의미한다. 또한 경쟁제품과 내 회사의 제품을 기하학적 공간에서 시각적으로 그려 놓은 것을 포지셔닝맵 또는 인지도라 한다.

### 2) 제품차별화를 위한 포지셔닝 유형

첫째, 제품속성에 의한 포지셔닝

자사 제품이 차별적 우위를 갖고 있음을 강조하는 것

예) 배기량을 강조하는 경차, 철분과 칼슘이 강화된 우유, 유기농 식품 등이 제품속성에 의한 포지셔닝

둘째, 사용자에 의한 포지셔닝

표적시장 내의 전형적인 소비자에게 자사제품이 적절한 제품이라고 설득하는 것

예) 스마트폰 광고, 존슨즈베이비로션, 말보르 담배, 여성전용카드나 대출제품

셋째, 사용상황에 의한 포지셔닝

제품이 사용될 수 있는 적절한 상황과 용도를 자사제품과 연계하여 포지셔닝하는 방법 예) 스포츠음료 게토레이 술 마시기 전 후에 컨디션 등의 광고

넷째, 경쟁제품을 이용한 포지셔닝

경쟁제품과의 대비를 통하여 자사제품의 차별 점을 제시하는 포지셔닝

다섯째, 제품의 효용이나 소비자 욕구를 이용한 포지셔닝

소비자가 원하는 욕구에 대한 제품의 효용을 강조하는 전략

예) 치석제거를 위한 전동칫솔, 다이어트 콜라

여섯째, 제품의 종류를 차별화 한 포지셔닝

기존제품 영역이 아닌 새로운 제품영역으로 규정하고 차별화하는 전략이다.

예) 물보다 흡수가 빠른 이온음료 광고

일단 기업이 어떤 세분시장에 진입할 것인지를 결정하고 나면 기업은 그 세분시장에서 자사의 제품을 어떠한 자리에 위치시킬 것인가의 문제에 대한 해결이 필요하다.

제품위치화(Positioning)는 마케터가 세분화한 여러 세분시장에서 목표시장을 선정한 후, 선정된 목표시장 내 소비자들에게 자사의 제품이나 서비스의 위치를 고객들에게 확신시켜 주는 것이다.

### 3) 포지셔닝의 특성

① 동일한 스포츠 제품일지라도 목표시장의 특성에 따라 다르게 포지셔닝된다.

② 포지셔닝은 목표시장의 충분한 인지와 목표 소비자들이 스포츠 제품을 어떻게 생각하고 느끼는지에 대한 분석에서 시작된다.

③ 포지셔닝은 모든 스포츠 제품에 적용된다.

## 4) 포지셔닝 방법

### (1) 제품 및 서비스의 속성

제품의 속성이나 특징과의 연관성 위에서 가장 많이 이용되는 방법으로 써 이는 제품의 차별화가 소비자를 설득시키기에 가장 용이하며, 기술의 개발로 인한 경쟁 제품과의 차별화 요소가 지속적으로 향상되기 때문이다. 그러나 한 제품은 동시에 두 가지 또는 그 이상의 속성에 기초하여 포지셔닝을 할 수 있으나 너무 많은 속성을 포함시키면 소비자에게 브랜드 이미지의 혼란을 야기할 수도 있다(황혜철, 1996).

시설업의 경우 '최고의 경기장', 용품업의 '뛰어난 제품' 관점에서 포지셔닝하는 것과 같은 방법이다.

### (2) 제품 및 서비스 용도

경기장에 있어 일반 경기장과 축구전용구장은 스포츠소비자들에게 다르게 포지셔닝 될 것이다. 축구 전용구장은 축구단이나 축구팬들에게 초점을 맞춰 포지셔닝을 하게 될 것이고 반면 일반 전용 구장은 다양한 스포츠종목, 즉, 축구, 농구, 배구 등과 이에 입각한 스포츠팬들에게 경기장을 포지셔닝 할 수 있는 전략을 구사하도록 한다.

### (3) 가격 대 품질

소비자들은 수 많은 제품의 품질을 평가할 수 있는 능력이 없기 때문에 가격으로 제품의 품질을 평가하려는 경향을 나타내기도 한다. 즉 소비자는 제품의 가격이 저가로 형성되어 있을 경우 그 제품은 고가의 제품에 비하여 제품의 품질이나 서비스 등과 같은 내재적 품질이 떨어질 것이라는 인식을 가질 수 있다는 것이다.

호텔 내에 있는 스포츠센터의 경우는 호텔 방문객의 사회적 지위를 고려해서 고가격 전략을 취하도록 하는 것이 좋을 것이며 구민회관이나 학교에 부속되어 있는 스포츠센터는 저가격 전략을 취하도록 한다.

### (4) 경쟁자

타제품의 포지션과 가시적, 묵시적인 비교가 되도록 타제품을 하나의 준거점으로 차별화 시키는 방법이다. 기존의 스포츠 이온 음료 시장을 장악하고 있던 포카리스웨트에 경쟁한 게토레이의 경우 '물보다 흡수가 빨라야 한다. 달지 않아야 한다.' 라는 소구 광고를 통하여 경쟁자와의 차별화에 성공하였다.

소비자의 지각 속에 자리 잡고 있는 경쟁제품과 자사의 제품을 비교함으로써 자사제품의 혜택을 강조하는 방법이다. 예)운동복 생산업체가 자사제품의 뛰어난 땀 흡수력을 간접적으로 경쟁제품과 비교하여 이를 강조한다면 이는 경쟁사에 초점을 맞춘 포시셔닝이라 할 수 있다.

## 5) 제품 계층에 의한 포지셔닝 전략

소비자가 경쟁 실체를 근본적인 욕구 충족을 위하여 사용하느냐를 파악한 다음 경쟁 제품에 대비하여 자사 제품의 용도, 사용자의 이점을 브랜드로 매개한 광고 전략을 수립한 경우에 사용한다(황혜철, 1996).

## 6) 제품 사용자에 의한 포지셔닝 전략

제품을 특정 소비자와 연관시켜 제품 사용자의 일상생활에서의 활용성과 결합시키는 것으로 소비자의 생활양식에 제품의 접목 또는 사용은 그 소비자의 사회 · 경제적 위치를 보전 또는 상승시켜 준다는 인식을 갖게 하여 주는 전략이다. '고품격의 전통 세단' 이라는 콘셉트로 소비자에게 접근한 대형 승용차의 광고는 사회적으로 성공한 사람들이 애용하는 고급자동차로서의 이미지를 강조하고 있다.

## 7) 포지셔닝 고려사항

① 상품의 속성 : 여러 속성 중에서 목표시장의 소비자들이 중요시하는 속성을 전달함

② 상품이 용도 : 상품의 용도를 소비자에게 알림

③ 가격 대비 품질수준 : 품질대비 고가격 또는 저가격 전략을 결정함

④ 경쟁관계 : 경쟁자와 비교하여 자사상품의 우수성을 강조함

### 포지셔닝 사례 분석 | 마케팅 분석

**1. 에이스 침대**

"침대는 가구가 아닙니다. 침대는 과학입니다." 의 슬로건으로 과학적으로 설계된 침대로써 차별화되어 독특한 위치로 포지션하고 있다. 침대는 가구가 아니라 과학이라고 포지셔닝함으로써 에이스 침대가 인체 공학에 맞게 국민의 건강을 생각하며 과학적으로 만들어진 제품임을 표현하게 되었다. 이로써 에이스 침대는 단순한 가구 이상의 개념으로 소비자의 마음속에 위치하였다. 에이스 침대의 이러한 과학적 침대로써의 성공적인 이미지 구축은 침대 업계에서 에이스가 수위를 차지할 수 있게 하였으며 그 같은 성공은 지금까지 이어지고 있다.

**2. 컨디션**

접대가 많은 비즈니스맨을 위한 드링크로 포지션 된 제일제당의 컨디션은 알콜대사 드링크 시장을 처음으로 개척함으로써 그 세분시장에서 선도 상표의 위치를 구축하였다. 드링크를 마시는 이유는 피로회복이 가장 높았으나, 숙취해소를 위해 마시는 경우도 상당히 높은 것으로 나타났다. 이와 같은 우리나라의 소비자들은 음주횟수가 많고 숙취예방 및 제거에 대한 욕구가 매우 높음에도 불구하고 국내에서는 아직 이러한 욕구를 충족시키는 기능성 음료가 없음을 발견하고, 제일제당은 1992년에 '컨디션' 이라는 알콜대사 드링크를 출시하였고 광고하였다.

**3. 815 콜라**

이 광고는 주로 코카콜라를 자주 마시는 소비자, 특히 신세대층(10대, 20대)을 겨냥한 광고로써 이들에게 로얄티를 주는 외국산 콜라를 이용하지 말고 국산 콜라를 이용하도록 광고함으로써 애국심을 불러일으키고 있다. 특히 '815' 란 브랜드명에서도 느낄 수 있듯이 애국심을 자아냄으로써 콜라를 좋아하는 신세대들에게 이 제품을 어필, 포지션 하고 있다. 또한 판유걸이라는 이름을 가진 청소년이 모델로 등장한다. 이 모델의 성을 이용하여 콜라의 '판'을 바꾸겠다고 자신 있게 외친다.

지금까지 최고에 위치에 있는 코카콜라, 펩시콜라에 도전해 대한민국에서 만든 815콜라로 대한민국 콜라 시장의 판도를 뒤집겠다는 내용이다. 현재는 경쟁 회사에 뒤져 있지만 이제 앞서가겠다는 강한 의지를 담은 광고로 소비자에게 기대감을 주고, 제품이 가지고 있는 이미지를 소비자가 가지고 있는 심리적 위치에서 상승시켜 주고 있다.

### 4. 가야 농장 쥬스

가야 농장 광고를 보면 '당근농장, 토마토 농장, 복숭아 농장, 포도 농장 이 네 가지 광고를 한 광고에 담았습니다. 광고비를 줄여 더 좋은 제품을 만들겠습니다" 라는 믿음직한 광고를 내세웠다. 또, "가야는 조금 비쌉니다" 라는 카피 역시 다른 제품과 우리의 제품이 다르다는 것을 나타내고 있다. 우리 제품 음료는 다른 제품과는 다른 고품격 음료라는 것을 알리는 광고 전략이다. 광고비를 줄여 더 좋은 제품을 만들겠다는 약속은 자신들의 이미지를 한 층 높이기에 충분했고 비싼 만큼 더 좋은 품질의 음료수라는 것을 다른 음료수와의 차별적 포지셔닝으로 내세웠다.

# 제10장 마케팅 믹스

## 1. 마케팅 믹스의 개념

### 1) 마케팅 믹스의 개념

스포츠마케팅 STP 전략이 수립되면 이를 기초로 스포츠마케팅 믹스를 개발하고 실행하는 활동을 수행하게 된다. 기업이 목표시장을 대상으로 하여 원하는 반응을 얻을 수 있도록 통제 가능한 마케팅 수단을 의미한다. 마케팅 믹스 관리 과정을 효과적 마케팅의 핵심 축으로 보았는데 제품에 대한 마케팅이 원활하게 수행이 되기 위해서는 객관적이고 체계적인 정보 수집을 목적으로 한 마케팅이 선결되어야 하며, 다양하게 전개 되는 소비자의 변화 형태에 따라 4P마케팅 믹스요인 제품(product), 가격(price), 유통(place), 촉진(promotion)] 에 근거한 적절한 전략이 이루어져야 한다고 주장하고 있다(Kotler, 1991).

기업의 관리 활동 전체가 소비자 행동에 관한 정보를 뒷받침하여 주고 이를 근거로 마케팅이 고객 지향 주의를 추구하여 수립되어야 한다.

이러한 기본 믹스(4Ps) 제품(product), 가격(price), 유통(place), 촉진(promotion)] 과 확장믹스 (3Ps) 프로세스(Process), 시설물(Physical Surroundings), 인적자원(People)에 대하여 구체적으로 살펴보고자 한다.

# 2. 상품(Product)

## 1) 스포츠 상품의 개념

스포츠 상품이란 스포츠 고객, 즉 스포츠관람객, 참가자 또는 스폰서들의 욕구를 만족시키기 위해 제공되는 물리적 제품과 시설, 각종 서비스 그리고 경기 등을 의미한다(강호정 외, 2013).

## 2) 스포츠 상품의 일반적 특성

### ① 상품의 유형

- 유형제품 : 일반적 상품으로 의류, 공, 신발, 유니폼, 모자, 라켓 등
- 무형제품 : 형태가 없다는 의미로 경기력, 팬서비스 등

### ② 상품의 일반적 분류

- 소비재 : 편의품, 선매품, 전문품
- 산업재 : 자본재, 원자재 및 부품, 소모품

## 3) 제품의 3가지 차원

마케팅에서 하나의 제품을 소비자에게 어떻게 홍보 할 것인가를 다음의 3가지로 나눈 것을 말한다.

### ① 핵심 제품(core product)

제품이 전하는 핵심가치를 강조하는 것. 고객에게 전해지는 가장 기본적인 혜택으로 에어컨을 예를 든다면 '시원함'을 강조하는 것이라 볼 수 있다.

② 실제 제품(Actual product)

제품이 가진 상표 기능, 품질 등 유형적 측면을 강조하는 것으로 에어컨으로 본다면 디자인이나 성능이 될 수 있다.

③ 확장 제품(Augment product)

핵심 혹은 실제제품에 부가되어 소비자에게 제공되는 혜택

| 구분 | 개념 | 사례 |
|---|---|---|
| 핵심제품 (Core Product) | 소비자가 궁극적으로 얻고자 하는 핵심적 이익이나 혜택 | 관람 및 참여, 건강, 오락, 성취 등 |
| 실제제품 (Actual Product) | 상표, 이벤트명, 선수 등과 같이 소비자가 실제 느끼는 물리적 형태의 차원 | 경기 |
| 확장제품 (Augment Product) | 핵심 혹은 실제제품에 부가되어 소비자에게 제공되는 혜택 | 경기 전의 공연, 치어리더응원전, 경품 |

## 4) 확장제품의 사례

① 경기장 시설 서비스 : 주차장, 화장실, 매점

② 관중석 시설 서비스 : 관중좌석, 분위기, 청결도

③ 경기스텝서비스 : 스텝의 친절도, 각종 디스플레이

④ 이벤트 서비스 : 이벤트의 질, 이벤트의 내용

⑤ 매점 시설 서비스 : 먹을거리, 가격, 청결도

⑥ 입장권 서비스 : 가격 적정선, 입장권 판매유형

## 5) 스포츠상품의 특성

① 유 무형의 공존 : 유형적인 요소와 무형적인 요소의 공존
② 복합적 혜택 : 고객이 얻는 혜택의 묶음( 예 : 경기관람, 응원, 행운권 당첨 기대 등)
③ 강한 주관성 : 개인의 의지를 무시할 수 없고 강한 주관성이 존재함.
④ 사회적 일체감의 표현 : 동호회 클럽 참여, 직장 동아리.
⑤ 예측의 어려움 : 승부결과에 대한 예측이 어렵다.

## 6) 스포츠상품 가격의 일반적 특성

① 변경이 비교적 수월하다
② 상대적 관계로 결정된다.
③ 상황에 따라 영향 발생
④ 비교적 큰 변동 폭
⑤ 점유율, 손익에 큰 영향
⑥ 강력한 경쟁도구

## 7) 상품 수명 주기(PLC, Product Life Cycle)

### (1) PLC 개념

모든 상품은 도입기→ 성장기 → 성숙기 → 쇠퇴기로 구성된다.

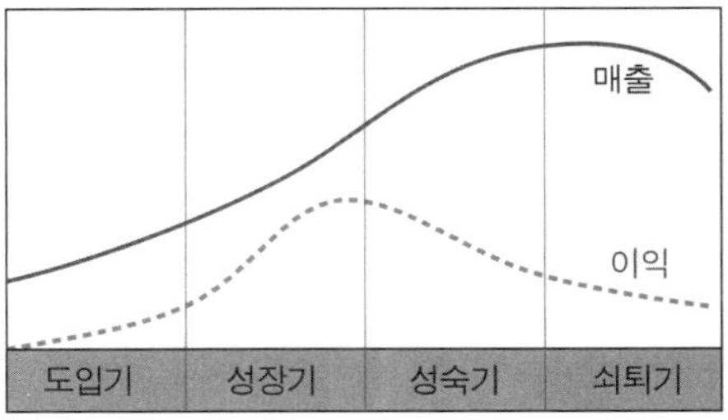


| 제품 수명 주기별 마케팅 목표 | | | | |
|---|---|---|---|---|
| 수명 주기 | 도입기 | 성장기 | 성숙기 | 쇠퇴기 |
| 마케팅 목표 | 제품 인지와 사용의 증대 | 시장 점유율의 확대 | ▪ 이익의 극대화<br>▪ 시장점유율 방어 | ▪ 비용절감<br>▪ 투자회수<br>▪ 독점적 지위 추구 |

## (2) 상품 수명 주기 특징

### ① 도입기

- 기본적인 형태의 제품이 생산되며 판매가 완만히 일어나 초기비용이 많이 들어가 적자상태가 유지되는 기간이다.
- 수요가 적어 생산량도 적고 제품의 원가도 늘고 경쟁도 적다.
- 제품을 널리 인지시키고 판매를 늘리는 것이 마케팅의 전략적 목표가 된다.
- 광고의 주된 대상은 혁신 소비자이며 이들을 통한 구전효과를 기대한다.

### ② 성장기

- 수요가 급속히 늘어나 이익이 발생하기 시작하고 성장기 말에 최대 이익이 실현되는 경우가 많다.
- 경쟁제품이 나타나고 모방제품, 신기능이 추가된 개량제품이 나타난다.
- 마케팅 목표는 브랜드를 강화하고 차별화를 통해 시장점유율을 확대하는 것이다.
- 성장기의 특징 : 성장기에는 제품이나 프로그램이 어느 정도 알려지게 되어 참가자의 수와 수입이 급증하게 되며 경쟁자가 진입한다. 성장기에 경쟁적 우위를 지키고 빠른 시장성장을 유지하기 위해서는 적절한 시장 확대 전략을 개발해야 한다.

③ 성장기의 전략

- 성장기에는 마케팅목표를 시장점유율 확대에 중점
- 제품의 품질개선 및 서비스향상, 품질보증의 도입
- 가격은 시장침투전략
- 일반 소비자층의 인지도와 관심의 제고를 위한 광고전략

④ 성숙기

- 수요의 신장이 멈추게 된다.
- 생산능력은 포화상태가 되고 이익은 절정을 지나 감소하게 된다.
- 마케팅 목표는 경쟁우위를 유지하고 브랜드 재활성화를 통하여 수요를 늘리는 것이다.

⑤ 쇠퇴기의 특징

- 판매량이 급속도로 증가한다.
- 기업은 수익성을 감안하기 시작한다.
- 경쟁자들이 시장에 등장하게 되고, 경쟁이 증가하기 시작한다.

## 8) 스포츠상품의 신상품 개발

① 신상품 개발 개념

사업 구성 요소 중 상품화가 가능한 가치를 찾아 이를 찾아 상품화하는 활동을 말하며, 소비자 욕구와 시장 환경이 계속 변화함에 따라 지속적인 신상품 개발이 필요하다.

② 신상품 개발 특성

- 신상품 개발이 조직의 성패요인이 될 만큼 중요한 역할

- 신상품 개발을 위해서는 시장조사가 필요하다.
- 신상품 개발이후에도 촉진이 필요하므로 많은 비용이 소요된다.
- 신상품 개발의 성공 확률은 낮은 편이며, 기업의 능력에 따라 차이가 많다.
- 스포츠상품의 경우 시설물 등의 개발이 필요한 경우 많은 투자비용이 소요되므로 철저한 사전조사와 준비가 필요하다.

③ 신상품 개발 절차

아이디어 도출 → 아이디어 선별 → 개발 테스트 → 사업성 분석 → 사업화

④ 신상품에 대한 소비자의 수용 절차

- 인지 : 신상품에 대한 정보를 처음 접하게 된 상태
- 관심 : 반복된 노출에 의해 관심을 갖고, 추가적 정보를 탐색하는 단계
- 사용 : 처음 구매 또는 이용하는 단계
- 평가 : 욕구 충족 상태를 파악하여 태도를 형성하는 단계
- 수용 : 사용, 이용 경험을 토대로 평가하여 수용여부를 결정하는 단계

## 3. 가격

일반적으로 제품을 구입하고 그 대가로 지불하는 화폐 가치를 가격이라고 한다. 가격이란 경제 가치의 척도이며 화폐의 가치적 표현이다. 판매자의 입장에서 보면 유일한 수입원이며 경쟁 수단인 반면, 구매자의 입장에서는 제품 획득의 대가이자 상품에 대한 가치판단의 기준이다. 또한 기업 측면에서 가격은 매출을 구성하고 원가를 보장하며 경비를 보충하여 이익을 확보한다는 절대적인 조건이다. 소비자 측면에서는 제품 구매의 성공 여부를 규정하는 절대적인 조건이다. 고객은 가격표에

표시된 숫자의 금액을 지불함으로써 그 제품을 구매하게 된다. 기업의 측면에서는 판매량 내지 판매 수익에 지대한 영향을 주게 되므로 기업 이익을 규제하는 기초 요인이다. 그러므로 경영을 유지하고 성장, 확대시키는 보장 수단이기도 하다. 가격은 시장에서의 제품의 교환가치로 볼 수 있으며, 보다 구체적으로는 소비자들이 특정 제품을 구매함으로써 얻게 되는 효용에 부가된 가치라고 할 수 있다. 경제학적인 측면에서 가격은 제품이나 서비스의 가치를 화폐 단위로 나타낸 것 또는 이러한 제품이나 서비스를 소유, 사용하기 위하여 지불해야 하는 화폐의 양으로 정의된다(Green, 1995).

마케팅에서는 주로 제품과 화폐의 교환을 중심으로 가격이라는 명칭을 사용하고 있는데 교환 당사자 간에 가격이 결정되는 메커니즘에는 여러 가지가 있다.

첫째, 대기업들이 대량생산을 통해 다수의 소비자들에게 제품을 공급하는 구조에서는 기업이 시장 상황에 따라 가격을 결정하고 모든 소비자들에게 동일한 가격으로 제품을 판매하는 방식이 가장 일반적이다.

둘째, 자동차 부품 업체와 자동차 조립 업체들 간의 거래에서와 같이 기업 간에 이루어지는 대규모 거래에서는 서로 간의 협상을 통해 가격이 결정되기도 한다. 기업들 간의 원재료, 부품, 설비 등의 거래 또는 유통 경로에서 제조업자와 도소매 상 간의 거래에서도 이 방법으로 가격이 결정되는 것이 일반적이다. 셋째, 정부의 공사 발주, 농수산물, 예술품 거래 등에서는 입찰이라는 방법을 통해 가격이 결정된다.

가격은 오늘날 국가경제, 소비자, 개별 기업 모두에 있어서 아주 중요하다. 이들 각각의 관점에서 가격의 중요성에 대해 살펴보기로 한다(김용호외, 2000).

롯데 칠성에서 기존의 탄산음료와 차별화된 우유를 첨가한 새로운 음료를 출시하려 한다고 하자. 마케팅 담당자는 다음과 같은 새로운 음료의 가격 대안들을 고려하면서 적정 가격대의 결정을 위해 마케팅 조사를 실시하기로 하였다.

- 기존의 콜라, 사이다 등의 탄산음료와 동일한 가격대
- 같은 용량의 우유와 동일한 가격대

- 기존 탄산음료와 우유와의 중간 정도
- 고급스러운 이미지를 부여하기 위하여 탄산음료보다 비싼 100% 쥬스의 가격대를 나타내는 신제품의 적정가격 설정(안광호, 임병훈, 2004).

가격 조건에는 정가(list price), 할인(discount), 할증 또는 공제(allowances), 지불기간(payment period), 신용 조건(credit terms) 등의 내용이 포함되는 가격 변수(이수동외 2004)와 가격 계획은 상품 가격의 수준과 범위, 가격 결정 기법, 판매 조건 등을 결정하는 것을 말한다(안광호외, 2001).

경제 이론에서 우리는 가격과 가치 그리고 효용은 상호 관련된 개념이란 사실을 배웠다. 효용(utility)이란 인간의 욕구를 충족시켜 줄 수 있는 재화가 가지고 있는 속성을 말하며, 가치는 다른 재화와 교환할 때 특정한 재화가 가지고 있는 가치를 양적으로 측정한 것을 말한다. 그리고 가격이란 화폐 또는 교환 매체로 표시된 가치를 말한다(Stanton, 1981).

가격을 정의하는 데 있어서 문제가 되는 것은 무엇을 판매 하는가 그리고 무엇이 판매되고 있는가를 결정하는 것이다. 이는 제품을 정의할 때 제기되는 문제와 유사한데, 가격 설정에서도 우리는 단순한 물리적 제품 이상의 것을 고려해야 한다. 판매자는 언제나 물리적 제품과 서비스 및 소비자들의 욕구를 충족시켜 주는 편익(benefits)의 조합에 대해서 가격 설정을 한다. 그러나 때때로 단순히 물리적 제품만의 가격을 정의하는 것도 어려운 경우가 있다. 어떤 자동차 모델의 가격에는 라디오, 파워핸들, 에어컨 등도 포함되어 있지만, 다른 모델에서는 이들에 대한 별도의 가격이 매겨져 있을 수도 있다.

가격이란 재화 및 서비스에 부여된 가치이며, 제품 및 그에 수반되는 서비스의 조합을 획득하는 데 필요한 화폐의 양이다. 따라서 가격은 소비자가 구입하기 쉽고, 기업의 이윤이 확보되며, 수요자의 욕구를 충족시킬 수 있는 수준에서 결정되어야 한다.

### 1) 가격의 개념

① 가격이란

스포츠상품의 가치를 나타내는 척도이다. 소비자의 필요와 욕구를 기업의 생산 및 마케팅 노력과 교환하는 역할을 수행한다.

② 가격의 특성

- 작은 변화에도 판매량에 미치는 영향이 크다.
- 수요가 탄력적인 시장에서 매우 쉽게 변경이 가능함
- 가격은 가장 강력한 경쟁도구이다.
- 상대적 관계에 의해 결정되는 경우가 많다.

### 2) 스포츠상품의 가격 형태

① 입장료 : 시설을 이용하거나, 경기를 관람하면서 지불함.

② 사용료, 대여료 : 시설의 사용 및 장비 등의 대여료

③ 회원권 : 시설을 정기적으로 이용하기 위해 지불하는 금액

④ 연봉 : 팀, 단체 등이 계약자인 선수, 감독 등에게 지불하는 금액

⑤ 등록비 : 일반인이 강습 등에 참여하기 위해 지불하는 금액, 단체에 가입, 경기출전을 위해 지불하는 금액

⑥ 가입비 : 프로 스포츠 리그에 가입하기 위해 팀이나 단체에 지불

⑦ 라이센싱비 : 팀의 로고 등의 사용하는 권한 대가로 받는 금액

⑧ 스폰서십비 : 스폰서로 참여하기 위해 지불하는 금액

⑨ 중계권료 : 중계를 위해 방송국이 권한 자에게 지불하는 금액

⑩ 수수료 : 커미션이라고도 하며, 계약에 의한 업무대행 수수료

## 3) 가격 결정에 영향 요인

### ① 개념

가격을 결정하는 요인은 기업이 스스로 통제할 수 있는 내적요인 즉 기업의 목표, 마케팅전략, 원가 등과 기업이 통제하기 어려운 외적요인 즉 소비자 수요, 경쟁자 관계, 경제 환경에 영향을 받는다.

### ② 가격 결정에 영향

- 내적요인(통제가능) : 상품, 프로모션, 경쟁자 가격, 소비자 반응, 경영전략, 마케팅 전략, 조직 특성, 원가구조이다.
- 외적요인(통제 불가능) : 소비자 수요, 정부 규제, 경쟁자 가격, 소비자 반응, 경제환경, 정부규제, 경쟁자 가격, 소비자 반응이다.

### ③ 가격 결정시 고려해야 할 사항

- 이익 지향 : 이익을 최대한 낼 수 있도록 결정한다.
- 매출 지향 : 매출 신장을 늘리고, 시장점유율을 확대할 수 있도록 결정한다.
- 경쟁 지향 : 경쟁자, 경쟁제품과의 관계를 고려하여 결정한다.
- 이미지 지향 : 조직과 상품의 이미지가 좋도록 결정한다.
- 카르텔 : 동업자 간 공식 또는 비공식 카르텔이 있으면 반영한다.
- 기타 조건 : 법적, 제도적 정해진 조건이 있으면 이에 따라 결정한다.

## 4) 가격 책정 방법

### ① 가격 책정 방법

가격책정은 자의적으로 책정할 수 있는 경우와 그렇지 못한 경우로 구분할 수 있으며, 가격을 책정하지 않는 경우도 있다.

② 자의적으로 책정하는 경우

- 원가기준 가격 책정 : 상품을 생산하는데 소용된 비용에 따라 일정액의 이윤을 추가하여 책정한다.
- 가격 차별화 책정 : 동일한 상품을 세시장에 따라 각각 다른 가격으로 책정한다.
- 심리적 가격 책정 : 소비자의 심리 상태를 파악하여 가격을 책정한다.
- 패키지 가격 책정 : 둘 이상의 상품을 패키지화하여 가격을 책정한다.
- 신상품 가격 책정 : 경쟁자 가격을 감안하여 저가격 혹은 고가격으로 책정한다.

## 5) 가격 차별화와 할인

① 가격 차별화 개념

소비자의 선호 또는 욕구 등에 따라 가격에 차등을 두는 방법이다.

② 가격 차별화 방법

이용시간대별 차별화, 계절별, 시기별 차별화, 선호도에 따른 차별화, 편익에 따른 차별화

③ 가격할인의 유형

• 현금할인 • 수량할인 • 계절 할인 • 기능할인 • 촉진할인

## 6) 묶음 가격

① 묶음 가격 개념 : 2개 이상의 제품이나 서비스를 하나의 패키지로 묶어 개별구입가격과 차별화하여 판매하는 상품의 가격을 의미한다.

② 묶음 가격의 종류

- 순수묶음가격 • 혼합묶음가격

### 7) 수요의 가격 탄력성

① **수요의 가격 탄력성 개념** : 가격이 변함에 따라 수요량이 변동하는 상태를 나타내는 비율

② **수요의 가격 탄력성 내용** : 수요의 가격탄력성이 높다는 것은 수요가 가격에 민감함을 나타내는 것이다

- 수요의 가격 탄력성= 수요의 변화율/가격의 변화율
- 수요량의 변화율 : 수요량의 변동분/원래의 수요량
- 가격의 변화율 : 가격의 변동분/원래의 가격
- 수요의 가격 탄력성 e=0 : 완전비탄력적, e〈1 : 비탄력적, e=1 : 단위탄력적, e〉1 : 탄력적, e=∞ : 완전 탄력적

③ 생필품과 사치품의 가격 탄력성

수요의 가격탄력성은 가격의 변화에 대한 수요량의 변화를 나타내고 있다. 같은 비율로 가격이 인상되었다 하더라도 생필품의 경우 수요량의 변화는 적지만 사치품의 경우 수요량은 크게 줄어들 것이다. 그러므로 사치품은 생필품에 비해 수요의 가격탄력성이 높은 것이 일반적이다.

## 4. 유통

유통이란 상품과 서비스를 생산자로부터 소비자에게 이전하는 사회적 과정으로, 상품 및 서비스의 생산자와 소비자 사이에 존재하는 인격적(소유권) · 장소적 · 시간적 차이를 이어주는 역할을 하고 있다. 그러므로 유통 활동은 반드시 생산자라는

출발점과 소비자라는 종점을 가지며, 그 사이에서 각종 유통 활동을 수행하는 중간상들이 존재한다. 또한 유통은 상품과 서비스의 사회적, 소유권적 이전을 원칙으로 하므로 동일한 조직 내의 공간적 이동은 유통 활동으로 정의 될 수 없다.

마케팅 경로라고 불리는 판매경로는 제품과 서비스가 생산자로부터 최종 소비자 및 사용자에게 이전되는 과정에 참여하는 모든 개인 및 기업의 집합을 의미한다. 판매 경로는 이전되는 과정에 참여하는 모든 개인 및 기업의 집합을 의미한다. 판매 경로는 생산자와 최종 소비자 그리고 중간상을 포함하고 있다.

기업 유통 활동의 주체는 생산자, 중간상(유통 상인), 소비자로 이루어지는데, 생산자의 관점에서 유통 관리와 관련된 가장 큰 관심은 자사의 상품과 서비스가 흘러가는 경로에 대한 설계 문제와 그것의 효율적인 관리에 있다. 한편 중간상 즉, 도・소매상들은 독립적인 영리 조직이므로 이들에게 있어 유통 관리는 제조업자 측 입장에서와 같은 마케팅믹스의 일부분이 아니라 자사의 효율적 관리와 관련된 경영 활동 또는 전반적 마케팅 활동으로 정의되어야 한다(김용호외, 2000).

판매 장소는 단순한 건축 시설이나 상업 시설이 아니다. 협의로는 상품판매의 장으로 매장이라는 상품과 시설을 의미하여 광의로는 지역 생활의 장으로 고객에게 각종 서비스와 정보를 제공하는 공간을 의미한다. 생산자가 중간상에게 판매 업무를 위임한다는 것은 제품의 판매 대상과 판매방법에 대한 통제권을 상실했다는 것을 의미하는데, 제조업체가 통제권 상실에도 불구하고 판매 업무의 일부를 중간상에게 위임하는 이유는 중간상을 이용함으로써 표적 시장의 제품 접근성을 크게 향상시킬 수 있기 때문이다(채서일, 1995). 이러한 기업의 판매 장소 결정은 기업의 다른 마케팅 의사 결정에 직접적인 영향을 미치는데, 대량 판매점을 이용하거나 고급품을 취급하는 전문점을 이용하여 제품을 유통시키느냐에 크게 달라지기 때문이다.

판매 경로는 생산자와 소비자 사이에 존재하는 네 가지 차원의 격차를 메워 주는 역할을 한다(박명희, 1997).

① 시간 효용(time utility) : 소비자가 원하는 시기에 언제든지 제품을 구매 할 수 있는 편의를 제공해 주는 것을 말한다.

② 장소 효용(place utility) : 소비자가 어디에서나 원하는 장소에서 제품이나 서비스를 구매할 수 있는 편의를 제공해 주는 것을 말한다.
③ 소유 효용(possession utility) : 생산자나 중간상으로부터 제품이나 서비스의 소유권이 이전되는 편의를 제공해 주는 것을 말한다.
④ 형태 효용(form utility) : 제품과 서비스를 고객에게 좀 더 매력적으로 보이기 위하여 그 형태나 모양을 변형시키는 모든 활동을 말한다.

백화점, 슈퍼마켓, 편의점 등 새로운 유통 점이 들어설 경우 사전 조사로서 상권에 대한 분석이 이루어진다. 다점포 전략을 추구하는 현대 백화점이 인천에 새로이 진출하려고 한다고 하자. 점포의 부지가 선정되고 새로운 백화점을 건설할 경우 과연 어느 정도의 거리에서 얼마나 많은 고객들이 점포를 방문할 것인지에 대한 수요 예측과 이들 고객들의 구매력 또는 원하는 제품군이 어떤지를 파악하여야 한다. 또한 같은 상권 내에 어떤 경쟁 점포가 있는지와 각 경쟁 점포의 강・약점을 조사하여야 한다.

이러한 정보를 토대로 점포의 규모, 입주하는 업체 및 제품의 종류, 상권내 고객들에 대한 판촉 전략 등을 체계적으로 결정할 수 있다(안광호, 임병훈, 2004). 또한 아무리 훌륭한 제품과 서비스라도 그것이 원하는 시간과 장소에서 소비자에게 제공되지 않는 한 고객에게 만족을 줄 수는 없다. 따라서 유통 변수에는 유통 경로(channel), 상권 결정(coverage), 입지(location), 재고관리(inventory), 운송(transport) 등과 같은 내용이 포함된다(이수동외, 2004). 다시 말해서, 현대에 존재하는 기업들의 과제는 새로운 개념의 제품을 개발하는 데 있는 것이 아니라 기존의 상품을 얼마나 편리하게 개선하여 얼마만큼의 저렴한 가격으로 어떤 유통 방식을 통하여 소비자에게 전달할 수 있는가에 있다고 할 수 있을 것이다. 만약 어떤 기업이 변화하는 소비자들의 욕구와 시장, 기업 환경에 적응하지 못한다면 기업은 도태되고 말 것이다(Robertson & Barich, 1992). 제품이 유통의 시작에서 소비자에게 전달 될 때까지의 동선(line) 혹은 경로(channel)를 확보 할 수 있는 유통 계획이 따라 주어야 된다.

### 1) 유통의 개념

① 유통의 개념 : 상품과 서비스를 생산자로부터 소비자에게 이전하는 사회적 과정으로, 상품 및 서비스의 생산자와 소비자 사이에 존재하는 인격적(소유권)·장소적·시간적 차이를 이어주는 역할을 하고 있다.

② 비슷한 의미의 용어 : 경로, 루트, 장소, 채널, 판매경로, 유통시스템, 유통기구 등

### 2) 유통경로 의 형태

① 직접적 유통경로(0단계) : 생산자 - 소비자 직접 거래 형태

② 중간적 유통경로(1단계) : 생산자 - 소매상 - 소비자

③ 전형적 유통경로(다단계) : 생산자 - 도매상 - 소매상 - 소비자

### 3) 유통경로

① 유통경로 개념 : 상품이 생산자로부터 소비자, 최종수요자에게 이르기까지의 과정이나 통로, 제조업체로부터 최종소비자(혹은 기업고객)에게로 상품 및 서비스를 이동시키는 과정에 참여하는 조직체나 개인의 집합을 말한다.

② 일반적 유통경로

생산자 ▸ 도매업자 ▸ 소매업자 ▸ 최종소비자

③ 유통경로 설정 시 고려사항 : 상품의 특성, 조직의 특성, 중간상의 특성, 경쟁자의 경로 등을 고려하여 설정한다.

④ 유통경로 설정기준 : 용이한 접근, 대기 시간의 감축, 다양한 상품형태, 경쟁자의 경로 등을 고려하여 설정한다.

⑤ 유통경로 전략 방법 : 단순 유통경로, 복수 유통경로, 복수 사업장 전략, 복수 상품전략, 복수 목표시장전략이다.

⑥ 유통경로 유형

- **전속적 유통과 집약적 유통** : 전속적 유통은 지역 내에 특정 중간상에게 상품을 취급하게 하고, 집약적 유통은 지역 내 많은 중간상에게 상품을 취급하게 한다.
- **개방적 유통과 배타적 유통** : 소매상으로 하여금 독점판매권을 부여하는 경우 배타적 유통이며, 소매상이 경쟁상품도 함께 취급하는 경우 개방적 유통이다.

⑦ 유통경로 설계

고객욕구 파악 - 경로 목표 설정 - 경로 커버리지 결정 - 경로 길이 결정

### 4) 유통의 역할

거래 수의 최소화, 불일치의 극복, 정보제공, 금융기능의 수행, 위험의 분산, 마케팅이 효과적 실행이다.

### 5) 중간상의 역할

- 효율적 거래를 지원하여 거래비용을 감소시키고, 상품가격을 인하시킨다.
- 생산자와 소비자 사이의 지리적, 개념적 거리 단축시킨다.
- 재고 보유를 통해 생산자의 재고 부담을 감소시킨다.
- 외상, 할부 등의 신용거래를 발생시켜 금융 기능의 역할을 수행시킨다.
- 마케팅을 효과적으로 실행시킨다.

### 6) 유통경로 효율화의 장점

매출 및 이익증대, 기업이미지 상승, 자금력 확보, 지명도 상승, 시장점유율 상승, 정보력을 강화시킨다.

## 7) 스포츠 상품 유통

① 스포츠 상품 유통이란 : 소비자들이 편리한 장소에서 상품을 구입할 수 있도록 하는 것으로 유통핵심 일반상품의 유통개념과 스포츠 특유의 유통개념을 공유한다.

② 스포츠시설 유통 고려사항 : 접근편리성으로 물리적, 심리적, 지리적으로 접근이 편하며, 디자인과 부대시설이 우수하다.

③ 스포츠유통설계란 : 스포츠 용품이나 시설 및 경기 관람 상품을 생산업자로부터 최종소비자에게 전달하는 최상의 경로를 구축하는 것이다.

④ 복수 점포 전략 실행 시 유의점 : 좋은 입지, 재정적 지원, 복수점포 관리, 품질의 통제를 고려한다.

⑤ 관람형 스포츠상품의 유통경로

- 중간상이 존재하지 않으며, 전자매체를 통한 전달이 활성화되어 있음. 인터넷 중계는 실시간으로 전 세계 어느 곳에나 스포츠 경기를 관람할 수 있게 해 주며, 시간이 지난 후에도 다시 관람할 수 있다.
- 컴퓨터는 입장권 유통가능성을 확장시켜 소비자 편리성을 높임 입장권 이중방지 및 소비자 수요예측의 중요 수단을 활용된다.

⑥ 스포츠 용품의 유통경로

- 일반적인 제품의 유통경로와 같은 형태로 중간상의 역할이 중요하다.
- 인터넷 쇼핑몰을 통한 직접유통경로도 활성화 되고 있다.
- 스포츠 용품을 생산하는 기업은 대부분 다양한 형태의 유통경로를 함께 이용하는 복수 유통경로 전략을 채택하고 있다.

## 8) 유통 집중도

① 유통 집중도 개념 : 일정지역에서 자사 제품을 취급하는 점포수를 나타내는 것으로 유통 커버리지라고도 한다.

② 집중적 커버리지 : 가능한 한 많은 점포가 자사 제품을 취급하도록 하는 것으

로 편의품의 경우에 적합하다.

③ 전속적 커버리지 : 일정 지역에 한 점포만 독점적으로 취급하도록 하는 방법으로 선매품(의류, 운동화), 전매품(골프 회원권, 고급카메라)의 경우에 적합하다.

④ 선택적 커버리지 : 일정 자격을 갖춘 소수에게 자사 제품을 취급하도록 하는 방법이다.

## 5. 촉진

### 1) 촉진의 개념

① 촉진(Promotion) 개념 : 자사의 제품이나 서비스를 기업이 원하는 가격에 구매하거나 반복 구매를 계속하도록 유도하는 것을 목적으로 해당 제품이나 서비스의 효능에 대해 실제 및 잠재 고객을 대상으로 정보를 제공하거나 설득하는 모든 마케팅 활동이다.

② 유사하게 사용하는 용어 : 프로모션, 판매촉진, 광고, PR

③ 촉진의 요소 : 인적판매, 판매촉진, 광고, PR

④ 촉진 요소별 특징

- 인적판매 : 촉진성과 높음, 고비용 산업의 특성에 따라 필요하다.
- 판매 촉진 : 매출증가에 직접 기여한다.
- 광고 : 이미지 상승, 장기적 효과기대, 교육적 효과 기대한다.
- 공중관계(PR : public relation) : 소요비용이 저렴, 신뢰성을 확보한다.

### 2) 인적판매

① 인적판매 개념 : 직접 소비자를 찾아 구매유도 하는 모든 활동(경기장 내 1등석 판매, 단체입장판매)

② 인적판매 특징 : 고객에게 사용방법의 설명, 애프터서비스 제공은 물론 대면접촉이라는 특징 때문에 다른 촉진 수단에 비해 많은 이점을 가지고 있다.

③ 인적판매 장점 : 소비자의 다양한 필요와 욕구를 융통성 있게 만족시킴. 고객주의 집중, 고객니즈 충족, 쌍방향 커뮤니케이션, 복잡하고 기술적인 메시지 전달, 기능이나 성능의 시연, 고객과의 빈번한 접촉이 가능하다.

④ 인적판매단점 : 1인당 촉진비용이 매우 높다. 고비용이기 때문에 효율성이 저하된다.

⑤ 인적판매 수행도구

- 데이터베이스 : 소비자 정보를 효과적으로 수집 및 관리, 분석하는 도구이다.
- 관계마케팅 : 고객과의 관계를 더욱 강화를 목적으로 하는 마케팅 활동이다.
- 혜택 세일링 : 새로운 혜택을 추가하거나 변경하여 소비자 지각에 변화를 도모하는 마케팅 활동이다.

### 3) 판매촉진

① 판매촉진 개념 : 적극적인 상품의 수요를 높이기 위해 사용되는 단기적 효과를 기대하는 모든 촉진활동이다(인적판매, 광고, 홍보, 스폰서십 이외).

② 판매촉진 방법 : 가격할인, 환불, 샘플증정, 쿠폰발행, 경연대회 등 핵심 마케팅활동을 지원하거나 보완하기 위해 이용되는 방법이다.

③ 판매촉진 필요성 : 시장에서 상품의 경쟁이 격화되어 있거나, 품질이 거의 차이가 없어 품질 차별화를 실현하기 어렵거나 가격 경쟁이 심해져 있는 경우, 단기적 수요를 목표, 브랜드 인지도를 높이고 유통망을 확장하고 신규 고객을 확보한다.

## 4) 광고,

① **광고의 개념** : 대가 지불 TV광고 비언어적인 매체를 통해 경기나 스포츠용품에 대한 정보를 알리는 형태의 의사소통 수단을 말한다.

② **광고 특징** : 짧은 시간에 다수의 소비자에게 전달할 수 있으므로 대중성이 강하며, 널리 분포되어 있는 소비자 커뮤니케이션에 강하고, 1인당 소요비용이 다른 촉진방법에 비해 저념한 정점이 있고, 단점으로는 목표 소비자를 대상으로 광고하기가 쉽지 않고, 일방적 정보를 전달하며, 일반적으로 비용부담이 높은 편이다.

③ **광고 방법** ; 매스미디어를 이용하는 TV, 라디오, 잡지 외에 경기장 시설을 이용한 전광판 광고, 펜스광고, 백보드광고, 경기장 바닥광고, 선수 유니폼 광고 등 다양한 형태가 있다.

④ **스포츠를 통한 광고의 특성** : 스포츠의 인기를 통한 호소력 극대화가 가능, 세계적 통용이 가능, 스포츠의 긍정적 이미지가 상품이미지로 전이된다.

⑤ **스포츠를 이용한 광고의 성장 배경** : 새로운 커뮤니케이션 수단으로서의 가치 인식, 스포츠에 대한 긍정적인 이미지, 스포츠에 대한 대중의 관심과 이로 인한 매스 미디어의 관심 집중, 스포츠조직의 상품화 노력 등이다.

⑥ **광고 효과 평가** : 마케팅 커뮤니케이션 목표에 따라 다양하게 평가할 수 있다.

- **인지 평가** : 소비자의 인지, 지각, 학습, 이해, 사고, 기억 등에 대한 평가
- **태도 평가** : 소비자의 선호도, 친숙감, 신뢰도 등에 대한 평가
- **행동 평가** : 소비자의 구매 관심, 구매 행위 등에 대한 평가
- **이미지 평가** : 소비자의 인식, 명성, 상징 등에 대한 평가
- **매출 평가** : 판매 수량 또는 금액으로 평가

⑦ **홍보 개념** : 홍보는 어떤 사실을 널리 알리는 것을 말한다. PR의 대표적인 것이 홍보다.

⑧ **홍보방법** : 기자회견, 보도자료 제공, 현장견학, 취재비 제공, 평상시 관계유지

⑨ 광고와 홍보의 차이

- **광고** : 광고면, 비용부담이 있음, 광고주 이름사용, 게재일, 지면, 메시지를 광고주가 결정 메시지 표현의 융통성이 있다.
- **홍보** : 기사면, 비용부담이 없음, 미디어 이름사용, 소구도와 소비자 수용도 높음, 연출효과가 적다.

⑩ 인터넷 광고

- **인터넷 광고 개념** : 최근 전통적 광고 매체에 비해 인터넷 광고가 많이 활용되고 있다.
- **인터넷 광고 장점** : 소비자 포지셔닝이 비교적 수월하며, 광고 제작이 비교적 용이하고, 가격이 저렴하며, 환경변화에 쉽게 대응이 가능하다.
- **인터넷 광고 방법** : 배너 광고, 삽인 광고, 스폰서십 광고 등이다.

⑪ **DM(direct advertising) 광고** : 유통업체에서 주로 사용하는 광고로, 업체가 선정한 일정 고객을 대상으로 우편을 이용하거나 신문에 전단지를 첨부하는 직접광고를 말한다.

⑫ **POP(point of purchase)** : 구매시점 광고를 말하는 것으로, 판매현장에서 고객의 시선을 끌기 위한 광고로, 대형마트 등의 천정에 광고판을 매달아 광고하는 것이 대표적인 기법이다.

⑬ **ATL** : TV, 신문 등의 매체를 통한 커뮤니케이션 활동으로 대행수수료를 받는 경우에 해당한다. 실제사례로는 TV, 신문 등의 미디어 광고 게재를 말한다.

⑭ **BTL** : 미디어를 통하지 않고, 직접 소비자를 대상으로 하는 커뮤니케이션 활동을 지칭하며, 실제 사례로는 판매지원, 유통지원, 설문조사 등에 대한 직접집행 수수료를 말한다.

⑮ **공중관계(PR : public relation)** : 대중 또는 특정집단을 대상으로 이미지를 좋게 하는 활동을 말한다. 개인 혹은 조직의 이익을 위하여 뉴스와 가치 있는 정보를 미디어에 전달하거나(보도자료 제공), 사회적 봉사활동 등도 포함하여 대중 또는 특정집단에게 개인 혹은 조직의 이미지를 호의적으로 만드는 활동이다.

⑯ PR 기능 : 대중매체와의 관계개선, 지역사회와의 관계개선, 조직구성원의 결속력 강화, 조직의 이미지 제고, 조직이나 프로그램에 대한 정보를 제공한다.

## 6. 프로세스

① 프로세스 개념 : 스포츠상품이나 서비스가 전달되어지는 절차 또는 생산 활동들의 흐름을 의미한다(강호정 외, 2013).

② 스포츠는 서비스재 성격 즉 편리하게 구입 및 사용할 수 있는 입장권이나 편안한 경기장 좌석과 같은 일정한 결과물적 성격을 포함한다.

③ 구매과정에 따른 관리

- 스포츠상품이 소멸성과 비분리성 특성을 동시에 가짐.
  기다림을 관리하는 능력에 따라 소비자의 만족이 달라진다.
- 무료함이나 짜증을 달랠 수 있는 재미를 스포츠조직은 제공해야한다.
- 스포츠조직은 진실의 순간을 파악하여 적은 노력으로 소비자의 만족을 극대화시켜 재방문을 유도해야 한다.

④ 피쉬본다이어그램http ://blog.naver.com

- 잘못된 결과가 발생될 경우, 그 문제의 원인을 찾아서 해결방안을 모색 인과관계도표라고 불린다.
- 이는 기업이 소비자의 불만을 직접 추적하는데 사용되는 것으로 특정 불만이 발생하는 상황을 포착하여 그 이유뿐 아니라 근본 원인도 밝혀내는데 의의가 있다(강호정외, 2013).

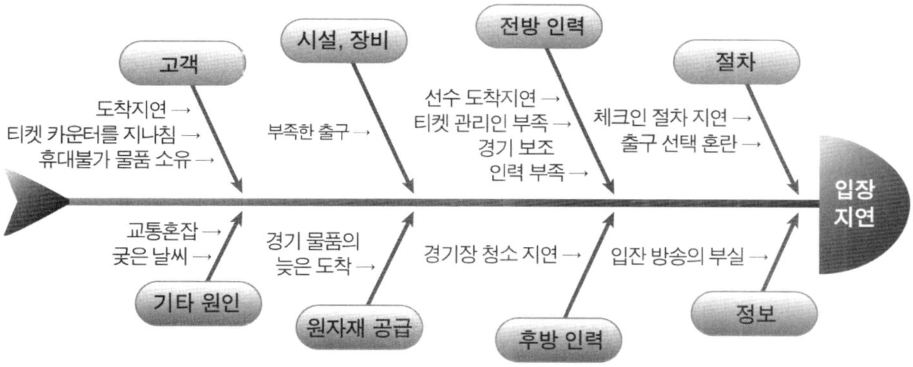


[그림 10-1 ] 경기장 입장 지연 분석을 위한 피쉬본다이어그램

⑤ 스포츠 프로세스 개선기법

청사진기법이란 핵심 상품이나 서비스 프로세스의 특성이 객관적으로 나타나도록 설명해 놓은 것이다. 상품과 서비스를 전달하는 과정에서 해야 하는 각자의 역할과 스포츠 프로세스와 관련된 단계, 흐름 등 스포츠 전반을 쉽게 이해 할 수 있도록 묘사해 놓은 것이다(강호정외, 2013).

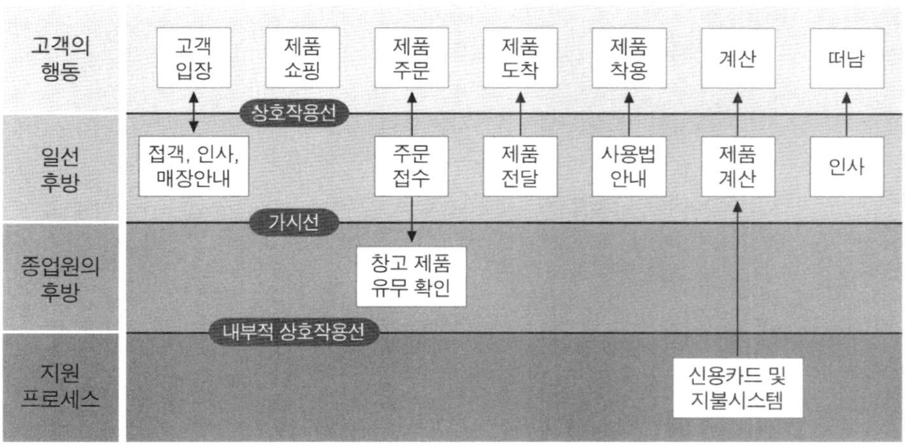


[그림 10-2 ] 스포츠용품점의 청사진

청사진기법은 서비스 전달의 프로세스와 소비자 제공 종업원의 역할, 눈에 보이

는 서비스 구성요소 등을 동시에 보여줌으로써 모든 서비스를 시각적으로 제시해 준다.

청사진이 도식화되면 스포츠 조직은 어느 부분에 개선점이 있는지, 경과 시간 정도는 어디인지를 파악하여 보다 효율적인 프로세스를 만들어 낼 수 있다.

청사진기법은 스포츠 서비스 프로세스가 자연스럽게 진행되도록 도와주고 모든 고객과의 접점관리를 용이하게 하지만 고객의 욕구와 필요를 충족시킬 서비스를 확인할 수 없다는 단점이 있다.

단점 보완 품질기능전개는 고객의 필요와 디자인 요소들 사이의 연결점을 발견할 수 있는 것. 품질기능 전개 방법은 품질의 집 도구를 이용한다.

**품질집(HOQ)**

QFD 프로세스 전개에 있어 가장 기본이 되는 작업은 '품질의 집' 이라고 불리는 HOQ를 작성하는 일이다. HOQ는 고객의 요구조건이 무엇이며, 고객 요구조건에 대한 자사와 경쟁사의 기술 능력과 수준은 어떠하며, 경쟁우위를 확보하기 위한 목표 수준은 어느 정도이며, 이러한 요구 조건을 만족시키기 위해 검토해야 할 요소들은 무엇인지를 체계적으로 분석하고 도출하기 위해 만드는 일종의 매트릭스를 뜻한다.

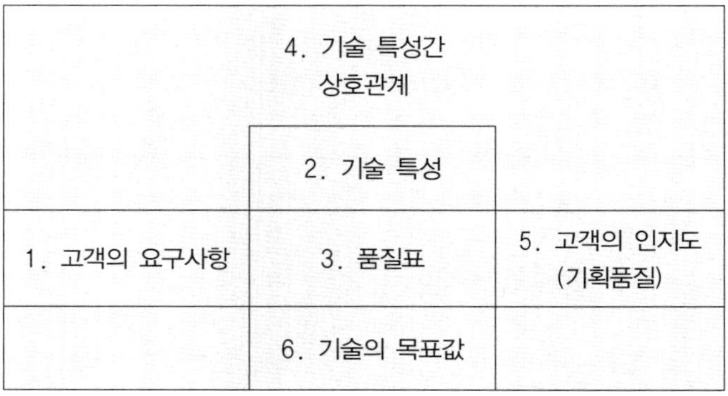


이 매트릭스가 HOQ로 불리는 이유는 매트릭스의 모양이 여러 개의 방과 지붕으로 구성되어 있어 집모양과 유사하기 때문이다. 위 그림에 HOQ의 전체적인 형태와 기본적인 구성 요소가 나타나 있다. 그림에서 보는 것처럼, 집의 왼쪽 축에는 고객의 요구사항이 나열되고, 위쪽 축에는 설계의 요구사항이 되는 기술 특성들이 나열된다. 이 두 축이 결합되면 집의 중심이 되는 공간이 매트릭스 형태로 만들어진다. 마지막으로 하변에는, 제품 특성들중 중요도를 표시하고, 오른쪽에는 고객 요구사항간의 중요도를 표시하면 HOQ가 완성된다.

# 7. 시설물

## 1) 시설물의 개념

경기가 행해지거나 스포츠 소비자들이 스포츠를 행하는 장소를 의미한다. 스포츠 시설물은 건물, 부대시설, 장비, 기구, 조명, 배치, 색채 그리고 인공물 등 다양한 구성요소로 형성되어 있다(강호정외, 2013).

## 2) 시설물의 의의와중요성

스포츠 소비자들이 스포츠를 관람하거나 참여 시 주변 시설물에 의해 소비자 만족이 커다란 영향을 받기 때문이다.

## 3) 스포츠시설물의 구성 요소

비드너(bitner)는 무형적인 서비스를 상품판매장소, 안내 표시, 종업원의 의상을 이용하여 유형화시킬 수 있다는 점을 발견하고, 이를 '물리적 증거'라고 정의하였다. 서비스 기업의 물적 증거를 다시 '물리적 시설'이라 표현했고, 이는 자연적 사회적 환경과 대비되는 개념으로 인간이 만든 물리적 환경이라고 설명했다.

## 4) 스포츠시설 개선방안

- 시설물의 혼잡성을 줄여라
- 세련된 외관 및 내관을 갖추어라
- 사용하기 편리한 장소를 제공하라.
- 소비자 입장에서 생각하라.

# 8. 인적자원

## 1) 스포츠 인적자원 개념

조직 내부 고객, 즉 소비자에게 서비스를 제공하는 종업원, 선수 등을 의미한다.

## 2) 내부마케팅 개념

조직 내부 고객의 동기 부여를 통하여 양질의 서비스를 소비자에게 제공하기 위한 모든 활동을 의미한다.

## 3) 내부마케팅 목표

스포츠 조직은 서비스 문화를 조직에 정착시켜야 한다. 즉, 종업원들이 서비스 지향적이 안목을 갖도록 조직 환경을 만들어야 한다.

선수나 서비스 제공 종업원들이 함께 서비스 문화를 개발 유지시켜 나갈 수 있는 환경을 마련한다.

## 4) 9가지 내부마케팅 실천방안(강호정외, 2013).

- 갈등과 스트레스를 관리하라
- 적합한 사람을 고용하라
- 최고의 선수나 서비스 제공 종업원을 유지하라
- 교육과 훈련을 실시하라
- 경영지원 및 내부커뮤니케이션을 강화하라
- 임파워먼트(의사결정권)와 팀워크를 장려하라
- 매스 커뮤니케이션을 활용하라
- 내부 고객 시장을 세분화하라
- 정서적 노동을 관리하라(감정노동)

# 제11장 스포츠 스폰서십

## 1. 스포츠 스폰서십의 개념

스폰서십이란 행사나 활동에 재정적 · 인적 · 물질적 · 지원을 제공하여 그 제휴를 통하여 상업적인 이익을 얻기 위한 행위이다. 이를 후원이라 하고 이를 행하는 사람을 스폰서 또는 후원자라 부른다(Watcher, Craig & Culling & Harvey, 1991).

그러므로 스폰서십을 정의하자면, 스폰서십은 상업적 목표를 달성하기 위한 상업적 조직에 의한 활동으로서 재정이나 물품에 대해 지원하는 것으로 광고, 판매촉진, 인적판매, PR(Meenaghan 1983), 금전이나 용역을 제공하는 자와 그 대가로 상업적 이익을 목적으로 권리를 부여받거나 제휴를 하게 하는 개인, 이벤트, 혹은 단체와의 사업적 관계(Seight, 1989), 이벤트나 그 활동에 직접적인 제휴를 위한 교환(Sandler & Shani, 1989) 등으로 정의되어 질 수 있다. 결국 스폰서십은 조직의 정상적인 활동과 직접 관련이 없는 이벤트나 활동에 조직의 재정, 인적, 물적, 지원을 제공하여 그 제휴를 통해서 상업적인 이익을 얻기 위한 행위인 것이다.

이처럼 스폰서십의 중심적인 개념은 기업이 상업적인 목표를 갖는다는 것이다. 그러나 기업이 스폰서십에 참여함에 있어서 상업적인 의도만을 가지는 것은 아니며, 여러 가지 의미에서 자선적인 동기도 포함한다.

이런 점은 스폰서십과 연관하여 사업적 동기를 추구하는데 사용되는 전략적인 목표가 될 수 있으므로 스폰서는 다른 방법으로는 획득하기 불가능한 혜택을 덥기 위하여 일정한 금액을 위임된 자선단체에 제공하기도 한다. 그러나 이것도 역시 긍정적인 홍보(Publicity)를 통하여 기업의 긍정적인 이미지를 높이기 위한 마케팅전략으로 간주할 수 있는 것이다.

그러므로 본질적으로 스폰서십은 스폰서의 이익이 수반되는 상호간의 교환과정을 통하여 경제적 이익을 추구하는 활동으로 볼 수 있다(남해민, 2010).

## 2. 스포츠 스폰서십의 구조

스폰서십의 주제는 스포츠 조직(단체), 대중매체, 스폰서 기업으로 크게 나누어 질 수 있다. 현대사회에서 스포츠의 가치는 정보통신기술의 발달에 영향을 받은 바 크고, 특히 스포츠의 상업화 및 프로화는 매스미디어스의 절대적인 영향을 주었다. 이러한 스포츠의 프로화, 상업화는 기업과 스포츠조직 그리고 대중매체에게 새로운 사업기회를 제공하게 된다. 스포츠 분야의 경우, 스포츠 자체 또는 스포츠 조직(단체)이 존립하기 위해서는 오늘날 무엇보다도 재원의 확보가 중요하다. 그러므로 스포츠 단체는 스포츠마케팅을 통하여 기업의 스폰서십을 유도하고 스포츠방송 중계권을 판매함으로서 재정 원을 확보한다.

기업의 입장에서 보면 기업은 스포츠를 마케팅 도구로 이용하고 있다. 그 이유는 기존의 대중매체를 이용하는 비용이 점차 증가하고 있다는 점과 이에 비해 광고효과가 상대적으로 떨어진다는 점이다. 이러한 상황에서 스포츠는 기업에게 새로운 형태의 마케팅 행위를 가능케 하는 매력적인 광고매체로 대두되고 있다.

스폰서십 구조의 마지막 요소로는 대중매체(TV, 라디오, 신문, 잡지)를 들 수 있다. 이것은 앞에서 언급한 바와 같이 정보화 시대로 지칭되는 오늘날에는 그 영향력이 더욱 커지고 있다. 그러나 대중매체의 경우 시청률 내지는 점유율에 절대적 가치를 두고 경쟁에서 살아남기 위해 일반대중이 선호하는 테마만을 다루는 경향이 있다. 스포츠는 이러한 테마 가운데서 가장 선호도가 높은 프로그램 및 기사로서 없어서는 안 될 중요한 위치를 차지하고 있다. 이러한 스폰서십의 구조를 정리해보면 다음 그림과 같다.

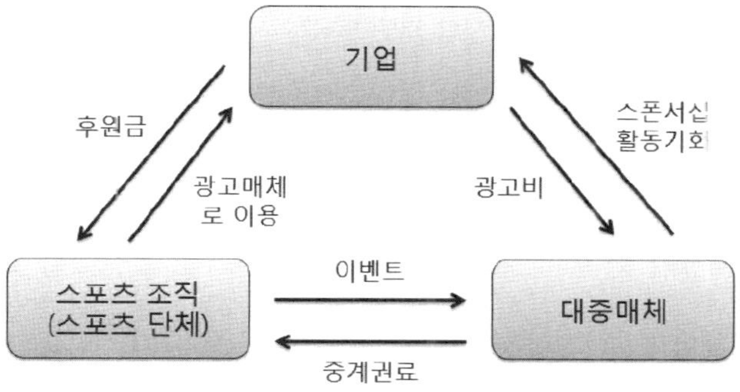


[그림 11-1] 스폰서십의 구조

## 3. 스포츠 스폰서십의 목적

스포츠 조직의 입장에서도 스폰서십은 스포츠 조직, 구체적으로 스포츠 이벤트, 선수, 팀에 대한 인지도를 높여주는 역할을 한다. 즉, 얼마나 많은 스폰서를 확보하고 있는지에 따라 스포츠 소비자들에게 해당 스포츠 조직을 프로그램이 스폰서 해주는 스포츠 조직과의 관련성을 부각시키는 방향으로 설계되어지기 때문이다.

스폰서십의 또 다른 주요한 목표는 경쟁자로부터 제기될 수 있는 제반위협 요인에 효과적으로 대응하거나 이를 제압하는데 있다. 특히 주요 스포츠 이벤트의 스폰서십은 업종 당 하나의 기업만이 후원에 참여하도록 함으로써 기업의 독점권을 확립해 주는 것을 원칙으로 하는데, 후원기업은 대회 관련 광고, 프로모션, 마케팅에 관한 독점권을 부여받음으로 써 업종 내 타 경쟁사를 제압할 수 있는 유리한 위치를 차지할 수 있다. 뿐만 아니라 세계적인 기업들과 함께 후원사가 될 경우 기업의 위상을 크게 높일 수 있는 절호의 기회를 갖게 된다.

커뮤니케이션 혹은 촉진의 수단으로서 스폰서십이 지니는 독특한 특징 중의 하나는 바로 스포츠 이벤트나, 선수 혹은 팀에 대해 관심을 가지고 있는 소비자들에게 비교적 쉽게 도달할 수 있다는데 있다. 즉, 기업은 특정 스포츠 종목이나 이벤트를 활용함으로써 보다 손쉽게 목표 집단에 접근할 수 있다(김용만, 2002). 이는 스폰서 대상(팀, 선수, 이벤트 등.)의 소비자와 후원 기업의 소비자가 일치하는 경우 효과가 더욱 커진다.

스포츠를 후원하는 기업은 단순히 후원의 사실을 소비자에게 알리는 것뿐만 아니라 이를 이용하여 고객과의 긍정적인 유대관계를 지속시키고 고객 충성을 이끌어 낼 수 있는데, 고객 전략을 마련할 수 있다. 즉, 스폰서십 계약을 체결하게 되면 스폰서 기업은 스포츠 조직이나 이벤트 개최자로부터 여러 가지 서비스를 받게 되는데, 이러한 서비스를 고객들에게 돌림으로써, 고객들과의 우호적이고 장기적인 관계를 맺을 수 있게 된다.

이처럼 기업이 스포츠 스폰서십에 참여하는 목적은 궁극적으로 판매 신장에 있지만 중단기적인 입장에서 다른 이유를 살펴보면 다음과 같다.

첫째, 기업의 인지도를 상승시키거나 지속시키는 것은 스포츠 스폰서십에서 가장 중요한 과제이다. 이 목적은 무엇보다도 시청자와 미디어효과에 적합한 스포츠 종류와 스포츠 행사를 통해 이루어질 수 있다. 전 세계인이 동시에 볼 수 있는 올림픽과 월드컵에 세계일류 기업들이 앞 다투어 후원에 참여하는 이유도 여기에 있다.

둘째, 기업 및 제품 이미지를 개선하거나 공고히 하는 것은 스폰서십 이 추구하는 또 다른 목적이다. 스포츠의 이미지가 기업의 이미지로 전달 될 때 스포츠 스폰서십은 성공한 것이며 이러한 이미지 변화는 중 · 장기적으로 스폰서십을 행할 때 효과적으로 이루어질 수 있다는 인식이 중요하다.

셋째, 특정한 국민집단에게 그 기업에 대한 신뢰와 이해를 구하며 사회적인 책임성을 표현하는 것으로 이해할 수 있다.

마지막으로 임직원의 사기진작과 직접적인 서비스 차원에서 스폰서십을 통해 임직원의 단결과 자부심을 고취할 수 있으며, 또한 후원하는 스포츠 행사에 고객, 구매자 등을 선택적으로 초청하여 서비스를 제공 할 수 있다.

이처럼 스포츠 스폰서십은 다양한 형태로 기업을 효과적으로 뒷받침하는데 기여할 수 있다. 기업은 스포츠 스폰서십에 참여할 때 기업이 추구하는 커뮤니케이션의 목적에 부합하는지 유의해야 한다. 이러한 스포츠 스폰서십은 기업의 여타 다른 커뮤니케이션 수단들과 통합되어 실행될 때 스폰서십의 긍정적인 효과가 나타난다.

## 4. 스포츠 스폰서십의 유형

기업이 스포츠 후원을 통하여 스폰서(후원사)로써의 권리를 행사하는 것에는 스포츠이벤트 또는 스포츠 단체 및 대회에 대한 참여적 지분에 대한 계약관계에 의한 권리행사의 범위가 설정된다. 이러한 후원사들의 참여범위와 그에 따른 후원사로서의 권리에 따라 스포츠 스폰서십은 다음의 〈표 2-2〉와 같이 구분된다.

이외에도 스포츠 스폰서십을 좀 더 구체적인 형태에 따라 살펴보면 다음과 같다.

- 타이틀 스폰서십(대회명칭에 스폰서 이름이 들어가는 경우)
- 공식명칭 사용권(공식용품, 공식공급업체, 공식지정사, 공식후원사, 공식스폰서, 공식파트너 등.)
- 입간판 광고(Board Advertising) 및 펜스광고
- 유니폼 광고
- 스포츠용품 광고
- 출발번호(Bid), 출발 또는 결승점 테이프 광고
- 라이센싱/머천다이징(마스코트, 엠블렘, 로고 등을 활용)
- 경기장바닥 광고
- 자막광고(경기중계 시 화면에 특정 기업명이나 상표가 자막에 나오는 경우)
- 안내프로그램 및 입장권, 깃발광고
- 스포츠 스타를 등장시키는 매체광고
- 스포츠 스타를 이용한 판촉행사(팬 사인회 등.)

**<표 11-1> 스폰서십 유형**

| 구분 | 유형 | 특성 |
|---|---|---|
| 기업 참여형태 | 기업 주도형 | 기업이 대회 경비의 전부 또는 대부분을 부담함<br>Title Sponsor와 Nontitle Sponsor |
| | 매체 주도형 | 매체사가 PR목적을 위해 개최하는 대회에 기업이 협찬하는 방식임 |
| | 기타 | 여러 기업에 의한 공동협찬형식, 제품기증형식, 펜스광고 협찬 등 |
| 스포츠의 이벤트 성격 | 관전형 이벤트 | 각종 프로, 아마추어 경기대회후원, TV중계 여부가 중요한 요소임 |
| | 참가형 이벤트 | 일반시민이 직접 참여하는 대회의 후원 : 시민들이 참여와 호응을 유도할 수 있는 다양한 프로그램과 프로모션이 중요요소 |
| 스폰서십의 종류 | 공식후원사<br>(Official Sponsor) | 일정금액을 지불하고 휘장을 광고, 판촉에 이용할 수 있는 권리 |
| | 공식공급업체<br>(Official Supplier) | 물자나 용역 등을 지원하고 휘장을 광고, 판촉에 이용할 수 있는 권리 |
| | 공식상품화권자<br>(Official License) | 일정금액을 지불하고 휘장을 이용하여 상품을 제조-판매할 수 있는 권리 |
| 스폰서 대상 | 선수 개인, 팀, 스포츠 단체, 경기대회 | |
| 스포츠이벤트의 지역적 범위 | 세계대회 후원, 지역대회후원(유럽선수권, 아시아 게임 등), 국내 대회후원 | |

위에 열거한 스포츠 스폰서십의 여러 형태를 개발 스포츠 선수, 팀대회 등으로 나누어서 설명해 보기로 하자.

## 1) 선수 스폰서십.

선수 스폰서십은 프로스포츠나 아마추어 엘리트 스포츠의 현역선수 및 지도자를 주요 대상으로 하는데, 특히 스포츠 스타플레이어는 기업의 제품이나 서비스의 질적 수준이나 효용성을 보장해주는 보증인의 역할을 한다.

인기 스포츠인의 광고 계약서에는 제품광고를 위해 인쇄매체 광고사진이나 CF에 출연하는 것뿐만 아니라 각종 판촉활동에 참여하고 사인회를 연다든지 하는 보조적 수단에 대한 내용도 포함되어 있는 것이 보통이다. 주변에서 흔히 볼 수 있는 사례로는 인기 스포츠인이 특정상표의 운동복을 입고 경기하는 모습 또는 스포츠 용품이나 스포츠음료 광고에 출연하는 경우 등을 들 수 있다. 인기스포츠 인이 스폰서 기업의 요청에 따라 활동한 대가로 받는 것은 현금으로만 국한되지는 않는다. 대부분의 경우 현금과 스포츠용품이 함께 제공되며 때로는 자동차와 같은 비
교적 고가의 선물이 제공되기도 한다.

## 2) 팀 스폰서십

현재 국내외 각종 종목 프로팀들은 예외 없이 대기업의 소속으로 되어 있다. 그러나 실제로 프로팀들은 팀 운영 재원을 스폰서십의 형태로 확보하고 있다. 대기업의 경우 몇몇 계열사가 스폰서로 구단에게 현금지원을 하며, 한 기업에 속해있는 구단의 경우 홍보비 또는 광고비로 처리되지만 그 실행 형태는 역시 스포츠 유니폼 광고, 옷 광고, 스포츠 용품광고 등이 주종으로 이루고 있다.

팀 스폰서십은 프로구단에만 국한되지 않는다. 국내에서는 비인기 종목의 준 프로 및 아마추어 팀의 경우에도 기업 또는 지방자치 단체소속인 경우가 대부분이다. 일차적으로는 국내 준프로나 아마추어스포츠의 열악한 환경에 기인 하지만 여기서도 역시 대기업 그룹사들의 참여가 두드러진다. 국내에서는 아직 선진국에서처럼 회원의 참여로 운영되는 스포츠클럽이 거의 전무한 상황이라 비인기종목의 팀 유지 자체가 기업이나 자치단체의 참여 없이는 불가능할 정도지만 홍보효과는 매우 큰 편이다. 스폰서십의 형태는 프로구단과 큰 차이는 없다.

## 3) 스포츠이벤트 스폰서십

스포츠 스폰서십에서 스포츠이벤트 스폰서십이 차지하는 비중은 상당히 크다. 우선 국제적 스포츠이벤트인 올림픽, 월드컵, 각종 세계선수권대회 등만 봐도 지구상에서 개최되는 어떤 행사보다도 그 규모가 크다는 것을 쉽게 집작할 수 있다. 스포츠이벤트를 활용한 스폰서십에는 입간판 또는 펜스광고에서부터 광고패키지(대회 안내프로그램, 입장권 광고 등.), 공식명칭 사용권, 타이틀 스폰서십에 이르기까

지 그 형태가 매우 다양하다. 근래 들어 특히 대형 스포츠이벤트의 명칭 자체에 스폰서 기업의 이름이 들어가는 타이틀 스폰서십이 해외는 물론 국내에서 점차 많아지고 있는 추세이다.

스포츠이벤트 스폰서십에서 최근에 타이틀 스폰서십의 비중이 점차 높아지고 있기는 하지만, 이 분야에서 전통적으로 가장 많이 활용되어온 형태는 통상 공식스폰서라는 명칭사용권과 연계되어 실행되는 입간판 또는 펜스광고이다. 96년 애틀랜타 올림픽의 경우 10개 Worldwide Sponsor 가 지정되었는데 이 회사들은 자시 광고에 올림픽 공식스폰서라는 명칭을 사용할 수 있는 권리는 물론 올림픽 마스코트나 휘장 등을 사용할 권리도 함께 부여받았다. 올림픽의 경우 아직은 입간판 또는 펜스광고를 설치 할 수 없으나 월드컵 축구대회의 경우는 이것이 허용되기 때문에 전 세계적 매출 효과 면에서 오히려 올림픽을 능가할 수도 있다.

### 4) 스포츠 스폰서십의 효과

스포츠 스폰서십이 기업에게 매력적인 광고, 홍보의 수단인 것은 사실이지만 그. 활용가치가 단순히 매스광고에 제한되는 경우가 많다. 스폰서십의 판매에서 광고주들이 지나치게 노출효과나 광고효과에 무게를 두고 있어, 어쩔 수 없이 스포츠 스폰서십의 효과를 CPM과 같은 광고의 효과를 재는 도구로 설명하기도 한다. 그러나 스포츠 스폰서십의 목적은 단순히 낮은 CPM으로 높은 광고효과를 창출하는데 그치지 않는다. 스포츠 스폰서십은 기업과 고객이 공유 할 수 있는 가치의 창출을 통해서 기업 및 브랜드의 이미지 강화, 소비자의 신뢰 및 충성도 구축, 매출증대와 같은 다양한 마케팅 커뮤니케이션의 목표달성을 위한 주요한 도구로 활용될 수 있기 때문이다.

전 세계적으로 스폰서십의 효과를 규명해보려는 학문적 연구와 방법론에 대한 고려는 매우 드물다. 이 분야에서 발표된 연구논문은 실제로 실시된 연구의 일부분에 불과하고 대부분의 연구결과는 기업이 위탁하여 실시된 연구가 대부분인 관계로 경쟁사에게 정보를 제공하지 않겠다는 기업의 속성상 비밀로 취급되어 학문적

토론이나 비판으로부터 벗어나 있다. 이러한 실정에서 스폰서십에 대한 연구는 아직 초기 단계이지만 점차 광범위하게 진행되고 있다.

이미 발표된 연구들 중 Gardner와 Shuman의 스폰서십의 목적에 관한 연구에 의하면 조사 기업의 절반 이상이 스폰서십의 효과 측정을 하지 않고 27%정도는 시장점유율과 매출 자료를 근거로 그 성공여부를 파악하고 있는 것으로 나타났다. 겨우 방송관련 기업의 17%만이 매출보다는 커뮤니케이션 효과와 관련하여 측정을 하고 있는 걸로 나타났는데 이것은 인식(awareness)과 회상(recall)에 초점을 맞춘 전통적 광고매체 조사방식을 사용하였다.

기업의 입장에서 특정한 고객집단과의 커뮤니케이션으로 다른 매체에 비해 효과가 높다. 예를 들어, LG전자는 현지 지역에서 가장 인기 있는 종목 중 국내선수가 포함된 일부 팀을 후원하는 방식으로 제품광고를 펼쳐 투자대비 수익효과가 높다. 그저 TV 광고를 하는 것보다는 이렇게 팀 스폰서십을 하는 것이 커뮤니케이션 효과가 높다. 다음으로 이미지 개선과 판매증진으로 스포츠가 갖는 긍정적인 이미지를 상품에 전이시키기 용이하며 이미지 개선은 물론 판매증진에 기여한다. 그리고 스포츠 스폰서십은 보호무역, 통상압력은 물론 광고 제약 등 경제적 규제에 대한 회피수단이 된다.

(좌) 올림픽파트너 삼성전자, (우) 레버쿠젠 공식후원사 LG전자

또한 광고의 경우 상업적 접근으로 인식되지만 스폰서십의 경우 비상업적 접근으로 인식되어 소비자들로부터 호감을 얻기 용이하다. 한 예로 삼성전자의 경우 오

랜 기간 동안 올림픽의 공식후원사임을 대부분의 사람들이 알고 있다. 삼성전자는 전 세계 최대 스포츠이벤트인 올림픽에 올인하는 만큼 브랜드 가치 향상에 큰 효과를 얻고 있다. 올림픽의 특성상 상업성을 배제하고 공익을 추구하는 이미지와 더불어 전 세계 최고 선수들이 기량을 겨루는 대회인 만큼 이미지 제고에 효과적이다. 실제 삼성전자는 올림픽 마케팅 등을 통해 지난 1999년 32억 달러에 불과했던 브랜드가치를 14년만인 지난해 396억 달러로 10배 이상 높였다.

아인트라흐트 프랑크푸르트의 새로운 공식공급업자 나이키

스포츠조직의 입장에서는 스포츠 스폰서십은 스포츠대회의 성공적인 개최와 홍보는 물론 스포츠조직의 발전을 위한 재정을 확보하는 수단으로 활용된다. 또한 스폰서십을 통해 각종 정보를 알려주어 스포츠의 홍보는 물론 참여자를 늘리는데 도움이 되며, 기술발전에도 기여한다. 스폰서십을 통해 참여인구의 저변확대에 기여하며, 스포츠에 관심이 많은 관중을 끌어들여 욕구를 자극하고, 볼거리를 제공해야 하므로 스포츠발전을 위한 투자를 자극하게 된다(스포츠 상품의 가치증대).

재화에 따른 스포츠 스폰서십의 유형은 공식스폰서, 공식공급업자, 공식상품화권자인 3가지로 나눈다.

공식스폰서의 경우 기업이 재화나 서비스를 제공하고 그 대가로 로고, 엠블렛 등을 마케팅에 이용할 수 있는 권리를 획득하는 것이다.

공식공급업자는 기업이 필요한 물품이나 서비스를 제공하고 그 대가로 마케팅 권리를 획득하는 것이다.

공식상품화권자의 경우 기업이 일정 금액을 납부하고, 로고, 엠블렛 등을 특정 제품의 마케팅에 이용할 수 있는 권리로 개최국가 내에서만 사용이 가능하다.

명칭사용 정도나 스폰서 대상에 따른 타이틀 스폰서와 일반스폰서 구분할 수 있다.

타이틀 스폰서는 각종 대회 등의 공식명칭에 기업명 또는 브랜드 명을 넣는 권한을 획득하는 것을 말한다. 예를 들어 '코오롱 제56회 한국오픈 골프선수권대회'도 공식 명칭인 한국오픈 골프 선수권대회에 코오롱이라는 브랜드명을 넣는 것을 말한다.

일반스폰서는 대회명칭에는 사용하지 않지만 일반적인 스폰서의 권리를 획득하는 것이다.

스폰서의 대상에 따라서는 선수스폰서십은 특정선수 혹은 지도자를 대상으로 하며, 팀 스폰서십은 말 그대로 특정한 팀을 대상으로 한다.

이벤트 스폰서십은 올림픽이나 월드컵, 국제 대회 등을 대상으로 한다.

단체스폰서십은 협회, 연맹 등의 스포츠단체를 대상으로 한다.

이외에도 인도스먼트라는 스폰서십의 한 형태가 있다. 선수보증광고라고도 하며, 선수 혹은 팀을 광고에 등장시키거나, 유니폼 등에 부착 혹은 사용하게 하는 것으로, 스폰서를 받는 사람인 선수나 단체를 주체로 본다(최다미, 2017).

① 라이센싱 : 라이센싱이란 다른 기업이나 개인이 개발하였거나 소유하는 제품 제조에 대한 신기술・신제조법・노하우, 상표・마크 등을 소유자의 허가를 받아서 생산하는 일을 말한다.

② 머천다이징 : 머천다이징이란 특정 스포츠, 팀, 선수의 캐릭터, 로고, 마크 등의 새로운 상품화를 말한다. 즉, 캐릭터 상품, 기념품, 응원도구, 유니폼, 영상제작물, 서비스 등 모든 스포츠산업에 있어서 유형/무형의 것을 창출해 상품화시키는 것을 머천다이징이라 할 수 있다. 머천다이징은 특정 선수의 이름을 운동기구의 상품명으로 이용해서 상품 특성이나 품질을 보증하는 수단으로 많이 활용된다. 나이키에서 출시한 '에어 조단'이라는 농구화, '펠레 모델'이라는 축구 스파이크, 그리고 김병지 골키퍼의 필체가 느껴지는 "내 뒤에 공은 없다" 등이 그 예라 할 수 있다.

2018 평창 마스코트 수호랑과 반다비

## 5. 스포츠 스폰서십의 구조와 유치방법 및 절차

2016 슈퍼카 챌린지

스포츠 스폰서십은 스포츠조직, 기업, 미디어, 대행사 등의 4개의 축으로 구성되어 있다. 스포츠조직은 스포츠상품을 통해서 팬을 확보하고, 이를 이용해서 스폰서를 확보한다. 스폰서는 재정지원을 통해 스포츠조직을 지원하고, 조직의 자산을 활용 특정집단에 대한 촉진활동을 전개한다. 미디어는 스포츠중계를 통해 경기력을 전달하면서 기업의 로고 등 짧은 메시지를 전달하며, 대행사는 스포츠마케팅 대행, 방송중계권 계약, 국제 이벤트 등을 전개한다.

스포츠 스폰서십의 유치방법은 다양하다. 재화나 서비스를 제공하고, 대회 명칭에 사용하는 대회공식 명칭, 스포츠조직에 일정 재원을 지원하고, 중계권을 위임받아 방송 혹은 방송권 판매 및 송출하는 방송중계, 입간판 혹은 보도에 광고하거나 펜스광고를 활용하는 입간판/펜스광고, 농구경기 등 중계 때 카메라가 자주 노출되는 곳에 광고하는 경기장 바닥광고, 전광판, 스크린 등의 주위에 새겨 놓은 광고인 전광판 광고, 인터뷰 장소 배경에 광고하는 백드럽 광고, 선수 후원으로 선수들 유니폼에 광고를 부착하는 유니폼광고, 선수가 출전 중에 유니폼, 모자 등에 로고를 부착, 관계자의 이동이 많기 때문에 관중으로부터 호기심을 유발하는 관계자의 의복광고, 입장권 여백 또는 뒷면에 광고하는 팸플릿, 입장권 광고 등이 있다.

한국타이어, 슈퍼카에 타이어 공급…'슈퍼카 챌린지' 타이틀 스폰서

〈FC바르셀로나 루이스 엔리케 감독 뒤의 백드럽 광고〉

유니폼 광고 찬성-팀별로 500만 달러 정도의 수익이 기대된다

2015~2016 시즌 이벤트성이 짙은 올스타전 유니폼 왼쪽가슴에 기아광고가 실려있다

## 6. 타이틀리스트

전 세계 프로 골퍼들이 즐겨 애용하는 글로벌 골프용품 브랜드입니다. 특히 골프공은 1949년 이후 세계 1위 자리를 고수하고 있으며 압도적인 미국 시장 점유율을 자랑하고 있습니다. 타이틀리스트는 스카티 카메론, 보키, 풋조이, 피나클 브랜드를 가지고 있는 아쿠쉬네트의 주력골프브랜드이며 휠라코리아에서 인수하여 운영하고 있습니다.

스포츠 스폰서십의 유치절차는 스폰서십을 유치하는 활동을 말하며 계획단계, 교섭단계 및 계약단계로 구분한다.

계획단계는 스포츠 스폰서십을 유치하기 위한 준비단계로 전체목표를 설정하고, 대상기업을 물색하며, 제안에 따른 조건을 검토하는 등의 절차를 말한다. 교섭단계는 교섭 제안 및 설명의 절차를 말하며, 계약단계는 말 그대로 계약을 체결하는 단계를 말한다.

**[그림 11-2 ] 스포츠단체가 스폰서를 유치할 때의 제시할 사항**

첫째 예상효과, 둘째 앰부시마케팅의 방지계획, 셋째 관련 매체에 관한 사항, 넷째 요건의 준수와 정당한 이익을 제공하는 방법제시, 다섯째 계약의 이행약속

다음으로 스포츠단체가 스폰서를 선정할 때의 고려할 사항으로는 스포츠이벤트와 스폰서의 이미지의 일치여부와 효과의 제공정도를 고려하여야한다.

스포츠 스폰서십 계약에 포함하여야 할 사항으로는 첫째 계약자의 성명과 상표, 로고, 심벌 등에 대한 사항, 둘째 스폰서와 피스폰서의 권리와 의무, 셋째, 독점권과 관련된 내용, 넷째, 책임소재, 다섯째, 기타사항이 있다.

## 7. 스포츠 스폰서십의 기대효과 및 효과분석

스포츠 스폰서십에 참여함으로써 기업이 기대할 수 있는 효과는 첫째 기업(상품)의 인지도 제고, 둘째 판매증대, 셋째 매체효과 증대, 넷째 경쟁우위확보, 다섯째 고객 커뮤니케이션 강화 등이 있다.

스폰서의 입장에서는 스폰서의 성과를 높이기 위해서는 독점권, 로고 등의 사용권, 광고권 등의 권한을 포함하는 것이 효과적이다. 여기서 독점권은 한 기업에게 독점적인 권한을 부여하여 경쟁사의 접근이 차단되는 것을 말한다. 로고 등의 사용권은 로고, 마크, 캐릭터 등의 사용권한을 획득하는 것을 뜻하며, 광고권은 경기장 광고 등의 권한을 획득하는 것을 말한다.

스포츠 스폰서십의 효과분석을 위하여 고려하여야 할 사항으로는 첫째, 스폰서십 결과가 고객의 관심 속에서 진행되었는지에 대한 여부, 둘째 매체의 노출정도(시청률, 청취률, 구독률 등), 셋째, 스폰서십 참여 이후 상품에 대한 인지도의 변화정도, 넷째, 대회 주체자의 계약내용 이행의 정도, 다섯째, 소요된 경비, 여섯째, 상품의 판매증가 등이 있다.

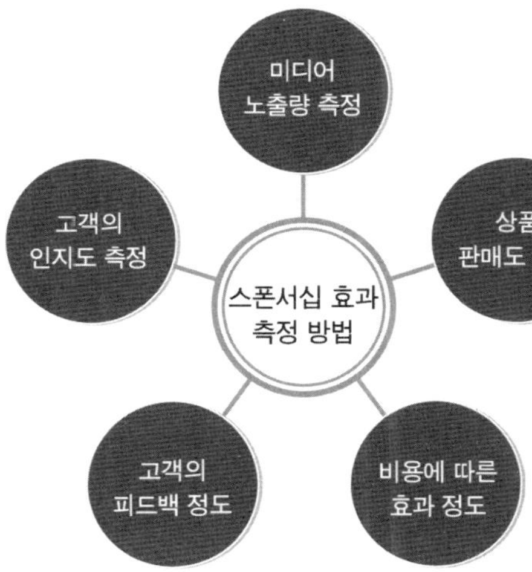

Meenaghan(1991)은 스폰서십 효과를 측정하기 위해서 다음의 5가지 사항을 사용하여야 한다고 하였다.

첫째, 미디어 노출량 측정, 둘째 고객 인지도 정도, 셋째, 상품판매정도, 넷째, 고객의 피드백 정도, 다섯째 비용에 따른 효과정도의 5가지 방법을 사용하여 스포츠 스폰서십 효과를 측정한다.

## 8. 스포츠 스폰서십의 확산

스폰서십은 상업적인 상품 광고를 소개하는 방송 프로그램에 돈을 지불하는 개인이나 비즈니스 기업을 의미한다. 이는 개인이나 기관 혹은 업무, 행위 등을 지원하거나 용기를 주거나 혹은 지지를 바라지 않는 이타주의적인 행동인 후원(patronage)과는 구분된다.

최근 스포츠 이벤트에서 주요 수입원으로 성장한 스폰서십은 TV를 포함한 상업적 기업과 스포츠의 혼인과 같은 밀월 관계로 비추어진다. 스폰서십은 스포츠와 스포츠 외부 조직이 상호 혜택을 보기 위해 스포츠 외부 조직이나 개인이 스포츠를 지원하는 관계다. 즉, 자금이나 자원 혹은 서비스를 제공하는 기업이나 조직과 스포츠 이벤트를 주최하는 조직이 맺는 비즈니스 관계이며, 그 대가로 상업적 혜택을 볼 수 있는 권리를 제안한다. 또한 스폰서십은 지원과 관련된 상업적 가능성을 보상하는 현금이나 행위들의 투자로 정의할 수도 있다. 어떠한 정의에도 불구하고 최근 30여 년에 걸쳐 스포츠를 포함한 예술이나 기타 공적 이벤트에 스폰서십이 급속하게 발전했음은 의심의 여지가 없다.

영국에서 스폰서십은 1971년부터 매년 250만 파운드씩 증가해 1979년에는 4600만 파운드, 1983년에는 1억 20만 파운드, 1988년에는 최소한 3억 5000만 파운드에 이르렀으며, 2002년 영국의 스포츠 스폰서십 규모는 4억 4200만 파운드 규모였다. 이 수치는 공적 영역으로 투입된 중계권료만을 포함하는 것이며, 개인적인 인도스먼트나 용구 거래, 2002년 맨체스터에서 개최된 영연방경기대회와 같은 일회성 이벤트나 활동비용, 기타 숨겨진 비용 등은 포함되지 않았으며 실제 금액은 약 10% 많은 금액으로 추정된다. 세계적으로 스포츠 스폰서십에 지출된 금액은 1990년 77억 달러에서 1998년에는 195억 달러에 이른 것으로 추산했다(Kolah, 1999). 상업적 스폰서십은 더 이상 단순한 스포츠에 대한 혜택 수준이 아니라 스포츠 미래의 기반이다.

FIFA 월드컵과 올림픽은 1970년대부터 수백만 달러의 가치가 있는 스포츠－미디어－비즈니스의 초국가적 동맹을 주도해 왔다. IOC와 FIFA는 전 세계 수십억 달러 규모 정치경제권의 정점에 있다(Sugden & Tomlinson, 1998). 스포츠－미디어－비즈니스의 삼각 구조는 스폰서십 권리－독점중계권－머천다이징으로 이루어진 패키지 모델로서 20세기 후반 스포츠의 모습을 변형시켰다.

패스트푸드, 스낵, 소프트드링크, 주류, 자동차, 전자미디어, 신용카드와 같은 대량 소비 분야는 축구에서 세계적인 스폰서십을 구성한다(Sugden & Tomlinson, 1998). 앰부시 마케팅(ambush marketing, 매복 마케팅이라고도 한다. 스포츠 이벤트 주최자의 규제를 피해가면서 공식 스폰서인 것처럼 행세하는 불법적인 스포츠 마케팅의 종류의 시도에도 불구하고 세계적인 두 대형 이벤트에 아디다스가 수백만 달러의 스폰서 계약을 하는 동안 나이키는 앰부시 마케팅을 했고, 전 세계 TV 시청자를 통한 기업들의 상품 마케팅은 성공적이었다.

서구의 프로 스포츠에서 스폰서십의 성장은 스포츠 조직들의 재정적인 위기 탈출 노력, 경제 발전을 통한 TV 보급의 확대, 스포츠 현장의 생생함을 안방까지 전달해 주는 영상 기술의 발달, 그리고 TV의 담배 광고의 금지 등이 배경을 이루고 있다. EU가 2005년 담배에 대한 스폰서십과 광고금지법을 실행했을 때, 가장 영향을 받은 스포츠는 포뮬러1(Formular1) 자동차 경기였다.

1970년 중반부터 포뮬러1 자동차 경기는 담배 회사와 동일하게 인식되었으며 경기는 그들의 주도로 개최되었다. 브리티시 아메리칸 타바코(British American Tobacco)의 계열사로 브리티시 아메리칸 레이싱 팀이 창단되어 경기 차에 '럭키 스트라이크' 담배 갑의 무늬를 새기고 경기에 참가했으며(Kelso, 2005), 최근에는 페라리(Ferrari)와 말보로(Marlboro), 르노(Renault), 마일드 세븐(Mild Seven), 맥라렌

메르세데스(McLaren Mercedes)와 웨스트(West)같은 자동차 회사들이 담배 회사와 스폰서 계약을 유지하고 있다. 유럽의 담배 광고 금지 논쟁은 포뮬러1 경기가 EU 외부에서 개최될 때 유럽연합 내 방송국의 자동차에 새겨진 담배 광고의 노출 인정 여부를 놓고 진행 중이다.

## 9. 스포츠 스폰서십의 배경

1960~1970년대 유럽 스포츠에 재정 위기가 발생한 원인은 첫째, 사회문화적 배경과 스포츠 행정가들의 젠틀맨-아마추어 이데올로기, 스포츠 관련 비용의 부족, 관람 스포츠 수입의 감소, 미디어에 대한 스포츠의 조건 제시 능력의 부재 등이다(Whannel, 1992). 영국은 문화적으로 스포츠를 비즈니스로 인식하는 것을 달가워하지 않는다. 스포츠는 단지 게임이며 취미일 뿐 산업은 아니라고 인식하고 있기 때문에 스포츠 행정가들은 스포츠에 경영의 개념이나 상업적인 이데올로기를 접목하지 않았다. 어떠한 스포츠 집단도 시장 가격에 의한 보수를 받지 않았으며, 특히 중산층 아마추어 선수에게는 전혀 보수가 없었다. 둘째, 1950년대를 전후한 베이비붐 세대는 가처분 소득의 상당 부분을 야외 활동에 지출했고 이것은 스포츠 경기의 관중감소와 입장료 수입 감소로 나타났다. 스포츠에 높은 충성도를 가진 사람들은 스포츠로 되돌아왔으나, 주요 스포츠의 입장수입은 여전히 감소했다. 마지막으로, 스포츠는 미디어에 조건을 제시하고 미디어와 일정한 거리를 유지하는 전략을 펼쳤기에, 중계권료 수입은 미미했다. 그러므로 당시에 스포츠를 통한 수입이 발생한다면 그것은 스포츠 자체보다는 주변 환경의 영향이다(Hargreaves, 1986).

이러한 환경은 1960~1970년대 스포츠에서 미디어, 스폰서십과 광고라는 축을 통한 스포츠 발전에 변화를 가져왔다(Whannel, 1992). 첫째, 프로선수 임금에 대한 판결에서 법원은 선수에게 승소 판결을 내려, 축구선수의 최고 임금에 대한 규정이 사라지게 되었다. 둘째, 전통적인 엘리트 정치인들이 스포츠 전문가를 채용했다. 셋째, 스포츠 이벤트에 참여하는 관중은 지속적으로 감소했고 새로운 대안적인 수입원을 찾는 문제가 시급했다. 넷째, 스포츠 조직이 미디어와 스폰서로부터 자금을 확보하기 위한 태도가 급속하게 변화했고, TV와 스폰서십이 스포츠 펀딩에 매우 중요한 자원이 되었다. 이러한 삼각관계에서 스포츠는 상업적 미디어가 초점을 두고 있는 오락과 광고를 동시에 만족시켜 줄 수 있는 킬러 콘텐츠가 되었다.

스포츠는 취약했고, 그 결과 자본주의의 합리화 유형에 종속되는 환경이 조성되었다. 스포츠는 미디어 스폰서십과 광고의 기반 위에서 생존하면서(Critcher, 1987), 현대의 소비문화에 편입되었다. 미디어는 축구 등의 인기 있는 특정 스포츠와 대형 스포츠 이벤트로 광고주와 중계 기술로 수용자를 유도하는 킬러 콘텐츠를 구성했고, 그 결과 이것은 볼거리를 소비하는 새로운 수단을 제공할 수 있게 되었다.

스폰서십은 상품과 스포츠의 수요 확대에 기여하고, 수입을 창출하며, 스포츠에 일종의 보조금을 지급하며 또한 퍼블리시티를 제공하는 장점이 있는 반면, 부정적인 관점에서 스폰서십은 스포츠에 대한 통제력 상실과 이벤트 주최 측과 스폰서의 이해관계에 따른 분쟁 가능성, 그리고 소수 종목에 스폰서가 집중되는 문제점이 있다.

상업적 스폰서십에 대한 문제점은 다음과 같다. 첫째, 스폰서십은 불안정하고 통제되지 않는다. 스폰서를 받는 스포츠의 필요성보다는 스폰서의 성향에 따라 좌우된다. 둘째, 스폰서십은 공적 펀딩을 드러내지 않는다. 스포츠와 레저 서비스, 공공장소, 학교나 대학의 레크리에이션 활동을 위한 중앙정부나 지방정부의 지출과 비교할 때, 사적인 스폰서십의 규모는 상대적으로 작은 편이다. 셋째, 스폰서십은 상업적 영향을 받는 판단을 조장하며 도덕적 태도와 타협하기에 스포츠의 숭고한 가치에 배치된다. 넷째, 스폰서십은 마치 자비를 베푸는 것 같은 위장된 광고다. 스폰서십은 박애주의적인 관대함을 보여 주기도 하지만 스폰서 기업의 의도는 그렇지 않다. 영국 국세청은 스폰서십을 절세나 탈세 목적의 광고로 바라보기도 한다. 다섯째, 스폰서십과 시민 정신 그리고 민주주의에는 긴장감이 조성된다. 즉, 상업적 스폰서십에 대한 의존의 증가는 공적인 자금 조달이 어려운 상황을 사적인 이해관계로 대체하는 것으로 여겨진다. 여섯째, 스폰서십은 남성이나 우수한 팀, 그리고 TV에 중계되는 인기 종목의 엘리트 그룹만을 선호하는 경향이 있다. 일곱째, 스폰서 계약으로 스포츠 지배 기구나 클럽 그리고 선수 간 분쟁이 발생할 가능성이 있다. 선수는 팀이나 조직과 다른 스폰서 계약을 할 수 있으며, 스포츠와 소비자들은 TV의 스폰서십 유치 전략에 따라 쉽게 변화된다.

후원자와 스폰서십은 성격이 다르며, 스폰서는 항상 상업적인 이익을 목적으로 계약을 한다. 스폰서십은 스포츠 발전에 유익한 요소로 인식되나 상업적 스폰서에 대한 모니터링과 규제는 여전히 필요하다(신승호, 2014).

# 제12장 스포츠 시설 이해

## 1. 스포츠 시설 개념

스포츠 시설을 통한 이익의 극대화 수단으로 활용되고 있는 것이 '명칭사용권'이다. 이는 스타디움이나 체육관 등에 연간 수십억씩 비용을 지불하고, 기업의 이름이나 브랜드 이름을 붙일 수 있는 권리다. 미국이나 유럽의 스포츠 산업 현장에서는 이미 보편화되어 있는 수익 모델로 스포츠 시설을 통해 얼마든지 수익을 창출할 수 있음을 보여 준다. 국내에서는 프로스포츠 팀이 사용하고 있는 스타디움이나 체육관의 소유권이 지방자치단체에 있어 구단들이 주로 임대해 사용하고 있기 때문에 명칭사용권을 활용한 수익 모델 창출이 어렵다(신승호, 2015).

스포츠 시설은 스포츠의 주체인 인간이 활동을 하는 터전으로 운동을 통해 건강과 즐거움을 추구하는 공간이다. 스포츠 시설은 학문적으로 다양하게 정의되는데, 크게는 스포츠 시설과 체육 시설로 나눌 수 있다. 스포츠 시설은 포괄적으로 "스포츠 활동을 하는 데 필요한 물적인 인공 시설과 용구 및 용품을 포함한 조형물"이라 정의해 공간만이 아니라 기구와 용품까지 포함한 조형물로 그 의미를 확장하고 있다. 또한 협의의 체육 시설 개념으로는 "운동학습을 위한 각종의 장소"로 규정함으로써 공간적 개념을 부각시키고 있다(강호정 · 이준엽, 2005; 강구민 · 김두현, 2015).

스포츠 시설의 법률적 의미는 「체육시설의 설치 · 이용에 관한 법률」(이하 「체시법」) 제2조 1호에서 "체육활동에 지속적으로 이용되는 시설과 그 부대시설"로 규정하고 있다. 또한 「국민체육진흥법」 제2조 1호에서는 체육은 "운동경기 · 야외 운동 등 신체 활동을 통해 건전한 신체와 정신을 기르고 여가를 선용하는 것"으로 규정하고 있다. 따라서 스포츠 시설의 법률적 의미는 "건전한 신체 정신을 기르고 여가 선용을 목적으로 신체 활동을 위해 이용되는 시설과 부대시설"로 정의할 수 있다(문화체육관광부, 2014).

스포츠 시설을 통해 인간은 건강, 체력 증진 및 다양한 욕구를 충족하며, 스포츠 산업에서 중요한 요소인 경제적 부가가치를 생산하기도 한다. 스포츠 시설은 사람들의 사회적 · 경제적 활동에 직간접적으로 기여함으로써 중요한 사회간접자본이자 직접생산재로서 가치를 가지고 있다(한국스포츠 산업 · 경영학회, 2005; 대전발전연구원, 2012).

## 2. 스포츠 시설의 분류

스포츠 시설은 「체시법」에 의거, 운동 종목 및 시설의 형태에 따라 구분하고 있다. 운동 종목에 따른 분류는 45개의 운동 종목을 위한 시설과 그 밖에 국내 또는 국제적으로 치러지는 운동 종목의 시설로 문화체육관광부 장관이 정하는 것을 포함함으로써 새로운 스포츠 시설로 규정할 수 있다. 시설 형태별로는 운동장, 체육관, 종합체육시설로 규정하고 있으며 상세한 내용은 표 1과 같다(신승호, 2015).

**<표 12-1> 운동장, 체육관, 종합체육시설**

| 구분 | 시설 종류 |
|---|---|
| 운동 종목 | 골프장, 골프연습장, 궁도장, 게이트볼장, 농구장, 라켓볼장, 럭비풋볼장, 롤로스케이트장, 배구장, 배드민턴장, 벨로드롬, 볼링장, 봅슬레이장, 빙상장, 사격장, 세팍타크로장, 수상스키장, 수영장, 무도학원, 무도장, 스쿼시장, 스키장, 승마장, 썰매장, 씨름장, 아이스하키장, 야구장, 양궁장, 역도장, 에어로빅장, 요트장, 육상장, 자동차경주장, 조정장, 체력단련장, 체육도장, 체조장, 축구장, 카누장, 탁구장, 테니스장, 펜싱장, 하키장, 핸드볼장, 그밖에 국내 또는 국제적으로치러지는운동종목의시설로서문화체육관광부 장관이 정하는 것 |
| 시설 형태 | 운동장, 체육관, 종합체육시설 |

출처 : 체육시설의 설치 이용에 관한 법률시행령 별표 1(개정 2008.2.29)

또한 스포츠 시설의 운영 및 설치 주체에 따라 공공 체육 시설과 민간 체육 시설로 구분하고 있다.

공공 체육 시설은 전문 체육 시설, 생활 체육 시설, 직장 체육 시설의 세 종류로 구분하고 있으며, 민간 체육 시설은 기관의 고유한 목적을 위해 설치, 운영하는 비영리 체육 시설과, 영리를 목적으로 하는 상업용 체육 시설을 모두 포함한다(한국스포츠개발원, 2013). 또한 영리를 목적으로 하는 체육 시설은 「체시법」에서 '체육 시설업'이라는 용어로 정의하고 있다.

### 스포츠 시설의 분류

건축물로서 생각할 경우는 크게 '옥외'와 '옥내'로 분류할 수가 있다. 옥외에 속하는 것으로서 육상경기장, 야구장, 구기장(球技場 ; 축구, 럭비 등), 테니스 코트, 배구 코트, 골프장, 마장(馬場), 사격장, 옥외 풀, 자전거 경기장, 항공기 레이스장, 오토 레이스장, 수상경기장(요트, 보트, 카누, 모터 보트, 수상 스키 등), 옥외 스케이트장(인공, 천연), 스키장 등이 있다. 옥내에 속하는 것으로는 체육관(각종 구기, 복싱, 레슬링, 역도, 체조, 유도, 검도, 펜싱, 태권도 기타 등)이 있고 또한 옥내 풀, 옥내 스케이트장 등이 있다. 이들 옥외, 옥내 시설을 종합하여 종합경기장, 공원 등을 포함하는 레크리에이션 시설 등이 있다(체육학대사전, 2000)

## 3. 체육 시설의 설치·이용에 관한 법률

1994년 1월 7일 법률 제4719호로 전문 개정된 44조와 부칙으로 된 것으로 체육 시설의 설치 · 이용을 장려하고 체육 시설업을 건전하게 발전시킬 목적으로 제정된 법률이다. 법 제5조(전문 체육 시설)는 국가와 지방 자치 단체는 국내외 경기 대회의 개최와 선수 훈련 등에 필요한 운동장 · 체육관 등을 설치 운영해야 하며, 이 경우 체육관은 체육 · 문화 및 청소년 활동 등에 필요한 용구로 활용될 수 있도록 설치돼야 한다. 제6조(생활 체육 시설)에는 국민이 거주지와 가까운 곳에서 쉽게 이용할 수 있는 생활 체육 시설도 설치 운영해야 한다. 제7조(직장 체육시설)는 직장의 장은 직장인의 체육 활동에 필요한 체육 시설을 설치 운영해야 한다고 했으며 또 제8조(체육 시설의 개방 및 이용)에서는 이와 같은 체육 시설과 학교의 체육시설은 경기 대회 개최, 직장 운영 또는 학교 교육 등에 지장이 없는 범위에서 지역 주민에게 개방해야 한다고 규정하고 있다.

제10조(체육 시설업의 구분 · 종류)는 체육 시설 업을 ①등록 시설업 : 골프 · 스키 · 자동차 경주장업과 ②신고 시설업 : 요트장업 · 조정장업 · 카누장업 · 빙상장업 · 승마장업 · 종합 체육시설 · 수영장 · 체육도장업 · 체력단련장 · 당구장업 · 썰매장업무도학원업 · 무도장업 등으로 나누고 체육 시설업은 그 종류별 범위와 회원 모집, 시설 규모, 운영 형태 등에 따라 그 세부 종류를 대통령령으로 정할 수 있다. 특히 제14조(대중 골프장의 병설)에서 회원제 골프장업자에게 대통령령이 정하는 바에 따라 시장 · 도지사가 대중 골프장을 병설토록 할 수 있게 하고 있다. 그 밖에 이 법에서는 종전과 달리 체육시설의 건설 설치 운영과 관계되어 일어날 수 있는 재해의 방지, 또 환경 보전 등에 적잖은 관심을 보인 것이 눈에 띈다. 뿐만 아니라 관계 규정을 위반했을 경우의 벌칙도 대폭 강화하고 있다(체육학대사전, 2000. 2. 25., 민중서관).

## 4. 스포츠 산업의 스포츠시설업

스포츠시설업은 스포츠 산업의 분류에서 대분류로 구분되고 있으며, 중분류 2, 소분류 6, 세세분류 19개로 나누어진다(김두현 · 강구민, 2012; 통계청, 2015). 또한 스포츠 시설업은 「체시법」에 따라 등록체육시설업과 신고체육시설업으로 나누고 있으며, 그 종류별 범위와 회원 모집, 시설 규모, 운영 형태 등에 따라 세부적으로 나누어진다(강호정 · 이준엽, 2005).

등록 체육시설업은 골프장업, 스키장업, 자동차경주장업으로 비교적 경영상 규모가 큰 시설이고 신고체육시설은 요트장업, 조정장업, 카누장업, 빙상장업, 승마장업, 종합체육시설업, 수영장업, 체육도장업, 골프연습장업, 체력단련장업, 당구장업, 썰매장업, 무도학원업, 무도장업으로 비교적 경영상 규모가 작은 것들이다.

회원제 체육시설업은 회원을 모집해 운영하는 체육시설업을 의미하며, 대중 체육시설업은 회원을 모집하지 않고 경영하는 체육시설업을 의미한다.

스포츠 시설의 경영 방법에는 직접 경영과 간접 경영이 있으며, 간접 경영 방법에는 위탁 경영과 임대 경영이 있다. 스포츠 시설의 소유자와 관리자가 동일한 경우를 직접 경영이라고 하며, 이와 달리 소유자와 관리자가 다른 경우를 간접 경영이라고 한다. 스포츠 시설의 경제적 부가가치를 높이기 위해서는 인적, 물적, 재정적인 보유 자원을 효율적으로 배분하고 실행하는 노력이 필요하다(임기태 외 3인, 2015).

위탁 경영은 시설의 효과적인 성과를 기대할 수 있고, 전문적인 기술을 활용할 수 있다. 또한 행정 업무를 간소화할 수 있으며 개·폐장 시간을 탄력적으로 조절할 수 있다는 장점을 가지고 있다. 그러나 위탁이라는 명분으로 이권 개입에 따른 부정행위가 발생하거나 특정 주민 위주로 특혜가 갈 수 있다는 위험성을 가지고 있다. 공공 스포츠 시설의 대부분은 위탁 경영으로 이루어지고 있다. 한편 민간 스포츠 시설의 목적은 이윤을 추구하는 것으로 수익을 증대시키는 경영 원리를 가지고 있다.

스포츠 시설의 경영전략 유형에는 원가우위 전략, 차별화 전략, 집중 전략이 있다. 원가우위 전략이란 경쟁자에 비해 원가나 비용을 절감해 고객들에게 저가격을 제시해 경쟁적 우위를 선점하는 전략이다. 차별화 전략이란 경쟁자와 비교해 뚜렷한 차별을 두어 그 우위성을 소비자에게 전달하는 전략이며, 요소로는 프로그램, 서비스, 위치, 가격, 마케팅 활동 등이 있다(임기태 외, 2015).

집중 전략이란 특정한 세분 시장만을 집중 공략하는 전략이다. 시장에서 차별화나 원가우위의 능력이 없어도 세분 시장을 집중 공략해 수익을 낼 수 있는 경쟁 전략이다. 집중 전략은 소비자의 유형, 소비자의 지역 분포, 유통 경로 등을 통해 특정 소비자 계층만을 상대로 전략을 펴는 것이다(Freid, 2008).

스포츠 산업에서 스포츠 시설의 발전을 위해서는 이벤트의 판매와 마케팅 외에 스포츠 시설에 대한 마케팅이 필요하다. 즉, 시설 자체를 판매해야 하는 것으로 시설이 보유하고 있는 유·무형의 제품과 자산을 판매해야 한다. 관중을 수만 명 수용해 경기를 하는 스타디움이나 체육관은 그 자체만으로도 지역사회의 랜드마크가 될 수 있고, 많은 사람들의 구경거리가 될 수 있다. 예를 들어, 영국 프리미어리그 맨체스터유나이티드의 전용 구장인 올드트레포트는 축구팬들에게는 꿈의 구장이며 모두가 한 번쯤은 가고 싶어 하는 명소다.

모든 스포츠 시설 운영에서 핵심은 고객이다. 고객이 없다면 체육관, 피트니스센터, 경기장 등은 운영이 되지 않을 것이다. 따라서 시설 관리자는 고객들을 시설로 유인하기 위해 노력을 경주해야 한다. 예를 들면 관람자·참여자가 공존하는 스포츠플렉스의 경우 서로 다른 두 가지 유형의 소비자들을 유인하기 위해 복수 시장 마케팅 같은 전략을 개발해야 한다.

이러한 전략을 개발하기 위해서는 고객 확인, 시장조사, 포지셔닝 같은 마케팅 프로세스가 필요하다. 마케팅 프로세스는 입장권, 회원권, 명칭 사용권, 고급 좌석 및 다른 자산을 판매하는 단계로 넘어간다. 마케팅 프로세스는 입장권이나 시설 이용보다는 고객의 경험이 중요하므로 시설 경험에 의한 부가적 소비를 촉진하기 위해 시설을 지속적으로 개선하고 수정하려고 노력해야 한다(윤태호 외, 2011).

스포츠 시설을 통한 이익의 극대화 수단으로 활용되는 것이 '명칭사용권(naming rights)'이다. 이는 스타디움이나 체육관 등에 연간 수십억씩 비용을 지불하고 기업의 이름이나 브랜드명을 붙일 수 있는 권리다. 강정호 선수가 뛰고 있는 피츠버그 파이어리츠의 홈구장인 'PNC파크'를 비롯해 'AT&T파크', '타겟센터', 독일의 '알리안츠아레나스타디움' 등 미국이나 유럽에서 이미 보편화해 있는 수익 모델이다. 이처럼 스포츠 시설을 통해 얼마든지 수익을 창출할 수 있다.

국내에서는 프로스포츠 팀이 사용하고 있는 스타디움이나 체육관을 지방자치단체가 소유하고 있고, 구단들은 주로 임대해 사용하고 있다. 따라서 명칭사용권을 활용한 수익 모델 창출이 어려운 실정이다. 그러나 향후에 구단들이 수익 극대화를 위해서는 명칭사용권이라는 수익 모델이 국내에서도 활용될 것으로 예상된다. 그 전 단계로서 기아타이거스 야구팀이 사용하고 있는 야구장 명칭을 '광주-기아챔피언스필드'라 부르며 기업명을 처음으로 넣었다.

## 5. 공공체육시설 균형배치 중장기계획

문화체육관광부는 건강유지와 체력증진에 대한 국민의 관심 증가와 체육활동에 대한 참여욕구를 계획적이며 체계적으로 충족시키고 모든 국민이 양질의 체육서비스를 받을 수 있게 하기 위하여 '공공체육시설 균형배치 중장기계획'을 수립하여 발표하였다. 스포츠 수요와 스포츠 환경 변화를 반영한 스포츠 시설 공급 정책 개발 및 추진을 목표로, 2022년까지의 구체적인 사업계획을 포함하였으며 건강 환경의 조성과 삶의 질 및 국가경쟁력 향상을 비전으로 설정하였다. 또 체육활동 참여율을 높여 건강한 시민사회를 형성하고, 체육시설 보급률 확대를 통해 쾌적하고 여유로운 체육활동 공간을 조성하고자 하였다. 또한 체육시설로의 접근성 및 서비스 수준 향상을 위한 행정계획으로 광역자치단체별 체육시설 공급 중장기계획의 방향성을 제시할 수 있는 가이드라인 역할을 수행할 것을 목표로 하고 있다. 체육시설 확충을 위한 전략적 접근 방안을 수립하기 위하여 지역 간·계층 간 접근기회의 균등과 지역별 확충전략의 차별화, 공간 단위별 기본체육시설 설정 및 시설 간·이용체계 간 네트워크 형성, 신규조성사업의 지속적 추진과 기존시설의 공간효율성 및 이용률 제고를 추진한다. 이러한 비전을 달성하기 위하여 교육·문화·복지 시설 등 유관시설과의 복합화를 추진하고 민간시설과의 시장 차별화, 사업의 효율적 추진을 위한 관련 주체 간 역할체계를 마련하였다.

우리 국민이 쾌적한 체육서비스를 누리기 위해 2022년까지 필요한 적정 체육시설 면적을 1인당 5.73㎡로 규정하고, 참여율 70%, 2022년까지의 이용수요 예측 및 공급기준, 공간단위별·지역 유형별 공공체육시설 확충계획을 수립하였다. 5.73㎡/인은 월 1회 이상 생활체육 참여자 비율이 70%인 경우를 가정하여 산정되었다. 이와 함께 종목별 적정 시설 공급을 위해 국민생활체육 참여 실태조사를 바탕으로 체육시설 종목별 적정 서비스거리를 도출하여 접근성 및 서비스 수준을 고려한 공급계획을 수립하였다. 생활권별로는 시·군·구, 읍·면·동 및 마을단위별로 실내와 옥외시설을 구분하여 생활체육공원, 권역형 체육공원, 운동장 생활체육시설, 국민체육 센터, 생활거점체육센터, 주민스포츠센터, 마을 스포츠홀 등을 기본체육시설로 설정하여 학교나 청소년시설 등 유관시설과의 형태적·기능적 복합화 방안을 제시하고 있다. 특히, 공공체육시설 배치방식은 공급자 중심에서 수요자 중심으로 전환하고 획일적 기준에서 벗어나 생활권역 및 인구 수, 접근성 및 서비스 수준을 고려함으로써 공간단위 및 시설의 위상에 따른 시설간 이용체계 네트워크를 형성하여 체육시설의 위계와 참여자의 기술수준에 따라 결정할 수 있도록 하였다.

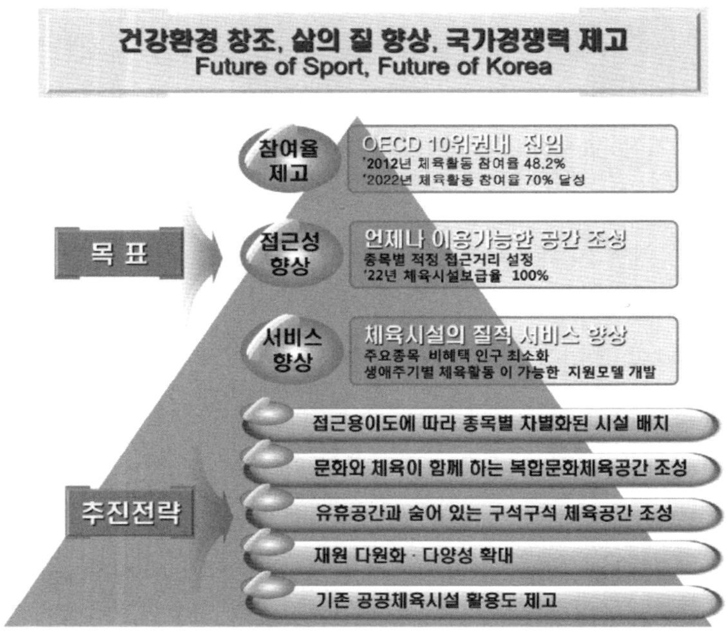


출처 : 공공체육시설 공급 비전(체육백서, 2014)

# 6. 스포츠시설의 구분

## 1) 스포츠시설의 개념

① 스포츠 활동에 필요한 지리적, 물리적 조건을 갖추어 스포츠 활동에 제공되는 장소로, 부속시설과 부대시설을 포함한다.

② 스포츠 활동을 통하여 건강과 즐거움을 추구하는 공간역할을 수행한다.

③ 스포츠 프로그램의 필수요건이며, 스포츠 생활화의 동기유발 기능

## 2) 관련용어의 해설

① 광의의 스포츠시설 : 스포츠 활동에 필요한 인공적시설과 용구 및 용품을 포함한 조형물

② 협의의 스포츠시설 : 스포츠 활동을 위해 제공되는 장소

③ 법률적 스포츠시설 : 체육활동에 지속적으로 이용되는 시설과 그 부대시설(체시법 2-1), 법시행렬 별표 1에 운동종목에 따른 체육시설의 종류를 규정함으로써 법적보호와 규제가 필요한 운동종목과 체육시설의 종류를 정하고 있다.

## 3) 부속시설과 부대시설

① 부속시설 : 스포츠와 직접관련이 없지만 스포츠 활동에 도움을 주는 시설로, 라카룸, 샤워장, 구내식당, 휴게실 등

② 부대시설 : 스포츠 시설과 직접관련이 없더라도 스포츠 시설의 기초가 되어 기능을 유지할 수 있도록 하는 역할을 수행하는 공간으로 , 수영풀장의 정화장치, 온냉방용 시설 등

### 4) 스포츠시설에 대한 관점

① 사회적 관점 : 스포츠 활동의 터전이며, 건강과 즐거움의 추구 공간
② 기능적 관점 : 스포츠 활동을 위해 설립된 실내외의 장소
③ 경제적 관점 : 스포츠 활동을 가능하게 하는 생산적 수단
④ 경영적 관점 : 유형고정 자산으로 분류
⑤ 법률적 관점 :스포츠 활동에 이용되는 시설 및 부대시설

### 5) 스포츠시설의 역할

건강증진 공간, 여가활동 공간, 사회교육 공간, 문화활동 공간, 지역공동체 공간, 비즈니즈로서의 수익 창출 공간

### 6) 좋은 스포츠시설의 조건

사용자 요구가 많은 시설, 사용자 수준에 맞는 시설, 안전하고 견고한 시설, 건강관리에 효과적인 시설, 다목적 및 다기능시설, 저렴하고 장기간사용가능시설, 관리가 용이한 시설

### 7) 스포츠시설업의 특성

초기 투자비용이 많이 소요되고, 고정자산 의존성이 높다. 서비스 산업이면서 사회교육의 기능을 수행한다. 반복 구매와 고정고객이 많다. 종업원에 대한 의존성이 높다.

#### (1) 스포츠 시설의 의의

① 스포츠 활동에서 필요한 지리적, 물리적 조건을 갖추는 것은 스포츠 활동에서 제공하는 장소이며, 부속시설과 부대시설을 포함하고 있다.

② 스포츠 시설은 경제적 부가가치를 생산하기도 하여 인간의 사회적 경제적 활동에 크게 기여하기도 하는 등 중요한 사회간접자본이자 경제적 생산요소로서의 가치를 가지고 있다.

③ 일반적으로 스포츠 시설은 각종 경기장, 체육관 등 대규모의 구조물로 생각되나, 단순한 구조물뿐만 아니라 각종 스포츠 활동에 필요로 하는 기구까지도 포함하는 개념이다.

④ 광의의 스포츠시설 : 스포츠 활동을 하기 위해 필요한 인공시설과 용구 및 용품을 포함하고 있는 조형물이다.

⑤ 협의의 스포츠시설 : 스포츠 활동을 하기 위해 제공되는 장소이다.

⑥ 스포츠 부속시설 : 어떤 목적으로 가진 시설로 그 자체는 운동의 성립 유지와는 관계가 없는 시설로서 샤워시설, 구내식당 등이 그 예이다.

⑦ 스포츠 부대시설 : 시설 그 자체만으로는 의미를 갖지 못하지만 스포츠시설의 기초가 되어 기능을 유지하며 높여주는 역할을 하는 시설로서 수영장 등의 정화장치 등을 그 예로 들 수 있다.

### (2) 스포츠 시설의 중요성

① 스포츠에서 신체활동은 스포츠의 절대적인 요건이 되며 이를 위한 시설과 용구가 필요하다.

② 우리나라의 경우 국민체육진흥법과 체육시설의 설치 이용에 관한 법률을 중심으로 스포츠시설에 대한 규정을 두어 그 중요성을 강조하고 있다.

③ 운동효과를 높이기 위한 조건으로 시설 용구가 충분해야하고, 우수한 지도자와 관리 운영의 합리화 등이 필요하다.

### (3) 스포츠시설의 기능

① 건강증진을 위한 기능 : 최근 여가활동으로서 생활체육에 대한 관심 증대 및 건강과 체력에 대한 사회적 경각심에 기인한 체육활동 참가자의 참가욕구를 충족시켜줌으로써 건강한 체력을 유지 증진시킬 수 있는 장으로서의 기능을

한다.

② 일상탈출을 위한 기능 : 일상생활로부터 얻게 되는 스트레스 해소 공간으로서의 기능을 수행한다. 각종 스트레스는 삶의 질을 저하시키는 첫째 요인으로 꼽히고 있다. 체육시설은 이와 같은 스트레스를 건전하게 해소시킬 수 있는 체육활동의 장으로서 기능을 한다.

③ 사회적 활동을 위한 기능 : 체육활동 참가자 간의 상호 인간관계 형성 및 유대 강화의 장으로 기능을 한다. 지역사회에 위치한 체육시설은 지역주민들에게 자연스러운 만남의 장을 제공함으로써 상호유대와 인간관계를 촉진시키는 기능을 한다.

④ 여가 문화활동을 위한 기능 : 체육시설은 지역사회 주민의 건전한 여가 문화생활을 영위하기 위한 활동의 장으로 기능을 한다. 체육시설의 이용을 통해 건전하고 생산적인 활동을 확산시키도록 기능을 한다.

⑤ 수익창출을 위한 기능 : 체육시설은 주변 문화 및 환경 개선을 통하여 부수적으로 수익을 창출하고 나아가 지역사회 주거가치 상승기능을 수행한다.

### 8) 스포츠시설업의 특징

① 초기의 비용의 투자가 많이 소요되며, 고장자산의 의존도가 높다.
② 서비스 산업에 속해 있으며, 사회교육의 기능의 역할을 수행한다.
③ 반복적인 구매와 고정적인 고객이 많다.
④ 종업원의 의존도가 높다.

#### 스포츠시설 관리의 기본원리

- 능력 있는 관리자를 확보해야 한다.
- 시설의 적절한 활용이 수반되어야 한다.
- 사용하지 않는 기간에도 철저한 관리가 필요하다.

# 7. 스포츠 시설의 경영

## 1) 스포츠시설의 경영

**<표 12-2> 공공 스포츠시설의 위탁경영**

| 장점 | 단 점 |
|---|---|
| • 경영과 시설의 효율성 제고<br>• 유지관리 비용의 절감<br>• 전문가의 기술 활용 가능<br>• 탄력적인 운영이 가능<br>• 행정의 간소화 | • 특정 주민에게 편중 가능성<br>• 사고발생시 책임 소재 불명확<br>• 서비스 저하를 초래 할 가능성<br>• 운영 잘못 시 원망 받을 가능성<br>• 위탁 명분으로 이권 개입 부정 발생 가능성 |

## 2) 스포츠 시설의 제 3섹터 개발

① 제3섹터 : 공공부분의 공공성과 민간부분의 효율성을 결합하여 공사가 합동으로 사회간접자본을 개발하는 방식

② 제 3섹터 개발의 전제조건

- 관련법령과 제도의 확립
- 대상 사업에 대한 엄격한 선별
- 철저한 사업 타당성 분석

## 3) 스포츠 시설의 활용

### (1) 스포츠시설의 활용

① 스포츠 시설의 지역 특수성과 경제적 수준 및 지역 사회의 복지차원에서 이해

② 주민 참여의 균등화, 편리성 및 보편성을 갖춘 시설로 활용

(2) 경기장 시설의 효율적 활용방안

① 복합적 활용방안의 강구

② 다양한 이벤트 전개

③ 종합적 활용방안의 수립

④ 복합적 문화 공간화

# 8. 스포츠시설의 수요예측

## 1) 스포츠 시설의 수요예측

### (1) 수요 예측의 방법

① 요인평가방법 : 각각의 요인들에 가중치를 적용하여 예측

② 중력 모델법 : 이동거리, 소요시간 등을 감안 시설의 위치와 공급되는 서비스 양을 고려

③ 시간거리환산법 : 스포츠시설까지의 소요시간과 거리를 중심으로 예측

## 2) 스포츠시설의 입지 및 배치

### (1) 스포츠시설의 입지 선정 시 고려 사항

① 소비자의 접근용이성

② 경쟁자 위치

③ 인력수급 방법

④ 인구통계학적 특성

### 3) 스포츠시설의 관리 운영

#### (1) 스포츠시설 관리 운영의 기본원리

① 시설 관리자와 행정담당자의 긴밀한 관계 유지

② 능력 있는 관리자 확보

③ 시설의 적절한 활용

④ 미사용 기간에도 적절한 관리

⑤ 관리 기술에 대한 투자와 연구가 필요

#### (2) 물적 관리 영역의 주요 내용

① 비품과 비품대장 일치

② 절차에 따른 사용과 정리 정돈

③ 소음, 조명 등 주민에게 피해가 없도록 함

④ 시설 내 환경 미화

#### (3) 안전 관리 영역의 중요 내용

① 시설 정기 안전검사 및 결과 서류 보존

② 안전점검 결과 결함 신속 처리

③ 안전사항 이용자에게 주지, 안전 담당 직원배치

④ 응급조치 시스템 확립

# 제13장 스포츠시설의 공간효율화

## 1. 스포츠시설업의 특성

① 초기 비용의 투자가 많이 소요되며, 고정자산의 의존도가 높다.

② 서비스 산업에 속해 있으며, 사회교육의 기능의 역할을 수행한다.

③ 반복적인 구매와 고정적인 고객이 많다.

④ 종업원의 의존도가 높다

## 2. 스포츠시설별 기본구성

### 1) 공공체육 시설

① 의의 : 특정집단이 아닌 일반대중을 위하여 국가 또는 지방자치단체의 예산으로 건설되고 운영, 유지되는 체육 스포츠시설을 의미한다.

② 기능

- 국민의 체육 스포츠 활동을 위한 공간으로서의 기능
- 국민의 건강 및 체력유지, 증대의 장으로서의 기능
- 스포츠 지도의 기능과 자생 스포츠단체의 육성을 위한 장으로서의 기능
- 지역 주민 상호교류의 장으로서의 기능

## 2) 공공체육시설의 분류 기준

① **육상 경기장** : 일주거리 400m 또는 300m 나 200m 의 육상트랙과 필드를 갖춘 경기시설로서 종합운동장, 종합운동장 주경기장, 공설운동장, 시민운동장 등으로 명명함.

② **축구장** : 길이 110m 이상, 폭 64~75m(국제경기규격) 또는 이와 유사한 규격

③ **럭비구장** : 길이 144m 이내, 폭 69m 이내 또는 이와 유사한 규격

④ **하키장** : 길이 100야드(91.4m), 폭 60야드(50m)또는 이와 유사한 규격(하키 전용구장에 한함)

⑤ **야구장** : 본부로부터 1,3 루 측 외야거리 97.5m 이상, 백스크린까지 121.9m 이상 또는 이와 유사한 규격

⑥ **사이클 경기장** : 일주거리 333.33m, 주로 폭 6~10m, 경사도 최소 8도 최대 38도

⑦ **테니스장** : 가로 10.97m, 세로 23.77m(마을 체육시설 수준의 테니스장은 간이운동장으로 분류)

⑧ **씨름장** : 직경 9m 원의 모래시설과 주위로 2m 이상의 보조경기장 또는 이와 유사한 규격

⑨ **간이 운동장** : 축구, 배구, 테니스, 배드민턴, 게이트볼 등 간이운동 시설이 설치된 마을체육시설

⑩ **체육관**

- **구기체육관** : 핸드볼, 농구, 배구, 배드민턴 경기의 개최가 가능한 체육관
- **투기체육관** : 유도, 레슬링, 복싱, 태권도, 펜싱, 검도, 씨름, 체조, 역도 등 투기종목의 실내 전용경기장
- **생활체육관** : 구기종목과 수영, 볼링, 에어로빅, 헬스 등 생활체육종목의 복합체육관(올림픽기념 국민생활관, 시민 생활체육관, 구민 체육센터 등)

⑪ **수영장**

- **정규** : 길이 50m, 폭 21~25m(8~10레인), 수심 1.8m 이상, 수구경기 가능 (길이 30m, 너비 20m)

- 간이 : 경기장 규격이 정규수준에 미달되는 시설

⑫ 롤러스케이트장

- 정규 : 일주거리 125m, 200m, 400m의 트랙, 주폭 6~8m
- 간이 : 경기장 규격이 정규수준에 미달되는 시설

⑬ 사격장 : 공기총 사격(10m), 화약총 사격(10m,25m,50m), 클레이 사격(트랩/스키트)시설 중 전부 또는 일부를 보유한 사격장

⑭ 국궁장 : 사정거리는 관저 중심에서 사대 중심까지 145m 또는 유사한 규격

⑮ 양궁장 : 30m, 50, 60m,70m,90m 거리의 경기가능

⑯ 승마장 : 마장마술(길이 60m, 폭 20m), 장애물 비월(길이 106m, 폭 68.5m)시설의 전부 또는 일부를 보유한 승마장

⑰ 골프장 : 골프경기 가능시설

⑱ 골프연습장 : 골프 연습타격을 갖춘 시설

⑲ 요트장 : 요트경기에 필요한 시설과 요트의 수납과 장비용 부대시설을 갖춘 경기장 또는 이와 유사한 경기장

⑳ 빙상장

- 쇼트트랙 : 길이 60~61m, 폭 29~30m(일주거리 111.12m의 트랙) 또는 이와 유사한 경기장(아이스하키 경기 가능)
- 스키장 : 알파인 경기나 노르딕 경기 가능 시설
- 경마장 : 경마시설과 관련된 부대시설을 갖춘 경기장

## 2) 민간체육시설

### ① 등록체육시설업과 신고 체육시설업

- 등록체육시설업 : 스키장업, 골프장업, 자동차 경주장업(골스자 3)
- 신고체육시설업 : 체육도장업, 수영장업, 조정장업, 카누장업, 무도학원업, 골프연습장업, 체력단련장업, 빙상장업, 당구장업, 요트장업, 썰매장업, 무도장업, 승마장업, 종합체육시설업 14가 있다.

② 체육시설업의 종류별 범위

- 스키장업 : 눈, 잔디, 기타 천연 또는 인공의 재료로 된 슬로프를 갖춘 스키장을 경영하는 업
- 썰매장업 : 눈, 잔디, 기타 천연 또는 인공의 재료로 된 슬로프를 갖춘 썰매장(산림법에 의하여 조성된 자연휴양림 안의 썰매장을 제외한다)을 경영하는 업
- 요트장업 : 바람의 힘으로 추진되는 선박(보조 추진장치로서 엔진을 부착한 선박을 포함한다)으로서 체육활동을 위한 선박을 갖춘 요트장을 경영하는 업
- 빙상장업 : 제빙시설을 갖춘 빙상장을 경영하는 업
- 종합체육시설업 : 신고체육시설업의 시설 중 실내수영장을 포함한 2종 이상의 체육시설을 동일인이 한 장소에서 설치하여 하나의 단위체육시설로 경영하는 업
- 체육도장업 : 문회체육관광부령이 정하는 종목의 운동을 하는 체육도장을 경영하는 업
- 테니스장업 : 3면 이상의 코트를 갖춘 테니스장을 경영하는 업
- 무도학원업 : 수강료 등을 받고 국제표준무도(볼룸댄스)과정을 교습하는 업(사회교육업, 노인복지법, 기타 다른 법률에 의하여 허가 등록 신고 등을 필하고 교양강좌로 설치 운영하는 경우와 학원의 설립 운영 및 과외교습에 관한 법률에 의한 학원은 제외)
- 무도장업 : 입장료 등을 받고 국제표준무도(볼룸댄스)를 할 수 있는 장소를 제공하는 업

## 3. 공공체육시설의 설치 기준

1) 특별시 광역시 도 및 특별자치도

2) 시 도

## 4. 생활체육시설의 설치 기준

### 1) 특별자치도, 시, 군, 구

체육관, 수영장, 볼링장, 체력단련장, 테니스장, 에어로빅 장, 탁구장, 골프연습장, 게이트볼장 등의 실내 외 체육시설 중 지역 주민의 선호도와 입지여 건등을 고려하여 설치

### 2) 읍 면 동

테니스장, 배드민턴장, 운동장, 골프연습장, 게이트볼장, 롤러스케이트장, 체력단련장등의 실외체육시설 중 지역 주민의 선호도와 입지여건 등을 고려하여 설치

## 5. 학교체육시설

1) 학교체육시설의 개념 : 학교에서 진행되는 체육 및 과외 및 학교 내의 체육활동을 효과적으로 운영하여 지역 주민들의 스포츠 활동에 기여하는 시설

2) 학교체육시설의 조건 : 학교의 교육방침과 동일, 학생 또는 이용자의 안전과 건강을 고려하고, 즐거운 학교를 만드는데 기여하여 사회체육에 필요한 시설

# 6. 등록제 시설업과 회원제 시설업

## 1) 등록제 시설업

① **등록체육시설업의 사업계획 승인** : 시설 설치 전에 체육시설업의 종류별 사업계획서를 작성하여 시 도지사에게 승인을 받으며, 경미한 사항을 제외한 사업계획서의 변경도 동일하게 적용

② **사업 계획의 승인 제한** : 시 도지사는 필요의 경우 사업계획 및 변경에 승인을 제한하는 것이 가능하며, 계획의 승인이 취소되었을 경우 6개월이 지나지 않으면 동일한 종류에 대한 승인이 불가능

③ **시설설치 기간** : 사업계획을 승인한 날부터 6년 이내 시설의 설치 공사를 착수해야하며, 준공할 수 있도록 노력해야 함

④ **등록** : 영업개시하기 전에 시, 도지사를 통해 등록하여야 함

## 2) 회원제 시설업

① 등록체육시설업의 회원 모집 시기는 당해 체육시설업의 사업시설 설치 공사의 공정이 30%이상 진행된 이후에 하여야 한다.

② **회원모집** : 회원모집을 하기 위해서는 시작일로부터 15일 전 시, 도지사 또는 시장 군수, 구청장에게 회원의 종류, 회원 수, 모집 방법, 모집 일자, 모집절차, 회원모집 총 금액 및 회원 모집계획서를 제출한다.

③ 회원은 문화체육관광부령이 정하는 바에 따라 공개로 모집하여야 하되 탈퇴 등으로 결원된 회원을 보충하는 경우 또는 공개모집 후 정원에 미달된 회원을 재모집하는 경우에는 비공개로 모집할 수 있다.

④ **회원의 보호** : 회원의 자격을 양도 및 양수 할 수 있으며, 입회금액을 반환하고, 회원증의 확인 및 발급하며, 회원의 대표적인 기구구성 및 역할 등에 대해 회원들의 권익을 보호할 수 있는 규정을 준수한다.

### 3) 회원의 보호

① **회원자격의 양도, 양수** : 회원이 자격을 다른 사람에게 양도하려는 경우에는 양수하려는 자가 법령에 따른 회원의 자격제한 기준에 해당하는 경우 외에는 제한하여서는 아니 되며, 회원자격을 양수하는 자로부터 회원자격의 양도 양수에 다른 일체의 비용을 징수하는 경우 실비를 기준으로 한 금액이어야 한다.

② 회원의 탈퇴 또는 탈퇴자에 대한 입회금액의 반환시기 등에 관하여는 회원을 모집한 자와 회원 간의 약정에 따르되, 회원으로 가입한 이후 회원 권익에 관한 약정이 변경되는 경우에는 기존 회원은 탈퇴할 수 있으며, 탈퇴자가 입회금의 반환을 요구하는 경우에는 지체 없이 이를 반환하여야 한다.

③ **회원자격의 존속기간을 정한 회원에 대한 입회금액의 반환** : 연회원이 회원자격의 존속기한이 끝나 입회금의 반환을 요구하는 경우에는 요구한 날부터 10일 이내에 반환하여야 한다. 다만, 입회금 반환여부 등에 관한 약정이 있는 경우에는 그 약정에 따른다.

④ **회원증의 확인 발급** : 회원이 입회한 날부터 30일 이내에 회원증을 작성하여 문화체육관광부령으로 정하는 바에 따라 회원에게 확인 발급하여야 한다. 회원자격을 양수한 회원의 경우에도 또한 같다.

## 7. 스포츠시설관련 법령

### 1) 스포츠시설 안전관리

안전관리의 개념 : 체육시설의 설치 운영에 관한 법률에 의거 스포츠시설의 안전관리 사항을 적용

#### (1) 공통기준

① 체육시설 내에서는 이용자가 항상 이용 질서를 유지

② 이용자의 안전을 위한 시설 설비 장비 기구 등은 정상 이용이 가능한 상태를 유지하며, 재난 피해가 발생하지 않도록 노력

③ 재난으로 인하여 이용자의 안전을 해칠 우려가 있다고 판단될 때에는 체육시설의 이용을 제한

④ 체육시설업의 해당 종목의 특성을 고려하여 음주 등으로 정상적인 이용이 곤란하다고 판단될 때에는 이용을 제한

⑤ 정원을 초과해서는 안 됨

⑥ 화재발생에 대비하여 소화기를 설치하고, 이용자가 쉽게 알아 볼 수 있는 곳에 피난 안내도를 부착하거나 피난 방법에 대하여 고지하여야 한다.

⑦ 체육시설업자는 체육시설 내에서 사망사고가 발생한 경우에는 해당 체육시설업을 등록 또는 신고한 지방자치단체의 장에게 즉시 보고하여야 한다.

## 8. 스포츠시설 관리 운영

### 1) 스포츠시설 관리운영

#### (1) 스포츠시설 관리운영 의 원칙

① 행정가와 시설관리자와의 긴밀한 인간관계 유지

② 능력 있는 관리인의 확보

③ 시설의 적절한 활용

④ 비사용 기간 중 관리 철저

⑤ 관리기술 향상에 대한 계속적인 노력

### (2) 뉴스포츠

#### ① 개념

올림픽 등 국제 경기에서 공식 채택하지 않은 종목으로, 대중적인 스포츠 종목을 결합하거나 변형해 만든 새로운 스포츠 메이저 스포츠를 쉽고 안전하게 변형하거나 결합해 만든 스포츠로 유아, 노인, 장애인 등 모든 사람들이 쉽게 즐길 수 있어 생활체육으로 활용되고 있다. 크게 육상형(축구형, 야구형, 배구형 등), 해양형, 산악형, 항공형 등으로 분류되며 국내에는 50여 종목이 보급됐다.

이 중 티볼, 추크볼, 킨볼이 가장 대중적인 종목으로 알려졌다. ▷티볼은 기다란 기둥인 티 위에 공을 올려놓고 치는 야구형 종목 ▷추크볼은 탄력 있는 네트에 던져 튀어 오른 공을 상대팀이 잡지 않게 하는 핸드볼형 종목 ▷킨볼은 세 팀(한 팀당 4명)이 지름 1.2m의 크고 가벼운 공을 주고받으며 승부를 겨루는 배구형 종목이다.

#### ② 효과

신체적 효과 : 신체의 건강을 증진, 유지 에너지 소비량을 크게 해 비만예방, 성인병 예방, 관절 근육의 활동으로 인체에 유연성과 평형성을 향상, 심폐기능향상

정신적 효과 : 스포츠를 통한 자신감 회복, 집중력 향상 스트레스 해소

사회적 효과 : 동료집단과의 사회성 향상, 정보교환, 협동심 배양

#### ③ 뉴스포츠의 종류

- 수입형 : 외국에서 수입된 뉴스포츠
- 개량형 : 기존 스포츠를 부분적으로 개량한 뉴스포츠
- 개발형 : 개인 또는 단체가 자체적으로 개발한 뉴스포츠

#### ④ 프로그램 개발

- 스포츠 프로그램의 개념 : 스포츠 활동을 행하는데 있어서 필요한 내용과 규칙, 방법 등을 체계적으로 구성한 것

⑤ 스포츠 프로그램 전개

- 욕구조사 및 계획
- 프로그램 개발
- 프로그램 실행
- 프로그램 평가

## 9. 스포츠시설업 경영전략

### 1) 스포츠시설의 경영방법

① 직접경영 : 직접경영은 소유자와 관리자가 동일할 경우

② 간접경영 : 간접경영은 소유자와 관리자가 다른 경우

간접경영은 위탁경영과 임대경영으로 구분

### 2) 공공스포츠 시설의 경영

공공스포츠 시설은 대부분 위탁경영이 이루어지고 있으며, 위탁경영 시 시설활용의 효과적인 성과 재고를 기대 할 수 있고, 전문적인 기술 활용과 행정업무의 간소화, 개장시간의 탄력적 운영이 가능하다는 장점을 가지고 있다. 그러나 위탁의 명분으로 이권이 개입하여 부정행위가 발생할 위험성이나 특정한 주민들에게 편중하여 이용의 혜택이 돌아갈 수 있다는 문제점이 발생할 수 있다.

### 3) 민간스포츠시설의 경영

한국 스포츠의 패러다임이 바뀌고 있다. 지난해 말 국회 본회의를 통과한 스포츠산업진흥법 개정안은 법안 발의부터 상당히 공을 들였고, 많은 공청회와 포럼을 통

해 다양한 목소리를 담았다. 법 개정안은 프로스포츠 활성화에 포커스가 맞춰졌다. 특히 프로구단들의 숙원이었던 25년간 경기장 장기 임대가 가능해졌고, 수익사업의 길이 열린 것이 포인트다. 이외에도 스포츠산업 발전을 위한 다양한 제도가 만들어졌다. 500만 명이 넘어선 생활체육 동호인들을 지원할 수 있는 법적인 근거를 마련했고, 스포츠클럽과 생활체육지도자, 에이전트 육성에 관한 지원도 법의 테두리 안에 담겼다. 이제 스포츠산업 확장과 발전을 위한 틀이 마련된 만큼 실효성을 높이기 위한 의지와 노력이 필요하다.

NCS 국가기간전략산업 스포츠마케팅

# 제2부

수영선수 중에서 정말 최고의
선수죠.

**"다른 사람에 이들에게 내 메시지를
전하고 싶습니다. 장애가 있다고
낙심할 필요 없습니다.
꿈을 위해 노력하면 언젠가
이룰 수 있습니다."**

마이클 펠프스는 주의력 결핍
과잉행동 장애를 가지고
있었나 봐요.
그런 장애를 극복하고 정상의
자리에 설 수 있었던 노력과
정신력에 박수를 보내고 싶네요.

# 제 1 장 NCS스포츠마케팅기초이론평가

| 기초1. 스포츠경영 | 과 목 명 | 스포츠마케팅 | 출제교수명 | |
|---|---|---|---|---|
| 스포츠마케팅 | 성 명 | | 비 고 | |

1. 스포츠를 세 가지 개념으로 정의하면?

2. 스포츠의 개인적 가치란?

3. 스포츠의 서비스로서의 특성은?

4. 스포츠 경영의 구성요소는 무엇인가?

5. 스포츠 경영의 지도 원리는 무엇인가?

6. 스포츠 경영자에게 필요한 자질은?

| 2. 스포츠경영환경 | 과 목 명 | 스포츠마케팅 | 출제교수명 | |
|---|---|---|---|---|
| 스포츠마케팅 | 성 명 | | 비 고 | |

1. 스포츠의 경영환경의 유형은?

2. 스포츠의 경영환경의 변화를 세 가지로 크게 지적하면?

3. 우리나라 스포츠산업을 간단히 SWOT 분석해 보면?

| 강점 (Strength) | | 약점 (Weakness) | |
|---|---|---|---|
| 기회 (Opportunity) | | 위협 (Threat) | |

4. 글로벌 경영이란

5. SWOT이란

6. 스포츠바우처란

| 3. 스포츠 산업 | 과 목 명 | 스포츠마케팅 | 출제교수명 | |
|---|---|---|---|---|
| 스포츠마케팅 | 성 명 | | 비 고 | |

1. 스포츠 산업이란?

2. 스포츠 산업이 다른 산업에 비해 중요성이 부각되는 이유는?

3. 재화와 서비스의 특징에 따른 스포츠산업의 분류는?

4. 스포츠 용품의 특성

5. 스포츠 산업의 전망

| 4. 스포츠경영전략 | 과 목 명 | 스포츠마케팅 | 출제교수명 | |
|---|---|---|---|---|
| 스포츠마케팅 | 성 명 | | 비 고 | |

1. 스포츠 경영전략이란?

2. SWOT분석이란?

3. BCG 매트릭스 무엇인가?

4. 성장전략은 성장벡터에 의해 어떠한 유형들로 구분되는가?

5. 산업구조분석에서 고려해야 할 요소는?

6. 본원적 경쟁전략에는 무엇이 있는가?

| 5. 스포츠조직설계 | 과 목 명 | 스포츠마케팅 | 출제교수명 | |
|---|---|---|---|---|
| 스포츠마케팅 | 성 명 | | 비 고 | |

1. 조직구조의 구성요소에는 무엇이 있는가?

2. 민츠버그에 의한 조직구조의 유형에서 조직구조는 어떻게 구분되는가?

3. 조직구조에 영향을 주는 요인에는 어떤 것들이 있는가?

4. 조직에서 리더가 발휘하는 리더십의 역할은 무엇인가?

5. 리더십 이론에는 어떤 것들이 있는가?

6. 동기부여이론은 어떻게 나누어지는가?

| 6. 스포츠인적자원관리 | 과 목 명 | 스포츠마케팅 | 출제교수명 | |
|---|---|---|---|---|
| 스포츠마케팅 | 성 명 | | 비 고 | |

1. 직무분석과 직무평가는 무엇인가?

2. 합리적 선발의 요건은 무엇인가?

3. 인적자원의 훈련과 개발이란 무슨 뜻인가?

| 7. 스포츠생산관리 | 과 목 명 | 스포츠마케팅 | 출제교수명 | |
|---|---|---|---|---|
| 스포츠마케팅 | 성 명 | | 비 고 | |

1. 스포츠 생산과정 관리의 정의와 종류는 무엇인가?

2. 스포츠 시설의 입지란?

3. 스포츠산업에서의 품질관리라 하면?

| 8. 스포츠마케팅믹스 | 과 목 명 | 스포츠마케팅 | 출제교수명 | |
|---|---|---|---|---|
| 스포츠마케팅 | 성 명 | | 비 고 | |

1. 스포츠 마케팅이란?

2. 스포츠 마케팅의 필요성을 설명하시오.

3. 스포츠 마케팅 STP 전략에 대하여 설명하시오.

4. 시장 세분화의 기준은 무엇인가?

5. 목표시장을 커버하기 위한 전략에는 어떤 것이 있는가?

6. 포지셔닝은 어떻게 하는가?

| 9. 스포츠마케팅믹스 | 과 목 명 | 스포츠마케팅 | 출제교수명 | |
|---|---|---|---|---|
| 스포츠마케팅 | 성 명 | | 비 고 | |

1. 스포츠마케팅 믹스란?

2. 스포츠상품의 특성은 무엇인가?

3. 스포츠 가격은 어떻게 결정되나?

4. 스포츠 촉진방법에는 어떤 것이 있는가?

5. 스포츠 유통설계란 무엇인가?

6. 관람스포츠 프로세스는 어떻게 구성되는가?

7. 스포츠시설물의 평가요소는 무엇인가?

8. 내무마케팅이란 무엇인가?

| 10. 스포츠고객관리 | 과 목 명 | 스포츠마케팅 | 출제교수명 | |
|---|---|---|---|---|
| 스포츠마케팅 | 성 명 | | 비 고 | |

1. 스포츠 고객은 어떤 유형을 가지는가?

2. 스포츠고객을 위한 관계마케팅이라 무엇인가?

3. 스포츠 고객을 위한 관리방안은 무엇인가?

| 11. 스포츠 경영통제 | 과 목 명 | 스포츠마케팅 | 출제교수명 | |
|---|---|---|---|---|
| 스포츠마케팅 | 성 명 | | 비 고 | |

1. 통제란 무엇인가?

2. 통제에는 어떤 유형이 있는가?

3. 효율적 통제원칙에는 어떤 것이 있는가?

4. 프로연맹규약은 어떻게 구성되어 있는가?

| 12. 스포츠 스폰서십 | 과 목 명 | 스포츠마케팅 | 출제교수명 | |
|---|---|---|---|---|
| 스포츠마케팅 | 성 명 | | 비 고 | |

1. 스포츠 스폰서십이란 무엇인가?

2. 엔도스먼트란 무엇인가?

3. 기업은 왜 스포츠 스폰서십은 하는가?

4. TOP프로그램과 매복마케팅이란 무엇인가?

| 13. 스포츠에이전시 | 과 목 명 | 스포츠마케팅 | 출제교수명 | |
|---|---|---|---|---|
| 스포츠마케팅 | 성 명 | | 비 고 | |

1. 스포츠에이전시가 왜 필요하고 그 역할은 무엇인가?

2. 스포츠에이전트란 무엇인가?

3. 스포츠에이전시의 유형에는 어떤 것이 있는가?

4. 스포츠에이전시와 선수와의 관계는 어떤 형태를 나타내는가?

| 14. 스포츠고객관리 | 과 목 명 | 스포츠마케팅 | 출제교수명 | |
|---|---|---|---|---|
| 스포츠마케팅 | 성 명 | | 비 고 | |

1. 스포츠 고객은 어떤 유형을 가지는가?

2. 스포츠 고객을 위한 관계마케팅이란 무엇인가?

3. 스포츠 고객을 위한 관리 방안은 무엇인가?

제 2 장

# 1차. 스포츠경영관리사 예상 이론문제

## 제1과목 스포츠 산업

**01. 스포츠제품의 특성과 가장 거리가 먼 것은?**

① 외적인 환경과 개개인의 내적인 상황에 따라 주관적으로 경험한다.
② 사회적 이질성의 표현 수단으로 스포츠가 이용된다.
③ 국위선양과 국가 우월성 소구의 기회를 제공한다.
④ 관람스포츠제품은 승부 결과에 대한 예측이 어렵다.

**02. 스포츠산업의 역기능과 가장 거리가 먼 것은?**

① 스포츠의 정치도구화
② 스포츠의 사회정화적 기능
③ 스포츠의 상업도구화
④ 스포츠를 이용한 부정 축재

**03. 스포츠제품과 스포츠소비자의 특성에 대한 설명으로 가장 거리가 먼 것은?**

① 스포츠 제품은 소비재인 동시에 산업재로서, 그 형태나 내용이 동일하더라도 사는 사람과 용도에 따라 소비재 혹은 산업재로 분류된다.
② 프로야구나 수영강습과 같은 스포츠 프로그램이나 서비스는 스포츠 제품에 포함되지 않는다.
③ 스포츠서비스는 대부분 집단적으로 소비되며 소비자 만족은 사회적 촉진에 영향을 받는다.
④ 스포츠소비자의 구매동기와 행동은 외부영향을 받는다.

**04. 관람스포츠의 수요변화에 대한 설명과 가장 거리가 먼 것은?**

① 스포츠관람 대체재의 증가는 관람스포츠 수요를 감소시킬 수 있다.
② 관람소비자 소득 수준의 향상은 수요를 증가시킬 수 있다.
③ 여가시간의 증가는 관람스포츠 수요변화와 무관하다.
④ 온라인 게임 산업의 성장은 관람수요의 감소를 불러올 수 있다.

**05. 스포츠산업과 미디어산업은 서로의 부가가치를 상승시키는 동반자관계로 발전하고 있다. 미디어 영향으로 변화된 스포츠 환경과 가장 거리가 먼 것은?**

① 스포츠시청자의 편의와 흥미유발을 위해 유니폼 색상의 다양화를 도입했다.
② 방송사의 스포츠시청률 하락방지를 위해 유니폼 색상의 다양화를 도입했다.
③ 미디어의 광고효과 및 광고수익 증대를 위해 경기 중 광고 시간을 확대할 수 있도록 일부 종목의 경우 경기룰 변경 하였다.
④ 중요방송 스폰서들의 황금시간대 중계방송을 지원하기 위해 빅 이벤트와 인기 프로스포츠등의 주요경기 일정이 특정 시간대에 편성되었다.

**06. 스포츠 제품에 대한 설명으로 틀린 것은?**

① 스포츠 제품은 유형의 재화와 무형의 서비스뿐만 아니라 아이디어, 사람 등도 포함된다.
② 특정제품을 구매하는 고객은 제품 자체만을 구매하는 것이 아니라 그 제품이 제공하는 기본적 욕구 충족 또는 혜택을 구매하는 것이다.
③ 스포츠 제품 중 서비스의 특성을 지니는 경우 품질이 예측 가능하고 일관성을 지닌다.
④ 스포츠 제품이란 경기력 뿐 아니라 경기장시설, 팬서비스 등 확장제품에 포함한다.

**07. 관람스포츠 소비자의 관람(구매)의사결정과정에 관한 설명으로 틀린 것은?**

① 각 구단 홈페이지를 검색하는 것은 정보탐색과정으로 볼 수 있다.
② 경기관람 후 다음시즌의 시즌티켓을 미리 구매하는 것은 구매 후 행동으로 볼 수 있다.
③ 프로농구와 프로배구의 입장권가격을 비교하는 것은 대체안의 평가이다.
④ 신문 TV방송프로그램 면에서 중계방송시간을 검색하는 것은 구매행동에 해당하지 않는다.

**08. 스포츠산업의 현황과 미래 트렌드에 관한 설명으로 틀린 것은?**

① 한국사회의 낮은 출산율은 스포츠 산업의 성장에 장애요인으로 작용할 것이다.
② 여가활동 기호의 변화는 새로운 스포츠의 등장에 영향을 미칠 것이다.
③ 한국 영화산업의 성장은 관람스포츠산업에 영향을 미치지 않는다.
④ IT산업과의 결합으로 스포츠산업의 수익 또한 새롭게 개발될 것으로 예상된다.

**09. 다음 중 스포츠제품을 가공된 형태로 구매하는 비용지불의 형태는?**

① 입장료
② 타이틀스폰서 비용
③ 중계료
④ 시청료

**10. 스포츠이벤트에서 파생되는 각종 권리와 소유주체에 관한 일반적인 설명으로 틀린 것은?**

① 매점사업, 주차사업 등을 포함한 경기장사업의 권리는 시설소유자와 이벤트 주최측이 공동으로 행사하는 것이 일반적이다.
② 프로리그 선수 유니폼 광고 권리는 선수가 행사한다.
③ 경기장 명칭사용권은 자치단체와 입주구단이 공동으로 행사할 수 있다.
④ 스포츠이벤트의 방송중계권은 구단이나 연맹이 행사한다.

**11. 다음 중 프로구단의 입장권 유통경로의 성격이 다른 하나는?**

① 경기장 매표소 판매
② 구단 홈페이지를 통한 온라인 판매
③ 시즌티켓의 우편판매
④ 온라인 티켓 판매대행사를 통한 판매

**12. 스포츠제품의 생산비용과 가장 거리가 먼 것은?**

① 팀 유지비용
② 경기용품 비용
③ 시설관련 비용
④ 프로모션 비용

**13. 스포츠산업의 활성화 방안으로 옳지 않은 것은?**

① 스포츠산업의 내수기반 강화
② 스포츠산업의 관광화 유도
③ 스포츠산업과 전략사업의 연계 육성
④ 스포츠산업 관련 법적·제도적 규제책 마련

14. 한국표준산업분류에서 '기타 스포츠시설운영업(9113)'에 해당하지 않는 것은?

① 종합 스포츠시설 운영업　　② 스포츠클럽 운영업
③ 볼링장 운영업　　④ 당구장 운영업

15. 스포츠용품 인증제도의 기대효과가 아닌 것은?

① 해외 브랜드의 선호도 향상
② 국제경쟁력 강화
③ 수입상대국의 수입제한 장벽 극복
④ 품질과 기능의 향상

16. 스포츠산업 진흥법령상 스포츠산업 전문인력양성기관에 전부 또는 일부를 보조할 수 있는 경비에 해당하지 않는 것은?

① 전문인력 양성교육 프로그램 운영에 필요한 비용
② 전문인력 양성교육에 대한 조사 · 연구비용
③ 교육자료 개발 및 보급에 필요한 비용
④ 교육장소 매입비 및 장비 구입비

17. 다음을 설명할 수 있는 것은?

| '메르세데스-벤츠가'가 촉진전략의 일환으로 2015마스터스 대회의 공식스폰서로 참여하여 대대적인 촉진활동을 할지라도 이러한 노력의 결과로 소비자들이 메르세데스-벤츠 자동차를 구매했다고 단정 지을 수는 없다. 왜냐하면 고가의 자동차를 구매하는 소비자가 구매의사결정을 하기 까지 고려하는 많은 요인들은 상호 복합적으로 작용하기 때문이다. |
|---|

① 블랙박스이론　　② 적소마케팅
③ 매복마케팅　　④ TOP프로그램

18. 다음 (　　)에 알맞은 것은?

| 스포츠 선수의 자유로운 이적을 제한하는 제도의 문제점을 밝혀주는 보스만 판결은 (　　)를(을) 인정한 대표적 사례이다. |
|---|

① 직업선택의 자유
② 트레이드의 자유
③ 계약의 자유
④ 셀러리 캡

19. 스포츠산업 진흥법령상 스포츠산업진흥시설에 대한 설명으로 틀린 것은?

① 문화체육관광부장관은 스포츠산업진흥시설을 지정하는 경우 시설 운영에 필요한 자금을 제외하고 시설 설치 및 보수 등에 필요한 자금의 전부 또는 일부를 지원할 수 있다.
② 문화체육관광부장관은 프로스포츠의 육성을 위하여 필요하다고 인정하는 경우 지방자치단체의 장과 협의하여 해당 지방자치단체 내의 프로스포츠단 연고 경기장을 스포츠산업진흥시설로 우선 지정할 수 있다.
③ 문화체육관광부장관은 스포츠산업진흥시설의 지정을 해제하려면 미리 해당 지방자치단체의장의 의견을 들어야 한다.
④ 문화체육관광부장관은 스포츠산업진흥시설을 지정한 경우 문화체육관광부 인터넷 홈페이지에 그 사실을 공고하여야 한다.

20. 스포츠산업 진흥법상 스포츠산업지원센터로 지정받을 수 없는 기관은?

① 국공립 연구기관
② [초·중등교육법] 에 따른 고등학교 또는 고등기술학교
③ 서울올림픽기념 국민체육진흥공단
④ [특정연구기관 육성법] 에 따른 특정연구기관

21. 스포츠미디어 트렌드 변화의 요인과 가장 거리가 먼 것은?

① 상업화　　② 세계화
③ 단일화　　④ 융합화

**22. 참여스포츠의 수요에 영향을 미치는 요인에 대한 설명으로 틀린 것은?**

① 참여스포츠는 비경쟁시장, 관람스포츠는 경쟁시장에 가깝다.
② 강습비 등의 가격은 참여스포츠 수요에 영향을 미친다.
③ 국민소득은 참여스포츠의 수요에 영향을 미친다.
④ 연관상품의 가격은 참여스포츠의 수요에 영향을 미친다.

**23. 스포츠조직의 재원을 확보하기 위한 좌석 라이센스(PSL)에 관한 설명으로 옳은 것은?**

① 경기장건설 사업체가 좌석 사업권을 취득하기 위해 부담하는 비용이다.
② 개인이나 사업체가 좌석에 이름을 각인하는 대가로 부담하는 비용이다.
③ 특정좌석의 시즌티켓을 구매할 수 있는 권리를 취득하는 대가로 지불하는 비용이다.
④ 경기장의 모든 좌석을 구매할 때 할인을 받을 수 있는 권리를 취득하는 대가로 지불하는 비용이다.

**24. 스포츠이벤트의 주요 소비그룹인 기업이 스포츠 스폰서십을 구매하는 동기와 가장 거리가 먼 것은?**

① 기업의 인지도 향상
② 지방자치단체와의 유대관계 구축
③ 매출기회 및 제품시용 기회확보
④ 스포츠이벤트 이미지를 기업제품에 투영

**25. 스포츠경기를 생산하기 위해 필요한 요소와 그 예가 틀리게 짝지어진 것은?**

① 노동 - 선수, 심판
② 중간재 - 방송중계
③ 자본재 - 경기시설
④ 생산주체 - 구단, 연맹

## 제2과목 스포츠경영론

26. 파라슈라만(Parasuraman) 등의 제시한 서비스품질의 차원 중 확신성에 해당하는 것은?

① 종업원의 능력　　② 최신시설
③ 약속시간 엄수　　④ 접근 용이성

27. 벤치마킹(benchmarking)에 관한 설명으로 틀린 것은?

① 최고경영자를 비롯한 모든 구성원들이 적극적으로 참여해야 한다.
② 경영의 어떤 특정 부문에서 높은 성과를 올리고 있는 다른 회사를 분석한 후 자사에 적용하여 성과를 올리려는 노력이다.
③ 특정 제품의 품잴, 고객서비스, 생산 공정, 인사 및 교육 등 모든 내용을 벤치마킹의 대상으로 삼을 수 있다.
④ 벤치마킹은 타사의 성공 사례를 도입하는 것이므로 구성원 모두가 벤치마킹 대상 조직의 모든 경영기법을 그대로 적용하기 위해 노력해야 한다.

28. 스포츠 경영환경을 분석하는 SWOT 분석에 대한 설명으로 가장 거리가 먼 것은?

① SWOT 분석의 S와 W는 기업의 내부 강점과 약점요인을 의미한다.
② SWOT 분석의 O와 T는 기업의 외부 환경에 대한 기회와 위협요인을 의미한다.
③ SWOT 분석의 W-O전략은 기업 내부 약점을 극복하고 기회를 활용하는 시장선도 전략이다.
④ SWOT 분석의 S-T전략은 외부환경 위협을 회피하기 위해 기업의 강점을 활용하는 다각화 전략이다.

29. 스포츠조직의 효율적인 경영활동을 위해, 해당 스포츠 기업이 사어부별 환경을 분석하여 기업의 시장성장율 및 상대적 점유율을 고려해야 하는 전략은 무엇인가?

① 환경분석 전략　　② 포트폴리오 전략
③ 시장개발 전략　　④ 차별화 전략

**30. 스포츠산업에서 제조업과 비교한 서비스업의 설명으로 옳은 것은?**

① 서비스제공과정에서 고객과의 접촉 정도는 제조업에 비해 상대적으로 적다.
② 서비스제공과정에서의 생산성 측정은 제조업에 비해 상대적으로 용이하다.
③ 서비스창출과정은 고객의 소비와 동시에 일어나는 경우가 제조업보다 많다.
④ 서비스업에서의 품질측정은 제조업에서의 품질 측정보다 객관적으로 이루어질 수 있다.

**31. 페율(Fayol)이 제시한 조직이 일반적인 경영관리 과정이 바르게 나열된 것은?**

① 계획 → 조직 → 지휘 → 조정 → 통제
② 조직 → 계획 → 조정 → 통제 → 지휘
③ 지휘 → 계획 → 조직 → 통제 → 조정
④ 조정 → 통제 → 조직 → 계획 → 지휘

**32. 성장 벡터에 의한 성장전략의 유형 중 시장침투전략에 대한 설명으로 틀린 것은?**

① 시장 점유율을 증대시키는 전략으로 자사제품의 소비자로 하여금 더 많이 사용하도록 하는 전략이다.
② 경쟁제품 사용자로 하여금 자사제품을 사용하도록 하는 전략이다.
③ 새로운 시장을 개발하는 전략으로 잠재고객을 발굴하여 기존 제품으로 욕구를 충족하는 전략이다,
④ 아직 사용하지 않는 사람들이 제품을 사용하도록 하는 전략이다.

**33.스포츠조직에 포터(Poter)가 제시한 가치사슬개념을 적용할 경우 지원활동에 해당되는 것은?**

① 선수단 전력보강 사업　　② 경기장사업 관리
③ 시즌티켓 판매사업　　④ 재무관리

**34. 스포츠 인적자원관리의 내용에 해당하지 않는 것은?**

① 조직설계　　② 선발과 채용
③ 훈련과 개발　　④ 인원교체와 이직관리

**35. 스포츠 기업의 전략 수준에 대한 설명으로 틀린 것은?**

① 기업전략이란 기업의 사명을 정의하고, 사업수준과 기능수준에 제시되는 제안들을 검토하여, 관련 사업과의 연계성을 발견하는 과정이다.
② 사업부 전략은 개발사업 단위의 목표를 달성하기 위해 사업의 장기적 경쟁우위를 구축하는 과정이다.
③ 기능별 전략은 사업부 전략을 실행하기 쉽도록 각 기능조직단위로 실행할 전략을 규정하고 구체화하는 것을 의미한다.
④ 사업부 전략의 종류는 인사, R&D, 재무관리, 생산, 마케팅 부문이며, 이들은 조직에서 제품기획, 영업활동, 자금조달 등 세부적인 수행방법을 결정한다.

**36. 직무분석에 관한 설명을 옳은 것은?**

① 직무 간의 상대적 가치를 체계적으로 결정하는 것이다.
② 직무를 기준으로 개인의 능력을 평가하는 것이다.
③ 조직이 요구하는 특정 직무의 내용과 요건을 정리・분석하는 것이다.
④ 동일하거나 유사한 성격을 가진 직무를 묶어 분류하는 것이다.

**37. A스포츠채널의 총 자산은 15억원이며, 이중 유동자산 합계가 5억원, 고정자산 합계가 10억원이다. 유동부채 합계가 5억원, 고정부채 합계가 5억원일 때 자본총계는?**

① 5억　　② 10억
③ 15억　　④ 20억

**38. 스포츠 이벤트 기획서 작성 시 상황을 분석하여 해결해야 할 임무 또는 과제를 발견하여, 과제와 목적, 콘셉트를 설정하는 단계는?**

① 도입 단계
② 실행계획 수립 단계
③ 실시 단계
④ 평가단계

39. 스포츠조직이 자본을 조달하는 방법에서 직접금융을 통한 자본조달 방법이 아닌 것은?

① 골프장 및 스포츠센터운영자들이 연회비 평생회비 등을 통해 재원을 확보하였다.
② 스포츠구단이나 협회가 스폰서십을 통해 자본을 조달하였다.
③ 특정 스포츠조직이 전자어음을 발행하여 자금을 조달하였다.
④ 스포츠 용품업체가 회사채를 발행하여 자금을 조달하였다.

40. 다음 중 조직설계에 대한 설명으로 틀린 것은?

① 조직설계란 기업의 목표달성을 위해 자원을 최적으로 활용할 수 있는 구조를 창출하는 과정이다.
② 조직설계를 할 때 종업원의 특성을 고려할 필요는 없다.
③ 현대 기업 환경에서는 유기적 조직구조를 갖추는 것이 필요하다.
④ 조직규모가 큰 대기업의 경우는 일반적으로 기계적 조직구조의 특징을 가진다.

41. 변혁적(transformational) 리더십에 대한 설명으로 틀린 것은?

① 주어진 목표의 중요성과 의미에 대한 구성원의 인식수준을 제고시킨다.
② 구성원 개인의 이익을 초월하여 보다 거시적관점에서 조직 변화를 추구한다.
③ 카리스마적 리더십, 영감적 리더십 등으로 불리기도 한다.
④ 현재의 성과를 유지시키는 안정 지향적인 특성을 지닌다.

42. 다음 (　　)에 알맞은 것은?

$$\text{재고자산회전율} = \frac{(\qquad)}{\text{재고자산}}$$

① 매출액
② 당기순이익
③ 총자산
④ 유동부채

43. 동기부여 이론 중 허츠버그(Herzberg) 2요인에 대한 설명으로 틀린 것은?

① 동기부여는 동기요인과 위생요인의 2가지로 구분한다.
② 위생요인은 동기유발 정도가 동기요인에 비해 상대적으로 낮은 요인으로 인간관계 등이 포함된다.
③ 위생요인은 불만족에 영향을 미치는 반면 동기요인은 직무만족에 영향을 미치는 요인이다.
④ 동기요인은 동기를 적극적으로 부여하는 작업환경, 급여 등을 의미한다.

44. 스포츠마케팅대행사의 역할과 가장 거리가 먼 것은?

① 스포츠단체와 스폰서의 조사 및 평가 대행
② 스포츠이벤트 중계권 판매 및 협상 대행
③ 프로스포츠 리그의 시즌 경기일정 수립 대행
④ 기업의 스포츠 스폰서십 프로그램 대행

45. 스포츠조직의 일반적인 투자결정과정에 대한 설명으로 틀린 것은?

① 투자할 대상을 탐색하여 새로운 투자기회를 발견하고 노력한다.
② 선별한 각 투자대상으로부터 추정된 현금을 확보한다.
③ 추정된 현금흐름을 기초로 투자안의 경제적 타당성을 평가한다.
④ 결정된 투자안에 투자를 한 후, 그 투자안에 대한 재평가를 수행한다.

46. A축구구단의 총 자본이 800억이고 당기순이익이 400억이라면 이 구단의 총자본수이익율(ROI)은?

① 4% ② 5%
③ 40% ④ 50%

47. 스포츠 이벤트의 특성과 가장 거리가 먼 것은?

① 현장성 ② 체험성
③ 분리성 ④ 통합성

48. 투자안의 경제성 평가기법 중 순현재가치법의 특징을 모두 고른 것은?

| ㄱ. 현금흐름이 아닌 회계적 이익이 고려되어야 한다.<br>ㄴ. 적절한 할인율을 사용하여 화폐의 시간적 가치를 반영한다.<br>ㄷ. 가치의 가산원칙이 적용된다. |
|---|

① ㄱ,ㄴ ② ㄱ,ㄷ ③ ㄴ,ㄷ ④ ㄱ,ㄴ,ㄷ

49. 연봉 총상한제(salary cap)에 관한 설명과 가장 거리가 먼 것은?

① **재정이 풍부한 구단의 무분별한 스카우트를 억제하는 제도이다.**

② 자질이 있는 선수를 확보하기 위해 장기간의 보유권 획득에 상응하는 거액의 계약금을 지급하는 제도이다.

③ 경제력이 약한 구간의 재정난을 보완해주기 위한 제도이다.

④ 특정구단 소속선수 연봉의 합계가 일정액을 초과하지 못하게 하는 제도이다.

50. 도착률과 서비스율은 포아송 분포, 도착간격과 서비스 시간은 지수분포를 이룬다는 가정하에 A 수영장의 어느 샤워부스에 시간당 평균 고객수는 12명이고, 이 샤워부스의 시간당 평균 서비스 처리능력은 16명이다. 고객이 샤워부스에 도착하여 샤워를 하고 떠날때까지의 평균 소요시간은?

① 15분 ② 20분 ③ 25분 ④ 30분

## 제3과목 스포츠마케팅론

51. 스포츠이벤트의 입장권 가격을 2000원에서 3000원으로 인상할 경우, 관람자 수가 4000명에서 3000명으로 감소한다면 수요의 가격탄력성은?

① 탄력적이다. ② 단위 탄력적이다.

③ 비탄력적이다. ④ 알 수 없다.

52. 다음 (　　)에 알맞은 것은?

| 스포츠 소비자가 구매한 제품에 대해 확신이 없거나 불만을 갖게 되어 생기는 심리적 갈등상태를 (　　)(이)라고 한다. |
|---|

① 인지 부조화　② 재구매 의사 보류
③ 소비자 불매운동　④ 심리적 혼돈 상태

53. 다음 중 축구구단과 유니폼 광고가 틀리게 짝지어진 것은?

① 맨체스터유나이티드 - CHEVROLET
② FC 바르셀로나 - NIKE
③ 첼시 FC - YOKOHAMA TYRES
④ 레알마드리드 - Fly Emirates

54. 팀이나 구단의 스포츠 브랜드 고급화 전략의 요소를 모두 고른 것은?

| ㄱ. 스포츠팀의 이름 | ㄴ. 선수나 팀의 복장 |
|---|---|
| ㄷ. 구단의 자선사업 | ㄹ. 구단의 웹사이트 |

① ㄱ　② ㄱ,ㄷ,ㄹ　③ ㄴ,ㄹ　④ ㄱ,ㄴ,ㄷ,ㄹ

55. 스포츠스타 또는 스포츠이벤트를 이용한 광고의 가치에 관한 설명으로 틀린 것은?

① 스포츠에 대한 대중들의 관심으로 가치 있는 스포츠이벤트나 선수들을 광고에 이용할 경우 많은 매체노출을 기대할 수 있다.
② 불특정 다수에 대한 일반 광고에 비해 비용효과성이 낮다는 한계를 지닌다.
③ 스포츠가 가진 긍정적인 이미지를 기업이나 제품 이미지에 투영시켜 전달할 수 있다.
④ 커뮤니케이션 수단으로 자사 제품을 효과적으로 알릴 수 있다.

56. 다음 중 스포츠마케팅의 특성에 관한 설명으로 가장 적합한 것은?

① 스포츠마케팅은 대규모 스포츠 이벤트를 하는 기업에게만 필요하다.
② 스포츠마케팅은 스포츠소비자들의 욕구충족을 그 목적으로 한다.
③ 스포츠마케팅은 스포츠상품의 생산과 동시에 시작된다.
④ 스포츠마케팅은 광고활동만 하는 특별활동이다.

57. 스포츠마케팅 정보를 관리할 때 대상정보의 명확성을 확보하기 위한 방법으로 틀린 것은?

① 대상정보의 계층화
② 대상정보의 보안성 강화
③ 대상정보의 우선순위 선정
④ 정보의 종류에 따른 입력항목 구분

58. 스포츠단체가 스폰서십프로그램을 잠재적 스폰서에게 판매하기 위한 흥미유발방법과 가장 거리가 먼 것은?

① 스포츠이벤트에 대해 관심을 가지고 있는 매체의 목록을 제시한다.
② 제품 영역별로 한 기업에만 권리를 부여하여 독점성을 높여준다.
③ 대회의 로고와 마스코트 등의 사용에 대한 제약을 해제한다.
④ 관련법적요건을 준수하고 독립성을 보장하며 정당한 이익을 제공하는 등 철저한 계약이행을 약속한다.

59. 다음 사례에서 측정의 수준은?

| ㄱ. 축구선수에게 현재 가지고 있는 축구화 수에 대해 1)적음, 2)적당함, 3)많음 이라는 세 가지 응답범주로 답하도록 하였다.<br>ㄴ. A대학 축구동아리 회원에게 그들의 실제축구화 수를 적도록 하였다. 축구화가 없는 경우 축구화 수를 0 으로 처리한다. |
|---|

① ㄱ : 명목측정, ㄴ : 서열측정
② ㄱ : 서열측정, ㄴ : 비율측정
③ ㄱ : 등간측정, ㄴ : 비율측정
④ ㄱ : 서열측정, ㄴ : 등간측정

60. 스포츠시장을 세분화 할 때 활용되는 인구통계학적 변수가 아닌 것은?

① 나이
② 성별
③ 인종
④ 인구밀도

61. 스포츠마케팅 조사내용에 해당하는 것을 모두 고른 것은?

| ㄱ. 시장의 잠재력 측정 | ㄴ. 시장의 수요예측 |
|---|---|
| ㄷ. 광고의 효과평가 | ㄹ. 가격변화의 효과평가 |
| ㅁ. 소비자의 욕구파악 | |

① ㄱ,ㄴ
② ㄴ,ㄷ,ㄹ,ㅁ
③ ㄱ,ㄷ,ㄹ,ㅁ
④ ㄱ,ㄴ,ㄷ,ㄹ,ㅁ

62. 다음 스포츠제품의 수명주기의 특징에 해당하는 단계는?

- 매출성장률이 둔화되는 시기이다.
- 성장형, 안정형, 쇠퇴형으로 세분할 수 있다.
- 가격할인 등의 촉진 전략이 필요하다.

① 도입기
② 성장기
③ 성숙기
④ 쇠퇴기

63. 다음 중 A스포츠기업의 마케팅 담당자가 마케팅 전략 수립을 위한 조사과정에서 수집하는 1차 자료 유형에 해당하는 것은?

① 통계청의 연령별 인구분포 자료
② 조사자의 전화 인터뷰 자료
③ 한국체육학회지 연구논문
④ 신문경제면의 소비자 트렌드변화 심층기사

64. 기업이 스폰서십 참여로 얻을 수 있는 효과와 가장 거리가 먼 것은?

① 경기력 향상
② 고객관계 개선
③ 광고를 통한 브랜드 가치
④ 브랜드 인지도 향상

65. 스포츠 마케터가 브랜드 명(Brand name)을 선정할 때의 고려사항과 가장 거리가 먼 것은?

① 독특하고 긍정적 관련성을 가지고 기억하기 쉬어야 한다.
② 로고와는 독립적인 이미지를 구축하여 브랜드명의 빠른 확장을 도모할 수 있어야 한다.
③ 스포츠 상품이 전달해주는 편익을 암시할 수 있어야 한다.
④ 법적으로나 윤리적으로 용인가 능한 것이어야 한다.

66. 뉴스가가치가 있는 사항을 무료 형식으로 TV나 신문 등의 매체측의 계획하에 소개하면서 자연스럽게 기업이미지나 상품을 알리는 효과를 얻는 홍보의 수단은?

① 퍼블리시티(publicity)
② 스폰서십(sponsorship)
③ PPL(product placement)
④ PSL(personal seat license)

67. 스포츠라이센싱 사업의 목적과 가장 거리가 먼 것은?

① 재정의 안정적 확보
② 구단 및 기업 브랜드 이미지 제고
③ 팀 구조 개선을 위한 승리구축 기회 제공
④ 경쟁기업과 차별화 된 마케팅활용 기회 제공

68. 다음 중 미디어가 스포츠에 미치는 영향과 가장 거리가 먼 것은?

① 스포츠 규칙(룰)을 변화시킨다.
② 경기나 대회의 일정을 변경시킨다.
③ 스포츠의 과학화로 경기력을 향상시킨다.
④ 스포츠 각 협회나 연맹 간의 커뮤니케이션을 활성화시킨다.

69. 스포츠단체가 라이센시를 선정하기 위해 파악해야 하는 일반적인 내용과 가장 거리가 먼 것은?

① 스포츠 라이센싱 참여 경험
② 연간 매출액
③ 대중(對中) 무역흑자 규모
④ 대표자의 지명도 및 성향

**70. 라이센서인 스포츠단체가 라이센싱 프로그램을 통해서 기대 할 수 있는 효과와 가장 거리가 먼 것은?**

① 방송 중계시간의 확대
② 라이센싱 수수료 수입의 증대
③ 새로운 제품 영역 확장 및 관련 상품 판매증진을 통한 부가가치 창출
④ 기업과의 우호적 관계 형성을 통한 스포츠이벤트에 대한 관심 유도

**71. 세계 1위의 '양궁' 제조기업이 탄성도 높은 첨단소재기술로 '자전거'를 제조하여 출시하면서 새로운 브랜드 전략을 활용하려고 한다면 그 이유와 가장 거리가 먼 것은?**

① 제품과 조화를 이루지 못하는 브랜드 연상이미지를 피할 수 있다.
② 신제품을 통해 기존제품 영역을 획기적으로 돌파할 수 있다.
③ 기능상의 편익을 강력한 브랜드 명을 활용할 수 있다.
④ 단일 시장에서 강력한 브랜드 인지도를 가질 수 있다.

**72. 2002년 축구 국가대표선수단을 응답자로 설정하고, 2010년 이후 매년 국가대표팀의 경기전력에 대해 반복 조사하는 조사방법은?**

① 패널(panel) 조사
② 인서트(insert) 조사
③ 콜인(call in) 조사
④ 출구(exit poll) 조사

**73. A기업과 B프로야구단이 관객용 응원용품에 대한 라이센싱 계약을 하려고 한다. 법률적으로 보호 받기 위해 필요한 일반적 계약조항들과 가장 거리가 먼 것은?**

① A기업의 사업영역과 독점권에 관한 권리, 양도 가능성
② A기업이 제조한 응원용품에 대한 품질관리와 품질인증 절차
③ 한국야구위원회(KBO)의 응원용품 라이센싱에 대한 권리
④ 소비자 및 제3자에 대한 책임보험과 손해배상

74. 앰부싱 마케팅의 예방을 위한 방법과 가장 거리가 먼 것은?

① 최소한의 홍보를 통한 소비자들의 혼란방지
② 주최측과의 연계를 통한 사전 봉쇄
③ 소비자 인지능력 향상을 위한 노력
④ 스폰서의 권리 명확화

75. 프로스포츠 관중 지출조사를 위하여 최초의 표본단위만을 무작위로 추출하고 나머지는 일정한 간격을 유지하며 추출하는 방법은?

① 층화표집(stratified random sampling)
② 체계적 표집(systematic sampling)
③ 할당표집(quota sampling)
④ 단순무작위표집(simple random sampling)

## 제4과목 스포츠시설론

76. 다음 중 공설 운동장 공간이용의 시설·지역·이용 특성의 효율화 기본방향과 가장 거리가 먼 것은?

① 다양한 공간적 가능성 모색
② 시설의 이용가능시간과 이용영역 확대
③ 유휴 또는 저이용 공간의 활용성 확대·증진
④ 지역별 양적 동일성 및 서비스의 질적 형평성 제고

77. 체육시설의 설치·이용에 관한 법령상 스포츠시설업자의 보험 가입에 대한 설명으로 틀린 것은?

① 체육시설업자는 체육시설업을 등록 또는 신고한 나로부터 10일 이내에 손해보험에 가입하여야 한다.
② 체육도장업, 골프연습장업 등 소규모 체육시설업자는 보험가입의무가 면제된다.
③ 체육시설업자가 손해보험에 가입할 때는 단체로 할 수 있다.
④ 신고 체육시설업자는 손해보험에 가입한 사실을 증명하는 서류를 시·도지사에게 제출하여야 한다.

**78. 관람스포츠의 분류형태와 가장 거리가 먼 것은?**

① 프로스포츠 ② 전국체전
③ 직장체육대회 ④ 경마

**79. 체육시설의 설치·이용에 관한 법령상 안전시설로 응급실을 갖추지 아니할 수 있는 체육시설업은?**

① 스키장업 ② 수영장업
③ 골프장업 ④ 자동차 경주장업

**80. 체육시설의 설치·이용에 관한 법령상 종합체육시설업에 대한 설명으로 옳은 것은?**

① 두 종류 이상의 단위체육시설을 같은 사람이 한 장소에 설치하여 하나의 단위체육시설로 경영하는 업
② 3종류 이상의 단위체육시설을 같은 사람이 한 장소에 설치하여 하나의 단위 체육시설로 경영하는 업
③ 신고 체육시설업의 시설 중 실내수영장을 포함한 두 종류 이상의 체육시설을 같은 사람이 한 장소에 설치하여 하나의 단위체육시설로 경영하는 법
④ 트랙을 포함한 두 종류 이상의 단위체육시설을 같은 사람이 한 장소에 설치하여 하나의 단위체육시설로 경영하는 업

**81. 다음 중 스포츠 시설에서 이용자에게 제공하는 서비스와 가장 거리가 먼 것은?**

① 경영건설팅 서비스 ② 개인보관함 제공 서비스
③ 지도 서비스 ④ 프로그램 서비스

**82. 스포츠 이벤트 유치 시 유의사항에 속하지 않는 것은?**

① 계획의 적합성 ② 재무적 건전성
③ 사회적 공감성 ④ 유치지역의 정치적 우위성

83. 다음 중 유산소운동 기구와 가장 거리가 먼 것은?

① 트레드밀(Treadmill)
② 일립티컬 머신(Elliptical Machine)
③ 스테어 클라이머(Stairclimber)
④ 플레이트 로디드 머신(Plate-loaded machine)

84. 스포츠 또는 체육 시설에 관한 설명으로 가장 거리가 먼 것은?

① 스포츠시설공간은 각종 스포츠프로그램을 효율적으로 운영하기 위한 필수요건이다.
② 스포츠시설공간은 스포츠를 생활하도록 하는 동기유발의 기능을 담당한다.
③ 스포츠시설은 중요한 사회간접자본이자 경제적 생산요소로서의 가치를 지니고 있다.
④ 스포츠시설의 광의의 개념으로는 운동학습을 위한 각종 장소로 규정한다.

85. 다음 (   )에 알맞은 것은?

| 직장체육시설은 직장인의 건강 및 체력을 증진시키기 위해 체육 활동에 필요한 체육시설로, 체육시설의 설치 · 이용에 관한 법령상 근로자( ㄱ )명 이상이 상시 근무하는 직장에는 원칙적으로 ( ㄴ )종류 이상의 체육시설을 설치 · 운영하여야 한다. |
|---|

① ㄱ : 300, ㄴ : 1
② ㄱ : 300, ㄴ : 2
③ ㄱ : 500, ㄴ : 1
④ ㄱ : 500, ㄴ : 2

86. 경기장 광고효과 및 경기장 광고 가격 산정에 활용되는 NTIV(National Television Impression Value)란 무엇인가?

① TV 시청률을 감안한 광고가치
② TV 시청인구 수를 감안한 광고가치
③ TV 노출을 광고효과로 환산한 가치
④ TV 중계프로그램의 도달범위를 감안한 광고가치

87. 회원제 스포츠센터의 입지 선정시 고려해야 할 사항과 가장 거리가 먼 것은?

① 소비자의 수요
② 경쟁자의 위치
③ 소비자의 접근성
④ 스포츠용품 제조사의 위치

88. 체육시설의 설치·이용에 관한 법령상 자동차경주장업의 안전·위생 기준으로 틀린 것은?

① 경주참가차량이나 일반주행차량 등 트랙을 이용하는 차량은 경주나 일반주행에 참가한 이후 점검을 하여야 한다.
② 경주참가자나 일반 주행자 등 트랙이용자에 대하여는 사전에 주행능력을 평가하여 부적격자는 트랙의 이용을 제한하여야 한다.
③ 관람자에게 사전에 안전에 관한 안내 방송을 하여야 한다.
④ 경주의 안전한 진행에 필요한 통제소요원, 감시탑요원 및 진행요원 등 각종 요원은 각각 해당 분야의 지식과 기술을 보유한 자로서 시설의 규모에 따라 적절하게 배치하여야 한다.

89. 체육시설의 설치·이용에 관한 법률상 체육시설에 관한 국가와 지방단체 등의 의무에 대한 설명으로 틀린 것은?

① 국가와 지방자치단체는 국민의 체육 활동에 필요한 체육시설의 적정한 설치와 운영을 하여야 한다.
② 국가와 지방자치단체는 체육시설업의 건전한 육성을 위하여 필요한 시책을 강구하고 적절한 지도와 지원을 하여야 한다.
③ 국가와 지방자치단체는 체육시설의 안전을 위하여 필요한 제도적 장치를 마련하여야 한다.
④ 국가와 지방자치단체는 체육시설의 기능, 안전성, 수익성이 지속적으로 유지되도록 체육시설의 기능 및 안정성이 유지되도록 하여야 한다.

90. 체육지도자 배치 기준으로 틀린 것은?

① 10타석 이상 50타석 이하 골프연습장업 : 1명이상
② 수영조 바닥면적 400제곱미터 이하 실내수영장 : 1명이상
③ 슬로프 10면 이하 스키장업 : 1명이상
④ 운동전용면적 300제곱미터 초과 체력단련장업 : 2명이상

91. 관람 스포츠 시설인 경기장의 부대사업으로 볼 수 없는 것은?

① 식 · 음료 판매　　② 입장권 판매
③ 유료주차장 운영　　④ 구단용품 판매

92. 다음 중 등록 체육시설업에 해당하는 것은?

① 당구장업, 골프 연습장업　　② 요트장업, 카누장업
③ 골프장업, 스키장업　　④ 볼링장업, 빙상장업

93. 다음 중 스포츠시설 경영전략에 대한 설명으로 틀린 것은?

① 경쟁자의 가격을 조사 후 이에 대응하여 가격을 책정하는 경영전략은 원가계산 전략이다.
② 다양한 경쟁환경의 변화로 인해 경쟁력 상실이 우려되는 경영전략은 원가우위 전략이다.
③ 한정된 시장 내에서 목표시장의 축소 및 소멸될 위험이 있는 경영전략은 집중전략이다.
④ 고객 로열티 형성이 용이하고 전략요구시 비교적 다양한 경영전략은 차별화 전략이다.

94. 스포츠센터에서 제품이나 프로그램을 수정하지 않고 기존의 표적시장에서 소비자들의 참여 횟수 또는 타제품의 이용을 유도하는 마케팅 전략 형태는?

① 시장침투전략　　② 프로그램개발전략
③ 시장개발전략　　④ 프로그램다각화전략

95. 경기장 임대에 관한 설명으로 틀린 것은?

① 임대사업의 목표는 경기장의 수익성 제고라 할 수 있다.
② 장기 · 단기임대, 직접 · 간접임대 등 여러 가지 유형으로 임대가 이루어진다.
③ 임대 시 임대자의 생산원가와 발생수익의 분배방법을 반드시 고려한다.
④ 임대주의 무형의 이익은 경기장 임대 시 고려할 사항이 아니다.

96. 스포츠 시설에서 FCB Grid 모델을 활용하여 고객유치전략을 수립하고자 한다. 소비자의 행동이 "구매→인지→느낌" 순으로 습관성으로 이루어진다고 판단할 때 해당하는 공간은?

① 고관여/감성 공간 ② 고관여/이성 공간
③ 저관여/감성 공간 ④ 저관여/이성 공간

97. 스포츠 시설의 고객유지를 위한 CRM의 특징에 관한 설명으로 틀린 것은?

① 소비자의 특화된 욕구에 대한 마케팅이다.
② 다품종 소량생산 개념의 생산방식을 지향한다.
③ 불특정 고객집단을 목표로 한 마케팅 활동이다.
④ 소비자에 대한 상세한 데이터베이스가 구축되어야 한다.

98. 국민체육진흥법상 용어의 설명으로 틀린 것은?

① "전문체육"이란 선수들이 행하는 운동경기 활동을 말한다.
② "체육동호인조직"이란 같은 생활체육 활동에 지속적으로 참여하는 자의 모임을 말한다.
③ "경기단체"란 체육에 관한 활동이나 사업을 목적으로 설립된 법인이나 단체를 말한다.
④ "생활체육"이란 건강과 체력 증진을 위하여 행하는 자발적이고 일상적인 체육 활동을 말한다.

99. 체육시설의 설치·이용에 관한 법령상 대중골프장업의 종류가 아닌 것은?

① 정규 대중골프장업 ② 병설 대중골프장업
③ 일반 대중골프장업 ④ 간이 대중골프장업

100. 체육시설업 중 스키장업의 시설기준으로 틀린 것은?

① 슬로프는 길이 300미터 이상, 폭 30미터 이상이어야 함이 원칙이다.
② 평균 경사도가 10도 이하인 초보자용 슬로프를 1면 이상 설치하여야 한다.
③ 절토지 및 성토지의 경사면에는 조경을 하여야 한다.
④ 구급차와 긴급구조에 사용할 수 있는 설상차(雪上車)를 각각 1대 이상 갖추어야 한다.

**2회 정답**

01. ❷ 02. ❷ 03. ❷ 04. ❸ 05. ❷ 06. ❸ 07. ❹ 08. ❸ 09. ❹ 10. ❷
11. ❹ 12. ❹ 13. ❹ 14. ❶ 15. ❶ 16. ❹ 17. ❶ 18. ❶ 19. ❶ 20. ❷
21. ❸ 22. ❶ 23. ❸ 24. ❷ 25. ❷ 26. ❶ 27. ❹ 28. ❸ 29. ❷ 30. ❸
31. ❶ 32. ❸ 33. ❹ 34. ❶ 35. ❹ 36. ❸ 37. ❶ 38. ❶ 39. ❸ 40. ❷
41. ❹ 42. ❶ 43. ❹ 44. ❸ 45. ❷ 46. ❹ 47. ❸ 48. ❸ 49. ❷ 50. ❶
51. ❸ 52. ❶ 53. ❷ 54. ❹ 55. ❷ 56. ❷ 57. ❷ 58. ❷ 59. ❷ 60. ❹
61. ❹ 62. ❸ 63. ❷ 64. ❶ 65. ❷ 66. ❹ 67. ❸ 68. ❹ 69. ❹ 70. ❶
71. ❹ 72. ❶ 73. ❸ 74. ❶ 75. ❷ 76. ❹ 77. ❹ 78. ❸ 79. ❸ 80. ❸
81. ❶ 82. ❹ 83. ❹ 84. ❹ 85. ❹ 86. ❸ 87. ❹ 88. ❷ 89. ❹ 90. ❶
91. ❷ 92. ❸ 93. ❶ 94. ❶ 95. ❹ 96. ❶ 97. ❸ 98. ❶ 99. ❷ 100. ❹

# A형(4회)

## 제1과목 스포츠산업론

01. 스포츠제품을 핵심제품과 확장제품으로 구분할 때 핵심제품에 해당하는 것은?

① 스폰서십. ② 스포츠 시설.
③ 응원. ④ 경품권

02. 관람스포츠 산업에서 판매되는 다양한 상품 중 표적으로 하는 주요 고객의 성격이 다른하나는?

① 경기장 명칭사용권 ② 영구좌석 분양권
③ 유니폼 광고권 ④ 리그타이틀 스폰서십

03. 세계 각국의 정부 및 자치단체가 스포츠이벤트 유치를 위해 시설 등에 투자하여 얻고자 하는 혜택과 가장 거리가 먼 것은?

① 해당 지역 경제 활성화. ② 해당 지역 주민의 심리적 수득.
③ 도시 이미지 강화. ④ 기업 인지도 제고

04. 스포츠입장권의 가격의 일반적 특성과 가장 거리가 먼 것은?

① 스포츠입장권 가격은 수요가 탄력적인 시장 상황에서 매우 쉽게 변경될 수 있다.
② 스포츠입장권 가격은 가장 강력한 경쟁도구로 시장상황에 즉각적으로 대응할 수 있다.
③ 스포츠입장권 가격은 소비자에게 매우 빠르게 전달되어 인식을 변화시킨다.
④ 스포츠입장권 가격은 정형화된 체계를 구축하기 용이하다

05. 다음 중 스포츠산업의 특성과 가장 거리가 먼 것은?

① 오락성 중심 산업. ② 공간입지 중시 산업
③ 자원재생 가능산업 ④ 감동 및 건강관련 산업

06. 프로스포츠 시장에서 선수의 역할에 대한 설명으로 가장 적합한 것은?

① 선수가 근로자의 역할을 담당할 때는 초상권과 연계하여 설명된다.
② 선수가 기계 등과 같은 자본재의 역할을 담당할 때는 선수노조와 연계하여 설명된다.
③ 선수가 기업의 역할을 담당할 때는 연봉과 연계하여 설명된다.
④ 선수가 상품의 역할을 담당할 때는 트레이드와 연계하여 설명된다.

07. 재화와 구분되는 서비스로서 스포츠상품의 특성만으로 짝지어지 것은?

① 비분리성 - 이질성- 소멸성-지속성
② 소멸성 - 저렴성- 무형성-이질성
③ 무형성 - 영구성- 이질성-비분리성
④ 소멸성 - 비분리성- 이질성-무형성

08. 스포츠산업을 재화와 서비스의 특징에 따라 분류할 때, 다음 중 같은 영역에 속하지 않는 것은?

① 프로구단 ② 체육회
③ 스포츠전문지 ④ 스포츠센터.

09. 스포츠시장에 제공되는 스포츠제품 중 비즈니스 주체의 성격이 다른 하나는?

① TV 중계권 ② 선수 초상권
③ 골프장회원권 ④ 경기관람권

10. 스포츠산업 성장에 관한 대내외 환경변화요인과 가장 거리가 먼 것은?

① 근로시간단축과 가계소득 증가로 여가선용과 건강에 대한 대중의 관심증가
② 뉴미디어시대에 다양하게 발전된 미디어가 스포츠와 결합하여 저미있는 스포츠콘텐츠를 생산하여 대중의 흥미유발
③ 소득증대와 프로스포츠 활성화로 참여스포츠 선호인구는 감소하고 관람스포츠 선호인구는 증가
④ 스포츠의 세계 동질성으로 국가 간의 스포츠경쟁과 스포츠제품 세계화가 심화되어 스포츠산업시장의 부가가치 증대.

11. 스포츠 복지서비스인 국민체력 100의 청소년기 체력 측정 항목에 해당하지 않는 것은?

① 100m 왕복달리기 ② 상대악력
③ 눈 - 손 협응력 검사 ④ 6분 걷기(m)

12. 국민체육진흥법상 체육지도자에 대당하지 않는 사람은?

① 노인스포츠지도사 자격 취득자 ② 스포츠건강관리지도사 자격취득자
③ 장애인스포츠지도자 자격취득자 ④ 건강운동관리사 자격취득자

13. 스포츠산업 진흥법상 문화체육관광부장관과 지방자치단체의 장이 스포츠산업 전문인력 양성기관에 보조할 수 있는 경비가 아닌 것은?

① 전문인력 양성교육 프로그램 운영에 필요비용
② 전문인력 양성교육에 대한 조사연구비용
③ 교육자료의 개발 및 보급에 필요한 비용
④ 교육장소 부지 매입 및 장비 구입비

14. 스포츠소비자의 구매의사결정과정에 영향을 미치는 관여도에 대하 설명으로 틀린 것은?

① 관여도의 크기에 따라 고관여도와 저관여도로 구분할 수 있다
② 소비자의 제품에 대한 관여도의 크기는 상대적이지만 개인별, 제품별, 상황별로는 절대적인 개념이 적용된다.
③ 여러 대안들에 대한 구체적인 평가를 거치지 않고 과거의 구매대안을 반복적으로 구매하는 것은 일상적 문제해결과정(저관여)에 해당한다.
④ 일반적으로 같은 가격대의 제품이라도 소비자의 소득수준에 따라 관여도는 달라진다.

15. 스포츠용품의 특정 판매지역이나 판매처를 한정하여 독점판매권을 부여하는 대신 다른 회사제품의 취급을 제한하는 유통정책은?

① 개방적 유통정책 ② 선택적 유통정책
③ 배타적 유통정책 ④ 직판 정책

16. 다음 ( )에 알맞은 것은?

> 스포츠산업 진흥법상 지방자치단체는 공공체육시설의 효율적 활용과 프로스프츠의 활성화를 위하여 필요하다고 인정하는 경우에는 〈공유재산 및 물품 관리법〉 제21조 제1항 및 제 27조 제1항에도 불구하고 고유재산을 ( ) 이내의 기간을 정d하여 그 목적 또는 용도에 장애가 되지 아니하는 범위에서 사용 수익을 허가하거나 관리를 위탁할 수 있다.

① 10년 ② 15년
③ 20년 ④ 25년

17. 스포츠산업 진흥법령상 사업자단체 설립인가 요건이 아닌 것은?

① 업종별 사업자가 100분의 50 이상 참여할 것
② 외국과의 수출관련 협력체계가 구축되어 있을 것
③ 사업계획서가 스포츠산업 진흥의 목적에 부합할 것
④ 사업 수행을 위한 자금 조달 방안이 있을 것

18. 참여 스포츠산업의 소비시장 규모를 거시적으로 예측할 때 가장 관계가 적은 변인은?

① 1인당 소득 ② 대학진학률
③ 노동시간 ④ 고령화 지수

19. 스포츠산업 진흥법령상 스포츠산업에 관한 기본적이고 종합적인 중장기 진흥기본 계획에 포함되어야 하는 사항이 아닌 것은?

① 해당 연동의 사업 추진 방향
② 스포츠산업 활성화를 위한 기반조성에 관한 사항
③ 스포츠산업의 경쟁력 강화에 관한 사항
④ 국가 간 스포츠산업 협력에 관한 사항

20. 스포츠콘텐츠 유통경로의 다양화와 가장 밀접한 관계가 있는 것은?

① 경기장 건설 기술의 발전 ② 광고기법의 발전
③ 선수 경기력의 향상 ④ 정보통신기술의 발전

21. 스포츠비즈니스 관점에서 볼 때 한국 및 미국프로야구가 채택하고 있는 포스트시즌제도와 유럽축구에서 채택하고 있는 승강제도가 갖고 있는 공통점은?

① 선수시장의 안정을 위한 역할
② 구단 간의 빈부격차를 줄여주는 역할
③ 흥행을 위해 팀 간 전력균형을 유지하는 역할
④ 리그 종반 이탈하기 쉬운 팬들의 관심을 유지하는 역할

22. 스포츠소비자의 구매 의사결정 과정으로 가장 적합한 것은?

① 정보탐색-선택대안의 평가-문제인식-구매행위.
② 평가-정보탐색-문제인식-선택대안의 평가-구매행위
③ 문제인식-정보탐색-선택대안의 평가-구매행위-구매 후의 평가.
④ 정보탐색-문제인식-선택대안의 평가-구매행위-구매후의 평가.

23. 다음 사례의 소비자 관여도 유형으로 가장 적합한 것은?

| 월드컵에 대한 관여정도가 낮았으나 입장권 판매시점에 월드컵 축구에 대한 국민적 분위기가 고조됨에 따라 경기입장권을 구매하려는 생각이 드는 경우 |
|---|

① 행동적 관여도
② 정서적 관여도
③ 지속적 관여도.
④ 상황적관여도

24. 다음 중 일반적으로 스포츠 제품 유통경로의 단 계수가 증가하는 경우는?

① 고객의 최소판매단위에 대한 유통서비스 요구가 높을수록
② 고객이 대형유통업체를 선호할수록
③ 고객의 공간적 편의성에 대한 유통서비스 요구가 낮을수록
④ 고객의 배달기간에 대한 유통서비스 요구가 낮을수록

**25. 스포츠가 대중문화로 편입되어 상품화된 요건에 대한 설명과 가장 거리가 먼 것은?**

① 교통과 커뮤니케이션 발달로 도시공간의 형성과 발전이 이루어져, 대중들은 스포츠를 쉽게 접하고 이용할 수 있는 여건을 갖게 되었다.

② 미디어가 스포츠를 상품화하여 보도함으로써 스포츠를 경기장 중심에서 관전자중심으로 변화시켰다.

③ 미디어의 영향으로 스포츠는 대중친화력과 대량소비에 적합하도록 디자인되고 구조화되어 새로운 소비윤리를 창출하는 가차 있는 상품으로 전환되었다

④ 스포츠의 순수성 및 아마추어리즘 같은 전통적 가치와 의미의 불변성이 대중의 지지를 얻어 대중문화 속으로 편입되었다.

## 제2과목 스포츠경영론

**26. 스포츠경영에 대한 설명으로 틀린 것은?**

① **스포츠경영의 지도원리에는 수익성과 생산성이 있다.**

② 스포츠경영은 효과성을 추구하는데 이는 조직의 목표달성과 관련된다.

③ 스포츠경영은 계획-평가-실행이라는 일련의 단속적인 활동이다

④ 스포츠경영은 효율성을 추구하는데 이는 자원비용의최소화와 관련된다.

**27. 다음 중 스포츠 조직의 직접금융을 통한 자본조달방법과 가장 거리가 먼 것은?**

① 스포츠 기업이나 센터가 회원권을 판매한다.

② 스포츠기업이 전자어음을 발행한다.

③ 스포츠기업이 스폰서십을 유치한다.

④ 스포츠조직이 회사채를 발행한다.

**28. 생산계획의 종류 중 중기계획으로써 계획기간 내에 변화하는 수요를 가장 경제적으로 충족시킬 수 있도록 스포츠 기업이 보유한 생산능력 범위 내에서 생산수준, 고용수준, 재고수준, 하청수준 등을 결정하는 것은?**

① 총괄생산계획
② 능력소요계획
③ 자재소요계획
④ 생산일정계획

**29. 유동성비율에 대한 설명으로 틀린 것은?**

① 조직의 단기채무지급능력을 측정하는데 사용된다.
② 유동비율은 유동부채를 유동자산을 나눈 비율이다
③ 유동비율이 높을수록 조직의 단기채무지급 능력을 양호하다고 할 수 있다
④ 당좌비율은 유동성이 떨어지는 재고자산을 제외하고도 얼마나 단기채무를 갚을 수 있는가를 나타낸다.

**30. 투자안의 평가방법 중 회수기간법의 장점과 가장 거리가 먼 것은?**

① 회수기간의 계산이 간편하다.
② 회수기간 이후의 현금흐름까지 고려한다.
③ 회수기간이 짧은 투자 안을 선택하게 함으로써 기업의 유동성을 향상시킨다.
④ 회수기간이 짧은 투자 안을 선택하게 함으로써 미래의 불확실성을 일부 감소시킬 수 있다.

**31. 다음 사례에 해당하는 직무분석 방법은?**

| 빙상용품을 제조하는 A스포츠기업은 러시아에 파견된 주제원들에게 자신들이 현지에서 업무처리를 하던 중 생긴 인상 깊은 일들을 적게 하였다. 그 다음 이 기록들을 토대로 러시아 주재원의 직무특성을 정리하였다. |
|---|

① 관찰법
② 작업자 중심법
③ 작업일지법
④ 결정적 사건법

**32. 다음 조건을 모두 만족하는 투자결정 기법은?**

| -측정된 모든 현금흐름이 고려되어야 한다.<br>-적절한 할인율을 사용하여 화폐의 시간가치를 반영시켜야 한다.<br>-가치의 가산원칙을 따라야 한다.<br>-조직의 가치를 극대화 할 수 있는 투자 안을 선택할 수 있어야 한다. |
|---|

① 회수기간법 ② 회계적이익률법
③ 내부수익률법 ④ 순현가법

**33. 승강제를 도입하고 있는 스포츠이벤트는?**

① MLB ② KBL ③ NFL ④ EPL

**34. 스포츠 이벤트의 부정적 효과와 가장거리가 먼 것은?**

① 불필요하고 중복적인 행정력 소모
② 세대 간의 이질감 형성
③ 교통 혼잡 및 도시 과밀화 촉진
④ 사고발생 위험의 증가

**35. 스포츠 기업의 경영환경에 대한 설명으로 틀린 것은?**

① 스포츠기업의 환경을 내부환경과 외부환경으로 구분할 때 주주는 외부환경에 속한다.
② 스포츠기업의 간접환경(일반환경)에는 정치 법률적 환경, 경제적 환경, 기술적 환경 등이 있다
③ 스포츠기업에 노동력을 공급하는 종업원도 환경요인 중 하나이다.
④ 스포츠기업의 경쟁자나 원자재 공급자는 직접환경(과업환경)요인이다.

**36. 대규모 경기장, 스포츠센터 등과 같은 프로젝트들은 상호 관련된 수많은 작업들로 구서외어 있어 규모가 클수록, 설립하고자 하는 시설이 복잡할수록 적절한 관리가 필요하다직무분석에 관한 설명을 옳은 것은?**

① 간트도표. ② PERT/CPM
③ TQM. ④ ERM

37. Blau와 Scott(1962)은 "조직의 수혜자"라는 관점에서 조직의 유형을 분류하고 있다. 이에 따른 스포츠조직에서 이용자가 주된 수혜자일 때 조직 유형은?

① 호혜조직　　② 사업조직
③ 서비스조직　　④ 공익조직

38. 다음은 무엇에 대한 설명인가?

| 일정자격요건을 갖춘 선수를 프로연맹 등 스포츠단체의 주곤 아래 다양한 방법으로 구단에게 지명권을 부여하여 선수를 지명 선발한다. |
|---|

① 자유계약제도　　② 드래프트제도
③ 팜시스템　　④ 샐러리 캡

39. 다음은 어떤 경영정보시스템에 관한 설명인가?

| 정보시스템을 이용하여 경쟁사보다 정보우위와 경쟁우위를 달성하는 자원으로서의 정보의 역할이 중요시되는 시스템이다. |
|---|

① TPS(transaction processing system)
② EIS(executive information system)
③ SIS(strategic information system)
④ DSS(decision support system).

40. 다음 (　　)에 알맞은 것은?

| 기업의 사명에 '혼'을 불어넣은 역할을 하는 (　　) 은/는 "기업이 미래에 달성하고자 하는 기업상" 이다. 즉, 미래에 기업이 달성하고자 하는 모습을 이미지화하여 앞으로 기업은 어떤 모습이어야 하며, 이를 위해서는 어떻게 해야 할 것인가에 대한 기업구성원의 공감대라고 할 수 있다. |
|---|

① 미션　　② 비전
③ 사업포트폴리오.　　④ 성장벡터.

**41. 조직의 라이프사이클을 형성기, 성장기, 중년기, 장년기로 구분할 때 다음 설명에 해당하는 것은?**

> 관료화에 따른 문제점이 발생하고 환경변화에 대한 적응력이 둔화된다. 이 단계는 다음과 같은 특징을 가진다.
> -기업번창 -규모확장 -통제시스템 - 업무전문화 -지원부서 신설 -권한위양 -유연성 감소 혁신성 감퇴

① 형성기　② 성장기
③ 중년기　④ 장년기

**42. 스포츠경영자원에 대한 설명으로 틀린 것은 알맞은 것은?**

① 스포츠경영에는 물적자원 뿐 아니라 인적자원도 필요하다.
② 오늘 날 급격한 환경변화로 인해 정보자원의 중요성이 커지고 있다.
③ 스포츠 경영자원이 충분히 확보된다면 자원에 대한 조정활동은 필요 없다.
④ 스포츠경영에서 자원은 제한적이기 때문에 효율적으로 관리해야 한다.

**43. 변혁적 리더십의 특성과 가장 거리가 먼 것은?**

① 카리스마(이상적 영향력).　② 영감적 동기부여
③ 성과에 대한 보상　④ 지적인 자극

**44. Porter의 본원적 경쟁전략 중 비용우위전략에서 비용의 차이를 발생시키는 요인과 가장 거리가 먼 것은?**

① 디자인의 차별화　② 적정규모의 설비
③ 학습 및 경험곡선효과　④ 경비에 대한 엄격한 통제

**45. 스포츠에 대한 수요는 소득효과와 대체효과로 인해 발생한다. 소득효과와 대체효과에 대한 설명으로 틀린 것은?**

① 소득효과는 소득이 늘어났므로 스포츠의 수요가 늘어나는 경우이다.
② 대체효과는 스포츠에 대한 수요가 일반제품에 대한 수요로 대체되는 경우이다.
③ 소득효과와 대체효과의 발생은 소비자의 내면적 심리상태에 의해 좌우되는 무차별곡선 형태에 따라 달라진다.
④ 소득수준이 향상된 후 스포츠에 대한 수요가 늘어나려면 대체효과가 소득효과보다 커야한다.

## 46. 스포츠조직의 인적자원에 대한 설명으로 틀린 것은?

① 인적자원은 자금이나 물자와 같은 물적자원과 함께 경영활동의 중요한 요소이며, 인적자원은 물적자원을 이용하여 경영활동을 이끌어가는 경영 주체로서의 성격을 가지고 있다.

② 인적자원관리는 필요한 인력을 확보하고 이들의 능력을 최대한 개발하여 조직의 목표를 달성하고, 아울러 개인의 성장과 발전을 위한 관리활동을 말한다.

③ 인적자원관리의 궁극적인 목표는 개인과 조직의 목표가 동시에 달성되는 방향으로 나아가는 이른바 목표의 통합에 있다고 할 수 있다.

④ 인적자원관리에서는 조직에 있어서 사람을 가치 있는 투자자산으로 보지 않고 반드시 관리하여야 할 비용요소로 인식한다.

## 47. 선수 에이전트 계약에 관한 설명으로 틀린 것은?

① 선수들은 에이전트의 제안내용에 대하여 수정제안을 요청 할 수 있다

② 선수에이전트간의 계약서에는 계약당사자와 계약기간이 명시되어있다

③ 에이전트가 선수로부터 받는 수수료의 책정방식은 정률제로 정해져 있다.

④ 에이전트가 선수에게 제공하는 서비스의 종류를 분명히 해야 한다.

## 48. 다음 Ansoft가 제시한 제품과 시장의 매트릭스 모델의 (　　)에 알맞은 것은?

| 제품 \ 시장 | 기존시장 | 신규시장 |
|---|---|---|
| 기존제품 | ㄱ | ㄴ |
| 신규제품 | ㄷ | 다각화 전략 |

① 시장침투전략-시장개발전략-제품개발전략

② 시장개발전략-시장침투전략-제품개발전략

③ 시장침투전략-제품개발전략-시장개발전략

④제품개발전략-시장개발전략-시장참투전략

## 49. A프로구단의 총자본이 600억 원이고 당기순이익이 150억이라면 총자본순이익률은?

① 4%. ② 15% ③ 20% ④ 25%

50. 다음 재무상태표의 항목을 토대로 계산한 자본은?

(단위 : 만원)

- 비유동자산 6000
- 유동자산 5000
- 유동부채 5000
- 비유동부채 2000

① 3000만원 ② 4000만원 ③ 5000만원 ④ 6000만원

## 제3과목 스포츠마케팅론

51. 다음 (　　)에 알맞은 스포츠마케팅의 핵심개념은?

( ㄱ 　　 )은(는) 처해진 사회상황에 의해 형상화되며, ( 　ㄴ )의 다음 단계이며, 적극적이고 긍정적인 것으로 소비행동을 촉발시키는 강한 갈망으로 이해된다. 즉, 한 개인이 스포츠 활동에 대한 ( 　ㄴ　 )을 느끼면서부터 (ㄱ　　 )의 발생이 시작된다.

① ㄱ : 욕구- ㄴ : 필요
② ㄱ : 필요- ㄴ : 교환
③ ㄱ : 수요 -ㄴ : 욕구
④ ㄱ : 교환 -ㄱ : 거래

52. 스포츠제품의 수명주기에 관한 설명으로 틀린 것은?

① 창조기는 제품에 대한 아이디어를 구상하고 연구개발을 하는 시기이다.
② 도입기는 제품이 처음 시장에 출시되는 시기이다
③ 성장기는 소비자들이 제품에 대해서 어느 정도 탐색을 마쳤기 때문에 판매가 급속히 증가하는 시기이다
④ 성숙기는 제품이 대부분의 잠재적 소비자에게 수용됨으로써 매출성장률이 둔화되는 시기이다.

53. 스포츠마케팅을 '스포츠의 마케팅(marketing of sport)과 스포츠를 이용한 마케팅(marketing through sport)으로 구분할 때, '스포츠의 마케팅' 주체와 가장 거리가 먼 것은?

① 선수
② 기업
③ 팀/구단
④ 스포츠조직

54. 프로스포츠구단에서 실시하는 마케팅 조사 및 활용분야와 가장 거리가 것은?

① 촉진전략
② 스포츠이벤트스폰서십 참여효과분석
③ 라이센싱/머천다이징 전략수립
④ 선수활용 효과

55. 스포츠 스폰서를 참여하는 유형에 다라 분류했을 때 그 성격이 다른 하나는?

① 공식스폰서
② 타이틀스폰서
③ 공식공급업체
④ 공식상품화권자

56. 국내외 기업들이 올림픽, 월드컵 등의 스포츠이벤트에 적극적으로 투자하는 이유와 가장 거리가 먼 것은?

① 스포츠가 지닌 긍정적인 이미지를 활용하기 위해서이다.
② 올림픽 및 월드컵 중계방송의 시청자에게 접근하기 위해서이다.
③ 기업이익을 사회에 환원하는 자선사업의 수단이기 때문이다.
④ 기업인지도 제고를 위한 유력한 수단이기 때문이다.

57. 다음 중 인과조사에 해당하는 것은?

① 스포츠용품 판매원을 대상으로 실시한 서비스 교육실시에 따른 고객만족도 변화조사
② 신제품에 대한 지역별 매출액 실태조사
③ 경쟁사의 스포츠제품과 당사의 스포츠제품의 선호도 비교조사
④ 우수 스포츠기업의 사례연구를 통한 성공요인조사

58. 스포츠마케팅조사를 위한 표본추출과정을 바르게 나열한 것은?

| | |
|---|---|
| ㄱ. 표본크기 결정 | ㄴ. 표본추출방법 결정 |
| ㄷ. 표본프레임 결정 | ㄹ. 표본추출 |
| ㅁ. 모집단 확정 | |

① ㄱ-ㄴ-ㄷ-ㄹ-ㅁ
② ㄱ-ㄴ-ㄷ-ㅁ-ㄹ
③ ㅁ-ㄷ-ㄴ-ㄱ-ㄹ
④ ㅁ-ㄱ-ㄷ-ㄴ-ㄹ

59. 스포츠마케팅조사에서 사용하는 측정의 수준과 가장 거리가 먼 것은?

① 서열측정　　② 명목측정
③ 등간측정　　④ 비교측정

60. 스포츠경기에 대한 만족도를 조사하기 위한 기술조사의 형태 중 성격이 다른 하나는?

① 패널조사　　② 추세조사
③ 코호트조사　　④ 사례조사

61. 스포츠 스폰서십의 효과측정 유형과 가장 거리I가 먼 것은?

① 스포츠경기 성적 측정
② 매체노출 측정
③ 소비자 태도 변화 측정
④ 스폰서십에 따른 매출액 변화 측정

62. 올림픽과 TV방송에 관한 설명으로 틀린 것은?

① 1936년 베를린 올림픽에서 처음으로 TV야외 중계방송을 시도하였다.
② IOC는 1960년 로마올림픽에서 처음으로 TV야외 중계방송을 시도하였다.
③ 1972년 뮌헨 올림픽에서 처음으로 컬러로 방송되었다
④ 1984년 LA올림픽에서 방송중계권프로그램은 LA올림픽을 흑자 올림픽으로 이끄는데 기여했으며, TOP프로그램의핵심적인 부분을 차지하고 있다.

63. 단일 세분시장전략이라고도하며, 전체시장에서 낮은 점유율을 추구하기 보다는 특정한 단일 세분시장에 주력하는 마케팅 전략은?

① 집중적 마케팅 전략　　② 차별적 마케팅 전략
③ 무차별 마케팅 전략　　④ 편익세분화 전략

64. 스포츠소비자 중심적 가격결정 요인에 해당하는 것은?

① 스포츠제품의 수요탄력성　　② 경쟁자의 스포츠제품가격
③ 스포츠제품의 생산원가　　④ 스포츠제품의 수명주기

65. 월드컵 TV 방송 프로그램의 구조에 관한 설명으로 틀린 것은?

① FIFA는 방송중계권료를 받는 대신 중계권을 제공한다.
② 방송사는 스폰서로부터 광고비를 받고 광고효과를 제공한다.
③ 공식스폰서는 FIFA에 비용을 지불하고 FIFA는 방송사에 공식스폰서의 광고계약을 한다.
④ 기업은 촉진효과를 기대하고 FIFA에 스폰서십 빙용을 지불한다.

66. 스포츠에이전트의 필요성과 가장 거리가 먼 것은?

① 에이전트는 선수로 하여금 운동에만 전념할 수 있게 하여 경기력 향상에 도움을 주기 때문에 필요하다.
② 에이전트는 선수들의 부족한 법률지식을 가르쳐 주기 때문에 필요하다.
③ 에이전트는 선수보증광고가치를 증진시켜 주기 때문에 필요하다
④ 에이전트는 선수의 이미지를 효과적으로 관리해 주기 때문에 필요하다.

67. 스포츠마케팅의 촉진에 관한 설명으로 틀린 것은?

① 촉진은 스포츠마케터가 다른 마케팅믹스요인에 대한 정보를 제공하여 소비자가 제품을 구매하도록 하는 마케팅전략이다.
② 촉진은 스포츠제품과 제품의 이미지를 소비자들에게 위치화 시키는 중요한 요인이다.
③ 촉진은 제품의 인지, 태도변화, 구매를 유도하는 마케팅 전략이다.
④ 특정제품의 촉진에 있어 광고, 홍보, 대인판매 그리고 판매촉진 중 가장 효과적인 촉진방법만을 활용해야 한다.

68.기존의 제품이나 프로그램을 수정이나 변형시키지 않고 기존 표적시장에서 소비자들의 참가를 증가시키려는 전략은?

① 시장침투 ② 프로그램 개발
③ 시장개발. ④ 프로그램 다각화.

69. 특정 프로구단이 평균관중이 가장 적은 요일의 관람권 가격을 20% 할인 판매하기로 했다면 이는 어떤 가격 정책에 속하는가?

① 원가지향 가격설정 ② 경쟁지향 가격설정
③ 차별 가격책정 ④ 표적 가격설정

70. 브랜드 자산이 기업의 가치에 주는 효과에 대한 설명으로 틀린 것은?

① 새로운 고객을 창출하거나 기존고객 확보에 도움이 된다.
② 상품가격을 낮춰줌으로써 매출이 늘어나는데 도움을 준다.
③ 브랜드에 대한 충성도를 강화시켜준다.
④ 경쟁자들에게 장벽이 되어 경쟁 우위를 제공한다.

71. 스포츠제품의 상표전략 중 계열확장에 관한 설명으로 옳은 것은?

① 기존의 상표명을 기존의 제품범주의 새로운 형태, 크기 등에 확대한다.
② 기존의 상표명을 새로운 제품범주로 확대한다.
③ 새로운 상표명을 새로운 제품범주에 도입한다.
④ 신제품 범주에 새로운 상표명을 부여한다.

72. 나이키, 아디다스, 노스페이스 등의 특정 스포츠기업이 자사의 제품이 경쟁사 제품들로부터 식별이되고 차별화되도록하기 위하여 사용하는 문자, 도형, 기호, 상징, 디자인, 색체 또는 이들의 조합을 의미하는 것은?

① 상표 ② 제품
③ 무형성 ④ 자산

73. 상표 등록된 재산권을 가지고 있는 개인 또는 단체가 타인에게 대가를 받고 그 재산권을 사용할 수 있도록 상업적 권리를 부여하는 계약을 뜻하는 용어는?

① 스폰서십 ② 공식후원
③ 상표특허 ④ 라이센싱

74. 스폰서가 아닌 기업들이 간접적인 표현을 통해 마치 공식스폰서 기업으로 착각을 일으켜 공식스폰서가 얻는 것과 같은 효과를 얻고자 하는 마케팅 활동은?

① 내부마케팅 ② TOP 프로그램
③ 관계마케팅 ④ 매복마케팅

## 제4과목 스포츠시설론

75. 다음 중 라이센싱의 기대효과에 대한 설명을 틀린 것은?

① 기업이 라이센싱 프로그램에 참여하는 가장 큰 이유는 라이센싱 수수료 수입을 증대시키는 것이다.
② 스포츠단체는 라이센싱 프로그램을 통해 더 많은 기업과 파트너 관계를 형성할 수 있다.
③ 기업이 라이센싱 프로그램에 참여하면, 자사의 브랜드 가치가 낮더라도 라이센서가 가진 높은 명성이나 신용에 편승하여 상업적 신용혜택을 얻을 수 있다.
④ 기업은 IOC와 FIFA와 같은 스포츠단체가 구축한 마케팅 채널을 이용할 수 있다.

76. 뉴 스포츠의 분류로 적합하지 않은?

① 수출형　　② 개량형
③ 개발형　　④ 수입형

77. 다음 중 체육시설업을 등록체육시설업과 신고체육시설업으로 구분할 때 다른 하나는?

① 골프장업　　② 스키장업.
③ 승마장업.　　④ 자동차경주장업.

78. 스포츠시설 입지의 고려요인과 가장 거리가 먼 것은?

① 소비자의 접근용이성　　② 조직구성원의 임파워먼트
③ 경쟁자의 위치　　④ 인력과 지역사회 발전정도

79. 요트장업의 시설기준으로 틀린 것은?

① 3척 이상의 요트를 갖추어야 한다.
② 요트를 안전하게 보관할 수 있는 계류장과 요트보관소를 각각 갖추어야 한다.
③ 긴급해난 구조용 선박 1척 이상 및 요트장을 조망할 수 있는 감시탑을 갖추어야 한다.
④ 요트 내에는 승선인원 수에 적정한 구명대를 갖추어야 한다.

80. 스포츠시설관리에 있어 사무전산화를 통해 얻는 효과와 가장 거리가 먼 것은?

① 독창성 ② 정확성
③ 신속성 ④ 경제성

81. 왕포아풀이라고도 부르며, 잎이 가늘고 연하여 한지형 잔디 중 가장 널리 이용되며 서늘한 가후에서 생육이 왕성하고 회복력이 빨라 골프장의 TEE에 라이그라스와 혼파하여 주로 시공하는 잔디 품종은?

① 켄터키 블루그라스 ② 크리핑 벤트그라스
③ 버뮤다그라스 ④ 금잔디(중지)

82. 참여스포츠시설의 운영방침 수립 시 유의해야 할 사항과 가장 거리가 먼 것은?

① 운영방침은 경영자 입장에서 수익을 고려하여 수립되어야 한다.
② 일부 이용자들의 전유물이 되지 않도록 해야 한다
③ 시설의 기능이 충분히 발휘될 수 있도록 해야 한다
④ 이용요금 및 이용시간이 이용자 중심에 맞도록 적절하여야한다.

83. 무도학원업자. 무도장업자의 준수사항에 대한 설명으로 틀린 것은?

① 공연이나 무대연주를 위한 시설을 설치할 수 없다(무도장업자만 해당함)
② 업소에서 주류를 판매하거나 제공할 수 없다.
③ 업소에서 음식물을 판매할 수 없으나 제공할 수는 있다
④ 업소에서 자동판매기기에 의한 음료수의 판매는 가능하다.

84. 손해보험에 가입한 등록체육시설업자는 손해보험 가입 사실을 증명하는 서류를 누구에게 제출해야하는가?

① 특별자치도지사 · 시장 · 군수 또는 구청장
② 문화체육관광부장관.
③ 대한체육회장.
④ 시 · 도지사

**85. 스포츠시설 사업이 지역발전에 미치는 간접효과와 가장 거리가 먼 것은?**

① 입장료 수입, 광고수입, 부대수입의 효과
② 지역민의 자긍심과 연결되는 상징적 효과
③ 개최도시에 생기는 새로운 역량인 사회정치적인 효과
④ 지역개발이 효과적으로 이루어지는 경제적인 효과

**86. 신고체육시설업의 회원모집 시기에 대한 설명으로 옳은 것은?**

① 해당 체육시설업의 시설설치 공사를 시작할 때 회원모집이 가능하다.
② 해당 체육시설업의 시설설치공사의 공정이 30%이상 TV 시청인구 수를 감안한 광고가치
③ 해당 체육시설업의 시설설치공사의 공정이 완료된 이후 회원모집이 가능하다
④ 해당 체육시설업의 신고를 한 이후회원모집이 가능하다.

**87. 체육시설의 설치 이용에 관한 법령상 생활체육시설에 대한 설명으로 틀린 것은?**

① 국가와 지방자치단체는 읍 면 동에 지역주민이 고루 이용할 수 있는 실내외체육시설을 생활체육시설로 설치 운영하여야 한다.
② 국가와 지방자치단체는 국민이 거주지와 가까운 곳에서 쉽게 이용할 수 있는 생활체육시설을 설치 운영하여야 한다.
③ 생활체육시설을 운영하는 국가와 지방자치단체는 장애인이 생활체육시설을 쉽게 이용할 수 있도록 시설이나 기구를 마련하는 등의 필요한 시책을 강구하여야 한다.
④ 생활체육시설의 사용을 촉진하기 위하여 그 사용료의 전부나 일부를 감면할 수 있다.

**88. 지역특성별 스포츠시설 설치 시 고려해야 할 사항이 아닌 것은?**

① 지역특성에 적합한 운동종목 선택
② 이용고객 예측에 따른 규모의 설정
③ 고정적인 가격책정으로 이용자의 신뢰 확보
④ 소비자의 이용시간대 및 선호 프로그램조사.

**89. 수영장업에 대한 안전 위생 기준으로 틀린 것은?**

① 수영조에서 동시이 수영할 수 있는 인원은 도약대의 높이 수심 수영조의 면적 및 수상안전시설의 구비 정도 등을 고려하여 특별자치도지사 시장 군수 또는 구청장이 정하는 인원을 초과하지 아니하도록 한다.

② 개장 중인 실외 수영장에는 ,의료법〉에 따른 간호사 도는 〈간호조무사 및 의료유사업자에 관한 규칙〉에 따른 간호조무사 1명 이상을 배치하여야 한다.

③ 수영조의 욕수는 1일 3회 이상 여과기를 통과하도록 하여야 한다.

④ 욕수의 조절, 침전물의 유무 및 사고의 유무를 확인하기 위하여 3시간 마다 수영조안의 수영자를 밖으로 나오도록 하고, 수영조를 점검하여야 함이 원칙이다.

**90. 다음 중 스포츠시설 소비자의 욕구와 해당시설이용 고객의 만족을 위해 고려해야 할 요소가 아닌 것은?**

① 공급자 위주의 가격 책정과 적용

② 이용 공간의 충분한 확보

③ 이용고객의 목적에 따FMS 프로그램 및 지도자 배치

④ 다양한 운동시설의 구비

**91. 다음 ( )에 알맞은 것은?**

| 체육시설의 설치 이용에 관한 법률상 체육시설업자 또는 사업계획의 승인을 받은 자는 회원을 모집할 수 있으며, 회원을 모집하려면 회원모집을 시작하는 날 ( )전까지 시 도지사, 시장 군수 또는 구청장에게 회원모집 계획서를 작성 제출하여야 한다. |
|---|

① 7일 ② 10일

③ 15일 ④ 30일

**92. 참여스포츠시설의 회원관리 프로그램 활용방안과 가장 거리가 먼 것은?**

① 신규 창출 고객 수 예측

② 판매촉진 및 마케팅 방향설정

③ 참가자의 시간대별 이용시간에 대한 분석

④ 매출에 대한 추이분석을 통해 경영 전략수립

93. FCB Grid 모델에서 엄격히 회원관리가 이루어지는 고가의 골프장회원권, 고가의 다기능 휘트니스기구 등이 해당하는 공간은?

① 저관여 / 감성공간 ② 저관여 / 이성공간
③ 고관여 / 감성공간 ④ 고관여 / 이성공간

94. 체육시설의 설치 이용에 관한 법규상 체육시설업의 공통기준으로써 제시된 등록체육시설업의 필수시설로 설치되어야 하는 것이 아닌 것은?(단, 다른 시설물과 공동으로 사용하는 경우는 고려하지 않는다)

① 수용인원에 적합한 주차장
② 수용인원에 적합한 관람석
③ 수용인원에 적합한 급수시설
④ 매표소, 사무실, 휴게실 등 해당 체육시설의 유지 관리에 필요한 시설

95. 체육시설업의 종류에 따른 체육지도자 배치기준으로 틀린 것은?

① 골프장업(골프코스 36홀 초과) : 2명 이상
② 스키장 업(슬로프 10면 이하) : 2명 이상
③ 빙상장업(빙판면적 3,000제곱미터 초과) : 2명이상
④ 빙상장업(빙판면적 3,000제곱미터 초과) : 2명이상.

96. 국내 프로스포츠 구단 중 구장명칭권 활용의 일환으로 익명부기권을 계약하여 사용한 최초의 구단은?

① 롯데 자이언츠 ② LG 트윈스
③ SK 와이번스 ④ FC 서울

97. 다음에 해당하는 체육시설 안전점검의 기준은?

| 체육시설의 이용자에게 위해 위험을 발생시킬 수 있는 수리가 가능한 요소가 있거나 시설물의 주요부재에 결함이 발생하여 긴급한 보수 보강이 필요한 상태 |
|---|

① 양호. ② 수리 필요
③ 이용제한 필요 ④ 사용중지 필요.

98. 공공 스포츠 시설 위탁 운영의 장점이 아닌  것은?

① 인건비 등 유지관리를 위한 경비가 절감될 수 있다.

② 행정기관 측의 시설운영 방안 등을 직접 주민에게 전하는데 수월하다.

③ 이른 아침, 야간, 휴일 개관 등 시설의 탄력적인 운영으로 시설설비의 효율적 운영을 할 수 있다.

④ 스포츠시설 운영으로 시설설비의 효율적 운영을 할 수 있다

99. 참여스포츠 산업의 환경변화에 대응하기 위해서 스포츠시설업체가 이미지 제고 및 변모를 시도하려고 할 때 우선적으로 중점을 두어야 할 활동으로 가장 적합한 것은?

① PR(Public Relation) 활동

② SP(Sales Promotion)활동

③ 내부 프로모션(Inter Promotion 활동

④ 스폰서십 유치 활동

100. 국내 프로야구 경기장 내 수입원과 가장 거리가 먼 것은?

① 입장수입.　　② 중계권 판매

③ 식음료 판매　　④ 기념품 판매

**4회 정답**

| | | | | | | | | | |
|---|---|---|---|---|---|---|---|---|---|
| 01. ❷ | 02. ❹ | 03. ❹ | 04. ❶ | 05. ❸ | 06. ❷ | 07. ❹ | 08. ❹ | 09. ❸ | 10. ❸ |
| 11. ❸ | 12. ❸ | 13. ❹ | 14. ❷ | 15. ❸ | 16. ❹ | 17. ❶ | 18. ❷ | 19. ❸ | 20. ❹ |
| 21. ❹ | 22. ❸ | 23. ❹ | 24. ❶ | 25. ❷ | 26. ❸ | 27. ❷ | 28. ❶ | 29. ❹ | 30. ❷ |
| 31. ❸ | 32. ❸ | 33. ❹ | 34. ❷ | 35. ❶ | 36. ❷ | 37. ❸ | 38. ❷ | 39. ❸ | 40. ❷ |
| 41. ❸ | 42. ❸ | 43. ❹ | 44. ❸ | 45. ❹ | 46. ❹ | 47. ❸ | 48. ❶ | 49. ❹ | 50. ❷ |
| 51. ❸ | 52. ❶ | 53. ❶ | 54. ❶ | 55. ❷ | 56. ❸ | 57. ❶ | 58. ❹ | 59. ❹ | 60. ❸ |
| 61. ❶ | 62. ❸ | 63. ❶ | 64. ❹ | 65. ❶ | 66. ❷ | 67. ❹ | 68. ❶ | 69. ❸ | 70. ❸ |
| 71. ❷ | 72. ❶ | 73. ❹ | 74. ❹ | 75. ❹ | 76. ❹ | 77. ❷ | 78. ❷ | 79. ❷ | 80. ❶ |
| 81. ❶ | 82. ❶ | 83. ❶ | 84. ❷ | 85. ❶ | 86. ❸ | 87. ❶ | 88. ❸ | 89. ❸ | 90. ❶ |
| 91. ❸ | 92. ❹ | 93. ❹ | 94. ❸ | 95. ❷ | 96. ❸ | 97. ❸ | 98. ❷ | 99. ❶ | 100. ❷ |

# 제 3 장 2차. 스포츠경영관리사 예상실기문제

### 01. 스포츠마케팅의 개념에 대하여 기술하시오.

**모범답안** 스포츠마케팅이란 교환과정을 통하여 스포츠 소비자들의 기대와 욕구를 충족시키기 위해 계획된 모든 행동으로 크게 두 분야로 구분되며, 스포츠제품과 서비스를 직접 소비자들에게 판매하는 스포츠의 마케팅과 다른 제품과 서비스의 촉진수단으로 스포츠를 이용하는 스포츠를 통한 마케팅 도구 스포츠마케팅.

### 02. 스포츠를 통한 마케팅의 영역 중 스폰서십(sponsorship)에 대하여 설명하시오.

**모범답안** 회사가 스포츠이벤트에 소요되는 전체비용 또는 상당비용을 지불하여 후원하는 행사명을 사용하거나 대회를 후원한다는 내용을 광고할 수 있는 권리.

### 03. 스포츠를 통한 마케팅의 영역 중 TV 중계권에 대하여 설명하시오.

**모범답안** 대회운영단체에 일정금액을 내고 경기를 방송하거나 TV 중계에 관한 모든 권한을 위임받아 일정금액을 받 고 방송중계권을 각 나라 방송사에 판매할 수 있는 권리.

### 04. 최근 기업은 유명 스포츠 선수와 스폰서십을 통해 마케팅효과를 내고 있다. 이런 기업이 스폰서십을 통하여 얻을 수 있는 이점 3가지를 쓰시오.(★)

**모범답안** 매체노출을 통한 인지도 제고, 기업이미지 제고, 판매증진 등의 효과를 기대할 수 있음(선수활용 스폰서십의 경우).

**〈참고〉**

→ (일반적 스폰서십의 효과)위의 내용과 더불어 법적규제로부터의 자유, 기술력 과시, 독점성을 활용한 판매 촉진효과, 조직구성원의 자긍심 고취 등을 기대할 수 있다.

## 05. 스포츠마케팅 프로모션 중 ATL과 BTL을 간략히 설명하고 장점과 단점을 각각 설명 하시오.(★)

모범답안

- 설명 : ATL(Above the line) : 4대 매체를 포함한 케이블 TV, 극장, 지하철, 버스 등 거의 모든 매체를 통한 마케팅 활동(push 전략과 매칭). 통합한 직접광고를 말한다.
- [장점] : 전통적인 광고매체를 중심으로 하나의 메시지를 다수의 소비자들에게 광고하는데 강력한 효력을 가지고 있다.

상품과 브랜드에 대해 소비자들에게 쉽고 빠르게 인식이 되는 장점

- [단점] : 상대적으로 많은 자원이 필요하며 각종 광고 제약이 심하고 빠른 피드백과 참여의 기회를 선호하 는 최근 소비자들에게는 다소 부적합 할 수 있다.
  비싼 광고료에 비해 과거처럼 소득이 크게 늘지 않는다.

- 설명 : BTL(Blow the line) : 고객이 직접 체험할 수 있도록 한 광고, 스포츠 이벤트, 전시, 협찬 행사, CRM, PPL, 구전 마케팅(pull 전략과 매칭). DM 광고[ direct mail advertising ] 우편을 통해 고객에게 광고를 전달하는 직접 광고의 하나

신한은행 서포터즈 정규리그 전경기, 플레이오프, 챔프전 홈경기  사인볼, 홈경기

- [장점] : 목표 소비자층을 세분화하고 소비자들의 능동적인 참여를 유도할 수 있으며, 상대적으로 다양한 커뮤니케이션이 가능하다.
- [단점] : 상대적으로 영역이 광범위하여 정형화하기 어렵다.

## 06. 최근 스폰서십의 비용 증가로 인해 매복마케팅이 증가하고 있다. 이때 매복마케팅의 개념과 방지방안 4가지를 쓰시오.(★)

모범답안 매복마케팅 개념 : 매복마케팅은 공식스폰서가 아닌 기업이 마치 공식스폰서인 것처럼 대중들을 현혹할 목적으로 스포츠이벤트와 결부시켜 촉진활동을 하는 것을 말한다.

- 방지 방안

사내교육 및 다양한 프로그램 개발
적극적인 홍브를 통한 대응 전략
교육을 통한 소비자 인지능력 향상을 위한 노력
주최 측과의 연계를 통한 사전 봉쇄
적발된 경우 거액의 벌금, 출전 자격 박탈
SNS에 홍보성 메시지를 올리는 것, 경기장 500m 이내 '이벤트 존'을 설정 그 곳에 단속반 파견
불법 광고물 차단, 브랜드 로고를 가린다.

앰부시 마케팅[ ambush marketing ]
게릴라 작전처럼 기습적으로 행해지며 교묘히 규제를 피해가는 마케팅 기법

앰부시(ambush)는 '매복'을 뜻하는 말로, 앰부시 마케팅이란 스포츠 이벤트에서 공식적인 후원업체가 아니면서도 광고 문구 등을 통해 올림픽과 관련이 있는 업체라는 인상을 주어 고객의 시선을 끌어 모으는 판촉전략.
1984년 LA 올림픽에서부터 부상하기 시작하였는데, 세계적 관심이 집중되는 올림픽 경기에서 기업이 노출되는 경우 마케팅의 파급효과가 엄청나기 때문이었다. 그러나 공식 스폰서가 되기 위해서 투입될 노력과 비용이 만만치 않으며, 선정되는 기업 또한 제한되어 있어 예산을 절감하면서도 간접적으로 마케팅 활동을 전개하기 위해 앰부시 마케팅이 활성화되었다.
앰부시 마케팅은 대개 행사 중계방송의 TV 광고를 구입하거나, 공식 스폰서인 것처럼 속이기 위해 개별 선수나 팀의 스폰서가 되는 방법을 쓴다. 올림픽이나 월드컵에서 대회 공식 로고나 마크, 휘장 등은 공식 후원사나 공식 파트너만 사용할 수 있기 때문에 공식 후원사나 파트너가 아닌 업체들은 갖가지 수단을 동원하여 올림픽이나 월드컵과 관련된 마케팅을 펼치게 된다.
올림픽에서 주로 벌이는 앰부시 마케팅의 유형으로는 광고 카피 내에 '올림픽', '국가대표선수단' 등의 용어 및 '휘장' 사용을 비롯해 각종 매체상의 '올림픽' 및 '대표선수단' 이벤트를 진행하는 등 다양하다. 또 다수 업체가 함께 국가대표선수단의 선전을 기원하는 공동광고도 역시 앰부시 마케팅의 한 유형이다.
월드컵 앰부시 마케팅의 대표적인 성공사례는 1998년 프랑스 월드컵에서의 '나이키(NIKE)' 사례를 들 수 있다. 프랑스 월드컵 기간 동안 나이키는 파리 시내 중심지에 대형 테마공원 'NIKE Park'를 설치하여 젊은이들에게 무료로 개방하는가 하면, 테마파크 안에 고객 참여형 오락물을 설치해 내국인과 관광객들에게 깊은 인상을 심어주었다. 또 한편으로 나이키 매장과 TV 매체에서 나이키가 지원하는 브라질 국가대표팀을 최대한 광고함으로써 월드컵 브랜드의 이미지를 고취시켰다. 결국 나이키와 축구, 월드컵을 연계한 효과적인 월드컵 마케팅을 통해 나이키는 많은 사람들에게 아디다스가 아닌 나이키를 월드컵의 공식 스폰서로 착각하게 만드는 성과를 거둘 수 있었다. 또 지난 2002년 한일 월드컵 때 SK텔레콤은 공식 스폰서로 지정된 KT를 제치고 '붉은 악마' 캠페인으로 마케팅 효과를 본 바 있다.

[네이버 지식백과] 앰부시 마케팅 [ambush marketing] (시사상식사전, 박문각)

**1. 매복마케팅(Ambush Marketing)의 정의**

매복 마케팅(Ambush Marketing)이란 공식 스폰서 또는 파트너가 아닌 경쟁업체나 기타 관련기업들이 해당규제와 기타 제반 법규 등을 교묘하게 피해 해당 국제행사 등을 자사의 브랜드나 제품과 연결 지어 저비용으로 마케팅 효과를 거양하도록 끼어들어 벌이는 합법적이지 못한 정정당당하지 못한 마케팅을 통칭합니다.
하지만 매복마케팅을 규제하여 처벌하려면 법규를 정식으로 위반해야 하는데 너무 교묘하게 법망을 빠져 나가기 때문에 사회통념 상의 법 위반에 해당되지 않는 경우가 태반인 것이 주지의 사실입니다.
치고 빠지는 기만행위로 fair-play정신에 위반되는 대표적인 광고 홍보행위라고도 할 수 있겠습니다.
올림픽 및 FIFA월드컵 대회 등 특히 대규모의 국제 스포츠행사에서 매복마케팅의 사례가 많이 등장합니다.
Ambush(매복, 잠복, 복병)란 단어는 원래 군대 용어로써 적의 눈을 피해 유리한 지형에 매복하는 행위를 뜻하며 경찰의 범죄 수사과정에서 범인색출을 위해 잠복하는 행위도 Ambush에 해당된다고 할 수 있겠습니다.
매복 마케팅은 행위 속성 상 '기생 마케팅'(Parasite Marketing) 또는 '해적 마케팅'(Piracy Marketing), 또는 '게릴라 마케팅'(Guerilla Marketing)이라고도 생각됩니다.
매복마케팅 방식의 광고행위를 자행하는 당사자들을 영어로 표현한다면, "Advertisers associating themselves with the Olympics without paying sponsorship dues"라고 정의할 수 있겠습니다.

## 2. 매복마케팅(Ambush Marketing)의 특징

1) 사전에 철저하고 치밀하게 계획되고 불손한 의도로 접근하여 활동
2) 비용은 경쟁관계에 있는 공식스폰서가 책정한 간접비용 수준으로 지출
3) 공식스폰서가 누리는 광고 및 홍보 효과를 상대적으로 약화시키려는 전략 구사
4) 자사의 홍보 및 광고 활동을 겸한 행위로써 특정제품의 판매촉진도 아울러 염두에 둠
5) 마케팅 전쟁에서 게릴라전을 연상시킴

## 3. 매복마케팅(Ambush Marketing)의 종류

1) '오륜'(Five Rings)'올림픽'(Olympics)이나 '올림픽 개최도시(Olympic Host City)'명칭을 사용하지 않고 올림픽을 연상시키는 기법과 테크닉을 이용한 광고 및 홍보 행위
2) 올림픽 경기장에 특정회사를 지칭하거나 암시하는 의류(상의, 하의, 머리띠, 모자 등)를 경기관람객들이 단체로 착용하고 함께 모여 관전하는 행위
3) Online Olympic video piracy(인터넷상에 올림픽 비디오 해적판/pirated video clips), 음반산업(the music industry/music copyrights), 불법 다운로드(illegal downloads)
4) 올림픽 경기장 인근 또는 관련행사장(live sites, medal plaza 등)근처에 매장 또는 홍보의 장(예; Nike Park) 마련하여 이목 집중행위
5) 올림픽 성화 봉송 루트 등에 게릴라 식 자사 및 특정 상품광고 노출행위
6) 올림픽 성화 봉송 장면 TV중계 시 해당 프로그램에 TV광고를 통한 올림픽연상 이미지 창출 행위
7) 올림픽개최국 거점공항에서 개최도시 및 베뉴 시티 도로 구간 입간판 광고 행위(사전 차단 가능)
8) 버스 등 공공 이용 교통수단에 부착하는 광고행위(사전 차단 가능) 등

## 4. 매복마케팅(Ambush Marketing) 사례

### 1) Vancouver 2010 동계올림픽 매복마케팅(광고) 사례(2)

(1) Subway미국식품업체의 사례 :

- IOC의 레스토랑 부문 스폰서(TOP Partner)인 McDonal's사와 미국 시장에서 치열한 경쟁업체인Subway란 기업은 미국출신 2008년 베이징올림픽 수영 영웅 Michael Phelps 금메달리스트를 상업광고에 등장시켜 매복마케팅의 진수를 보

여준 바 있습니다.

- 이 상업광고는 펠프스 선수가 지도상에 표기 된 "CAN"(Canada의 약칭)이란 단지 세 글자의 목적지(destination)인 눈으로 덮인 산, 즉 밴쿠버/휘슬러로 향해 수영하는 모습을 보여주면서 이렇게 마무리하였습니다. "그렇게 펠프스 선수는 이번 겨울에 모든 액션이 펼쳐지는 곳에 도달할 수 있는 것이다."(So he can get to where all the action is this winter.) 이 광고 카피에는 '밴쿠버'라든지 '올림픽'이란 명칭은 전혀 언급되고 있지 않았습니다.
(Subway업체의 광고 카피 '신선하게 드세요'/Eat fresh가 표기되어 있음)

(2) Verizon미국통신업체의 사례 :

- Verizon사는 밴쿠버2010 동계올림픽기간 중 논란이 된 상업광고행위를 자행하였다고 합니다.
- Verizon사는 자사광고를 통하여 스피드스케이팅 다관왕인 Bonnie Blair 동계올림픽 금메달리스트가 다른 한 명의 스피드스케이팅 선수와 함께 아이스링크 빙판(on thick ice)에서 시합을 하는 장면을 보여주면서 매복 마케팅에 해당되는 광고메시지를 사용 한 바 있습니다.
- 2012년까지USOC의 통신부문 공식 스폰서인 AT&T의 최대 라이벌 기업이기도 한 Verizon의 논란 성 상업광고내용을 살펴보면, 두 명의 빙상선수가 두터운 빙판 위(on thick ice)를 질주하고 있습니다. 그러면서 이렇게 묻습니다, "평범함을 벗어나 돋보이려면, 그리고 지상최고수준의 경기가 치러지는 곳에서 성공하려면 어떤 대가를 치러야 할까요?" (What does it take to stand out from the ordinary, to succeed in a place with the highest level of competition?)
- 이 문구에서 Verizon사가 경쟁업체인 AT&T를 암암리에 압도한다는 메시지와 함께 'a place with the highest level of competition'이란 표현으로 동계올림픽을 암시하였지만 '밴쿠버'라든지 '동계올림픽'이란 단어는 사용되지 아니한 교묘한 광고메시지였습니다
- 위에 열거 된 Subway나 Verizon 이란 기업은 올림픽대회자체의 스폰서가 아니었습니다.
- Verizon기업은 미국 빙상(an official sponsor of US Speed-skating )을 공식스폰서 하고 있었습니다.
- AT&T사 역시 런던2012올림픽까지 두루 USOC의 공식 통신관련 파트너(telecommunications partner)였지만 밴쿠버2010 동계올림픽 스폰서는 아니었습니다.

2) 2010년 남아공 FIFA월드컵대회 사례 :

- Anhaeuser-Busch맥주가 공식 맥주회사였는데, 36명의 여성들이 오렌지 색 브랜드의 네덜란드 맥주회사의 상표가 달린 옷을 착용하고 경기를 관전하다가 FIFA측의 제제로 경기장에서 쫓겨난 사례가 불법 광고행위사태로 인한 매복마케팅의 이슈로 보입니다.

## 5. 매복마케팅(Ambush Marketing)에 대한 대응 사례

- 당시 USOC는 성명서를 통해 몇 개 미국기업이 광고를 통해 2010밴쿠버 동계올림픽을 연상시키려는 광고메시지를 시도하는 이른바 '매복마케팅(Ambush

Marketing)"을 하고 있으며 USOC는 이에 대응하고 있다고 밝힌 바 있었습니다. "몇몇 미국기업들이 자기들 이윤추구에 몰두한 나머지 미국올림픽 대표선수들을 볼모로 내 세우고 또한 동계올림픽정신을 부당하게 이용하는 처사를 보고 있자니 실망스럽기 그지없다."고 Scott Blackmun 당시 신임 USOC CEO가 언급한 바 있습니다.

- 한편 라이벌 기업인 Subway와 치열한 매상 경쟁 중이며IOC의 레스토랑 스폰서격인 McDonald's사는 USOC측의 설득 및 제재시도(jawboning)조치를 달갑게 받아들였다고 합니다.

### 6. 밴쿠버 2010 매복마케팅(Ambush Marketing) 저지 법안 발효 사례

1) 관련 개정법안 통과

- Vancouver 2010동계올림픽을 위하여 당시 캐나다 수상이었던 Stephen Jarper는 2009년 10월7일 부로 개최도시인 Vancouver, Richmond 및 Whistler 3개 관할지역에 매복마케팅(Ambush Marketing)을 저지할 수 있도록 특별권한을 부여하는 법안(bill)을 발효시킨 바 있습니다.

2) 밴쿠버 주변 도로 봉쇄 및 불법 광고사인 철거조치

- 동 개정 법안에 힘입어 밴쿠버 조직위원회(VANCOG)로 하여금 올림픽 전용차선(Olympic lanes)확보를 위해 밴쿠버 올림픽선수촌 주변거리봉쇄(Vancouver street closures)권한을 허가해 줌으로 시민들은 선택적 우회도로를 이용해야 했습니다.(범칙금은 $10,000/캐나다 달러 부가)
- VANCOG의 거리봉쇄 발표에 따라 밴쿠버 시민들은 2010년 2월 한 달 동안 transit, walk, cycle, carpool 및 telecommute(장거리 통근)하는 불편을 감수한 것으로 알려졌습니다.
- 대부분의 도로봉쇄(most road closures)는 2010년 1월1일~3월1일이었지만 올림픽선수촌 및 주여 베뉴 밀접지역(the False Creek 제방/seawall)도로는 펜스 뒤를 우회하여 통행하도록 조치가 되었다고 합니다.
- 동 법안으로 인해 2010년 2월1일~3월31일까지는 권한을 위임 받은 조사관들(inspectors)이 개인 사유지(private property)를 출입할 수 있고 광고 사인문구 등을 철거할 수 있도록 허가해 주기도 하였습니다.

## 07. 스폰서의 스포츠 프로그램 후원의 이유를 설명하시오.

**모범답안** 스폰서로 참여하는 이유는 스포츠 프로그램의 형태에 따라 다양하겠지만 일반적인 참여로 인한 다음과 같은 기대효과를 바라기 때문에 후원한다.

- 기업의 스포츠 스폰서십 참여시 기대효과

매체노출을 통한 인지도 제고 이미지 제고
이미지 확대(법적 규제로부터의 회피수단)
기술력 과시
독점성을 이용한 판매촉진 효과
조직 구성원의 자긍심 고취

## 08. 스포츠 스폰서십 효과 중 관계마케팅의 측면을 설명하시오.

이미지 제고와 공중의 인지, 광고에 대한 긍정적인 태도, 환대기회

**모범답안** 관계마케팅(Relationship Marketing) : 마케팅관리자와 고객, 중간상, 공급업자들 상호간에 유대관계를 강화하여 장기적이고 신뢰할 수 있는 관계를 구축함으로써 기업의 수익을 증대시키는 목적의 마케팅을 의미한다. 기업역량의 효율적 배분과 활용을 위한 기업 중심의 전통적 의사결정은 정보기술의 발전과 정보의 양적, 질적 증대가 가속되며 고객 중심의 의사 결정으로 변화되었다. 또한 기업의 지속적 성장과 발전을 위해 신규고객의 유치뿐 아니라 기존 고객의 유지가 기업의 주요 관심사가 되었으며, 고객과의 관계를 통한 수익 유지와 확대가 중시되었는데 이러한 개념으로 등장한 것이 관계마케팅이다.

예를 들어, 항공사에서 고객들에게 마일리지를 제공한다거나 스포츠센터에서 장기우수고객에게 할인혜택을 제공하는 활동들은 결국 고객과의 장기적인 관계구축을 위한 마케팅활동이다. 스포츠 스폰서십이 관계마케팅에 있어 효과적인 방법으로 사용될 수 있는 이유는 스포츠가 소비자의 라이프스타일과 관련 있기 때문이다.

## 09. 스포츠조직의 구조에서 직위(Position)와 지위(Status)를 구분하여 설명하시오.

**모범답안** 직위란, 사회체제나 조직 속에서 어떤 개인이 담당해야 할 직무와 책임이 관련된 자리를 말한다. 그러나 지위란 위와 같은 자리에다 계층 서열적인 가치를 부여한 것을 말한다. 그러므로 직위라는 개념에는 조직속의 분업의 의미가 함축되며, 지위에는 서열의식이 포함된다. 조직구조는 사람들이 차지하는 직위와 지위들의 관계로서 이루어진다.

## 10. 스포츠 조직구조의 유형에 있어서 기계적 관료제 구조를 설명하시오.

**모범답안** 기계적 관료제 구조(Machine Bureaucracy)는 대규모 조직에서 흔히 볼 수 있으며 조직의 특성은 작업이 철저하게 세분되어 있고, 직업은 반복적으로 수행되며, 특히 핵심운영부에서 공식화의 정도가 매우 강한 것을 볼 수 있다. 또한 조직 전반적으로 많은 규칙과 규제가 존재하고 공식화된 커뮤니케이션 패턴을 보이고 있으며, 핵심운영부서의 작업 단위가 크고 그 기능에 따라 작업이 통합된다.

## 11. 스포츠산업의 특징에 대하여 기술하시오.

**모범답안** 복합적 산업 구조

공간과 입지조건의 중시 산업

시간소비형 산업

오락성이 중심개념 산업

감동과 건강지향 산업

## 12. 다음은 기업에서 신제품을 개발하기 위한 단계이다. A. B. C. D에 해당하는 단계를 쓰시오.(★)

| ( A ) → ( B ) → ( C ) → ( D ) → 포괄적 사업성분석 → 상품화 |
|---|

**모범답안** 기회포착 - 아이디어 창출 - 스크리닝 테스트 - 제품개발 - 포괄적 사업성분석 -상품화
* 스크리닝 테스트(screening test) : 선별검사

**〈참고〉**

신제품의 중요성은 몇 가지 측면에서 검토될 수 있다.

첫째, 많은 기업들의 상당한 매출액과 이익은 신제품과 관련된다.

둘째, 마케터들은 고객들의 새로운 열망에 부응하기 위하여 신제품 개발에 노력을 기울여야한다.

셋째, 자원과 노동력의 비용 상승으로 에너지 및 노동력 절약형 제품이 요구되면 환경에 대한 관심증대는 마케터로  하여금 환경영향을 고려한 신제품을 개발하도록 촉구한다.

## 13. 기업이 투자안의 가치를 평가하는데 있어서, 이용하는 경영기업 중 회수기간법이 갖는 단점 4가지를 쓰시오.(★)

**모범답안**

1. 회수기간 이후의 현금흐름을 무시한다.
2. 수익성을 정확하게 알 수 없다.
3. 화폐의 시간적 가치를 무시한다.
4. 가치의 가산원칙이 적용되지 않는다.

## 14. 참여스포츠산업에 대하여 설명하시오.

**모범답안** 참여 스포츠산업은 스포츠제조업과 스포츠시설업이 있다. 스포츠제조업은 스포츠 및 여가활동을 지원하는 관련 제품을 생산하는 산업 활동으로 스포츠유통업, 스포츠용품 대여업, 스포츠용품 수리업, 그리고 스포츠용품 연구개발업 등이 있다. 스포츠 시설업은 소비자에게 운동을 할 수 있는 시설과 공간을 제공하는 동시에 실질적인 운동기술의 교습과 새로운 운동프로그램을 제공하는 분야로 스포츠시설 운영업, 스포츠 교습 그리고 리조트 업 등이 있다.

## 15. 우리나라 스포츠시설업의 현황 및 특성에 대하여 기술하시오.

**모범답안** 생활체육시설은 지방자치단체에 의하여 설치, 관리되는 것이 대부분이나 그 재정적 원천은 국고와 기금에 의존하고 있다.

민간체육시설은 양극화되고 있으며, 종합체육시설과 골프연습장은 증가하는 반면 볼링장과 체력단련장. 에어로빅장 등 소규모 신고체육시설의 경우 시장과잉으로 감소추세를 보이고 있다.

경제발전에 따른 국민의 삶의 가치추구에 대한 다양한 추세는 향후 체육활동 참여

의 보편화를 수반하여 체육이 국민의 생활영역 중에서 중요한 위치를 차지할 것으로 예상되므로 지속적으로 정부와 민간자원에서 체육시설에 대한 투자확대가 요구되고 있다.

### 16. 스포츠소비자의 의사결정 영향요인 3가지를 설명하시오.

모범답안
1. 문화적 요인 : 문화, 하위문화 그리고 사회계층
2. 개인적 요인 : 준거집단, 가족 그리고 역할과 지위
3. 심리적 요인 : 동기부여, 지각, 학습 그리고 신념과 태도

### 17. 스포츠 제품의 특성에 대하여 설명하시오.

모범답안
- 주관성 : 개인에 따라 느껴지는 감동과 느낌이 다르다.
- 무형성 : 형태가 없고, 보이질 않아 기억 외에는 어떠한 것도 얻을 수 없다.
- 비분리성 : 생산과 동시에 소비가 일어난다.
- 이질성 : 항상 생산되는 제품의 품질이 일정하지 않다.
- 소멸성 : 판매되지 않은 제품과 서비스는 저장할 수 없다.
- 비예측성 : 누구도 경기의 결과를 예측할 수 없다.
- 연쇄성 : 각종 주변산업과 연계하여 발전 또는 쇠퇴한다.
- 쌍방향성 : 공급자와 수요자와의 상호 커뮤니케이션이 일어난다.
- 현장성 : 반드시 특정 장소, 시간, 참가자 모두가 함께 현장에서 공감과 공유를 한다.
- 사회 • 문화성 : 사회적 현상과 문화를 만들어낸다.

### 18. 스포츠 고객 중에서 관람형 소비자에 대하여 설명하시오.

모범답안 관람형 소비자는 스포츠경기를 관람하기 위해 티켓을 구매하여 경기장을 찾는 소비자들로 스포츠 관중을 의미한다.

관람형 소비자는 사용정도, 즉 관람 티켓 구매정도에 따라 그 유형을 나누어 볼 수 있다.

개량적으로 살펴보면 스포츠에 무관심한 소비자부터 가능한 한 모든 경기를 보고 싶어 하는 대량구매자까지 그 정도에 따라 구분 할 수 있다.

### 19. 라이센싱 사업에서 지적재산권을 가진 소유자에게 상표등록권 등을 획득한 사업자가 다음과 같은 1년의 기한을 정하여 대가 지불계약을 체결한 후, 연간 매출액이 2 억 원이면 결산시점에서 라이선시에게 추가로 지불해야 할 로열티는 얼마인가? (계산과정 포함)(★)

모범답안 매출액 2억 원의 10%를 사용료로 주어야 하기 때문에 2억 원 *0.1%안 2천만 원을 로열티로 지불하여야 한다. 하지만, 계약체결 시점 1천만 원을 선 지급 하였으므로, 2천만 원 - 1천만 원 + 1천만 원만 로열티로 추가 지급하면 된다.

-계산식
200,000,000원 *0.1 - 10,000,000원 = 10,000,000원

## 20. 다른 사업과 구별되는 스포츠산업의 특징 4가지를 쓰시오(★)

**모범답안** 1. 복합적 구조 산업
2. 공간입지 중시형
3. 시간소비형
4. 감동과 건강을 지향

## 21. 스포츠 시설업의 고객유치관리를 위하여 고려해야 할 사항을 성명하시오.

**모범답안** 스포츠 시설업의 대표적인 형태인 스포츠센터에서 고객유치를 위해 고려해야 할 사항은 스포츠 서비스업과 유사하다. 하지만 스포츠센터에서는 스포츠 관람의 영향 요소 외에 입지와 입소문 효과에 대한 특별한 고려가 필요하다. 무엇보다 입지 선정 후 그 주변지역을 이용하거나 거주자들의 특성을 파악하여 프로그램을 만드는 것이 현명하다.

## 22. 다음의 기회요인을 분석하여 주어진 기회매트릭스 빈칸을 완성하고 〈예시〉가 기회매트릭스 부분의 어느 영역에 해당하는지 쓰시오.

〈예시〉

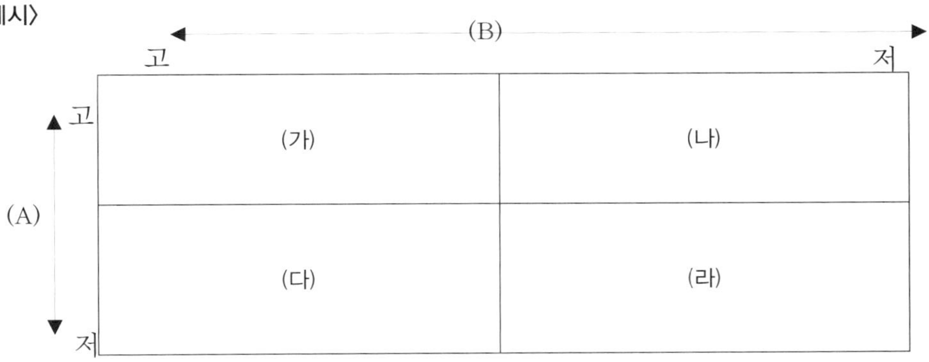


**모범답안** 제시된 내용은 기회 매트릭스에서 매력성이 높고, 상대적으로 성공가능성이 높다고 판단되어 새로운 리그를 출범하는 과정이므로(A) 매력성과 (B) 성공 가능성이 둘 다 높은 기회개트릭스로 (가)에 포지션 된다고 할 수 있다.

한국 여자 프로농구는 최근 참여스포츠 인구가 늘어남에 따라 그들을 위한 새로운 리그를 도입하기로 결정 하였다.

**〈참고〉**

SWOT 분석

### 기회 매트릭스

〈성공가능성〉

| 〈매력성〉 | 고 | 저 |
|---|---|---|
| 고 | 1 | 2 |
| 저 | 3 | 4 |

1. 기업은 좀 더 강한 조명 시스템을 개발한다.
2. 기업은 조명 시스템의 에너지 효율성을 측정하기 위한 방도를 개발한다.
3. 기업은 조명수준을 측정하기 위한 방법을 개발한다.
4. 기업은 TV 스튜디오의 담당자에게 조명의 기초와 기본이 되는 것을 알려주기 위해 소프트웨어 프로그램을 개발한다.

① 외적환경 분석(기회와 위협분석)

- 마케팅 기회는 기업이 구매자의 욕구를 충족시킴으로써 이익을 창출할 가능성이 높은 구매자의 욕구와 관심사의 영역
- 시장기회의 원천
  ⓐ 공급이 부족한 시장에 제품공급(마케팅 역량이 거의 요구되지 않음)
  ⓑ 새롭거나 우수한 방법으로 기존 제품이나 서비스를 공급(제품이나 서비스를 개선할 가능성을 발견하는 방법으로는 소비자의 제안 〈문제 탐색법〉, 제품이나 서비스에 대한 이상적인 변형 품을 생각하도록 요청 〈이상적인 탐구방법〉, 제품을 획득하고 사용하며 처분하는 단계를 게시하도록 요청 〈소비 체인법〉 등이 있다.
  ⓒ 전체적으로 신제품이나 서비스를 선호

- 시장 기회분석(Market Opportunity Analysis : MOA)
  ⓐ 기회와 관련된 이점을 정의된 표적시장에 납득이 가도록 분명하게 제시할 수 있는가?
  ⓑ 표적시장이 원가 효과적인 매체와 거래경로를 찾아내 접근할 수 있는가?
  ⓒ 기업이 고객 이적을 전달하는데 필요한 중요능력과 재원을 보유하고 있거나 소유할 수 있는가?
  ⓓ 기업은 실질적 또는 잠재적인 경쟁사보다 더 좋은 이점을 전달할 수 있는가?
  ⓔ 재무적 측변에서 기업이 요구하는 투자 수익률을 충족시킬 것인가? 초과할 것인가?

- 환경적 위협 : 방어적 마케팅활동이 취해지지 않고 있는 경우 그 기업의 판매나 이익을 잠식하는 바람직하지 못한 추세나 발전에 의해서 생기는 도전적 문제

② 내적환경 분석 (강점과 약점 분석)

- 사업단위가 현재 요구되는 강점을 가지고 있는지 파악 후 그러한 기회를 이용하는데 한계가 있는지 또는 새로운 강점을 발견하거나 개발하는데 더 좋은 기회를 고려해야 하는지 판단한다.

## 23. 스포츠광고의 유형 중에서 매스커뮤니케이션에 대하여 설명하시오.

**모범답안** 메시지나 정보의 전파 또는 확산과정에서 그 유통경로인 매체나 채널에는 일반적으로 크게 대인적 채널과 매스 미디어 채널의 두 가지 유형으로 분류한다.
대인적 채널은 주로 개인들의 입을 통한 정보의 유통경로를 말하며, 매스 미디어 채널이란 어떤 정보나 메시지 내용이 그 정보원으로부터 신문, 잡지, 라디오, tv 등의 매스 미디어를 통하여 다수의 분산된 대중에게로 전파될 때의 통로를 말한다.

## 24. 다음은 헬스장을 운영하기에 위해 앞서 A, B, C의 각 입지별 가중치를 계산하여 입지적 수를 구했을 때, 가장 적합한 입지요인은 어느 곳인지 쓰시오.(입지별 계산과정을 모두 쓰시오)(★)

| 입지요인 | 가중치 | A입지 | B입지 | C입지 |
|---|---|---|---|---|
| 시설물 지대 | 0.3 | 90 | 70 | 80 |
| 상권 형성 | 0.2 | 85 | 80 | 85 |
| 유동 및 거주인구 | 0.15 | 55 | 70 | 60 |
| 교통 환경 | 0.15 | 60 | 70 | 65 |
| 노동환경 | 0.1 | 70 | 65 | 50 |
| 지역사회 태도 | 0.1 | 50 | 70 | 50 |

**모범답안** A입지 : (0.3*90)+(0.2*85)+(0.15*55)+(0.15*60)+(0.1*70)+(0.1*50)=73.25
B입지 : (0.3*70)+(0.2*80)+(0.15*70)+(0.15*70)+(0.1*65)+(0.1*70)=71.50
C입지 : (0.3*80)+(0.2*85)+(0.15*60)+(0.15*65)+(0.1*50)+(0.1*50)=69.75
선수나 팀의 이미지를 기업과 제품의 이미지로 활용하기 위해 선수나 팀을 후원하여 그들의 자사제품을 경기 중에 착용하거나 사용하도록 하는 권리

## 25. 제품의 수명주기 중 성장기의 특징과 전략을 4가지만 쓰시오.(6점)

**모범답안** 성장기의 특징 : 성장기에는 제품이나 프로그램이 어느 정도 알려지게 되어 참가자의 수와 수입이 급증하게 되며 경쟁자가 진입한다. 성장기에 경쟁적 우위를 지키고 빠른 시장성장을 유지하기 위해서는 적절한 시장확대 전략을 개발해야 한다.

◈ 성장기의 전략

- 성장기에는 마케팅목표를 시장점유율 확대에 중점
- 제품의 품질개선 및 서비스향상, 품질보증의 도입
- 가격은 시장침투전략
- 일반 소비자 층의 인지도와 관심의 제고를 위한 광고전략

## 26. 스포츠를 통한 마케팅의 영역 중 라이센싱(licensing)에 대하여 설명하시오.

**모범답안** 라이센서(상표 등록된 재산권을 가지고 있는 자)가 보유하고 있는 특허, 기업비결, 노하우, 지식, 기술 공정 등 가치 있는 상업적 자산권의 일정한 영역을 라이센시(라이센서의 상표 등록된 재산권을 빌린자)에게 계약기간동안 양도하는 것을 말한다.

## 27. 스포츠를 통한 마케팅의 영역 중 머천다이징(merchandising)에 대하여 설명하시오.

**모범답안** 스포츠대회, 팀, 선수의 마스코트, 로고, 선수캐릭터 등을 활용해 기념품, 기타 제품을 만들어 판매할 수 있는 권리

## 28. 스포츠를 통한 마케팅의 영역 중 인도스먼트(endorsement)에 대하여 설명하시오.

**모범답안** 기업과 제품의 이미지를 향상시키기 위해 유명 선수를 촉진 도구로 활용해 그들을 자사 제품 광고나 홍보에 등장시키거나 제품을 직접 사용하도록 하는 것으로 기업이 유명선수의 우수한 경기력과 좋은 이미지와 같은 검증된 사실들을 자사나 자사상품으로 전이시키기 위한 마케팅방법.

## 29. BCG매트릭스에서 STAR사업부의 특징 4가지를 간략히 설명하고 주요 전략유형 2가지를 쓰시오(★)

**모범답안** 높은 시장성장률과 점유율로 인하여 강력한 경쟁적 위치확보, 기업의 향후 주력사업부분으로 성장, 많은 현금소지와 창출, 획득한 이윤은 시장점유율을 유지하는데 중점을 두고 재투자하는 성장기

- 투자(확대) 전략, 유지전략, 증대전략

## 30. 스포츠소비자의 행동에 영향을 주는 내적요인 중 학습의 개념에 대해 간략히 설명하고, 이 개념을 적용하여 프로야구에서 여성 관람자를 증가시킬 마케팅 전략을 기술하시오(★)

**모범답안** 시장에서 학습은 소비자가 새로운 정보에 접하여 과거의 신념을 새 자료에 맞춰 적응시키는 과정을 의미하고, 인지적 학습과 행동적 학습(시장경험)의 합이다. 인지적 학습은 소비자 스스로 정보처리 과정을 통해 이루어지고, 행동적 학습은 외부행동(매체)를 통해 소비자가 학습되어 지는 과정이다.

따라서 프로야구에서 여성 관람자를 증진시킬 마케팅 전략에 학습을 이용한다면, 시장경험을 증진시킬 수 있도록 다양한 매체를 통해 프로야구 경기 방식이나 구단

소개, 선수인지 등 프로야구에 대한 학습이 이루어질 수 있도록 먼저 노력한다. 그런 후에 인지적 학습을 위해 프로야구 소비를 위해 경기장에 왔을 경우에도 스스로 프로야구에 대한 정보처리를 할 수 있도록 동기부여를 지속적으로 해줌으로써 여성관중이 지속적으로 재관람 할 수 있도록 전략을 수립해야 할 것이다.

## 31. 스포츠마케팅의 필요성에 대하여 기술하시오.

모범답안

- 스포츠마케팅 전문가 양성의 필요성 : 스포츠상품은 매우 복잡한 변수를 지녔고, 스포츠시장 또한 전문적인 지식과 능력 없이는 도전하기 어렵다.
- 스포츠산업의 내부적 필요성 : 스포츠에 대한 관심 증대, 스포츠 활동 참여인구의 증가, 국내스포츠산업 시장의 확산
- 기업적 필요성 : 기업이미지 향상, 세계적 홍보, 타 광고와의 차별화, 다양한 노출효과 등으로 인해 스포츠마케팅을 필요하다.
- 국가적 필요성 : 국제적 스포츠이벤트는 국가의 위상제고, 국력과시, 국민통합, 국가경제 활성화 등에 기여하므로 국가적 관심사가 되었다.

## 32. 스포츠경영에 있어서 경영전략의 의의를 기술하시오.

모범답안

경영전략이란 기업의 성패를 좌우하는 것으로서 기업의 사업성, 즉 기술혁신, 응집력 있는 기업문화, 우수한 전략수행에 기여할 수 있는 기업 활동의 특성, 생산성, 능률, 수익성, 성장, 시장 점유율, 만족감 등을 결정하는 것이고, 경쟁전략이란 산업에서 우수한 경쟁지위를 확보하는 것이라고 볼 수 있다. 여기서 경쟁지위란 기업규모, 성장률, 세부시장 점유율, 고객충성도, 마진, 유통, 기술력, 지적소유권, 마케팅력, 탄력성, 조직구조 등을 말한다.

## 33. 스포츠경영에 있어서 본원적인 경쟁전략 중 차별화 전략에 대하여 설명하시오.

모범답안

차별화전략 : 소비자의 욕구를 만족시키기 위해 차별된 제품 및 서비스를 공급하거나 그 제품 및 서비스가 소비자에게 전달되는 차별된 방법을 고안해 내는 것을 말한다. 예) 제주도의 골프장은 골프장내 이동수단을 조랑말로 쓰기도 한다.

## 34. 스포츠시설의 경영자가 수요예측을 할 때 일반적으로 사용하는 방법 3가지와 그에 대해 간략히 설명하시오.

모범답안

- 요인평가법 : 평가요인들의 상대적 중요도에 따른 서열을 정하고, 가장 높은 점수를 얻은 경로대안 선택.
- 중력모델법 : 중력모형이 제시하는 기본원리는 두 도시의 공간적 상호작용의 견인력은 도시의 인구규모에 비례하며 두 도시간 거리의 제곱에 반비례한다는 것이다. 따라서 스포츠시설 간의 지역별 인구규모와 거리에 따라 예측하는 방법이다.
- 시간거리환산법 : 해당시설에 도착할 수 있는 경로를 시간과 거리로 측정하여 수요예측

## 35. 마이클포터가 주장한 시장의 경쟁요인 5가지를 쓰시오.

**모범답안** 공급자의 교섭력 / 구매자의 교섭력 / 기존경쟁자와의 경쟁 / 대체재의 위협 / 신규 진입자의 위협

## 36. 스포츠시설의 경영자가 소비자를 위한 고객관리의 개념과 서비스적 특징을 쓰시오.(★)

**모범답안** 고객관리란 개별고객과의 긴밀한 관계 관리와 각종 고객정보에 입각한 욕구분석을 통해 더 높은 고객만족을 실현하기 위해서 고객에 관한 정보를 수집하여 분류, 정리하고 가공·활용하는 일을 말한다.

서비스적 특징을 살펴보면 다음과 같다.

- 무형성 : 객관적으로 보이는 형태로 제시할 수 없고, 서비스를 받기 전까지 판단할 수 없다.
- 비분리성 : 스포츠서비스의 생산과정에 참여할 수 있고, 똑같은 서비스 제품을 만들어낼 수도 없으며, 대량생산이 불가능하다. 결과적으로 하나의 서비스 상품을 다양한 소비자가 동시에 소비한다고 할 수 있다.
- 이질성 : 무형의 스포츠제품을 생산하고 제공하는데 있어서 여러 가지 가변적인 요소가 많아 실제 기획했던 제품이나 내용과 달리 생산 및 운영 과정에서 고객에게 서비스가 다르게 전달되는 것을 의미한다.
- 소멸성 : 생산과 동시에 소비되기 때문에 결과적으로 잉여 서비스가 존재하지 않는다.

## 37. 스포츠조직구조의 구성요소에 대하여 설명하시오.

**모범답안** 조직화의 기본적인 변수들로서 복잡성, 공식화, 집권화가 가장 기본적인 요소이다. 그리고 통합이 부가적인 요소로 포함된다. 복잡성은 조직의 분화 정도에, 공식화는 직무의 표준화정도에, 집권화는 의사결정 권한 정도에, 그리고 통합은 분산된 조직활동의 조정 및 통합에 초점을 맞추고 있다.

## 38. 스포츠조직구조의 유형에 있어서 애드호크러시(Adhocracy)구조에 대하여 설명하시오.

**모범답안** 애드호크러시(Adhocracy)구조는 행동의 공식화가 전혀 요구되지 않는 유기적구조이고, 이 구조에서는 공식적 훈련에 근거한 고도의 수평적 직무 전문화가 이루어지며 전문가들을 기능 단위로 묶지만 실제과업의 수행은 시장중심의 프로젝트팀으로 이루어지는 경향을 보이고 있다.

**(보충설명)**

앨빈 토플러(학자)의 저서 "미래의 충격"에서 등장하는 말로 유기적·기능적·임시적 조직이라는 뜻을 가지고 있고, 제 2차 세계 대전 당시에 특수임무를 수행했던 애드혹 팀(adhoc team)이라고 불리던 기동 타격대(task force)에서 유래되었다.

애드혹 팀은 임무를 완수하면 일단 해체되었다가 다시 새로운 임무가 주어 질 때 재구성되는 특징이 있다.
따라서 일반적으로 애드호크러시를 '특별임시위원회' 라고 번역하기도 한다.
문제해결을 위해 다양한 전문지식 또는 기술을 가진 이질적 집단, 변화가 심하고 적응력이 강하며 임시적인 체제
특성 : 1. 구조가 복잡하지 않다. 2. 형식주의나 공식성에 얽매이지 않는다. 3. 의사결정권의 분권화

## 39. 홍보와 광고의 차이점에 대하여 말하시오.

모범답안 광고는 판매자가 자신의 상품을 고객에게 구매하도록 권유하는 적극적인 일련의 행동을 말하며, 홍보는 비상업적인 목적으로 고객에게 정보를 알려주는 행위 이다. 광고는 투입비용이 유료이며, 고객의 신뢰성이 낮은 대신에 기업 통제력이 높은 특징이 있으며, 반대로 홍보는 비용이 무료이며, 고객신뢰성이 높은 대신에 기업 통제력이 낮다는 특징을 지닌다.

## 40. 스포츠산업의 중요성에 대하여 설명하시오.

모범답안 첫째, 스포츠산업은 고부가가치 산업이라는 점에서 그 중요성이 부각된다.
둘째, 스포츠산업은 무한한 성장 잠재력을 가지고 있다는 점에서 그 중요성이 부각된다.
셋째, 스포츠산업은 미디어적 가치를 상당히 가지고 있다는 점에서 그 중요성이 부각된다.
넷째, 스포츠산업은 국민건강복지에 기여한다는 점에서 그 중요성이 부각된다.

따라서 선진국의 경우 현대사회에서는 단순히 보는 관람형태의 스포츠보다 직접 참여하는 생산과 소비가 결합된 참여스포츠에 대한 수요가 더 증가하고 있으며, 정부에서도 이러한 수요를 충족시키기 위하여 전 국민의 체력증진과 여가선용을 통한 복지확대에 체육정책의 궁극적인 목표를 두고 생활체육사업에 대한 적극적인 지원을 하고 있다.

## 41. 스포츠시설의 분류유형에 대하여 설명하시오.

모범답안
- 체육영역에 의한 분류 : 학교체육, 사회체육
- 주제에 의한 분류 : 실내시설, 실외시설, 야외시설
- 주체에 의한 분류 : 공공시설, 비영리시설, 영리시설
- 이용자의 연령에 의한 분류 : 어린이용, 청소년용, 성인용
- 이용자의 생활영역에 의한 분류 : 근린 생활권역 시설, 광역 생활권역 시설

## 42. 스포츠소비자 행동과 블랙박스이론에 대하여 설명하시오.

모범답안 블랙박스 이론은 소비시장에서 작용하는 여러 가지 요인들을 분석하고 다양한 기법을 활용하여도 결과로 나타나는 것은 소비자의 구매행위 뿐이지 의사결정 과정은 블랙박스와 같아서 투명하게 들여다 볼 수 없다는 이론이다.

**〈참고〉**
현대자동차가 촉진전략의 일환으로 2002 한 · 일 월드컵의 공식스폰서로 참여하여 대대적인 촉진활동을 할지라도
이러한 노력의 결과로 소비자들이 현대자동차를 구매했다고 단정 지을 수 없다. 왜냐하면, 고가의 자동차를 구매하는 소비자의 구매의사결정을 하기까지 고려하는 많은 요인들은 상호 복합적으로 작용하지 않기 때문이다. 마케터가 많은 노력을 투입한다 할지라도 결과로써 나타나는 것은 어떤 경로에 의해 구매의사 결정을 했는지 알 수 없는 소비자 반응뿐이다. 그래서 마케팅관리자들은 오랫동안 소비자행동을 파악하는데 있어서 블랙박스의 딜레마에 빠졌다.

## 43. 일반적으로 스포츠경기 입장권은 경기장 매표소에서 직접 구매를 했지만, 최근 소비자들이 직접 경기장에 오지 않더라도 인터넷을 이용하여 간편히 구매할 수 있게 되었다. 경기장 입장권을 다양한 유통경로를 통해 판매함으로써 얻을 수 있는 긍정적인 효과를 스포츠조직과 소비자의 측면으로 구분하여 각각 3 가지씩 설명하시오.

모범답안
- 스포츠조직 : 다양한 판매 유통채널을 통한 수익 확보, 인력 감소, 고객 불편 해소(편의 제공)
- 소비자 : 원하는 좌석 확보, 시간 절약(티켓 구매에 따른 편의), 매진 시에도 경기 관람 가능

## 44. 스포츠 조직이 투자안의 경제성과 타당성을 평가하기 위한 경영 기법이 갖추어야 할 4가지 조건을 말하시오.

모범답안
1. 측정된 모든 현금흐름이 고려되어야 한다.
2. 적절한 할인율을 사용하여 화폐의 시간가치를 반영하여야 한다.
3. 가치의 가산원칙에 따라야 한다.
4. 기업의 가치를 극대화할 수 있는 투자 안을 선택할 수 있어야 한다.

## 45. FIFA는 2006 독일월드컵 이후부터 후원사 체제를 개편하였다. 2010 남아공월드컵 후원사 프로그램에 적용된 방식에 대해 말하시오.

**모범답안** FIFA는 2006년 독일월드컵부터 후원사 체제를 전면 개편했다. 8년 계약을 기본으로 6개사의 '최고등급 FIFA 파트너', 그리고 8개사의 '월드컵 파트너'를 선정해 계약을 체결했다. 월드컵 파트너는 FIFA의 월드컵 대회에만 공식후원사로 참여할 수 있지만 최고등급 FIFA 파트너는 월드컵행사를 포함 FIFA가 주관하는 모든 대회 및 각종 행사의 공식후원사로 참여하게 된다. FIFA 파트너는 월드컵을 포함해 컨페더레이션스컵, 여자월드컵, 세계청소년선수권 대회(유스월드컵) 등 FIFA 가 주최하는 모든 대회의 공식 후원사로 참여할 수 있다. 현재 6개 최고등급 파트너는 현대. 기아차를 비롯하여 아디다스, 소니, 비자카드, 코카콜라, 아랍항공 등이다.

## 46. 노사관계관리 중에서 단체교섭에 대하여 기술하시오.

**모범답안** 단체교섭이란 선수들이 노동조건을 유지, 개선하기 위해서 단결하고 그 단결력을 최대로 발휘하여 노사가 대등한 입장에서 교섭하는 행위를 의미하며, 이러한 교섭의 결과를 협약으로 체결할 것을 목적으로 하는 것이다.

**〈참고〉**

일반적으로 선수노조와 리그 간의 전형적인 단체협약 내용에는 계약기간, 보상, 노동의 효용성, 개인적 직업의 권리, 협상 기간 중의 양측권리, 관리 시행방법 등이 포함되지만 프로스포츠의 단체계약은 리그마다 다양하다.

## 47. 스포츠의 경영전략 중 포트폴리오 전략을 설명하고, 그 특징과 대표적인 전략모형 2가지를 쓰시오.

**모범답안** 포트폴리오 전략은 경영전략계획의 일환으로 기업의 환경위험을 분석해서 이에 적용 가능하도록 기업 잠재능력의 개발을 위해 고안된 것이다.

**대표적인 전략모형**

- BCG 매트릭스 : 이 모형은 핵심적인 두 요소, 즉 시장성장률로 나타나는 시장매력도와 상대적 시장점유율로 나타나는 경쟁능력을 통해 각 사업단위가 포트폴리오에서 차지하는 위치를 파악, 기업의 현금흐름을 균형화하고자 하는데 그 의미가 있다.
- GE매트릭스 : GE매트릭스는 시장의 매력도와 경쟁적 지위에 대하여 각각 고, 중, 저 수준에 의해 격자로 표시하여 전략적 강, 약점을 나타낸다.

## 48. 사회체육프로그램 기획에 미치는 요인에 대하여 설명하시오.

**모범답안** 사회체육프로그램 기획자들은 수많은 변인들을 고려해야 한다. 개개인들이 성장하고 개발하도록 사회체육 전문가들은 이러한 요인들을 알고 이들이 어떻게 사회체육을 추구하는데 영향을 미치는지 이해하여야 한다. 이러한 몇몇 변인들에게 세대, 환경변인, 교육수준, 문화적 배경 등이 있다 (소득)

## 49. 스포츠 광고의 유형 중에서 공중 커뮤니케이션에 대해 설명하시오.

**모범답안** 특정인이 대규모 공중(대중)앞에서 커뮤니케이션 하는 것을 의미한다. 프로 스포츠 경기장의 장내아나운서가 경기진행과 관련하여 메시지를 전하는 행위는 공중커뮤니케이션에 해당한다. 이때의 피드백은 대인 커뮤니케이션이나 조직 커뮤니케이션에 비해 불명확하고 미묘하다. 특별한 대인판매인 경우나 경품행사를 할 때 공중커뮤니케이션을 활용한다.

## 50. 스포츠마케팅의 영역에 대하여 기술하시오.

**모범답안** 스포츠를 통한 마케팅(marketing through sports)은 일반기업이 스포츠와 관련된 대회 선수, 팀, 경기단체나 연맹 등에 현금 주식 등을 제공하고 그 대가로 그들의 자사 제품이나 브랜드의 이미지를 향상시키는 매개체로 활동하는 총체적인 활동이다. 즉 올림픽이나 월드컵 등과 같은 대형 국제스포츠의 방송중계권 삼성이나 FIFA 와 같은 기업의 스폰서십 그리고 박찬호나 박세리 같은 유명선수의 광고모델 기용이 여기에 속한다.

## 51. 스포츠 조직의 측면에서 커뮤니케이션 장애요인을 3가지 쓰시오(★)

**모범답안** 커뮤니케이션 장애요인

1) 개인적 차원 : 커뮤니케이션 스킬의 차이
2) 메시지 관련 차원 : 커뮤니케이션 양의 과다, 복잡성, 시간 제약
3) 조직적 차원 : 커뮤니케이션 내용 여과, 지체, 관료적 조직구조

**용어정리**

- 상동적 태도 : 사람을 하나의 독특한 특징만을 가지고서 평가하는 태도. 상동적 태도는 어떤 사람에 대한 전반적 지식 없이 특징에 의해서 평가하기 때문에 사람들에 대해서 나쁜 이미지를 만들어 낼 수 있는 편견의 일종이다
- 투사 : 주체가 자신 속에 존재하는 생각, 감정, 표상, 소망 등을 자신으로부터 떼어내 그것들을 외부 세계나 타인에게 이전시켜 그 곳에 존재하는 것처럼 만드는 심리적 작용을 말한다. 주체는 투사를 통해 형성된 것들을 마치 객관적으로 존재하는 것으로 믿는데, 프로이드는 특히 망상증과 같은 병리 현상, 그리고 미신이나 물활론과 같은 정상적인 사유 형태에도 투사 기제가 작용하고 있다고 본다. 좁은 의미에서 투사는 특히 주체가 거부하고 싶은 고통스러운 감정이나 생각을 자신의 외부로 밀어내는 원초적인 방어 형태를 의미한다.

커뮤니케이션의 7C : 신뢰성, 상황, 내용, 명확성, 계속성, 경로, 피전달자의 능력

## 52. 스폰서십의 형태 중 타이틀스폰서에 대하여 설명하시오.

**모범답안** 스폰서 하는 기업의 이름을 따는 형태로 이루어지며 독점권보다는 약하지만 강한 영향력을 가지게 되고 비용 또한 만만치 않다. 해외 마케팅전략의 하나로 한국 기

업들이 동남아시아나 동유럽 등 다소 한국기업에 대한 인지도가 낮은 지역에서 많이 사용하고 있는데 이는 스포츠라는 세계 공통분모를 통해 등질감과 친근감을 높이려는 노력으로 풀이 된다. 또한 국가별로 좋아하는 스포츠가 다양하므로 국가별 마케팅 차별화를 꾀할 수 있는 방법이기도 하다.

## 53. 스포츠경영에 있어서 비용우위 전략에 대하여 기술하시오.

**모범답안** 이는 전반적으로 비용우위를 목표로 여러 가지 기능의 방법들을 통하여 특정산업의 비용우위를 확보하는 것이다. 이를 위해서는 규모의 경제를 누릴 수 있는 설비를 갖추고, 경험효과를 통한 비용의 절감을 적극적으로 모색하며, 그밖에 비용과 총원가의 철저한 통제, 수지를 맞추기 어려운 거래의 회피, 연구개발이나 서비스, 판매요원, 광고 등의 분야에서 비용을 최소화 시키는 노력이 필요하다. 이러한 목표들을 달성시키고 경쟁기업과 비교하여 상대적인 비용우위를 확보하는 것은 경쟁전략에서 매우 중요한 과제이다. 물론 품질이나 서비스, 그 밖의 다른 분야들도 무시할 수 없다.

## 54. 스포츠 조직의 구조에서 권력(power)과 권위(authority)를 구분하여 설명하시오.

**모범답안**

- 권력 : 어떤 행위자 자신이 지시하는 명령이나 규범을 실행하기 위하여 타행위자를 유도하고 그에게 영향을 미치는 능력을 말한다.
- 권위 : 정당한 권력의 행사, 즉 조직화된 사회구조 내에서 그의 지위와 역할로 인하여 특정한 사람이 갖는 권력인 것이다. 권위는 어떤 사람의 지위에 따라 정당하게 무엇인가를 할 수 있는 권리임에 반해 권력은 무엇인가를 할 수 있는 능력, 즉 사실상의 영향력을 말하는 것이다.

## 55. 스포츠 시설의 경영자가 수요를 예측할 때 사용하는 경영기법 중 요인평가법, 중력모델법, 시간거리환산법에 대해 설명하시오.(★)

**모범답안**

- 요인 평가법에 의한 이용권역 분석 : 시설까지의 거리를 이용권역 분석에 활용
- 중력모형에 의한 이용권역 분석 : 뉴턴의 중력 작용 이론을 이용권역 분석에 활용
- 시간개념에 의한 이용권역 분석 : 거리 이동에 따른 교통수단별 평균 소요시간을 적용하여 이용권역을 분석하는 방법

## 56. 스포츠 조직구조의 유형에 있어서 사업부제 구조를 설명하시오.

**모범답안** 사업부제 구조는 조직이 제품이나 고객 또는 지역별로 분할되어 본사로부터 사업활동에 필요한 권한을 부여받아 이익 책임단위로서 각기 자율적으로 구매, 생산, 판매활동을 수행하는 사업부들로 구성된 분권적 조직으로서, 하나의 완전한 구조가 아니라 다른 구조에 하나의 구조를 겹쳐 넣은 구조라 할 수 있다.

## 57. 스포츠 조직의 활성화에 있어서 동기부여에 대하여 설명하시오.

**모범답안** 동기부여란 개인이 일정한 목표를 향하여 행동하도록 작용하는 심리적 과정이다. 다시 말하면 욕구를 만족시키기 위한 행동을 이끄는 내부적 과정이다. 따라서 동기부여는 욕구와 목표라는 변수를 중심으로 순환과정을 이룬다.

## 58. 우리나라 스포츠 산업의 발전시키는 사회적 배경에 대하여 기술하시오.

**모범답안** 첫째 : 국민소득 증대에 따라 삶의 질 향상에 대한 욕구가 증대되고 있다.
둘째 : 근로시간 단축에 따라 여유시간이 증대되고 있다.
셋째 : 핵가족화 및 생활가치관의 변화로 욕구가 증대되고 있다.
넷째 : 자동차 보유 대수의 증가와 교통수단의 발달로 활동 반경이 확대되고 있다.
다섯째 : 정보통신 기술의 발달로 스포츠 정보의 획득이 용이해졌다.

## 59. 구단 또는 스포츠조직이 경기장의 수익을 극대화하기 위한 PSL(Permanent Seat License)에 대해 말하시오.(★)

**모범답안** PSL(Personal seat license) : 경기장의 좌석을 개인에게 일정한 시즌이나 기간 동안 분양해서 임대하는 형식의 관중석이다.(개인좌석분양사업)

- 고급 관람석(Luxury suites)은 최소 12개 이상의 좌석과 음료를 제공하는 바와 치킨, 거실을 포함한다. 미국 프로야구 메이저리그의 고급 관람석은 연간 사용료가 12만 5000달러에 육박하며 5년 이상의 계약 기간으로 판매된다. PSL(Permanent or personal Seat License)은 시즌 티켓 구매자에게 특정 좌석을 지정해 정규시즌 동안 같은 자리에서 홈경기를 관람할 수 있게 해주는 티켓판매 방법이다. PSL은 새로운 경기장 건설을 위한 재정 확보에 매우 효과적이며 NFL의 캐롤라이나 팬더스(Carolina Panthers)는 PSL 판매를 통해 90만 달러의 수익을 창출해 총 공사비 248만 달러의 상당부분을 채웠다.
- 회원석(Club seats)에는 전용 서비스 직원과 다과, 음료, 특별 라운지 활용, VIP 주차와 경기장까지 귀빈 통로, 다른 경기 티켓 구매 등과 레스토랑이나 골프장 혹은 다른 경기장의 특별 서비스까지 포함되기도 한다. 회원석은 고급관람석을 구매할 능력이 부족한 소규모 기업체에 적합한 상품이며 고급 관람석과 유사한 판매 테크닉을 사용한다.
- 단체판매(Group sales)는 일반적으로 25명 이상이 경기나 이벤트에 참석하는 티켓 판매를 말한다. 사회교류는 단체 대상의 프로모션과 판매에 매우 중요한 요소다. 셔츠나 다른 경기 티켓 등은 새로운 고객을 확보하는 데 유익하며 전화 판매나 우편, 개인영업 등을 통해 판매할 수 있다.

입장권 판매 및 수입금 정산
1)입장권 판매
(1) 입장권의 종류
① 일반권 : 일반권, 시즌권, 단체권
② 특별권 :CLUB SEAT, SUIT, PLS(Permanent Seat License).

(2) 입장권 유통대행사

① 장점 :관중 데이터베이스 확보, 입장권 판매 소요비용 절감, 소비자의 접근성 향상 및 편리한 좌석 선택 등

② 단점 : 입장료가 원가 상승에 영향, 구단 통제력 약화 등

## 60. 국내 스포츠 환경을 SWOT 분석 기법으로 분석하고자 한다. 이때SWOT의 개념을 설명하고, 기회(O)가 될 수 있는 요인 3가지를 제시하시오.

**모범답안** SWOT는 강점(Strength), 약점(Weakness), 기회(Opportunity), 위협(Threat)의 머리글자를 모아 만든 단어로 경영전략을 수립하기 위한 분석도구이다. 내적환경을 분석하는 강점/약점 분석과 외적환경을 분석하는 기회/위협 분석으로 나누기도 하며 긍정적인 면을 보는 강점과 기회 그리고 그 반대로 위험을 불러오는 약점, 위협을 저울질하는 도구이다.

◈ **스포츠산업 SWOT 중 O(기회)**

◆ O(Opportunity)

- 스포츠 소비의 지속적 증가
- IT 산업의 발달
- 주 5일제 확산
- 뉴미디어시대 도래
- 국가 21C 유망 산업으로 선정

## 61. 간접참여 스포츠 산업에 대하여 설명하시오.

**모범답안** 간접참여 스포츠산업에는 관람스포츠산업과 스포츠 정보미디어산업이 있다. 관람스포츠산업은 아마추어 또는 프로의 형태로 각종 운동경기의 직접 혹은 간접관람 기회를 제고함으로써 고객에게 자기만족과 여가선용의 기회를 주는 산업분야이다.

## 62. 매체 스포츠소비자에 대하여 설명하시오.

**모범답안** 참여형태의 관점에서 매체스포츠 소비자는 TV, 라디오, 신문, 잡지 그리고 인터넷 등 각종 매체를 통해서 스포츠를 접하는 대중을 의미하는데, 간접스포츠소비자로 분류할 수 있다. 공중파나 케이블 TV를 통한 스포츠 프로그램 시청자들은 스포츠를 매개로 프로그램을 편성하는 방송국과 광고주의 입장에서는 중요한 매체수용자일 뿐만 아니라 스포츠단체에게 있어서는 스포츠를 이용한 마케팅의 중요한 간접스포츠소비자이다.

## 63. 스포츠 소비자의 구매행동 유형 중 저관여 구매행동에 대하여 설명하시오.

**모범답안** 저관여 구매행동은 지각된 위험이 낮은 상태에서 나타나는 구매행동이다. 즉 경제적, 사회적 그리고 심리적 위험이 없는 제품에 대한 구매의사결정이다. 저관여 구매행동은 복잡한 정보탐색을 요구하거나 또는 신중하게 대안평가를 하지 않아도 되는 제품들이라는 판단 때문에, 또한 소비자들이 시간과 노력을 기울이지 않아도 되는 제품들이라는 판단 때문에, 소비자들이 시간과 노력을 기울이지 않고 행하는 구매의사결정이다.

## 64. 참여형태에 따른 스포츠소비자를 3가지로 구분하고 각각에 대해 설명하시오.(★)

**모범답안** 스포츠소비자는 스포츠라는 상품 혹은 서비스, 그리고 스포츠 관련 제품을 구매하고 획득하는 개인이나 단체로 정의된다. 따라서 스포츠소비자는 다음과 같다.
참여스포츠소비자
관람스포츠참여자
스포츠용품소비자
**〈참고〉**

| 스포츠산업부문 | 스포츠소비자의 형태 | |
|---|---|---|
| | 스포츠의 마케팅 | 스포츠를 통한 마케팅 |
| 참여스포츠 | 스포츠 직접참여자<br>(1차/직접소비자) | 후원기업 |
| 관람스포츠 | 스포츠 간접참여자<br>(2차/간접소비자) | 후원기업/미디어 |
| 스포츠관련제품/<br>스포츠서비스지원 | 일반스포츠소비자<br>(3차/매체소비자) | - |

## 65. 스포츠마케팅에 있어서 관계마케팅에 대하여 설명하시오.

**모범답안** 관계마케팅이란, 교환의 창출을 위해 마케팅믹스를 투입하는 미시적 마케팅 영역을 확대하여 교환의 창출을 가능케 하는 하부구조의 정비를 목표로 그 주요수단으로서 관계의 개념을 도입한 마케팅으로 정의하고 있다.

## 66. 스포츠 고객유치관리에 있어서 관중동원의 영향요인을 설명하시오.

**모범답안** 관중유치에 있어서 가장 중요한 것은 경기관람에 영향을 주는 요인이 무엇인지를 아는 것이다. 관람의사결정에 영향을 주는 요소는 크게 7가지로 정리해 볼 수 있다.
1. 팬 동기요소

2. 게임의 매력
3. 경쟁요소
4. 경제적 요소
5. 인구통계 요소
6. 시설요소
7. 상황적 요소

## 67. 스포츠 시장을 세분화하기 위해 고려되어야 할 5가지를 쓰시오.(★)

**모범답안** 1) 측정가능성(Measurability) 2) 접근가능성(Accessibility)
3) 실체성(Substantiality) 4) 실행가능성(Actionability)
5) 적정규모 여부

## 68. 뉴 스포츠의 개념에 대하여 설명하시오.

**모범답안** 뉴 스포츠란 국제적으로 규칙이 통일된 기존의 스포츠와는 달리 규칙의 유연성과 게임의 간결성 등을 특징으로 하는 참가자 지향의 스포츠를 총칭하는 것은 물론 아직도 뉴 스포츠에 대한 명확한 개념을 정립하였다고 할 수 없으나, 게이트볼, 티볼 등이 그 대표적인 것이라 할 수 있다. 기존의 틀과 형식에 얽매이지 않고 행하는 새로운 형태이며 활동대상이나 지역의 특성에 맞도록 규칙을 변경할 수 있어, 누구나 간단하고 쉽게 즐길 수 있는 스포츠이다.

## 69. 스포츠 광고의 유형 중 조직 커뮤니케이션에 대하여 서술하시오.

**모범답안** 하나의 조직은 공동목표에 의해 하위 조직체계를 구축하고 있다. 하위 조직체계는 모두 서로 상호 관련된 하나의 목표를 가지고 있다. 하나의 최종목표를 달성하기 위해서 조직을 효율적으로 운영하는 것이므로 원활한 하위 조직체계는 공식적 커뮤니케이션과 비공식적 커뮤니케이션이 이루어진다. 그래서 피드백이 지연되거나 불완전하며 커뮤니케이션의 장애가 발생하는 경우가 있다.

## 70. 스포츠 광고의 유형중 개인커뮤니케이션에 대하여 설명하시오.

**모범답안** 개인 커뮤니케이션은 2명 이상의 작은 집단이 서로에게 영향을 끼치기 위해 대면적으로 상호작용하는 커뮤니케이션 체제이다. 즉각적인 피드백을 받고 그에 따라 즉시 메시지를 전달할 수 있다. 커뮤니케이션 결과를 즉시 파악할 수 있다는 장점이 있지만, 소비자와 일대 일로 접촉하기 때문에 많은 비용과 시간이 소요된다는 단점이 있다.

**71. 같은 제품에 대해 구입 시기나 고객 분류에 따라 탄력적으로 가격을 책정하는 정책은?**

**모범답안** 차별가격정책(가격 차별화정책)

〈참고〉

① 차별가격정책의 정의
차별가격정책은 어느 기업이 일정한 기준에 따라 동종의 제품가격을 조직적으로 차별화하는 방법이다. 차별가격은 판매비, 수요탄력성의 차이 등에 기인한다.

② 차별가격설정의 유형

**72. 스포츠 조직 인적자원 관리의 기능 중  채용기법의 내부채용 기법이 가지는 장. 단점을 각각 2가지씩 쓰시오.**

**모범답안**

- 사내모집(내부채용) 장점
  1. 인재 모집비용 절감
  2. 의욕 있는 인재 발굴 기회 제공
- 사내모집(내부채용) 단점
  1. 인력 편중현상 우려
  2. 광범위한 인재 발굴 기회 회피

**73. 스포츠 스폰서십을 제공하는 재화의 형태 및 주어지는 권리 또는 혜택에 따라 스폰서십의 유형이 분류된다. 재화에 따른 스포츠 스폰서십의 유형을 3가지 쓰고 각각에 대해 간략히 설명하시오.**

**모범답안**

- 공식스폰서(offical sponsor) : 기업이 재화나 서비스를 제공하고, 그 대가로 로고, 엠블럼 등을 마케팅에 이용할 수 있는 권리획득.
- 공식공급업체(offical supplier) : 기업이 필요한 물품, 서비스를 제공하고, 그 대가로 마케팅 권리 획득(예 : 나이키의 국가대표팀 유니폼 제공)
- 공식상품화권자(offical licensee) : 기업이 일정 금액을 납부하고, 로고, 엠블럼 등을 특정 제품의 마케팅에 이용할 수 있는 권리로 개최국 내에서만 사용이 가능

**74. 입장료가 5,000원. 경기장사용료가 입장수입의 25%를 내는 종목에서 경기장 이용료를 공재한 입장수입을 홈구단과 원정구단이 6 :4로 분배한다고 했을때, 10,000명이 입장 했다면 원정구단의 수입은 얼마인가?**

**모범답안** 15,000,000원

〈참고〉

1. 입장총수입 : 입장료5,000원 x 10,000명 = 50,000,000 원
2. 입장총수입 - 경기장사용료 = 50,000,000 - (50,000,000 x 0.25) = 37,500,000 원

-원정구단의 수입 = 37,500,000원 x 4/10 = 15,000,000 원

## 75. 국내 프로야구 입장수입 배분율에 대하여 설명하시오.

**모범답안** 국내 프로야구의 입장수입은 동원 관중수와 입장료가격에 비례하여 홈팀과 원정팀의 배분율에 따라 분배된다. 그리고 입장 수입은 체육진흥공단, 지방자치단체, 국세청 등과 홈팀 및 원정팀이 일정비율로 나누어 갖는다. 체육진흥공단은 입장수입의 5%를 체육진흥기금으로 부과 하며, 체육시설 사업소는 입장수입에서 체육진흥기금을 공제한 금액의 20~25%를 구장 사용료로 징수하고 있다.

국내 프로야구에서 총 입장수입 배분금액은 위의 체육진흥기금과 구장사용료를 공제한 금액을 홈팀과 원정팀이 72 :28의 비율로 분배한다.

## 76. 관람스포츠에서 핵심상품(제품)과 확장상품(제품)의 예를 들고 관중동원을 위해 관심을 기울여야 하는 이유를 쓰시오.

**모범답안** 핵심제품이란 소비자가 제품 구매를 통해 얻고자 하는 서비스, 이점 또는 편익(benefit)을 달한다. 즉 골프장을 찾는 골퍼는 "건강과 여가", 음료는 "갈증해소의 기능", 선크림은 "자외선 차단"을 위해 구매하는 것이다. 농구화에 있어서는 신발(운동화)이 추구하는 기본적인 편익, 즉 "발의 보호"를 위해 구매하는 것이다.

확장제품이란 유형제품에 대한 친절한 판매원 서비스, 할부판매, 고객서비스, 1년간의 품질보증 등의 여러 서비스가 부가된 것을 말한다. 최근 들어 기업들의 판매경쟁이 치열해지면서 이에 대한 대응방안으로 서비스의 차별화를 추구하고 있다. 일반적으로 운동화의 보증기간은 구입 일로부터 6개월인 경우가 많은데, 제품결함 등으로 인한 반품 또는 환불, 수리제도 등을 실시함으로써 확장제품에서 우위를 실현하려고 한다.

관람스포츠에서 관중동원을 위해 관심을 기울여야 하는 이유는 소비자가 핵심제품, 확장제품이 제공하는 편익과 가치를 얻기 위해 경기를 관람하기 때문이다.

## 77. 프로구단에 발생하는 주 수입원의 종류는?

**모범답안** 방송중계권, 스폰서십, 경기장 광고, 입장권 판매수입 및 좌석분양 수입, 라이센싱 수입, 경기장명칭사용권 등(때에 따라 매점운영구입, 주차료 수입도 포함가능)

## 78. 최근 개발된 경기장명칭사용권(naming right)은 무엇인가?

**모범답안** 경기장 명칭사용권이란 개인이나 단체가 소유하고 있는 경기장의 이름을 사용 할 수 있는 권리를 말한다. 최근에는 미국, 일본 등에서 경기장의 이름을 기업이나 스폰서에게 판매하는 사업이 성행하고 있는데 경기장명칭사용권을 구매하는 주체로는 주로 대기업들이며, 대기업에서 이를 거액으로 구입하는 이유는 매체노출효과 때문이라고 볼 수 있다.

## 79. 스포츠 스폰서십을 일반적으로 공식 스폰서와 공식공급업체로 구분할 때, 공식스폰서의 유형 3가지를 쓰고 각각에 대하여 간략히 설명하시오.

**모범답안** 1. 독점스폰서
독점스폰서는 경기이벤트나 팀과 관련된 스포츠상품의 모든 권리를 갖는 형태를 말하며, 독점권이 강한 만큼 비용이 크며 이벤트가 실패하거나 소비자들에게 좋지 않는 효과를 주게 되었을 때에는 그 피해 역시 독점기업에게 돌아오게 되므로 국내를 제외하고는 많이 사라지고 있는 방식이다.

2. 타이틀스폰서
주로 스폰서 하는 기업의 이름을 따는 형태로 이루어지며, 독점권보다는 약하지만 강한 영향력을 가지게 되고 비용 또한 만만치 않다.

3. 제품 부문 스폰서
제품별로 다수의 기업이 스폰서로 참여하는 형태로 올림픽, 장애인 올림픽 그리고 월드컵을 예로 들 수 있다.

## 80. 스포츠 시설의 관리 및 설치 목적에 따른 스포츠 시설의 분류는?

**모범답안** 공공 스포츠시설, 학교 스포츠시설, 직장 스포츠시설, 민간 스포츠시설

**〈참고〉**

1. 공공스포츠시설 : 국가. 지자체 또는 공공단체가 국민의 스포츠 활동에 제공하기 위하여 설치 및 운영하는 시설
2. 학교스포츠시설 : 국. 공. 사립의 가급학교 및 스포츠 활동을 위하여 설치 및 운영하는 시설
3. 직장스포츠시설 : 각종 직장에서 직장인 건강증진 및 여가선용 등 스포츠 활동에 이용하기 위하여 설치 및 운영하는 시설
4. 민간스포츠시설 : 체육단체.사회복지단체.종교단체.민간단체 또는 개인의 영리목적이 아닌 일반인의 스포츠 활동 또는 그 기관의 고유목적을 위하여 설치 및 운영 하는 모든 비영리스포츠시설과 개인, 영리단체 또는 기업에서 영리를 목적으로 설치 및 운영하는 모든 상업용 스포츠 시설

## 81. 스포츠 시설의 주체에 따른 스포츠 시설의 분류는?

**모범답안** 스포츠 시설의 주체에 따른 분류로 공공 스포츠시설과 민간 스포츠시설, 직장 스포츠시설과 학교 스포츠시설 그리고 혼합 스포츠시설로 구분된다.

1. 공공 스포츠시설
2. 학교 스포츠시설
3. 직장 스포츠시설
4. 민간 스포츠시설
5. 혼합 스포츠시설

**82. 스포츠마케팅(marketing of sports)은 스포츠를 직접 제품화 하여 판매하거나 서비스를 제공하는 활동이다. 스포츠마케팅의 4p's에 대해 설명하시오.**

모범답안
- 제품(product) : 스포츠와 관련된 조직에서 용품 및 서비스와 같은 무형의 제품을 포함한다.
- 가격(price) : 제품이나 서비스에 화폐액으로 표시되어 그 제품이나 서비스의 효용 또는 가치를 나타내는 것으로서, 구매자가 판매자에게 제품을 구입하거나 서비스를 받는 대가를 지불하는 가치이다.
- 유통(place) : 스포츠 용품 등을 도매상이나 소매상에게 전달하는 것을 말하며, 경기장이나 스포츠뿐만 아니라, 이와 관련한 입장권 판매경로와 방송네트 워크를 구축하는 것 등을 말한다.
- 촉진(promotion) : 표적시장의 고객이 스포츠 제품이나 스포츠 서비스를 구매하도록 언론홍보, 광고, 대인판매 등의 적절한 수단을 이용하여 제품에 대한 이미지나 특성을 고객들에게 전달하는 의사소통 수단을 말한다.

**83. 스포츠마케팅은 기업홍보에서 양적 측면뿐만 아니라 스포츠가 가진 긍정적 이미지는 기업의 이미지까지 동일시함으로써 이미지 향상 효과 면에서 최고의 광고 수단 중 하나라고 할 수 있다. 많은 기업들이 스포츠를 마케팅 도구로 활용하는 4가지 이유에 대해 설명 하시오.**

모범답안
1. 스포츠는 소비자들에게 긍정적인 기업이미지를 심어준다.
2. 소비자들에게 표면적으로 쉽게 다가설 수 있는 커뮤니케이션 도구이다.
3. 스포츠는 스폰서에게 미디어의 노출이라는 이중의 가치를 제공한다.
4. 스포츠는 문화적, 사회적 및 언어의 장벽을 뛰어넘어 세계에 전달할 수 있다.

**84. 스포츠 조직의 자금조달 방법 중에서 외부에서 직접금융을 통한 자금조달 방법을 3가지를 쓰시오.**

모범답안
1. 주식발행
2. 회사채 발행
3. 민자(민간이나 사기업 하는 투자)유치

**85. 다음〈보기〉는 스폰서십의 한 형태를 예를 들어 설명한 것이다. 〈보기〉에서 설명하는 스폰서십의 형태는 무엇인가?**

| 가장 일반적인 유형은 선수가 직접 광고하고자 하는 기업의 제품을 사용하는 장면을 제작하거나 선수의 유니폼 등에 상표를 부착하는 방법이다. 대표적인 예로 삼성의 박세리 선수에 대한 후원이나 KTF와 김미현 선수의 계약을 들 수 있다. |
|---|

모범답안 인도스먼트(endorsement)

## 86. Top(the olympic partner)스폰서는 현금, 용품, 서비스 및 용역 등 대회운영에 필요한 재정을 지원함으로써 성공적인 올림픽 개최에 크게 기여하고 있다. top스폰서에게 주어지는 혜택을 5가지 쓰시오

모범답안
1. 제품영역별 독점성 부여
2. 올림픽 오륜기와 명칭사용권
3. 공중관계 효과와 촉진이벤트 개최 기회 제공
4. 우선적인 광고 선택권과 전시관 활용권
5. 차기대회 스폰서 협상 우선권
6. 참여효과 평가서 활용
7. 올림픽 기록보관소 자료 활용
8. 동·하계 올림픽 경기의 입장식과 폐회식에 참석 및 의전 상의 혜택

## 87. 스포츠이벤트를 위해 외부지역으로부터 유입된 자금이 지역경제에 미치는 효과에 대해 설명하시오

모범답안 직접효과, 간접효과, 유발효과 등이 있다.

**〈참고〉**

- 직접효과 : 외부지역의 소비자들이 스포츠이벤트에 참여하여 직접 지출한 돈이 해당 지역에 직접적으로 영향을 미치는 것을 말한다.
- 간접효과 : 외지인들이 지출한 돈이 스포츠이벤트 지역 내에서 계속 순환하면서 발생하는 과정을 말한다.
- 유발효과 : 스포츠이벤트를 통해 벌어들인 지역의 근로자들 급여나 임금의 일부가 지역 내의 다른 사업을 통해 지역경제에 미치는 효과를 말한다.

## 88. 다음 빈칸에 알맞은 말을 제시하시오.

(a 상품위치화)는 마케터가 세분화한 여러 세분시장에서 목표시장을 선정한 후, 선정된 목표 시장 내 소비자들에게 자사의 상품이나 서비스의 위치를 고객들에게 확신 시켜주는 것이다.

(b 포지셔닝)은 시장 선정단계에서 발견해낸 목표시장의 영향을 받고 목표시장의 충분한 인지와 목표소비자들이 스포츠상품을 어떻게 생각하고 느끼는지에 대한 분석에서 시작된다. 또한 (b)는 모든 스포츠상품에 적용된다.

모범답안 a. 상품위치화 b. 포지셔닝

89. 프로농구단의 최고경영층에서 조직의 활성화를 위해 house가 주장한 리더십이론 중 경로-목표이론을 활용하려고 한다. 이때 적용할 수 있는 리더십의 유형을 2가지를 쓰고 각각에 대해 간략히 설명하시오 (4개 중에 2개를 써도 무방하다)

모범답안
- 지시적 티더십 : 리더는 구성원에게 기대하고 있는 것을 알려주고, 구체적으로 지시하며, 구성원의 질문에 답한다.
- 지원적 리더십 : 구성원의 복지와 안녕에 대해 관심을 보이고, 우호적 분위기 조성과 작업 집단의 만족을 위해 노력한다.
- 참여적 티더십 : 구성원에게 정보를 요구하고 그들의 아이디어를 공유할 것을 권유한다. 의사결정과정에서 구성원들의 의견이나 제안을 참작한다.
- 성취 지향적 리더십 : 리더는 결과 지향적이고, 도전적인 목표를 설정하며, 그 목표를 달성할 수 있는 구성원들의 능력에 대해 확신을 나타내 보인다. 목표달성에 대한 책임은 구성원들에게 있다.

90. BCG 모형에 따른 전략적 사업단위(SBU)전략이다. 각 전략의 유형을 제시하시오.

| 사업단위의 유형 | 주요전략 유형 |
|---|---|
| star | ( a ), ( b ) |
| cash cow | ( c ) |
| question mark | ( d), ( e ), ( f ) |
| dog | ( g ), ( h ) |

모범답안 ( a ) 유지전략, ( b ) 확대전략 ( c ) 유지전략 ( d) 확대전략,
( e ) 수확전략 , ( f )철수전략 ( g )수확전략, ( h ) 철수전략

91. 프로스포츠시장에서 팀 간 전력평준화는 해당 프로스포츠의 경쟁력을 강화하는 방안으로 인식되어왔다. 국내 프로 스포츠 뿐만 아니라 해외프로스포츠에서도 프로스포츠의 전략평준화를 위해 채택하고 있는 제도를 4가지 쓰시오.(★)

모범답안
1) 자유계약제도(free agent)
2) 연봉상한제(salary caps)
3) 드래프트제도(draft)
4) 수입배분(revenue shating)
5) 부유세(또는 사치세)-구단 선수들의 연봉 총액이 일정액을 초과할 경우, 초과한 금액에 대허 일정 세율의 세금 을 납부하도록 하는 제도
6) 용병제도

## 92. 스포츠 시설 경영자가 소비자의 참여 동기를 높이기 위한 방안에 대해 설명하시오.(★)

**모범답안** 동기부여(motivation)란 어떤 목적을 달성하기 위하여 특정 방향으로 개인이 행동하도록 유도하는 것이다. 스포츠시설 소비자의 참가동기를 높이기 위해서는 고객의 욕구에 맞는 스포츠 시설의 위치와 규모, 시설, 가격, 프로그램 등을 개발해야 하며, 고객의 동기를 유발하기 위한 스포츠 시설의 참가에 따른 긍정적인 정보를 제공하여야 한다. 더불어 스포츠 시설 소비자의 고객 불만 처리 등 사후 관리 프로그램 운영을 통하여 참가동기를 높여야 할 것이다.

**〈참고〉**

교환적 리더와 변혁적 리더의 차이

| 교환적 리더 | 변혁적 리더 |
|---|---|
| 하위자의 노력과 업적에 따른 보상과 칭찬 | 비전과 임무제시, 신뢰와 자긍심 유발 |
| 높은 성과에 따른 보상의 약속<br>하위자의 행동에 대한 감독, 관찰 및 시정 | 하위자들의 지혜, 합리성, 문제 해결력 등을 일깨움 |
| 책임전가, 중요의사 결정의 회비 | 개별 하위자에 대한 존중과 개별적 관심<br>목표의 이해, 동기부여를 통한 높은 기대, 영감 |

## 93. 조직구조의 유형 중 전문적 관료제의 특징을 설명하시오.

**모범답안** 활동이 표준화되고 안정적이어서 예측이 가능하지만 너무 복잡하므로 그것을 수행하는 전문가들로 구성된 핵심운영부가 주요부분으로 등장하며 이들은 오랜 훈련과 경험으로 표준화된 기술로써 과업을 조정하고 있고, 따라서 이들에게 많은 자율권이 주어져 있으며 전문가들이 수행하고 있는 복잡한 과업은 쉽게 공식화 할 수 없을 뿐만 아니라 행동계획, 성과 통제시스템 등에 의해서 표준화하기 어렵기 때문에 전문기술자 층의 역할이 미미할 수밖에 없다.

## 94. 인적자원에 대한 평가의 중요성을 3가지 쓰시오.(★)

**모범답안** 인적자원의 질 향상, 경력 설계의 기초, 유능한 직원이 되도록 관리, 인간관계 개선, 조직 행위의 출발점이라는 측면에서 중요하다.

## 95. 스포츠 상해를 2가지로 분류하여 제시하고 각각의 의미와 사례를 간략하게 말하시오.(★)

**모범답안** 스포츠 상해의 발생요인은 크게 내적요인과 외적요인으로 구분할 수 있다. 내적요인은 체력 및 기술부족, 주의 집중에 대한 부족, 준비운동 부족, 지나친 훈련으로 인한 피로누적, 불완전한 회복 훈련으로 인한 재부상 등 스포츠 참여자 자체로 인한 상해를 의미한다. 외적요인은 기구, 장비 또는 설비시설 등의 결함, 타선수의 반칙 또는 폭력행위, 계절 및 운동시간, 지도자의 무리한 요구 등 환경적 요소로 인한 상해를 의미한다.

## 96. 스포츠 조직에서 투자를 결정하는데 있어서 투자결정 기법의 종류를 3가지 쓰시오.(★)

모범답안 확실성하 : 회수기간법, 회계적 이익률법, 순현기법, 수익성 지수법, 내부 수익률법
불확실성하 : 위험조정 할인율법, 확실성 등가법

## 97. Backman과 Crompton이 주장한 스포츠 소비자 충성도 모형의 4가지 유형을 제시하고 간략히 설명하시오.(★)

| | | 심리적 저 | 심리적 고 |
|---|---|---|---|
| 행동적 | 저 | 낮은 충성도 | 잠재적 충성도 |
| | 고 | 가식적 충성도 | 높은 충성도 |

모범답안 Backman과 Crompton은 스포츠 활동 충성도 모형을 위의 그림과 같이 제시하며, 스포츠 소비자들을 충성도 유형에 따라 분류하였다. 소비자의 행동과 심리상태에 따라 낮은, 가시적, 잠재적, 그리고 높은 충성도로 나누었다. 가식적 충성도는 높은 관람율을 보이지만, 심리적 애착이 약한 상태를 의미하고, 잠재적 충성도는 강한 심리적 애착을 가지고 있지만, 제약요인으로 인하여 낮은 참가율을 보이고 있는 상태이다. 낮은 충성도는 심리적 애착도가 약할 뿐만 아니라 참가율도 낮은 소비자의 특성을 의미한다.

## 98. 스포츠경영자가 인적자원관리 패러다임 중에서 비판적 패러다임을 적용하는 이유를 말하시오. (★)

모범답안 비판적 패러다임
전통적 및 해석적 패러다임에 불충분한 면에서 시작(Max 비평적 이론가들에 의해 유래)
HRM(human resource management)의 부정적인 측면에 맞추어 통치, 부정, 고용인의 착취, 인종차별, 민족주의 , 물질남용 작업안전 등에 관한 논쟁을 다룸
나이키(제 3세계 노동력이용)/FIFA/IOC/NCAA/태권도협회/ 등등에 대한 부정, 성차별, 노동력 착취에 대한 문제

- 장점 : 총괄적이고 진보적인 대안 추구(힘의 불균형 시정)
- 단점 : 변화의 대안이 항상 명백하고 효과적이지는 않다(변화의 불확실성). 따라서 인적자원 관리에서 사용되는 비판적 패러다임은 스포츠경영자가 과거 해석적 패러다임의 한계인 조직문화의 변화가 어렵다는 점을 극복하여 진보적 대안을 추구하기 위해 사용한다.

**〈참고〉**
해석적 패러다임
인간 상호작용에 내재한 역동성 이해
조직 내의 문화에 대한 이해(선수조합, 구단주, 팬)
개인과 집단(조직 내의 충돌)의 충돌은 혁신과 창조를 가져옴
피고용인의 참여와 적응과의 변화(창의성, 업무의 위임)

- 장점
  인간 상호작용에 대한 관점(조직 문화의 중요성)
  혁신과 배움에 초점(고용자의 참여, 충돌과 변화 등)
  피고용인의 관점에서 바라봄(창의성, 업무의 위임)

- 단점
  조직 문화 변화의 어려움(기존의 가치와 신뢰의 변화의 한계)
  하나로 통합된 조직문화는 거의 없다는 것이다(조직통합의 문제)

## 99. 스포츠 소비자의 구매의사 결정은 연속적인 과정임과 동시에 시간경과에 따라 영향을 받는다. 스포츠 소비자의 구매의사 결정 5단계를 제시하시오.

**모범답안** 문제인식- 정보탐색- 대안의 평가 - 구매결정(구매행위)- 구매 후 평가

## 100. 고객을 동질의 욕구를 가진 집단으로 보고 마케팅을 벌이던 매스마케팅이 경쟁적인 환경변화, 즉, 소비자 중심 시장으로의 변화에 따라가지 못하게 되자 등장한 것이 바로 관계마케팅이다. 관계 마케팅의 효과에 대해 설명하시오.

**모범답안** 관계 마케팅은 기업이윤의 대부분은 결국 소수의 단골고객이 만들어 준다는 점에서 출발하였다. 기업이 많은 고객을 확보하기 위해선 그 만큼 마케팅 비용을 쓸 수 밖에 없다. 그러나 단골고객은 소액 투자만으로도 지속적인 매출은 일으켜 주는 것이다. 고정고객은 반복구매 뿐만 아니라 호의적 구전효과를 통해 새로운 광고효과를 창출케하고 기업의 판매비용을 절감 시켜 줌으로써 기업이익을 크게 증가시켜 준다.

101. 스포츠 스폰서십의 효과분석을 위하여 우선적으로 반드시 고려되어야 할 사항 3가지를 쓰시오.(★)

모범답안 첫째, 스폰서십 효과분석을 위해서는 다른 마케팅 기법의 동시 사용여부를 고려하여야 한다.
둘째, 통제 불가능한 환경요소를 고려하여야 한다.
셋째, 스폰서업체의 스폰서 목표를 고려하여야 한다.

102 보스턴 컨설팅 그룹이 시장에서의 성장률과 점유율이라는 두 차원을 활용하여 개발한 포트폴리오 전략인 BCG매트릭스에서 Cash Cow사업단위가 중요한 이유는 쓰시오 .(★)

모범답안 높은 시장점유율을 바탕으로 일정한 이윤의 획득으로 기업운영자금을 공급하는 역할을 하는 사업단위이기 때문에

103. 정부는 국내스포츠 기업의 경쟁적 강화의 일환으로 스포츠용품 인증 제도를 추진하고 있다. 스포츠 용품 인증제도 도입으로 기대하는 효과를 2가지 쓰시오.(★)

모범답안 스포츠 용품의 품질 향상, 경쟁력 강화, 스포츠용품 홍보를 위한 수단으로 활용가능

104. 스포츠 경영체에서 스포츠 프로그램 제작자의 역할에 대해 설명하시오

모범답안 스포츠 프로그램 제작자의 역할은 운동과 스포츠 활동을 실천하려는 사람들이 생활환경이나 신체 상태에 적절한 운동이나 스포츠 활동을 할 수 있도록 지도, 조언하는 것을 목적으로 한다. 그리고 지역주민들에게도 지도 조언을 하는 자원지도자(생활체육지도자 2급)와 주로 민간스포츠클럽 등 스포츠시설에서 지도 조언하고 트레이닝 등 기본적인 지도를 직업으로 하는 지도자(생활체육지도자 3급)로 구분된다. 이러한 스포츠 프로그램 제작자는 스포츠시설의 종사자 또는 봉사자들을 교육한다. 또한 이들은 프로그램준비 뿐만 아니라 프로그램을 존속시키는 역할을 하게 되는 사람들르 구성되어 있다.

105. PR 교육자인 Harlow(1976)는 500여개의 PR정의를 수집하여 PR의 개념적 특성을 제시하였다. 이를 6가지만 적으시오.

모범답안 의도성, 계획성, 실행성, 공중이익, 쌍방 커뮤니케이션, 경영기능

### 106. 스포츠 시설 광고에서 광고믹스 구성요소 4가지를 쓰시오.

모범답안 광고, 개인판매, 판매촉진, 홍보

### 107. 스포츠 스폰서십의 효과를 측정하는 방법 3가지만 제시하시오.

모범답안 1. 매체 노출량 측정(인지도) 2. 소비자 태도변화 측정.
3. 스폰서십에 따른 매출액의 변화 측정(판매촉진)

### 108. 승수분석을 통해 스포츠이벤트의 경제적 영향을 평가할 경우 고려해야 할 사항에 대해 4가지만 설명하시오.

모범답안
1. 매출승수, 소득승수, 고용승수가 분야별로 다르게 나타난다.
2. 승수를 계산하거나 사용하는 방식이 객관적이어야 한다.
3. 고용승수는 외부지역에서 온 관람객의 지출이 스포츠이벤트 개최 지역의 고용에 얼마나 영향을 미치는가를 측정한다.
4. 분석과정에서 한계편익 대신에 총 편익을 사용해서는 안 된다.
5. 스포츠이벤트의 경제적 효과를 분석하는데 있어서 지리적 경계가 분명해야 할 것이다
6. 기회비용을 감안해야 할 것이다.

### 109. SWOT시스템은 스포츠 팀을 위한 게임 혹은 전략기획이다. 다음 그림은 SWOT분석을 나타낸 것으로 ABCD에 해당하는 요소를 순서대로 써 넣으시오.

| | 긍정적 | 부정적 |
|---|---|---|
| 자신 | A | B |
| 환경 | C | D |

모범답안 강점, 약점, 기회, 위협

### 110. 스포츠경영전략에서 경영자의 의사결정의 수준과 범위에 따른 전략 중 기능별 전략에 대해 설명하시오

모범답안 기능수준에서는 경쟁우위를 유지하는데 필요한 재무 관리적 하부구조, 인적자원, 기술, 물류, 제조, 유통, 마케팅, 영업, 서비스 등에 있어서 필요한 기능을 개발하는 핵심적인 작업을 다루게 된다. 기능별 전략은 사업부 전략을 실행하기 쉽도록 각 기능조직 단위로 실행할 전략을 규정하고 구체화하는 것으로 개별 사업부 내에 있는 인사. R&D, 재무, 생산, 마케팅 등의 기능별 조직에서 제품기획, 영업활동, 자금조달 등 세부적인 수행방법을 결정한다.

**111. 오늘날 기업 간 경쟁이 격화되고 경영환경이 급변하고 있는 상황에서 성공적인 조직이 되기 위해서는 그 어느 때보다도 우수한 인적자원을 개발하고 육성하려는 노력이 절실해지고 있다. 인적자원계획의 과정 3단계를 제시하시오.**

모범답안 1단계 현재의 인적자원 평가
2단계 미래의 인적자원 수요예측
3단계 인적자원의 수요를 충족시키기 위한 프로그램

**112. 스포츠 소비자의 스포츠 참여의사결정에 영향을 미치는 내적요인 중에서 태도의 개념을 설명하고 전통적인 3가지 태도 모형을 예를 들어 설명하시오(정의, 태도모형)(★)**

모범답안 태도란 어떤 대상에 대하여 호의적 또는 비호의적으로 평가하고, 느끼고, 행동하려는 지속적인 경향을 의미한다.
전통적 태도 모형에서는 태도를 3가지 요소의 구성체로 정의한다.

- 인지적 요소 : 구체적 속성들에 의한 개인의 신념을 말한다. 여기서 신념이라 하는 것은 그것이 진리라는 것을 의미하지는 않는다. 단지 수용자 자신이 그렇다고 믿는 것을 신념이라 한다. 신념은 인간이 태어나면서부터 가지고 있는 것이 아니라, 이것은 사회화 과정과 학습과정을 통해서 형성되는 것이다. 따라서 수용자는 문화, 가정, 대중매체 등 다양한 정보원으로부터 정보를 획득하는 과정을 통해 여러 대상에 대한 신념을 형성하게 된다. 또한 신념은 개인적인 경험을 통해서 형성되기도 한다.
- 감정적 요소 : 대상에 대해서 수용자가 갖게 되는 전반적인 느낌을 말한다. 이때 이러한 감정적 반응들은 각 속성에 대한 신념들로부터 야기되는데, 간혹 개인적 및 상황적 요인으로부터 영향을 받기도 한다. 그러나 이러한 개인적인 차이에도 불구하고 동일 문화권내의 대부분의 사람들은 문화적 가치와 밀접하게 관련되는 신념들에 대해 유사한 반응을 나타내는 경향이 있다.
- 행동적 요소 : 대상물에 대해 수용자가 반응하려는 경향을 말한다. 따라서 광고에 대한 경우와 관련해 볼 때 광고를 보고 난 후 거기에 해당되는 상품을 구매하거나 구매할 의도를 갖게 되는 것, 또는 반대의 경향을 띄게 되는 것 등이 광고에 대한 태도의 행동적 요소이다.

**113. 스포츠 조직의 목표가 결정되면 이를 달성하기 위한 재정을 확보해야 한다. 직접금융을 통한 자금조달 방법 중 채권을 통한 방법을 설명하시오.**

모범답안 채권을 통한 자금조달은 주식에 비해 유동성이나 편리성 측면에서 매우 일반적이고 많은 자금을 조달할 수 있다는 장점을 가지고 있다. 채권은 발행기관에 따라 회사채나 국채로 나누어지는데, 스포츠 용품업체의 자금조달은 주로회사채를 이용하고, 반면 월드컵이나 올림픽과 같은 대형스포츠 이벤트에 필요한 자금은 주로 국채를 발행하여 자금을 유치한다.

**114. 시장세분화에 따른 세분시장을 선정하는 방법 중 마케팅의 개념과 예를 제시하고 그것들의 장단점을 각각 한가지 씩 쓰시오.(★)**

모범답안 세분시장에 따른 마케팅 전략은 비차별, 차별적 집중적 마케팅으로 구분 할 수 있다.

- 차별적 마케팅 : 여러 세분시장을 목표로 각각의 시장에 독특한 제품을 제공하는 전략
- 장단점 : 고객의 다양한 욕구를 충족시키는 과정에서 비용 증가의 단점이 있지만 다양한 고객의 요구를 들어 줄 수 있기 때문에 비차별적마케팅에 비해 매출액을 증대
- 예; 카페 " 민들레 영토"의 경우 시장의 전체 소비자를 주요타깃으로 설정하지 않고 20-30대의 젊은 층의 욕구에 맞는 차별적 마케팅 전략을 실시하였다. 스포츠의 경우, 여성 고객들을 위한 차별적 마케팅 전략을 실시하여, 프로야구 구단의 여성 관중을 위한 "여성관중 세 명 이상이 함께 경기장을 찾을 때 1인 무료 혹은 "여성관중 입장 시 응원도구 증정" 등의 마케팅 방법들이 있을 것이다.

**115. 스포츠 소비자의 분류는 시장을 세분화하기 위한 하나의 기본이 된다. 스포츠의 참여형태와 참여빈도에 따라 분류할 수 있는데, 스포츠 참여 형태에 따른 분류 3가지를 제시하시오.**

모범답안 참여스포츠소비자, 관람스포츠소비자, 매체스포츠소비자

**116. 미국 프로농구대회 NBA에서 관중 동원에 영향을 미치는 요소는, 상대팀이 어떤 팀인가? 슈퍼스타가 존재하는가? 그리고 팀의 현재순위 등이 영향을 미치는 것으로 나타났다. 스포츠에서 게임의 매력 성을 결정짓는 요소에 관하여 논하시오.**

모범답안 첫째, 대회의 규모가 클수록 매력적인 게임이 된다.
둘째, 상대팀이 라이벌 관계에 있을 때 더욱 매력적인 게임이 된다.
셋째, 참가하는 팀 성적이 좋을수록 매력적인 게임이 된다.
넷째, 매력적인 선수 즉, 슈퍼스타가 많이 참가할수록 매력적인 게임이 된다.
다섯째, 특별행사가 많이 있을수록 매력적인 게임이 된다.

**117. 스포츠 경영전략에서 경쟁상대의 경쟁우위 요소를 효과적으로 모방하기 위한 조건 4가지를 쓰시오.(★)**

모범답안 경쟁자가 어떠한 경쟁우위를 갖고 있는가를 파악할 수 있어야 한다.
경쟁우위를 모방하는데 필요한 진입비용이 크지 않아야 한다.
경쟁자의 전략을 분석하여 경쟁우위를 창출하는 방법을 이해하여야 한다.
경쟁자가 보유한 경쟁우위를 창출하는 경영자원을 획득하는 것이다.

118. 사회체육프로그램 기획자들은 수많은 변인들을 고려해야 한다. 개개인들이 성장하고 개발하도록 사회체육 전문가들은 이러한 요인을 알고 이들이 어떻게 사회체육을 추구하는데 영향을 미치는지 이해해야 한다. 프로그램을 기획할 때 영향을 미치는 4가지 변인은?

모범답안 세대, 교육수준, 환경변인, 문화

119. 스포츠시설 사업 홍보의 목표는 스포츠 시설 홍보의 목적을 보다 구체적으로 명시한 홍보의 활동지표이다. 스포츠 관련 조직체가 설정할 수 있는 홍보의 목표에 대하여 기술하시오

모범답안
1. 스포츠 조직체의 성격 및 업무상황을 공중에게 설명한다.
2. 스포츠관련 정책을 공중에게 알리고 정책에 대한 공중의 이해를 촉구한다.
3. 스포츠 정책 및 시행에 대한 공중의 비판에 적절하게 대응한다.
4. 스포츠에 대한 국민의식을 고취하고 스포츠를 통한 의식개혁의 행동요령을 확산시킨다.

120. 스포츠조직에서 커뮤니케이션 전략을 수립해야 되는 상황 2가지를 말하고 그 수립단계 4가지를 설명하시오. (★)상황 단계

모범답안 조직이 커뮤니케이션 전략을 수립해야 하는 2가지 상황은 첫째, 커뮤니케이션 장애현상이 현저하게 발생한 경우와 둘째, 조직이 나아가고자 하는 목적을 달성하기 위하여 종업원들을 설득할 커뮤니케이션 활동을 시행해야 할 때이다. 그리고 두 가지 어떤 상황이지든지 커뮤니케이션 전략은 종업원의 인식수준 분석, 장애요인 파악, 대응방안 개발과 실행, 결과 평가의 4가지 단계로 구성된다.

121. 스포츠를 통한 마케팅은 일반기업이 스포츠와 관련된 대회, 선수, 팀, 경기단체나 연맹 등에게 현금, 주식 등을 제공하고 그 대가로 그들의 자사제품이나 브랜드의 이미지를 향상시키는 매개체로 활용하는 총체적인 활동이다. 스포츠를 통한 마케팅의 세부영역을 설명하시오.

모범답안
- 스폰서십; 기업이 스포츠이벤트에 소용되는 전체비용 또는 상당비용을 지불하여 후원하는 행사명을 사용하거나 대회를 후원한다는 내용을 광고 할 수 있는 권리
- 라이센싱 ; 스포츠단체, 팀 또는 개인의 로고나 마스코트를 후원하는 기업의 상품에 부착하여 판매할 수 있는 권리
- 머천다이징; 스포츠 대회, 선수, 마스코트, 로고, 선수 캐릭터 등을 활용해 기념품, 기타 제품을 만들어 판매할 수  있는 권리
- 인도스먼트; 선수나 팀의 이미지를 기업과 제품이미지로 활용하기 위해 선수나

팀을 후원하여 그들의 자사제품을 경기 중에 착용하게 하거나 사용하도록 하는 권리

- TV중계권; 대회운영 단체에 일정금액을 지불하고 경기를 방송하거나 TV 중계에 관한 모든 권한을 위임받아 일정금액을 받고 방송중계권을 각 나라 방송사에 판매할 수 있는 권리

**122. 스폰서는 소비자에게 영향을 주고 강한 이미지를 부각시킬 필요성을 느끼기 때문에 단체 또는 개인을 후원하고 이에 대한 광고효과를 기대하게 된다. 스포츠 스폰서가 되면 생기는 이점에 대해 4가지를 설명하시오.**

**모범답안** 스폰서는 자신의 사회, 지역 혹은 국가를 위해 무엇인가를 하고 있다는 느낌을 가질 수 있다

광고효과를 얻어 자신의 서비스나 상품이 수요를 자극해 판매를 촉진시키는 결과를 낳는다고 느낀다.

스포츠 팀이 매체에 보도되고 알려질수록 스폰서는 스포츠 팀과 연대감을 형성한다.

일상적인 사업과는 또 다른 측면에서 경쟁기회를 갖는다.

**123. 다음 보기는 스폰서십의 3가지 효과 측면 중 무엇에 대한 설명인가?**

**모범답안** 한 고객이 맥도날드를 떠올렸을 때 친근함과 편리함이라는 긍정적인 이미지를 떠올리게 된다면 그 고객이 맥도날드를 이용하려는 의도가 증대 될 것이다. 그러나 만약 한 고객이 맥도날드를 두고 셀프서비스로 인한 이용의 불편함, 소음 등과 같은 부정적 이미지를 가지게 된다면 그 고객의 맥도날드를 이용하려는 의도는 감소할 것이다.

기업이미지전략

**124. 스포츠 소비자들의 특성에 따라 시장을 세분화하고 평가한 후에는 구분해 낸 세분시장 가운데에서 목표시장을 선정한다. 목표시장을 선정한 후에는 이 시장을 커버할 수 있는 전략을 모색해야 하는데, 대표적인 세 가지 전략을 제시하고 간략하게 설명하시오**

**모범답안**

- 비차별화전략 : 세분시장별 차이를 무시하고 전체시장을 목표시장으로 선택할 때 이용되는 전략이다.
- 차별화 전략 : 두 개 혹은 그 이상의 세분시장을 목표로 하되 동일한 마케팅전략을 사용 하는 것이 아니라 각각의 시장 특성에 적합한 상품이나 서비스를 선정해서 마케팅 프로그램을 전달하는 전략이다

- 집중화전략 : 특정세분 시장을 선택하는데 주로 이용된다. 기업이 소유하고 있는 자원이 제한되어 있을 경우 집중적으로 하나 혹은 몇 개의 세분시장에 초점을 맞추어 선택한 시장 내에서 높은 점유율을 확보하는 방법이다.

### 125. 모든 스포츠 시설이 공통적으로 준수해야 할 안전 위생기준 5가지를 쓰시오. (★)

모범답안 1. 체육시설 내에서는 이용자가 항상 이용질서를 유지하게 하여야 한다.
2. 이용자의 체육활동에 제공되거나 이용자의 안전을 위한 각종 시설 설비 장비 기구 등은 안전하게 정상적으로 이용될 수 있는 상태를 유지하도록 하여야 하며, 재난 및 안전관리 기본법 제3조 제1호에 따른 재난으로 인한 피해가 발생하지 않도록 노력하여야 한다.
3. 재난 및 안전관리 기본법 제3조 제1호에 따른 재난으로 인하여 이용자의 안전을 해칠 우려가 있다고 판단될 때에는 그 체육시설의 이용을 제한하여야 한다.
4. 체육시설업의 해당 종목의 특성을 고려하여 음주 등으로 정상적인 이용이 곤란하다고 판단될 때에는 음주자 등의 이용을 제한하여야 한다.
5. 체육시설의 정원을 추가하여 이용하게 해서는 안 된다.

### 126. 기업의 성장전략은 앤소프가 제시한 제품과 시장의 매트릭스 모델을 통해 4가지 유형으로 제시된다. 이중다각화 전략의 개념과 이전 전략의 3가지 형태를 설명하시오

모범답안 현재의 사업과 직접적인 관련이 없는 다른 분야에서 새로운 성장기회를 발견하는 전략으로 여기에는 3가지 형태가 있다.

- 신제품이 소구하는 소비자 집단이 기존제품의 소비자와 다르더라도, 새로 개발되는 신제품이 생산기술이나 마케팅 효율성에서 현재의 제품라인과 시너지 효과를 가질 수 있는 방향으로 선전하는 집중적 다각화이다.
- 현재의 제품계열과 기술적으로 관계가 없지만 현재의 고객에게 소구될 수 있는 신제품을 개발하는 수평적 다각화이다.
- 현재의 기술, 제품 및 시장과 관련이 없는 신사업을 개발하는 복합적 다각화이다.

### 127. 스포츠 소비자의 행동에 미치는 개인적인 영향요인 3가지를 쓰시오

모범답안 연령 및 패밀리 라이프스타일
라이프스타일
직업 및 소득 등 사회문화적 요인; 문화 및 하위문화, 사회계층, 준거집단, 가족

128. 조직구조의 구성 요소란 조직구조를 형성하는 핵심적인 차원이다 조직구조의 4가지 구성요소는 복잡성, 공식화, 집권화가 가장 기본적인 요소이고 부가적인 요소로 통합이 포함된다.

129. A 헬스장에서 한 달 회비를 50,000원에서 40,000원으로 인하하였더니 회원이 200명에서 400명으로 증가하였고 B헬스장도 한 달 회비를 50,000원에서 40,000원으로 인하하였더니 회원이 200명에서 600 명으로 증가하였다. 수요량의 변화 공식을 이용하여 각 헬스장의 수요의 변화율을 계산하고, 어느 헬스장의 수요가 더 탄력적인지 쓰시오(계산과정 기재 –A수영장의 수요변화율, B수영장의 수요변화율, 더 탄력적인 수영장) (★)

모범답안 수요의 가격탄력성 어떤 상품의 가격이 1%변화 할 때 그 상품의 수요량이 몇 % 변화하는가를 측정하는 척도이다

수요의 가격탄력성 = 수요량의 변화율/가격변화율
수요량의 변화분/원래의 수요량*100 / 가격의 변화분/원래의 가격*100

A수영장 ; (400-200)/200*100 / (10000/5000)*100 =100/20=5
B수영장 ; (600-200)/200*100 / (10000/5000)*100 =200/20=10
B수영장이 더 탄력적인 수영장이다.

130. 스포츠 소비자의 스포츠소비 의사결정과정 5단계를 말하고 이에 대하여 간략하게 설명하시오(★)

모범답안
- 문제의 인식 : 문제의 인식은 모든 형태의 의사결정과정의 첫 번째 단계로서 욕구 발생단계라고 한다.
- 정보탐색 : 소비자가 문제의 존재를 인식한 후의 단계는 정보탐색 및 평가로 진행된다.
- 대안의 평가 : 소비자는 내적탐색과 외적탐색을 거쳐서 수집된 정보를 바탕으로 여러 대안들을 평가한다.
- 구매결정(구매행위) : 구매를 한다.
- 구매 및 구매 후 평가; 소비자는 여러 대안들에 대한 비교 평가과정을 거쳐 최종적인 상표선택을 한다.

131. 미래의 사업에 대한 투자결정은 조직의 생존여부와 직결될 정도로 중요하다. 이 투자결정과정 4단계를 제시하시오. (★)

모범답안 투자대상검색, 각 투자대상의 현금흐름 추정, 각 투자대상의 현금흐름 타당성 평가, 투자 결정 및 재평가

132. Kotler와 Armstrong(2001)은 Assael(1987)의 구매행동유형을 수정하여 구매자의 관여도와 상표간 차이의 2차원적 소비자 구매의사결정 유형을 다음과 같이 제시하였다

| | 고관여 | 저관여 |
|---|---|---|
| 상표간 큰 차이 | A | B |
| 상표간 작은 차이 | C | D |

모범답안 복잡한 구매행동, 다양한 추구행동. 부조화 감소 구매행동, 습관적 구매행동

133. 스포츠시설 운영 중 안전사고의 발생 시 배상대상이 되는 사고를 설명하시오. (★)

모범답안 시설운영자(소유자, 관리자)의 법률위반으로 발생한 사고
시설운영자의 고의나 중대한 과실로 인하여 발생한 사고
선량한 관리자로서의 주의 의무를 게을리 하여 발생한 사고

134. 스포츠 참여의사결정 과정에서 정보탐색의 요소를 제시하고 이를 간략하게 설명하시오

모범답안

- 개인적 정보원 : 가족, 친구, 동료, 이웃 등이 있으며, 그들은 정보원을 믿는 경향이 있기 때문에 소비자들은 그들을 믿을 수 있다고 생각한다. 관람스포츠 상품소비를 위한 정보탐색에서 개인적 정보원은 매우 중요한 역할을 한다.
- 상업적 정보원 : 광고, 판매원, 진열과 전시, 포장, 유통기관 등이 있으며, 이러한 정보원은 전형적으로 소비자가 정보를 획득하기 위하여 많은 노력을 들이지 않도록 한다.
- 매체 정보원 : 전파매체, 인쇄매체, 통신매체 등이 있으며, 불특정 다수를 대상으로 정보를 제공하기 때문에 목표소비자만 골라서 메시지를 전달할 수 없고, 비용이 높다는 단점이 있기는 하나 단기간에 폭넓은 다수의 매체수용자에게 메시지를 전달 할 수 있다는 장점 때문에 스포츠제품에 대한 정보를 제공해 주는 중요한 정보원이다.

## 135. Gray(1996)의 스포츠 스폰서십 6P's를 간략히 설명하시오.

모범답안
- 플랫폼 ;스폰서십은 기업의 커뮤니케이션을 위한 발판과 경쟁사와의 차별화를 위한 기회를 제공
- 연합; 스포츠 단체와 기업이 상호이익 교환의 차원을 넘어서 동반자적 관계를 형성하는 것을 의미
- 편재; 어느 곳에나 존재하고 있음을 의미 스포츠 스폰서십은 소비자에게 자연스러우면서도 손쉽게 접근 할 수 있는 기회를 제공(예 월드컵, 올림픽은 대중매체에 의한 노출범위가 넓기 때문에 전 세계를 대상으로 기업을 쉽게 알림
- 선호; 스포츠 스폰서십은 상표인지도 향상과 상표 선호도 강화를 위한 하나의 수단역할을 함 - 대중의 스포츠에 대한 좋은 감정이 공식스폰서의 이미지로 전이
- 보호; 매복마케팅 방지프로그램(공식스폰서에 대한 보호 필요-공식스폰서가 기대하는 효과가 달성되어야 지속적인 스폰서십에 참가할 것이고 스폰서십 비용도 높아질 것이다.
- 구매; 경기장 및 각종 매체를 통해서 스폰서 상품의 인지도와 신뢰도를 높여 스폰서 상품의 구매촉발(기업이 스폰서십에 참여하는 이유는 스포츠이벤트의 자산을 활용, 자사상품의 판매증진에 기여).

## 136. 올림픽이나 월드컵 등의 스포츠경기에서는 관중의 역할과 의미가 크다. 스포츠 서비스업 고객유치관리에서 관중동원에 영향을 주는 7가지 요소를 제시하시오.

모범답안 팬의 동기요소, 게임의 매력, 경쟁요소, 경제적 요소, 인구통계학적요소, 상황적 요소.

## 137. 뉴스포츠란 국제적으로 규칙이 통일된 기존의 스포츠와는 달리 규칙의 유연성과 게임의 간결성 등을 특징으로 한다. 뉴스포츠를 3가지로 분류하여 설명하시오

모범답안 첫째, 비교적 최근에 외국으로부터 수입된 수입형 스포츠 - 스킨스쿠버, 윈드서핑, 제트스키
둘째, 기존의 스포츠를 부분적으로 수정 개량한 개량형 스포츠-족구, 티볼 등
셋째, 개인 또는 단체가 자체적으로 고안한 개발형 스포츠-그라운드 골프, 퍼팅골프, 무빙 바스켓 볼 등

## 138. 스포츠시설 기능 중에서 이용자에 대한 서비스 측면의 기능 3가지를 쓰시오 (★)

모범답안 시설대여 서비스, 프로그램 제공, 동호인 조직결성, 지도 서비스, 안내 및 상담 관련 서비스 등

## 139. 스포츠 조직에서 PR의 기능 5가지를 적으시오

**모범답안** 지역 사회와의 관계, 경영자와 직원 간의 관계, 이미지 제고, 조직이나 프로그램의 정보제공, 매체와의 관계

## 140. 프로스포츠의 관중유치를 위한 마케팅 전략을 마케팅 믹스 4P's에 입각하여 설명하시오 (★)

**모범답안** 프로스포츠의 관중 유입을 위한 마케팅 전략 4p's는 제품, 가격, 유통, 촉진전략으로 설명할 수 있다.

◈ 제품전략
- 우수한 경기내용을 위한 스타플레이어의 영입 및 활용
- 관중을 위한 경기 스타일의 적용과 개발
- 경기장 시설의 개 · 보수

◈ 가격전략
- 관중 유입을 위한 다양한 가격전략을 실시
- 여성 관중을 위한 가격할인 가격전략
- 유소년 및 가족을 위한 가격전략
- 단체 관람객을 위한 가격 전략 등을 실시

◈ 유통전략
- 입장권 구입 편의를 위한 적절한 예매처 선정
- 홈페이지를 이용한 티켓 구매
- 적절한 위탁 판매업체의 선정
- 관중이 참여 할 수 있는 이벤트 개최

## 141. 스포츠 시설 광고는 잠재고객에게 해당 조직이나 제품 또는 서비스에 관한 정보를 전달하기 위한 홍보•의사소통의 수단이다, 스포츠 시설 광고에서 광고유형 중 공중커뮤니케이션에 대해 논하시오.

**모범답안** 특정인이 대규모의 공중(대중)앞에서 커뮤니케이션 하는 것을 의미한다. 프로스포츠 경기장의 장내 아나운서가 경기진행과 관련하여 전하는 행위는 공중 커뮤니케이션에 해당하며, 이때의 피드백은 대인 커뮤니케이션이나 조직 커뮤니케이션에 비해 불명확하고 미묘하다. 특정한 대인판매인 경우나 경품행사를 할 때 공중 커뮤니케이션을 활용한다.

## 142. 스포츠상품의 수명주기 중 도입기, 성장기, 성숙기의 특징을 각각 마케팅 전략 측면에서 설명하시오(★)

모범답안 ◈ 도입기

- 기본적인 형태의 제품이 생산되며 판매가 완만히 일어나 초기비용이 많이 들어가 적자상태가 유지되는 기간이다.
- 수요가 적어 생산량도 적고 제품의 원가도 늘고 경쟁도 적다.
- 제품을 널리 인지시키고 판매를 늘리는 것이 마케팅의 전략적 목표가 된다.
- 광고의 주된 대상은 혁신 소비자이며 이들을 통한 구전효과를 기대한다.

◈ 성장기

- 수요가 급속히 늘어나 이익이 발생하기 시작하고 성장기 말에 최대 이익이 실현되는 경우가 많다.
- 경쟁제품이 나타나고 모방제품, 신기능이 추가된 개량제품이 나타난다.
- 마케팅 목표는 브랜드를 강화하고 차별화를 통해 시장점유율을 확대하는 것이다.

◈ 성숙기

- 수요의 신장이 멈추게 된다.
- 생산능력은 포화상태가 되고 이익은 절정을 지나 감소하게 된다.
- 마케팅 목표는 경쟁우위를 유지하고 브랜드 재활성화를 통하여 수요를 늘리는 것이다.

## 143. 스포츠 상해의 일반적인 구급처치법에 대하여 설명하시오.

모범답안

- 안정 : 상처부위는 되도록 움직이지 않도록 하고 경우에 따라서는 고정시킨다.
- 냉각 : 다친 후 48시간이 경과할 때 까지는 냉찜질을 실시하여 통증을 완화시킨다.
- 압박 : 상처를 압박하여 붓는 것을 방지한다. 이 때 너무 오랫동안 강하게 압박하지 않도록 주의한다.
- 환부높임 : 상처부위를 심장의 위치보다 높게 하면 출혈을 멈추는데 도움이 되며 부은 것도 줄일 수 있다.

## 144. 스포츠조직에서 구성원의 역량과 성과에 따라 평가를 실시한다. 대인평가의 긍정적인 기능 3가지를 쓰시오.(★)

모범답안

- 인적자원의 질을 향상시키는 계기가 된다.
- 구성원들의 인간관계 개선에 도움을 줄 수 있다.
- 구성원들의 성과향상에 동기부여가 될 수 있다.

## 145. 미디어가 스포츠에 미치는 영향을 설명하시오.

**모범답안** 미디어가 스포츠에 미치는 긍정적인 영향은 경기력 향상에 이바지하고, 재정적 지원을 하며 스포츠를 더욱 재미있게 만든다. 또 스포츠의 올바른 발전 방향을 제시하고 아울러 선수와 팬들에게 교육적 내용을 전파한다. 한편 부정적인 영향은 스포츠에 대한 부당한 간섭을 하는 것과 미디어의 취향에 맞게 스포츠를 변형시키기도 하고, 지나친 상업주의로 스포츠의 이미지를 손상시키기도 한다.

◈ 긍정적 영향
- 스포츠 발전에 기여
- 경기력 향상에 이바지

◈ 재정적 지원
- 스포츠의 올바른 발전 방향 제시
- 선수와 팬들에게 교육적 내용전파

◈ 부정적
- 스포츠에 대해 부당한 간섭
- 미디어 취향에 맞게 스포츠를 변형
- 지나친 상업주의

## 146. 스포츠와 미디어의 관계는 서로 보완하는 기능을 갖고 있다. 각각의 기능을 설명하시오.

**모범답안** 스포츠와 미디어는 상호 깊은 관련이 있다. 스포츠는 콘텐츠를 제공하여 미디어의 판매를 증대시키고, 광고 수익을 올리며, 미디어 인지도를 상승시킨다. 상대적으로 미디어는 스포츠에 재정적 지원을 하며, 스포츠 활동을 촉진시키고, 스포츠에 대한 인식을 제고시키며, 스포츠의 기술발전을 지원한다.

## 147. 월드컵 올림픽 등 세계적 스포츠이벤트 개최에 따라 국내에서 지상파 방송국 간에 sbs의 단독 중계 결정으로 논란이 많았다. 스포츠 이벤트에서 방송중계권이 특정 방송에게 독점될 경우 예상되는 문제점을 기술하시오.

**모범답안** 스포츠의 가치훼손, 스포츠 시청 권리의 침해, 스포츠 중계의 투기화, 빈곤층의 소외감 형성

보편적 접근권이라고 해서 국민적 관심이 높은 스포츠이벤트에 대해 지상파의 중계권을 보장하는 권리를 영국 등 유럽 여러 나라가 채택하고 있다.

**148. 프로스포츠 경기의 방송중계는 대부분 3각 구조를 형성하고 있다. 3각 구조의 주체 3가지를 쓰시오**

모범답안 방송국, 스포츠단체, 광고주 스포츠 경기의 방송중계에서 4각 구조 이때는 에이전트를 포함한다.

**149. TV의 스포츠 채널을 통해 각종 경기의 중계방송을 보면 중계 도중에 많은 광고를 볼 수 있다. 경기장 광고와 TV 등 매체 광고의 차이점을 비교해서 설명하시오.**

모범답안 경기장 광고의 경우 직접 관람자는 물론 매체를 통한 간접 관람자도 포함되기 때문에 비교적 노출범위가 넓은 편이고, 광고B기피현상의 방지가 가능하며, 상대적으로 가격이 저렴하지만 광고의 표현방식이 제한적이다

방송광고는 경기장에 비해 표현방식이 다양한 장점이 있고 상대적으로 가격이 높고, 광고기피현상에 대한 대책이 부족하다.

**150. 스포츠소비자들이 상품구매와 관련하여 겪게 되는 것을 지각된 위험이라 하는데 소비자들이 인지하게 되는 지각된 위험의 종류를 5가지 쓰시오.**

모범답안
- 경제적 위험 : 구매한 제품이 제국실을 못할 때 그 수선과 대체의 비용이 발생하거나 구매에 소요된 금액의 손실이 발생할 가능성에 따라 소비자가 지각하는 위험을 의미한다.
- 신체적 위험 : 구매한 제품이 안정성이 낮아 신체적 위해를 야기시킬 가능성에 따라 소비자가 지각하는 위험을 의미한다.
- 심리적 위험 : 구매한 제품이 자아 이미지와 어울리지 않을 가능성에 다라 소비자가 지각하는 위험을 의미한다.
- 사회적 위험 : 어떤 제품이나 특정한 상표를 구매한 자신에 대하여 다른 사람들이 가질 평가에 관하여 소비자가 지각하는 위험을 의미한다.
- 성능위험 : 구매한 제품이 기대된 기능을 제대로 수행하지 못할 가능성에 다라 소비자가 지각하는 위험을 의미한다.

**151. 스포츠관여도의 분류방법 중 일반적 분류 형태 3가지를 쓰시오.**

모범답안
- 행동적 관여도 : 스포츠제품의 생산자나 소비자로서의 역할을 의미하며 경기관람을 위해 경기장을 직접적으로 방문하는 관중이나 스포츠활동에 직접참여하는 소비자의 관여도 수준을 의미한다.
- 인지적 관여도 : 실용적 동기에 의한 것으로 제품이나 서비스의 기능적 성과에 관심을 갖기 때문에 발생하며 대체를 통해서 정보를 습득하거나 참여하는 관여도 수준을 의미한다.

- 정서적 관여도 : 가치 표현적 동기에 의한 것으로 제품이나 서비스를 사용함으로써 자기 이미지를 전달하는데 관심을 갖기 때문에 발생하며, 스포츠에 대한 행동적 관여도나 인지적 관여도를 통해 갖게 되는 감정적 태도로서의 관여도 수준을 의미한다.

### 152. 스포츠소비자들이 상품구매와 관련하여 겪게 되는 것을 지각된 위험이라 하는데 소비자들이 인지하게 되는 지각된 위험의 종류를 5가지 쓰시오.

모범답안

- 경제적 위험 : 구매한 제품이 제국실을 못할 때 그 수선과 대체의 비용이 발생하거나 구매에 소요된 금액의 손실이 발생할 가능성에 따라 소비자가 지각하는 위험을 의미한다.
- 신체적 위험 : 구매한 제품이 안정성이 낮아 신체적 위해를 야기시킬 가능성에 따라 소비자가 지각하는 위험을 의미한다.
- 심리적 위험 : 구매한 제품이 자아 이미지와 어울리지 않을 가능성에 다라 소비자가 지각하는 위험을 의미한다.
- 사회적 위험 : 어떤 제품이나 특정한 상표를 구매한 자신에 대하여 다른 사람들이 가질 평가에 관하여 소비자가 지각하는 위험을 의미한다.
- 성능위험 : 구매한 제품이 기대된 기능을 제대로 수행하지 못할 가능성에 다라 소비자가 지각하는 위험을 의미한다.

### 153. 승강제의 개념을 설명하고, 특징 2가지와 스포츠에 관련된 예를 2가지 쓰시오 .

모범답안 승강제란 1부 리그와 2부 리그 등 팀의 등급에 따른 여러 리그가 운영되는 하위리그 상위팀과 상위리그 상위팀과 상위리그 하위팀을 맞바꾸는 제도이다. 특징으로는 시즌 막바지에 관중의 관심이 이완되는 현상을 방지한다는 것과 하위 팀에게 마지막까지 최선을 다하도록 강구하는 역할 등이 있다. 스포츠와 관련된 사례로는 프리미어리그(EPL)의 승강제와 우리나라의 K -리그의 승강제가 있다.

### 154. 인적자원 관리 MBO에 대해 설명하시오.

모범답안 피터드러커가 1954년 경영의 실제에서 나온 결과로 결과에 중점을 두고 구체적인 추진전략은 해당조직에 일임하는 자율적인 경영이다.

구체적인 성과 목표를 부하와 상사가 함께 결정하고 목표를 향한 진척이 정기적으로 점검되고, 보상이 이러한 진척을 기준으로 배분되는 경영시스템을 말한다.

## 155. 국내 한 프로야구단이 전략수립을 위해 정리한 아래의 각 요인들을 SWOT 분석에 따라 분류하시오.

모범답안 ① 주 5일 근무제 확산 ② 경기침체로 소비위축
③ 팀 전력 약세 ④ 뛰어난 감독 영입
S : ④
W : ③
O : ①
T : ②

## 156. 유동성 비율의 의미를 서술하고 종류 2가지를 제시하시오.

모범답안 유동성 비율 : 단기채무(1년이내)를 처리 할 수 있는 능력을 측정하기 위한 비율을 의미

유동성 비율의 종류
- 유동비율
- 당좌비율

## 157. 가격탄력성이 무엇인지 설명하시오.

모범답안 가력탄력성은 가격이 1% 변화하였을 때 수요량은 몇 % 변화하는가를 절대치로 나타낸 크기를 의미하는 것으로 탄력성이 1보다 큰 상품의 수요는 탄력적이라 하고, 1보다 작은 상품의 수요는 비탄력적이라고 한다.

## 158. 조직의 커뮤니케이션 전략이 필요한 경우를 2가지 쓰고, 커뮤니케이션 전략수립 과정을 기술하시오.

모범답안 ① 조직의 커뮤니케이션 전략이 필요한 경우
- 조직 내 커뮤니케이션 장애 현상이 현저하게 발생한 경우
- 조직의 목표달성을 위해 조직 구성원들을 설득할 커뮤니케이션 활동을 시행해야 할 경우

② 커뮤니케이션 전략수립 과정
인식수준 분석 - 커뮤니케이션 장애요인 파악 - 대응방안의 개발 - 대응방안의 실행 - 결과평가 - 피드백

159. 다음 표는 스폰서십의 기대효과와 촉진전략 간의 관계를 설명한 것T이다. 특히 여기서는 촉진전략 중 AIDA모형을 스폰서십의 효과와 대비시킨 것인데 (　　)에 알맞은 스폰서십 기대효과를 쓰시오.

| 촉진전략 | 스폰서십 기대 효과 | |
|---|---|---|
| | 전략적 활용 /목표 | 기대 효과 |
| 주의 집중( A　) | • 매체노출<br>• 독점성 확보 | ( A　) |
| 흥미유발( I ) | • 촉진권리 이용<br>• 특정라이프 스타일과 일체감 조성<br>• 종업원, 소비자 그리고 기업파트너와의 유대강화<br>• 훌륭한 기업시민 정서함양과 지역사회의 역할 증진 | 이미지 확대 |
| 욕구충족( D ) | • 표적 시장에서의 접근<br>• 현재시장에의 침투(표적시장의 인지도 향상)<br>• 현장판매 촉진활동 | ( B　) |
| 구매행동( A　) | 목표시장 공략 | ( C　) |

A : 인지도 제고
B : 판매촉진 기회
C : 판매증진

160. 표적시장을 선정하기 위한 접근전략을 3가지 쓰고 각각에 대해 설명하시오

모범답안 ① 세분시장의 규모와 성장 가능성 : 세분시장의 현재매출액, 증가율, 기대이윤폭 등에 관한 자료를 수집하고 분석할 수 있어야 한다, 이를 바탕으로 해당 시장의 성장 가능성을 파악하게 된다.
② 세분시장의 구조적 매력성 : 어떤 세분시장은 규모와 성장성 면에서는 바람직하나 수익면에서는 그렇지 못할 수도 있다. 다라서 기업은 장기적인 세분시장의 매력성에 영향을 미치는 중요한 구조적 요소들을 검토해야 한다. 예를 들면 현재 경쟁자들과 잠재적 경쟁자들의 영향 등이 있다.
③ 기업의 목표와 자원 : 기업이나 해당 구단이 어떠한 목표를 가지고 있으며, 목표를 달성하기 위해 보유하고 있는 자원이 어떠한지 정확하게 파악하고 있어야 장기적 목표를 달성할 수 있다.

## 161. 스포츠 제품가격의 일반적인 특성을 6가지 만 쓰시오.

모범답안 ① 스포츠 제품 가격은 수요가 탄력적인 시장에서 매우 쉽게 변경될 수 있는 요인이다. 스포츠조직이 경쟁기업의 전략변화나 시장상황에서의 변화를 감지하고 이에 전략적으로 대응하고자 할 때, 제품이나 유통과 같은 마케팅 믹스의 변경은 비교적 많은 시간을 요하기 때문에 즉각적으로 대응 할 수 없다. 그러나 가격은 상대적으로 매우 빠르게 대응 할 수 있는 신축적인 요소이다.

② 가격은 마케팅믹스 중에서 가장 강력한 경쟁도구이다. 다른 어떤 요인보다 시장상황에 즉각적으로 대응하며 가격전략을 수립하여 경쟁제품을 압도할 수 있는 강력한 마케팅 도구이다.

③ 스포츠 제품의 가격은 정형화된 체계를 구축하기 어렵다. 스포츠제품 중에는 일정한 가격체계가 구축된 유형의 것도 있지만 가격체계가 구축되지 않는 무형의 제품도 있다. 무형의 제품은 객관화된 기준이 없는 한 일정한 가격체계를 구축하기가 어렵다.

④ 스포츠 제품의 가격은 비교적 변동 폭이 크다. 선수의 연봉이나 구단의 가치는 한 시즌을 단위로 크게 변화한다.

⑤ 예기치 않은 상황에 의해 가격이 영향을 받는다. 스포츠세계에서는 예기치 않은 사건들이 많이 발생한다. 특히 선수의 부상은 구단전체에 큰 영향을 미치고, 선수 이적으로 인한 공백이나 포지션 중복 등은 선수 개인의 가치를 결정하는데 중요하게 작요한다.

⑥ 제품 가격이 상대적 관계에 의해 결정된다. 어떤 구단에서는 포지션의 중복에 의해 빛을 보지 못하는 선수라 할지라도 타 구단에서는 꼭 필요한 선수 일 수 있다.

⑦ 가격은 모방하기가 쉽다. 소비자들은 가격에 매우 민감하기 때문에 가격변동을 통한 제품의 시장 경쟁력을 높일 수 있다.

## 162 국내 스포츠 구단의 IMC 마케팅 전략과 해외 스포츠구단의 IMC마케팅 전략을 비교하시오

모범답안 IMC 마케팅 전략은 광고, DM, 판매촉진, PR등 다양한 커뮤니케이션 수단들의 전략적인 역할을 비교 검토하고, 명료성과 정확성 측면에서 최대의 커뮤니케이션 효과를 거둘 T 있도록 이들을 통합하는 총괄적인 계획의 수립과정을 의미한다.

① 국내 스포츠구단의 IMC마케팅 전략 : 국내스포츠구단은 개별 구단별로 IMC마케팅 전략을 수립하여 실행하고 있다. 예를 들면 웹툰을 이용하거나, 사람을 찾는 캠페인을 진행하는 등의 전략을 수립하고 실행하고 있다. 목표시장에 적합한 촉진믹스의 실행이라고 볼 수 있다.

② 해외 스포츠구단의 IMC마케팅 전략 : 미국 프로축구 MLS의 경우 아디다스가 전체 리그 팀의 유니폼 스폰서를 하고 있는데 이는 리그가 통합마케팅을 하고 있기 때문에 가능한 경우이다.

163. 제3섹터는 공공부분의 공공성 및 계획성을 민간부분이 효율성 및 탄력성과 결합시켜 양자의 장점을 합친 새로운 개발방식을 의미한다. 스포츠시설이 제3섹터로 운영되기 위한 전제 조건 3가지를 쓰시오.

**모범답안** ① 관련 법령의 정비와 제도의 확립이 필요
② 대상사업에 대한 엄격한 선별이 필요
③ 사업의 타당성, 장래예측 등에 대한 철저한 분석과 검증이 필요

164. 관람스포츠시설 설계 시 반드시 고려해야 할 사항 2가지를 쓰시오.

**모범답안** 이용자의 편리성과 안전성을 고려해야 하고, 시설의 효율적 관리를 위해 부대시설 및 편의시설의 적정한 규모를 신청해야 한다.

165. 스폰서의 공급형태에 따른 구분 3가지를 기술하시오.

**모범답안** ① 공식스폰서 (Official Sponser) : 기업이 재화나 서비스를 제공하고, 그 대가로 로고, 엠블렘 등을 마케팅에 이용할 수 있는 권리 획득
② 공식공급업자 (Official Supplier) : 기업이 필요한 물품, 서비스를 제공하고 그 대가로 마케팅 권리 획득
③ 공식상품화권자 (Official Licence) : 기업이 일정금액을 납부하고 로고, 엠블렘 등을 특정제품의 마케팅에 이용할 수 있는 권리를 획득하되, 개최국 내로 한정하는 것이 일반적

166. 직접금융의 방법 6가지를 기술하시오.

**모범답안** 직접금융이란 자금의 외부조달 방식으로서 주식발행, 채권발행, 회원권 판매, 스폰서십, 민자유치, 기금지원 등의 방식이 있다.

167. A회사는 야구공을 생산하고 있는데, 그 판매단가는 200원이고, 단위당 변동비는 120원이다. 그리고 A회사가 야구공을 생산하는데 소요되는 연간 고정비가 500,000원이라 한다. 이 회사의 손익분기점에 해당하는 매출수량은?

**모범답안** $200x = 500,000 + 120x$

$\therefore x = 6250(\text{개})$

### 168. 기회비용, 회계비용의 개념

모범답안 기회비용 : 여러 가능성 중 하나를 선택하였을 경우, 포기한 가치 중 가장 큰 가치 (명시적 비용 + 암묵적 비용)

회계비용(= 명시적 비용) : 실제적으로 내 주머니에서 직접 나간 돈
회계 장부에 기록되는 실제 쓰인 돈

데 2만원
알바 시간당 5천원
데이트시간 : 2시간

### 169. 동기부여의 개념을 기술하시오.

모범답안 구성원들이 조직의 목표를 자신의 중요한 목표 중 하나로 생각하고, 이를 달성하기 위해 자발적으로 최선을 다하도록 유도하는 과정

### 170. 브랜드 자산의 구성에 대하여 3가지를 기술하시오.

모범답안
- 브랜드 인지도 : 고객의 마음속에 브랜드가 알려진 정도
- 브랜드 친숙도 : 브랜드에 대한 친숙한 정도. 친숙한 브랜드는 호감이 가며 좋은 태도를 형성하게 되어 구매에 연결 된다
- 브랜드 이미지 : 브랜드는 강력하고 독특한 이미지를 갖고 있어야 브랜드 자산 형성이 가능하다

### 171. 소비자 구매 영향 요인 중 심리적 요인에 대하여 2가지 이상 기술하시오.

모범답안 동기부여, 지각, 학습, 신념과 태도, 기억

### 172. 민츠버그의 조직 구조 5가지와 프로야구의 구조는?

모범답안 민츠버그의 조직 구조 5가지는 전략상층부, 업무핵심층, 중간라인, 테크노스트럭처, 지원스탭 조직되어있다.
프로야구구조는 운영, 재정, 인력관리를 토대로 야구의 발전을 도모하기 위한 구조는 크게 총재, 사무총장, 운영기획부, 홍보지원부, 최고재무관리자(CFO)로 조직되어 있다.

### 173. 스포츠소비자 의사결정 과정에 대하여 기술하시오.

모범답안 문제인식 정보탐색, 대안평가와 탐색, 구매, 구매 후 행동

# 제 4 장 총정리

## 총정리 1과목

### 01. 스포츠조직의 경영전략 수립할 때 고려해야 할 사항

**모범답안** 내부환경과 외부환경으로 구분되는데, 내부환경으로는 강점과 약점을, 외부환경으로는 기회와 위협요인을 고려해야 한다.

### 02. 계층적 전략수립과정 3단계

**모범답안**
- 기업(전사적) 전략 : 기업 전체의 목표달성을 위한 전략
- 사업부 전략 : 특정 사업 부분에 대한 전략
- 기능별 전략 : 상위 전략을 실행하는 역할로, 기능별 자원분배와 효율적 목표 제고를 목표로 하는 전략

### 03. 전략사업단위 개념과 요건 3가지

**모범답안**
- 개념 : 비즈니스 전략을 수립, 집행, 통제하는 기본단위
- 요건 3가지
  1) 다른 사업단위전략과는 구별되는 독자적인 사업과 분명한 목표가 있어야 함.
  2) 시장에서 경쟁관계가 성립되어야 함.
  3) 생산, 마케팅, 자금 등 독자적 통제가 가능해야 함.

### 04. 경쟁우위 개념과 요소 2가지

**모범답안**
- 개념 : 경쟁자에 비해 상대적 우위를 가지는 것으로 상대방보다 높은 성과를 실현하거나 실현할 수 있는 잠재력을 갖추는 것.
- 요소 : 원가우위, 차별화 우위

## 05. 포트폴리오 전략 의미, 대표적인 전략모형

모범답안
- 의미 : 대부분의 기업은 1가지 이상의 다양한 사업을 전개하고 있다. 그래서 각 사업 영역별로 환경 분석을 하여 그에 대응할 수 있는 전략을 개발하거나 최적의 투자 방법을 결정하는 것.
- 전략 모형 : BCG 매트릭스, GE/맥킨지 매트릭스

## 06. BCG매트릭스 4가지

모범답안
- Star : 높은 시장성장률과 시장점유율/ 향후 주력 사업으로 성장할 가능성이 높음/ 집중 투자가 필요. (유지, 확대 전략)
- Questioni Mark : 높은 시장성장률과 낮은 시장 점유율/ 시장 점유율을 높이는데 많은 노력이 필요. (확대, 수확, 철수 전략)
- Cash Cow : 낮은 시장성장률과 높은 시장 점유율/ 시장 점유율이 높아 많은 현금이 창출됨. 시장 성장률이 낮아 투자 억제, 그리고 다른 사업부분에 투자자금을 제공. (유지전략)
- Dog : 낮은 시장성장률, 점유율/ 현금의 유입보다 유출이 더 많음. 사업을 철수하거나 규모를 축소 고려해야 함. (철수, 수확전략)

## 07. BCG의 상대적 시장점유율의 의미

모범답안
- 특정시장에서 거래되고 있는 총 거래량 중 특정기업이 차지하고 있는 비율.
- 시장 점유율 계산 : 특정시장에서, 특정기업의 점유율 / 1위 기업의 시장 점유율

## 08. Porter의 경쟁우위 3가지

모범답안
- 원가우위 : 원가에 영향을 미치는 요인을 통제하여 저렴한 가격으로 경쟁 우위를 획득
- 차별화 우위 : 경쟁상품과 구별되는 특징으로 차별화를 시켜 경쟁 우위를 획득
- 집중우위 : 특정 집단, 특정 상품, 특정 지역 등 제한된 시장을 집중 공략하여 우위를 획득

## 09. 마이클 포터의 본원적 경쟁전략

| | 원가 우위 | 차별화 우위 |
|---|---|---|
| 전체 산업 | 원가우위 전략 | 차별화 우위 전략 |
| 특정 산업 | 원가우위 집중 전략 | 차별화우위 집중전략 |

## 10. 경영다각화 전략과 유형

모범답안
- 기존의 사업 외의 새로운 사업 영역에 진출하여 조직의 성장을 추구하는 것.
- 집중적 다각화 : 기존 사업의 고객층은 다르지만 보유하고 있는 기술, 마케팅 기법을 활용할 수 있는 다각화
- 수평적 다각화 : 기존 사업과는 관련이 없더라도 기존 고객이 소구할 수 있는 다각화
- 복합적 다각화 : 현재의 기술과 시장 등이 연관은 적은 다각화

## 11. 마이클 포터의 5가지 경쟁요인

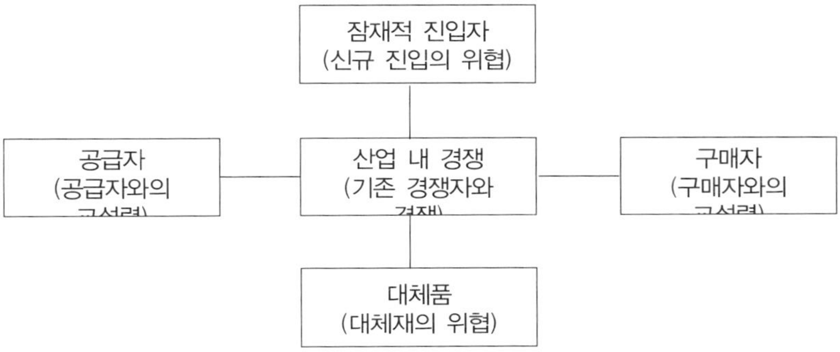


## 12. 차별화 전략

모범답안 상품의 외형, 기능, 서비스 등이 경쟁상품과 차별화되는 것

## 13. 앤소프 매트릭스의 신제품개발의 의미(제품개발전략)

모범답안 기존시장을 대상으로 새로운 제품을 개발하는 것을 의미. 예를 들면 K리그에서 기존에 있던 클래식에서 챌린지를 만든 것.

## 14. 앤소프의 성장전략 모델

| | 기존시장 | 신규 시장 |
|---|---|---|
| 기존 제품 | 시장침투 전략 | 시장개발 전략 |
| 신 제품 | 제품개발 전략 | 경영 다각화 전략 |

## – 2장 –

### 15. 스포츠 조직구조를 형성하는 핵심적인 3가지 차원

모범답안
- 복잡성 : 조직의 분화
- 공식화 : 직무의 표준화
- 집권화 : 의사결정의 권한

### 16. 민츠버그의 조직구조 유형

모범답안 1) 단순구조 2) 기계적 관료제 구조 3) 전문적 관료제 구조 4) 사업부제 구조 5) 애드호크러시

### 17. 기계적 관료제의 특징

모범답안 대규모 조직에서 발생 / 업무의 세분화 / 반복적, 연속적 업무 / 규제,통제가 비교적 많은 편

### 18. 전문적 관료제의 특징

모범답안 전문성이 요구되는 조직에 적합 / 복잡성으로 인해 전문가들에게 상당한 통제권을 갖고 일함 / 업무부서가 핵심적인 역할을 함 / 복잡하지만 안정적인 업무에 적합 / 수평적, 수직적으로 분권화 된 조직구조 / 구성원들에게 권한위임이 양호한 편 / 동기를 부여 받아 업무의 몰입도가 높은 장점이 있는 반면 / 단점으로는 수평적 갈등의 조정이 어려움 / 전문가들에게 재량권이 많아 개인적 판단 오류가 조직 전체에 미치는 영향이 큼.

### 19. MBO (Management by objectives) 개념과 공통적 요소 3가지

모범답안
- 구체적인 성과 목표를 상사와 부하가 함께 결정하고, 목표달성이 정기적으로 점검되며, 아울러 이에 따른 보상에 대해 결정하는 경영 시스템.
- 공통적 요소 : 1) 목표의 구체성 2) 참여적 의사소통 3) 분명한 기간 4) 업무성과에 대한 피드백

### 20. 채용기법 중 내부채용의 장, 단점

| 장점 | 단점 |
|---|---|
| 구성원의 사기 양양 | 인재 편중 현상 |
| 의욕적인 인재 발굴 | 조직 질서 파괴 위험 |
| 책임의식 함양 | 광범위한 인재발굴의 회피 |

## 21. 인적관리를 위한 직무분석 방법 3가지

모범답안 1) 면접법 2) 관찰법 3) 중요사건화법

## 22. 리더십의 역할

모범답안 1) 시너지 효과 촉진 2) 조직 성과를 좌우 3) 동기부여의 요인 4) 구성원의 역량강화 5) 조직변화 촉진

## 23. House의 경로-목표이론

| | |
|---|---|
| **지시적 리더** | 일의 목표, 목표 달성의 일정 등을 명확히 설정해 주는 리더 |
| **지원적 리더** | 구성원 개개인의 욕구충족에 관심을 보이는 리더 |
| **참여적 리더** | 의사결정 시에 구성원들의 의견을 적극적으로 반영하는 리더 |
| **성취 지향적 리더** | 도전적인 목표설정과 구성원들의 능력을 최대화하기 위해 독려하는 스타일의 리더 |

## 24. 교섭적 리더십과 변혁적 리더십

| 교섭적 리더십 | 변혁적 리더십 |
|---|---|
| 구성원의 이익을 자극하여 상호 교환적인 관계를 지향 | 구성원을 리더로 개발 |
| 현재 성과를 유지시키는 안정 지향성 | 변혁 지향적 |
| 기존의 행동이론, 상황이론과 유사한 경향 | 목표와 가치를 높은 차원으로 고양 |
| | 변화의 의지를 만드는 방법으로 의사소통 |

## 25. 조직의 역량강화 중 '동기부여'

모범답안 구성원 스스로 조직의 목표를 자신의 중요한 목표 중 하나로 생각하도록 하고, 이를 달성하기 위해 최선을 다하도록 유도하는 과정.

## 26. Herzberg의 2요인 개념과 종류

모범답안 • 개념 : 인간은 '만족에 영향을 주는 요인'과 '불만족에 영향을 미치는 요인' 2가지의 상반된 욕구를 가진다. 전자는 동기요인, 후자는 위생요인이다.

- 동기요인 : 성취, 인정, 책임감 등의 직무에 관련된 요인으로 구성원들의 동기를 유발시켜 만족감을 느끼게 하는 요인이다.
- 위생요인 : 봉급, 작업조건 등의 직무환경에 관련된 요인으로, 불만족을 해소시킬 수는 있지만, 동기를 유발시키지는 못하는 요인이다.

### 27. 커뮤니케이션의 3가지 장애요인

모범답안
- 개인적 차원 : 커뮤니케이션 스킬의 차이
- 메시지 관련 차원 : 커뮤니케이션 양의 과다, 복잡성, 시간 제약
- 조직적 차원 : 커뮤니케이션 내용 여과, 지체, 관료적 조직구조

## – 3장 –

### 28. 유동성 비율

모범답안 조직의 단기적채무 지급능력을 측정하는 것으로서, 채권자가 상환을 요구할 때 갚을 수 있는 능력.

### 28. 손익분기점

모범답안
- 개념 : 현금의 유입과 비용이 일치하여 손해도 이익도 발생하지 않는 지점.
- 손익분기점 분석 목적 : 매출액과 영업비용의 관계를 고려하여 매출액이 얼마만큼 되어야 영업비용을 제외하고 이익이 발성하는지를 파악하기 위함.

### 29. 자본조달 방법과 종류

모범답안
- 직접금융 : 자금을 투자하고자 하는 투자자에게 직접 조달하는 방법
  - 주식발행, 채권발행, 회원권 판매, 스폰서십, 민자유치
- 간접금융 : 금융기관을 통해 간접적으로 자금을 조달하는 방법.
  - 은행차입, 기업어음, 매입채무

### 30. 자금의 내부조달방법 개념, 예시

모범답안
- 개념 : 조직활동에 필요한 자금을 조직 내부에서 조달하는 활동
- 예시 : 증자, 내부유보금 사용, 감가상각비 및 충당금

### 31. 스포츠조직의 투자결정기법 종류 3가지

모범답안 1) 자본회수기간법 2) 회계적 이익률법 3) 순현재가치법 4) 내부수익률법

## 32. 이상적인 투자안 결정기법의 조건

**모범답안** 1) 현금 흐름이 고려되어야 한다.
2) 화폐의 시간적 가치를 반영해야 한다.
3) 가치의 가산원칙을 적용해야 한다.
4) 조직 가치 극대화를 위한 투자안을 선택해야 한다.

## 33. 투자안의 경제성을 평가하는 방법 중 순현재가치법에 대해 서술, 투자결정 기준 설명

**모범답안**
- 개념 : 투자로 인해 발생되는 미래의 현금흐름에서 적절한 자본비용으로 할인한 현재가치를 현재 투자로 인한 현금 유출을 공제한 금액으로 투자안을 측정하는 방법
- 투자결정기준 : 순현가법이 0보다 클 경우 조직가치가 증가하는 것을 의미하므로 그 투자안은 채택하는 것이다. 만약 여러 개의 투자안을 갖고 순현재가치를 계산했을 경우 가장 큰 투자안을 채택하면 된다.

## 34. 순현가법이 다른 방법보다 합리적인 이유 4가지

**모범답안** 1) 화폐의 시간적 가치 고려
2) 투자로 인해 예상되는 미래의 현금흐름과 자본의 기회비용에 의해 투자안을 평가
3) 투자안이 회계적 이익보다 발생하는 현금에 초점을 맞추므로 투자안의 가치평가에서 회계 상의 임의성 배제 가능
4) 기업가치 극대회라는 조직의 목표와 부합
5) 가치의 가산원칙이 적용

## 35. 내부수익률법의 개념

**모범답안** 투자로 인해 발생하는 현금유입의 현재가치와 현금유출의 현재가치를 일치시키는 할인율을 계산하여 이를 시장수익률과 비교해서 투자여부를 결정하는 방법

## -4장-

## 36. 지역사회에서 대형 스포츠이벤트 개최의 순기능적 역할 3가지

**모범답안** 1) 산업발전과 주민소득 증대기여
2) 사회기반시설 정비 및 환경개선
3) 고용창출

## 37. 자치단체가 스포츠이벤트 유치에 성공할 때 얻는 혜택 5가지

모범답안 1) 주민소득 증대 2) 고용창출 3) 문화수준 향상 4) 주민 자긍심 고취 5) 도시기반 시설 확충

## 38. 생산관리의 3S

모범답안 표준화 / 전문화 / 단순화

## 39. 스포츠 서비스 품질관리 5가지 요인

모범답안 신뢰성 / 응답성 / 공감성 / 확신성 / 유형성

# 총정리 2과목

## 40. 스포츠 마케팅의 개념

모범답안 경영학에서 사용하는 마케팅의 여러 가지 방법들을 스포츠에 적용하여 소비자의 욕구를 충족시키고 조직의 목적을 달성시키기 위한 조직적 활동

## 41. 스폰서십, 라이센싱, 머천다이징, 엔도스먼트, TV중계권

모범답안

- 스폰서십 : 기업이 스포츠와 관련하여 비용 혹은 상품을 권리자에게 제공하고 그 대신 광고 등에 이를 이용하거나 활용할 수 있는 권리를 획득하는 것.
- 라이센싱 : 다른 사람이 소유하고 있는 제품이나 서비스의 신기술, 노하우, 상표 등을 권리자의 허가를 얻어 생산하거나 판매하는 활동
- 머천다이징 : 스포츠 경기, 조직, 팀, 선수의 캐릭터, 로고, 마크 등을 이용하여 새로운 상품을 개발하는 것
- 엔도스먼트 : 기업이 커뮤니케이션을 강화하기 위해 유명선수를 광고에 활용하는 활동으로 선수보증광고라고도 한다.
- TV 중계권 : 스포츠 운영조직에 일정액을 지불하고, 경기를 방송할 수 있는 권한을 획득하는 것.

## 42. 스포츠를 이용한 마케팅과 스포츠의 마케팅을 구분하시오.

모범답안
- 스포츠를 이용한 마케팅은, 기업이 커뮤니케이션의 일환으로 스포츠를 활용하는 마케팅을 말한다. 소비자는 스포츠를 활용하고자 하는 기업이다.
- 스포츠의 마케팅이란, 스포츠 및 이와 관련된 상품의 마케팅으로 소비자는 일반 대중이며, 상품화된 스포츠 및 관련 상품의 판매촉진을 목적으로 한다.

## 43. 핵심제품, 실제제품, 확장제품

| 구분 | 개념 | 사례 |
|---|---|---|
| 핵심제품 | 소비자가 궁극적으로 얻고자 하는 핵심적 이익이나 혜택 | 관람, 참여, 건강, 오락, 성취 |
| 실제제품 | 상표, 이벤트명, 선수 등과 같이 소비자가 실제로 느끼는 물리적인 것. | 경기 |
| 확장제품 | 핵심제품, 실제제품에 부가되어 소비자에게 제공되는 혜택 | 경기 전 공연, 응원전, 치어리더, 경품 |

## 44. STP

모범답안 S : 전체 시장을 기업의 특성에 맞게 나누는 활동
T : 나누어진 시장에서 제품이나 서비스를 구매할만한 구매집단을 찾는 활동
P : 상품이 경쟁상품에 비하여 소비자의 마음속에 차별화되도록 위치시키려는 기업의 노력.

## 45. 목표시장전략 개념과 설명

모범답안 시장의 특성에 따라 나누어진 세시장에 제품이나 서비스를 구매할 만한 고객집단을 찾아내는 전략.
마케팅을 가장 효과적이고, 효율적으로 수행할 수 있는 시장을 선택하는 의미이다.

## 46. 포지셔닝의 개념과 유형 4가지, 고려사항 4가지

모범답안 소비자의 마음속에 경쟁상품에 비해 차별화되도록 위치시키려는 노력.
- 유형 : 1) 속성에 의한 포지셔닝 2) 이미지에 의한 포지셔닝 3) 사용 상황이나 목적에 의한 포지셔닝 4) 이용자에 의한 포지셔닝 5) 경쟁상품에 의한 포지셔닝
- 고려사항 : 1) 상품의 속성 2) 상품의 용도 3) 가격대비 품질수준 4) 경쟁관계

## 47. 시장 세분화가 필요한 이유 3가지

모범답안 1) 소비자의 욕구를 보다 정확하게 파악할 수 있다.
2) 보다 유리한 목표시장의 설정이 가능하다.
3) 시장 반응에 따라 마케팅 자원을 효율적으로 배분할 수 있다.

## 48. 시장세분화 개념, 근거기준 4가지

모범답안
- 개념 : 전체시장을 기업의 특성에 맞게 나누는 활동
- 근거기준 : 1) 인구통계학적 세분화 2) 지리적 세분화 3) 심리적 세분화 4) 행위적 세분화 5) 편익적 세분화
- 시장세분화 요건 : 1) 실행가능성 2) 측정 가능성 3) 접근가능성 4) 실체성 5) 적정규모

## 49. 세분시장 평가 고려사항 5가지

모범답안 1) 조직 목표와의 접합성 2) 필요한 자원의 동원 가능성 3) 마케팅전략과의 조화 4) 시장의 매력도와 성장 가능성

## 50. 스포츠마케팅 믹스 개념, 요소 4가지

모범답안
- 개념 : 마케팅 관련 요소인 상품, 가격, 유통 및 촉진이 적절하게 조화되어야 한다.
- 요소 : 상품, 가격, 유통, 촉진

## 51. 상품의 3가지 차원

모범답안
- 핵심제품 : 소비자가 궁극적으로 얻고자 하는 핵심적 이익이나 혜택
〈사례〉 관람, 참여, 건강, 오락, 성취
- 실제제품 : 상표, 이벤트명, 선수 등과 같이 소비자가 실제로 느끼는 물리적 형태의 제품
〈사례〉 경기
- 확장제품 : 핵심 혹은 실제 제품에 부가되어 소비자에게 제공되는 혜택
〈사례〉 경기 전의 공연, 치어리더, 응원전, 경품

## 52. 상품의 생애주기(PLC) 각각의 특징과 전략

| 구분 | 내용 |
|---|---|
| 도입기 | • 초기비용이 많이 들어가므로 적자<br>• 생산량 적고, 제조원가 높으며, 경쟁력 미치<br>• 인지와 판매율 상승이 전략적 목표<br>• 시장점유율을 높이는데 주력 |
| 성장기 | • 수요가 늘어나며, 이익 발생<br>• 경쟁제품과 모방제품의 출현<br>• 소비자에게 장점 알리기 위한 광고 강화<br>• 집중적 유통전략을 사용 |
| 성숙기 | • 수오의 둔화되거나 멈추어 이익극대화에 주력<br>• 신규 소비자 창출보다 경쟁사의 고객 유치를 위한 가격할인 등 판매촉진 전략사용<br>• 기존 유통망 보호로 시장점유율 방어 |
| 쇠퇴기 | • 매출과 경쟁자의 수 감소<br>• 제품을 상기시키는 수준의 최소한의 광고 |

## 53. 스포츠 상품 가격 특성 6가지

**모범답안**

1) 변경이 비교적 수월
2) 가장 강력한 경쟁도구
3) 시장점유율, 손익에 큰 영향
4) 비교적 큰 변동폭
5) 상황에 따라 영향 발생
6) 상대적 관계로 결정

## 54. 가격결정에 영향을 미치는 내, 외적인 영향 세 가지

**모범답안**

- 내적 요인 : 경영전략, 마케팅 전략, 조직 특성, 원가구조
- 외적 요인 : 경제환경, 정부규제, 경쟁자 가격, 소비자 반응

## 55. 가격책정 전략 3가지와 설명

**모범답안**

- 원가기준 가격책정 : 상품을 생산하는데 소요된 비용에 적정 이윤을 추가하여 책정
- 차별화 기준 가격책정 : 동일 상품을 세시장의 상황에 따라 각각 다른 가격으로 책정
- 심리적 기준 가격책정 : 소비자의 심리상태를 파악하여 가격책정

## 56. 침투가격전략이 필요한(적합한) 상황 3가지

모범답안 1) 짧은 기간에 시장을 형성시킬 교두보가 필요할 때
2) 대량판매로 이익의 실현이 가능하거나
3) 경쟁자의 진입을 방지할 필요가 있을 때 사용.

## 57. 스키밍 전략, 시장침투가격 전략

모범답안
- 스키밍 전략 : 처음에 고가전략으로 시작하여, 경쟁자의 출현이나 상황의 변화로 가격을 낮추어가는 전략.
- 시장침투가격 전략 : 짧은 기간에 시장을 형성시킬 교두보가 필요할 때 / 대량판매로 이익의 실현이 가능하거나 / 경쟁자의 진입을 방지할 필요가 있을 때 사용.

## 58. 묶음가격 형태 2가지

모범답안
- 동일묶음 가격 : 동일한 상품 2개 이상을 묶어 판매하는 것
- 혼합묶음 가격 : 상호 관련있는 상품을 묶어 판매하는 것.

## 59. 수요의 가격탄력성 공식

모범답안
- 공식 - 가격탄력성(e) = 수요의 변화율/가격의 변화율
- 수요량의 변화율 : 수요량의 변동분/원래 수요량
- 가격의 변화율 : 가격의 변동분/원래 가격
- 탄력적 수요 : 가격탄력성의 절대값이 1보다 큰 경우
- 비탄력적 수요 : 가격탄력성의 절대값이 1보다 작은 경우
- 단위탄력적 수요 : 가격탄력성이 1인 경우

## 60. 광고와 홍보의 차이점

| | 광고 | 홍보 |
|---|---|---|
| 게재면 | 광고면 | 기사면 |
| 비용 | 비용 부담있음 | 비용 부담없음 |
| 송신자 | 광고주 이름 사용 | 미디어 이름 사용 |
| 특징 | 게재일, 지면, 메시지등 광고주가 결정.<br>메시지 표현의 융통성이 있음 | 소구도와 소비자수용도가 높음<br>연출효과가 적은 편 |

## 61. 스포츠를 이용한 광고의 성장배경(요인) 3가지

모범답안 1) 새로운 커뮤니케이션 수단으로써의 가치의 증대
2) 스포츠에 대한 관심 증대로 광고비용 대비 효과성 상승
3) 스포츠에 대한 매스미디어의 관심 증대로 미디어 노출의 증가

## 62. 마케팅 믹스 중 광고의 장단점 각각 2가지씩

| 장점 | 단점 |
|---|---|
| 짧은 시간 안에 많은 소비자에게 전달할 수 있어 대중성이 강함 | 목표 소비자를 대상으로 광고하기 쉽지 않음 |
| 널리 분포되어 있는 소비자와 커뮤니케이션이 강함 | 일방적 정보전달 |
| 1인당 소요비용이 다른 촉진방법에 비해 저렴 | 일반적으로 비용 부담이 높은 편 |

## 63. 광고에 대한 효과를 평가하는 방법 4가지

모범답안 1) 인지 평가 2) 태도 평가 3) 행동평가 4) 이미지 평가 5) 매출 평가

## 64. 판매촉진 방법 비교

| | 범위 | 비용 |
|---|---|---|
| 광고 | 광범위 | 일반적 |
| 판매촉진 | 광범위 | 비싼편 |
| 인적판매 | 협소한 편 | 비싼편 |
| 홍보/스폰서십 판매 | 광범위 | 무료 |

## 65. 일반적으로 사용하고 있는 홍보 방법 4가지

모범답안 1) 기자회견 2) 보도자료 제공 3) 현장 견학 4) 취재비 제공

## 66. 보도자료 작성법 5가지

모범답안 1) 제목을 두어 전체 내용을 파악할 수 있게
2) 중요한 내용은 윗부분에 배치하여 역피라미드식으로 서술
3) 기자들의 확인 편의를 위해 담당자의 이름과 연락처 기재
4) 적정한 분량이어야 하고
5) 간결한 문체를 사용하며, 전문용어는 별도로 해설을 작성

## 67. 인터넷 홍보의 특징 4가지

모범답안 1) 커뮤니케이션의 편리한 수단
2) 제작의 편리성과 효과의 다양성
3) 고객의 능동적 접촉과 빠른 확산이 가능
4) 실시간으로 반응이 나타남
5) 24시간의 지속 운영이 가능

## 68. 차별화, 비차별화, 집중전략

모범답안
- 차별화 : 2개 이상의 세분시장을 목표로 하되 각 시장의 특성에 따라 다른 마케팅전략을 사용하는 경우
- 비차별화 : 세시장별 차이를 무시하고 전체시장을 표적시장으로 선택할 때 이용되는 전략으로, 다양한 소비자의 욕구를 맞추기보다 소비자의 공통적 특성에 초점을 맞춘다.
- 집중전략 : 정해진 세시장을 집중적으로 공략하는 전략이다.

## 69. 재화 제공 형태에 따른 스폰서십 유형 3가지

모범답안
- 공식 스폰서 : 기업이 재화나 서비스를 제공하고, 그 대가로 로고, 엠블럼 등을 마케팅에 이용할 수 있는 권리 획득.
- 공식 공급업자 : 기업이 필요한 물품, 서비스를 제공하고 그 대가로 마케팅 권리를 획득
- 공식 상품화권자 : 기업이 일정 금액을 납부하고 로고, 엠블럼 등을 특정 제품의 마케팅에 이용할 수 있는 권리를 획득하되 개최국 내로 한정

## 70. 스포츠 스폰서십 참여를 통해 얻을 수 있는 긍정적 기대효과 3가지

모범답안 1) 기업(상품)의 인지도 제고 2) 매출 목표 달성 3) 경쟁우위 확보

## 71. 스포츠 단체가 스폰서십을 유치하기 위하여 기업에 중점적으로 내세워야 할 제시사항 5가지

모범답안 1) 예상 효과 2) 앰부시 마케팅의 방지 방안 3) 관련 매체에 관한 사항
4) 요건의 준수와 정당한 이익 제공 방법 5) 계약 이행 약속

## 72. 스폰서십의 필요성을 스포츠 주관자와 기업의 입장에서 각각 3가지를 쓰시오.

모범답안 1) 스포츠 주관자 입장 : 조직의 재장 확보 수단 / 스포츠 보급 및 활성화에 기여 / 스포츠 참여인구의 저변 확대
2) 기업 : 높은 커뮤니케이션 효과/ 이미지 개선과 판매 증진에 기여/ 경제적 규제에 대한 회피 수단

### 73. Gray의 스폰서십 6P s

모범답안 플랫폼, 연합, 편재, 선호, 구매, 보호

### 74. 스폰서십의 객관적 성과 측정 평가방식

모범답안 1) 미디어 노출량 측정 2) 소비자 태도변화 측정 3) 매출 변화 측정

### 75. 스폰서십 효과 분석할 때, 매체 노출량으로 평가하는 중요한 이유 3가지

모범답안 1) 노출 시간, 노출 크기 등의 객관적 자료를 얻을 수 있다.
2) 효과 측정이 비교적 용이하다.
3) 다른 분석방법의 근거 자료로 활용할 수 있다.

### 76. 앰부시 마케팅

모범답안 공식스폰서의 자격을 얻지 못한 기업이 공식 스폰서인 것처럼 소비자들을 현혹해서 자신의 이익을 취하는 것은 물론, 공식 스폰서의 기대효과를 축소시키기 위한 의도적 마케팅 활동.

### 77. 앰부시 마케팅의 특징

모범답안 1) 사전 준비된 의도적 활동
2) 공식 스폰서 못지 않은 소요비용
3) 공식 스폰서의 효과 약화
4) 특정 상품의 판매촉진 목적

### 78. 앰부시마케팅 유형

모범답안 1) 경기 중계방송에 광고 참여
2) 복권, 경품 등의 이벤트 개최
3) 단체경기에 참여하는 선수와 스폰서 계약 체결
4) 경기장 주변광고

### 79. 앰부시 마케팅 방지 방안

모범답안 1) 법적, 제도적 장치 마련
2) 비공식 스폰서의 접근을 근본적으로 제한
3) 소비자들에게 광고와 홍보를 통해 공식 스폰서를 충분히 알림
4) 방송 채널 등에 대한 감시활동

## 80. IOC가 TOP 프로그램에 참여한 공식스폰서에게 주는 혜택 5가지

모범답안 1) 올림픽 마크 사용권
2) 제품의 우선공급권
3) 차기 올림픽 후원 우선권
4) 홍보관 활용
5) 올림픽 기록보관소 활용

## 81. FIFA의 스폰서십 프로그램의 종류

모범답안 1) FIFA 파트너 2) 월드컵 스폰서 3) 내셔널 서포터

## 82. 브랜드를 구축하여 기대할 수 있는 긍정적 효과 3가지

모범답안 1) 진입장벽의 역할을 수행하여 경쟁자의 진입 억제
2) 경쟁자에 비해 높은 가격 책정이 가능
3) 브랜드 명칭을 이용하여 신상품 출시가 수월

## 83. 브랜드 자산

모범답안 브랜드 충성도, 브랜드 인지도, 브랜드 연상, 지각된 품질, 독점적 브랜드 자산

## 84. 브랜드 확장과 강화

모범답안
- 브랜드 확장 : 기존의 브랜드와 다른 상품군에 속한 신상품에 기존의 브랜드를 사용하여 소비자로부터 브랜드의 연관성을 갖도록 하는 활동.
- 브랜드 강화 : 소비자의 마음속에 존재하는 기존 브랜드에 대한 인식을 더욱 호의적이거나 독특하게 인식시키려는 마케팅 활동

## 85. 브랜드 확장의 장점

모범답안 1) 기존 브랜드의 강점을 활용하여 보다 쉽게 신규시장에 진출이 가능
2) 신규 브랜드 런칭에 따른 초기비용 절감 가능
3) 신규 브랜드 개발에 필요한 시간과 비용 절감

## 86. 라이센싱의 의미, 선정 시 고려사항

모범답안
- 개념 : 다른 사람 혹은 조직이 갖고 있는 소유권을 일정기간 사용하기 위해 대가를 지불하고 상업적 권리를 부여받는 계약.
- 고려사항 :
  1) 품질보증 능력과 이를 증빙할 수 있어야
  2) 안정적 재정상태를 유지
  3) 체계적 마케팅 전략이 수립되어야
  4) 소비자에게 좋은 이미지를 갖고 있어야
  5) 라이센싱 기술이 축적되어야 한다.

## 87. 라이센싱의 기대효과를 스포츠조직과 기업의 관점에서 각각 3개씩

모범답안
- 스포츠 조직 : 수입증대, 관련 기업과 파트너 관계 형성, 조직의 홍보효과 증대
- 기업 : 판매증진, 고객과 커뮤니케이션 강화, 신뢰획득

## 88. 로열티 계산문제

연간 매출액이 2억원이라면 결산시점에서 라이센시가 라이센서에게 추가로 지불해야 할 로열티는 얼마인지?

| - 관리소유자에게 계약체결시점에서 최소 보장금 1,000만원을 선급 지급<br>- 로열티 매출액의 10%로 결정 |
|---|

모범답안 매출액의 10%를 로열티로 제공하기로 하였으며, 계약에 따라 선급금을 1억원을 지불하였다. 그러므로 이를 계산하면 200,000,000원X0.1-10,000,000원 = 10,000,000원

## 89. 방송 중계권 거래에 개입하는 핵심 주체 3가지

모범답안 1) 방송국 2) 스포츠조직 3) 광고주

## 90. 미디어가 스포츠산업에 미친 긍정적인 영향과 부정적인 영향 각각 3가지

| 긍정적 영향 | 부정적 영향 |
|---|---|
| - 스포츠 발전에 기여<br>- 경기력 향상에 이바지<br>- 재정적 지원<br>- 스포츠의 올바른 발전 방향 제시 | - 스포츠에 대해 부당한 간섭<br>- 미디어 취양에 맞게 스포츠를 변형<br>- 지나친 상업주의 |

총정리 3과목

## 91. 스포츠산업의 특성 4가지

모범답안 1) 복합적 산업구조 2) 공간과 입지 중시형 산업 3) 시간소비형 산업 4) 오락성 중심 5) 감동과 건강 지향 산업

## 92. 스포츠 서비스적 특징 4가지

모범답안 1) 무형성 : 정해진 형태가 없는 것
2) 비분리성 : 생산과 소비가 동시에 이루어짐
3) 이질성 : 개인에 따라 서비스 내용이 다르게 느껴지는 것
4) 소멸성 : 상품을 저장할 수 없고, 경기 후 소멸하는 것

## 93. 스포츠 상품의 분류(뮬린에 의한 분류)

모범답안
- 선수 관련 상품 : 선수의 초상권, 선수의 트레이드
- 팀 관련 상품 : 로고 사용권, 선수 유니폼 광고권
- 조직 관련 상품 : 경개 개최권, TV 중계권, 경기 사용 명칭권
- 시장 관련 상품 : 스포츠 의류, 스포츠 용품 등의 생산과 판매

## 94. 국내 스포츠 산업의 강점, 약점, 기회, 위협에 대한 SWOT분석을 기술하시오.

모범답안 1) SWOT 개념 : 사업에 영향을 미치는 외부환경을 분석하여 기회와 위협 요인을 발견하고, 조직의 강점과 약점을 파악하여 조직의 상황에 적합한 전략 방향을 찾는 방법.
2) 국내 스포츠 산업의 SWOT
- 강점 : 여러 산업과 연계되는 복합적 구조
- 약점 : 외부 환경변화에 영향이 많아 불확실성 증대
- 기회 : 스포츠시장의 성장 잠재력이 있어 발전 가능성 높음
- 위협 : 시장의 성장으로 경쟁이 더욱 치열해짐

## 95. 국내 스포츠산업 환경을 SWOT에 의해 분석할 때 가능한 기회 요인을 4가지 쓰시오.

모범답안 1) 세계 스포츠 시장이 지속적으로 성장
2) 여가, 건강 등 삶의 질에 대한 가치관의 변화
3) 생활체육 활성화에 따른 스포츠 참여도가 증가

## 96. 스포츠용품 인증제도의 구성

**모범답안** 1) 스포츠용품 품질인증제도　2) 스포츠용품 시험소 운영
3) 스포츠용품 해외인증 지원　4) 스포츠용품 인증기준 개발

## 97. 인증제 도입의 기대효과

**모범답안** 품질향상 / 국제경쟁력 강화 / 우수상품 홍보 / 기술 발전/ 수입 제한장벽 극복

## 98. 가치사슬의 개념

**모범답안** 기업이 부가가치를 생성하는 과정을 나타내고 있다. 부가가치 창출에 직,간접적으로 관련된 일련의 활동, 기능, 프로세스 등의 연계를 의미.

## 99. 스포츠 참여형태 3가지

**모범답안**
- 참여 스포츠 소비자 : 스포츠 활동에 직접 참여하는 소비자
- 관람 스포츠 소비자 : 경기 관람을 통해 스포츠에 참여하는 소비자
- 스포츠 용품 소비자 : 스포츠 용품, 장비, 시설 등을 구매하는 소비자

## 100. 스포츠 행동에 영향을 미치는 요인 중 외적 요인 3가지 쓰고, 그 요인들이 어떻게 스포츠 행동에 영향을 미치는지 간략하게 서술하시오.

**모범답안** 1) 외적 요인 : 사회계층과 문화, 가족, 준거집단
2) 미치는 영향 :

## 101. AIDA : 인지 – 흥미 – 욕구 – 행동

## 102. Backman과 Crompton이 제시한 소비자 충성도 모형

| 행동적 | | 심리적 저 | 심리적 고 |
|---|---|---|---|
| | 저 | 낮은 충성도 | 잠재적 충성도 |
| | 고 | 가식적 충성도 | 높은 충성도 |

**모범답안** 1) 낮은 충성도 : 심리적 애착이 낮고, 참가율도 낮은 상태
2) 잠재적 충성도 : 심리적 애착이 강하지만, 참가율이 낮은 상태
3) 가식적 충성도 : 참가율이 높지만, 심리적 애착이 약한 상태
4) 높은 충성도 : 참가율도 높고, 심리적 애착도 강한 상태

## 103. 관여도 개념과 종류

모범답안 1) 개념 : 주어진 조건에서 특정 상품에 대한 개인의 관심이나 관련성 정도를 말함.
2) 관여도 종류 : 행동적, 정서적, 인지적, 지속적, 상황적 관여도
- 일반적 분류 : 인지적 관여도, 행동적 관여도, 정서적 관여도
- 시간적 분류 : 지속적 관여도, 상황적 관여도
- 수준적 분류 : 고관여, 저관여
- 인지적 관여도 : 심리적 동기에 의해 발생하는 것으로, 상품의 기능적 성과에 대한 관심에서 발생
- 행동적 관여도 : 실제 생산 혹은 판매에 참여하여 발생
- 정서적 관여도 : 가치 표현적 동시에서 발생하는 것으로 상품을 이용한 후 결과를 전달하는 목적

## 104. 저관여 상황일 때 보이게 되는 구매행동 유형 3가지

모범답안 1) 습관적 구매행동 2) 다양성 추구 구매행동 3) 시험적 구매행동

## 105. 의사결정과정 5단계

모범답안 문제인식 - 정보탐색 - 대안의 평가와 탐색 - 구매 - 구매 후 행동

## 106. CRM(고객관계관리)의 효과

모범답안 1) 조직 성과향상 2) 평생고객 가치의 향상 3) 고객 유지비용 감소
4) 신규 고객 확보 용이 5) 신규사업 모색이 수월

## 107. 고객유지단계 개념, 장점 3가지

모범답안 1) 개념 : 신규고객 유치비용이 크면 단기간에 수익을 내기 어렵지만, 관계 기간이 길어짐에 따라 고객에 대한 이해의 증가와 함께 고정고객화가 가능하고, 결국은 수익성 향상이 가능한 단계이다.
2) 장점 : 반복구매와 고정고객화가 가능 / 광고 및 홍보비 절감이 가능 / 매출액 증대가 가능 / 기존 고객의 경우 비교적 가격에 관대.

## 108. 스포츠시설의 소비자를 위한 서비스관리의 개념과 특성 3가지

모범답안 1) 개념 : 고객의 욕구를 파악하고 이에 맞는 프로그램을 개발하며, 고객의 불만족을 처리하고, 피해구제와 정보제공 등을 통해 소비자 만족을 실현하는 것.
2) 서비스관리의 특징
- 고객의 욕구충족을 목적으로 제공
- 물적, 인적, 시스템적 서비스의 결합
- 상품을 제공하면서 부수적으로 제공되는 지원 서비스도 있다.

## 109. 스포츠시설의 서비스 기능

모범답안 1) 물적 서비스 : 시설과 부대시설
2) 인적 서비스 : 지도 서비스, 고객만족
3) 시스템적 서비스 : 운영 프로그램, 가격의 접합성, 접근 편의성

## 110. 프로스포츠 구단의 직접수입원과 간접수입원

| 직접 수입원 | 간접 수입원 |
|---|---|
| • 입장권 판매 수입<br>• 방송중계권 수입<br>• 스폰서십 수익<br>• 상금 및 배당금<br>• 선수 이적료 | • 라이센싱 수입<br>• 연맹가입 및 지역연고권 등의 자산 가치<br>• 지원금 |

## 111. 프로리그에서 신생팀의 가입비 부담 이유

모범답안 1) 구단의 희소가치 유지 2) 선수 확보의 용이
3) 지역연고의 유지 4) 고정팬 확보

## 112. 전력평준화

모범답안 1) 개념 : 프로스포츠구단은 경쟁자이면서 동반자이다. 팀 간의 전략이 평준화되어야 관중의 흥미를 지속적으로 유발할 수 있고, 전체시장이 성장하는 계기를 마련하는 것
2) 방안 : 신인 드래프트, 용병제도, 연봉총상한제, 트레이드 제도, 자유계약제도

## 113. 인적자원의 개념, 평가가 갖는 중요성

모범답안 • 개념 : 필요한 인력을 확보하고, 이들의 능력을 최대한 개발하여 조직의 목표를 달성하고, 개인의 성장과 발전을 위한 관리활동

• 인적자원에 대한 평가의 중요성(인적자원의 필요성)
1) 인적자원의 질을 향상시키는 계기 마련
2) 공정한 평가는 조직의 발전에 기본이 됨
3) 구성원들의 인간관계 개선에 큰 도움이 됨.
4) 조직구성원이 유능한 직원이 되도록 하기 위한 정확한 기초자료를 제공.

## 114. 스포츠용품 회사의 일반적인 신제품 개발과정 5단계

**모범답안** 정보수집 → 아이디어 도출 → 아이디어 선별 → 개발 및 테스트 → 사업성 분석 → 사업화

## 115. 스포츠 시설의 수요예측 3가지

**모범답안** 1) 요인평가법(가중치 이용법) : 수요예측에 적용하기 위해 각각의 요소들에 가중치를 적용하여 예측하는 방법

2) 중력모델법 : 시설을 이용하는 다수의 소비자들에게 보다 편리하게 이용할 수 있도록 이동거리, 소요시간 등을 감안한 시설의 위치 또는 공급되는 서비스의 양을 고려하여 계산하고 적용하는 방법. 공식 : 면적/(소요시간)$^2$

3) 시간거리 환산법 : 스포츠 시설까지의 시간과 거리를 중심으로 예측하는 방법으로, 직선거리, 이동거리 및 소요시간을 적용하여 계산하는 방법.

## 116. 스포츠 프로그램 개발절차

**모범답안** 소비자 조사 → 프로그램 개발 → 프로그램 실행 → 프로그램 평가

## 117. 뉴스포츠의 특징 3가지

**모범답안** 1) 일반 참가자가 대상이다.

2) 형식과 규정에 얽매이지 않고 참여자 중심으로 운영된다.

3) 참가 대상, 지역의 특성에 맞게 규칙 변경이 가능하다.

## 118. 스포츠 시설을 분류하는 방법 4가지

**모범답안** 1) 운영 주체에 따른 분류 2) 사회 영역에 따른 분류

3) 입지 유형에 따른 분류 4) 수요 범위에 따른 분류

## 119. 공공스포츠 시설의 운영에 있어 외부조직에 위탁경영 장점과 문제점

| 구분 | 내용 |
|---|---|
| 장점 | ㉠ 경영과 시설 활용의 효율성 제고<br>㉡ 인건비 등 유지관리비용의 절감 가능<br>㉢ 전문가의 기술 활용이 가능<br>㉣ 공휴일 등 개장시간의 탄력적 운영이 가능. |
| 문제점 | ㉠ 특정 주민들에게 편중되어 이용될 가능성 있음<br>㉡ 사고 발생 시, 책임소재가 불명확할 위험성이 존재<br>㉢ 서비스 저하를 초래할 가능성이 높음 |

## 120. 스포츠 시설 이용시 안전 관리에 유의해야 할 사항 5가지

1) 시설 및 설비의 정기 안전검사와 결과에 대한 서류 보존
2) 안전검사 결과어서 결함 혹은 결함 징후 발견시 신속히 조치
3) 안전사항을 이용자에게 주지
4) 안전담당 직원을 배치
5) 유사 시 응급조치 시스템 확립

## 121. 안전 위생기준 5가지

1) 시설 내 질서 유지
2) 정상 이용이 가능한 상태로 유지
3) 실외의 경우 폭우 등 안전을 해할 우려가 있을 경우 이용 제한
4) 음주자 등 정상 이용 곤란할 경우 이용 제한
5) 정원 초과 금지

## 122. 스포츠 시설의 관리영역에서 물적관리

**모범답안** 토지, 설비, 운동장, 건물, 비품 및 소모품 등에 관한 관리

- 유의사항
  1) 비품과 대장의 일치
  2) 절차어 따른 사용과 정리
  3) 인근주민에게 피해가 없도록 관리
  4) 시설 내 환경미화

## 123. 스포츠에 의한 상해 2가지

**모범답안** 1) 돌발사고에 의한 상해 : 태권도, 격투기, 축구, 농구 등 신체적 충돌이 잦은 종목과 등산, 스키, 체조 등에서 잘 발생하며 특히 골절, 탈골, 염좌, 좌상 등으로 발생한다.
2) 무리한 운동으로 인한 상해 : 근육이나 관절을 무리하게 사용하여 생기는 상해로, 체력어 비해 운동 강도가 강하거나 운동량이 과다한 경우에 생기며 주로 건염, 관절염, 골절 등이 발생한다.

## 124. 스포츠 시설 입지 선정 시 고려되어야 할 요소

**모범답안** 1) 소비자의 접근용이성 2) 경쟁자의 위치
3) 인력수급 방법 4) 인구통계학적 특성

## 125. PSL이란

모범답안 일정 기간 즉, 한 시즌의 지적 좌석제도

## 126. 경기장의 광고 종류

모범답안 1) 입간판 광고 2) 펜스 광고 3) 바닥 광고 4) 전광판 광고 5) 백드롭 광고 6) 유니폼 광고 7) 팜플렛 광고 8) 입장권 광고 9) 대회명칭 광고

## 127. 승강제

모범답안
- 개념 : 리그를 1, 2부로 나누고 시즌이 끝나면 성적이 따라 상· 하위 리그로 바뀌는 시스템
- 특성 : 시즌 막바지에 관중의 관심이 이완되는 현상을 방지하며, 하위 팀에게 마지막까지 최선을 다하도록 강구하는 역할.

## 128. 인적자원의 평가 중요성

모범답안 1) 인적자원의 질을 향상시키는 계기 마련
2) 구성원들의 인간관계 개선에 큰 도움이 됨
3) 조직 구성원이 유능한 직원이 되도록 하기 위한 정확한 기초자료를 제공

## 129. 소비자 행동에 영향을 미치는 요인 중 심리적 요인 3가지

모범답안 동기부여, 지각, 학습, 신념과 태도

## 130. S그룹 직원인 이씨는 월급 4백만원을 받았지만 최근 직장을 그만두고 스크린 골프장 사업을 하려고 한다. 스크린 골프장을 설립하는데는 인건비, 임대비, 설치비 등 총 4억 5천만원이 소요되고, 연매출액은 5억 정도로 예상하고 있다. 여기에서 소득을 회계비용과 기회비용 각각의 개념을 들어 소득을 설명하시오.(8점)

모범답안 1) 기회비용이란 여러 가능성 중 하나를 선택했을때 그 선택으로 인해 포기해야 하는 것에 대한 가치를 말하며, 회계비용은 스크린 골프장 설립에 필요한 제반 비용을 말한다.
2) 이씨의 소득은 5억원- (4백만*12개월 +4억5천만원)= 2백만원이 된다.

## 131. 경기장 수익을 극대화하기 위한 PSL(Permanent Seat License)에 대해 설명하시오.

- 일정기간, 즉 한 시즌의 지적좌석제도, 아래까지 써야 5점.

| 고급 관람석(Luxury suites)은 최소 12개 이상의 좌석과 음료를 제공하는 바와 치킨, 거실을 포함한다. 미국 프로야구 메이저리그의 고급 관람석은 연간 사용료가 12만 5000달러에 육박하며 5년 이상의 계약 기간으로 판매된다. PSL(Permanent or personal Seat License)은 시즌 티켓 구매자에게 특정 좌석을 지정해 정규시즌 동안 같은 자리에서 홈경기를 관람할 수 있게 해주는 티켓판매 방법이다. PSL은 새로운 경기장 건설을 위한 재정 확보에 매우 효과적이며 NFL의 캐롤라이나 팬더스(Carolina Panthers)는 PSL 판매를 통해 90단 달러의 수익을 창출해 총 공사비 248만 달러의 상당부분을 채웠다. |
|---|

## 132. 소비자 입장에서 본 브랜드의 중요성

**모범답안**
1) 상표는 고객에게 다른 제품과 차이가 난다는 것을 식별시키기 위해 붙여진 것으로, 특정 상표에 충성도를 가진 고객은 상표로 인하여 쉽게 그 상표를 구매할 수 있게 되어 구매의 효율성을 높여준다.
2) 제조업자가 생산하는 제품의 질을 보증하는 역할을 한다.

## 133. 스포츠 시설의 서비스 기능

**모범답안**
- 물적 서비스 : 시설과 부대시설
- 인적 서비스 : 지도 서비스, 고객만족
- 시스템적 서비스 : 운영 프로그램, 가격의 적합성, 접근 편의성

## 134. 국제 스포츠 이벤트의 개최를 통해 스포츠가 개최국가에서 파생할 수 있는 가치에 대해 서술하시오.

**모범답안**
1) 국가의 인지도 향상 2) 국가 경제활성화
3) 국가의 이미지 향상 4) 국가 브랜드 강화

## 135. 스포츠 시장의 1차 시장과 2차 시장의 구성요인을 제시하시오.

**모범답안**
1차 시장 : 경기인과 관람객, 자원봉사자
2차 시장 : 스포츠 관련 상품, 스폰서십, 광고시장

136. 상품과 서비스를 포지셔닝할 때 일반적으로 고려되는 차원의 4가지를 각각 설명하시오.(4점)

모범답안

- 상품의 속성 : 소비자들이 중요시하는 속성을 전달해야 한다.
- 상품의 용도 : 소비자에게 용도를 알려야 한다.
- 가격대비 품질수준 : 품질대비 저가격 또는 고가격 전략을 고려한다.
- 경쟁관계 : 경쟁 상품과 비교하여 자사상품의 우수성을 강조해야 한다.

# 제 5 장 실기 모의고사

## 실기 모의고사 1회

01. 스포츠시설 고객관리 중 고객유지단계에 대하여 설명하시오.(4점)

02. 스포츠판매촉진전략 중 체험이벤트의 개념을 설명하시오.(3점)

03. 앤소프(Ansoff)가 제시한 성장벡터에 의한 성장전략의 유형 4가지에 대하여 설명하시오.(4점)

04. 스포츠시설의 소비자 서비스의 필요성에 대하여 설명하시오.(3점)

05. 스포츠 스폰서십의 효과분석을 위해 선행적으로 반드시 고려되어야 할 사항 3가지를 기술하시오.(3점)

06. 스포츠 스폰서십 평가방식 3가지를 기술하시오.(3점)

07. 스포츠상품을 서비스 특징의 측면에서 무형성, 비분리성, 이질성, 소멸성의 특징에 대하여 설명하시오.(4점)

08. 스포츠 조직 구조를 형성하고 있는 핵심적인 3가지 차원에 대하여 설명하시오.(6점)

09. 스포츠조직이 외부에서 직접 금융을 통해 자금을 조달하는 방법 5가지를 기술하시오.(5점)

10. 스포츠 상품의 가격 결정에 미치는 외적 영향요인 3가지를 기술하시오.(3점)

11. 스포츠시설의 안전관리 상 특히 유의해야할 사항 5가지를 기술하시오.(5점)

12. 프로스포츠의 전력평준화를 위해 채택하고 있는 제도를 5가지 기술하시오.(5점)

13. 스포츠조직의 입장에서 투자안의 경제성을 평가하기 위한 방법이 갖추어야 할 조건 4가지를 설명하시오.(4점)

14. 국내 스포츠산업의 강점, 약점, 기회, 위협에 대한 SWOT분석을 간략히 기술하시오.(4점)

15. 스포츠센터에 종사하는 프로그램 지도자의 인적관리를 위해 직무분석을 할 때, 일반적으로 활용할 수 있는 방법 3가지를 간략히 기술하시오.(3점)

16. 스포츠시설 관리에 있어서 공공시설 위탁관리운영의 장점 4가지를 기술하시오.(4점)

17. 체육시설 공간 효율화 기본방향 4가지를 기술하시오.(4점)

18. 세분시장을 선정하는 방법에는 크게 비차별 마케팅, 차별화 마케팅, 집중 마케팅으로 나눌 수 있다. 각각의 의미를 설명하시오.(6점)

19. 스포츠시설의 관리영역은 크게 물적관리와 안전관리로 나눌 수 있다. 이 중 물적관리의 의미와 특징에 대하여 설명하고, 이를 관리하기 위해 유의해야 할 사항 4가지를 기술하시오.(6점)

20. 시장세분화를 위한 근거기준 4가지를 기술하고 이에 대해 간략히 설명하시오.(4점)

21. 순현재가치법의 개념과 투자결정기준을 설명하시오.(5점)

22. 공식스폰서, 공식공급업체, 공식상품화권자의 의미를 기술하시오.(3점)

23. BCG매트릭스의 의미를 서술하고 사업부의 유형에 대해 쓰시오.(5점)

## 실기 모의고사 2회

01. 미디어가 스포츠 산업에 미친 긍정적 영향, 부정적 영향을 각 3가지씩 기술하시오.(6점)

02. 스포츠 시설의 운영에 있어 안전사고의 발생 시 배상 대상이 되는 사고의 의미를 설명하시오(4점)

03. 포트폴리오 전략의 의미를 기술하고 특징 2가지와 대표적인 전략모형 2가지를 서술하시오.(5점)

04. 스포츠소비를 위한 구매의사결정과정을 5단계로 구분하여 설명하시오.(10점)

05. 스포츠 스폰서십의 6P's의 의미를 기술하시오.(6점)

06. 앤소프(Ansoff)의 성장전략 모델 중 제품개발전략의 의미를 쓰고, 스포츠를 예를 들어 설명하시오.(4점)

07. 스포츠시설의 기능 중 이용자에 대한 서비스측면에서의 기능 3가지를 기술하시오.(6점)

08. 이상적 투자결정기법의 4가지 조건을 기술하시오.(4점)

09. 매복마케팅 활동을 방지할 수 있는 방안 4가지를 기술하시오.(4점)

10. 프로스포츠의 관중 유입을 위한 마케팅 전략을 4P's에 입각하여 설명하시오.(8점)

11. 스포츠제품의 수명주기인 도입기, 성장기, 성숙기의 특성을 마케팅전략 측면에서 설명하시오.(9점)

12. 스포츠시설 이용 시 사고예방을 위한 안전 관리에 유의해야할 사항 4가지를 기술하시오.(4점)

13. 스포츠 산업의 특성 4가지를 기술하시오.(4점)

14. 순현재가치법과 내부수익률법의 의미를 기술하시오.(4점)

15. TOP스폰서에게 주어지는 혜택 5가지를 기술하시오.(5점)

16. BCG매트릭스에서 Star사업부의 특징 4가지와 주요 전략유형 2가지를 기술하시오.(6점)

17. 스포츠소비자의 참여 형태를 3가지로 분류하고 이에 대해 설명하시오.(6점)

## 실기 모의고사 3회

01. 스포츠를 이용한 마케팅과 스포츠의 마케팅을 구분하여 설명하시오.(4점)

02. 시장세분화에서 세분시장을 선정하는 방법 중 마케팅의 의미와 구체적인 예를 기술하고 장·단점을 각각 1가지씩만 쓰시오.(4점)

03. 스포츠 인적자원관리에서 훈련과 개발의 의미를 비교·설명하시오.(4점)

04. 스포츠 경영전략 중 경쟁전략의 목적을 쓰고 이를 위한 선결 과제 2가지를 쓰시오.(4점)

05. 스포츠 스폰서의 유형 3가지를 쓰고 이를 설명하시오.(6점)

06. 스포츠시설 소비자를 위한 서비스관리의 개념과 특징 3가지를 기술하시오.(4점)

07. 스포츠센터의 입지결정을 가중치이용법을 적용하여 각각의 입지점수를 계산하시오. 단 계산과정과 답을 모두 기재해야 하며 소수점 둘째자리까지 기재하시오.(6점)

| 입지요인 | 가중치 | A입지 | B입지 | C입지 |
|---|---|---|---|---|
| 시설물지대 | 0.3 | 90 | 70 | 80 |
| 상권형성 | 0.2 | 85 | 80 | 85 |
| 유동 및 거주인구 | 0.15 | 55 | 70 | 60 |
| 교통환경 | 0.15 | 60 | 70 | 65 |
| 노동환경 | 0.1 | 70 | 65 | 50 |
| 지역사회태도 | 0.1 | 50 | 70 | 50 |

08. 스포츠경영전략에서 경쟁우위를 효과적으로 모방하기 위한 조건 4가지를 쓰시오.(4점)

09. IOC가 TOP프로그램을 참여한 공식스폰서에게 주는 혜택 5가지를 쓰시오.(5점)

10. 매복마케팅의 의미를 쓰고 이에 대한 유형 4가지를 쓰시오.(6점)

11. 스포츠이벤트에서 상품을 판매하고자 할 때 고려해야 하는 사항 5가지를 쓰시오.(5점)

12. 스포츠조직에서 리더가 발휘하는 리더십의 역할 5가지를 쓰시오.(5점)

13. 스포츠조직의 커뮤니케이션전략을 수립해야하는 상황 2가지와 그 프로세스의 수립단계 4가지를 설명하시오.(6점)

14. 모든 스포츠시설에서 공통적으로 준수해야하는 안전 위생기준 5가지를 쓰시오.(5점)

15 .스포츠조직의 입장에서 투자결정기법 중 위험조정할인률법과 확실성등가법을 설명하시오.(4점)

16. 스포츠이벤트 개최를 통한 경제적 효과 3가지를 기술하시오.(3점)

17. 시장을 세분화하는데 기본적으로 고려되어야 할 사항 4가지를 설명하시오.(4점)

18 .공설운동장 리모델링의 정책적 착안점 중 이용특성의 측면에서 고려해야 할 사항 4가지를 쓰시오.(4점)

19. 스포츠소비자 행동의 개인적 영향요인 3가지를 쓰시오.(3점)

20. 스포츠소비자의 스포츠참여 의사결정과정을 5단계로 구분하고 이에 대하여 간략하게 설명하시오.(5점)

21. A수영장에서 월회비 50,000원에서 40,000원으로 가격을 인하하였더니 회원이 200명에서 400명으로 증가하였고 B수영장도 월회비를 50,000원에서 40,000원으로 가격을 인하하였더니 회원이 200명에서 600명으로 증가하였다. 수요량의 변화를 공식을 적용하여 각 수영장의 수요변화 요율을 계산하고, 어느 수영장의 수요가 더 탄력적인지 쓰시오.(단 반드시 계산과정 기재)(5점)

## 실기 모의고사 4회

01. 스포츠 조직 인적 자원 관리 기능 중 채용 기법에서 내부 채용 기법의 장·단점을 각각 2가지씩 쓰시오.(4점)

02. 스포츠시설 소비자의 참가 동기를 높이기 위한 방안에 대하여 설명하시오.(5점)

03. 스포츠 조직에서 리더십의 유형 중 교환적 리더십에 대하여 설명하시오.(3점)

04. 인적자원에 대한 평가가 가지는 중요성을 3가지만 쓰시오.(6점)

05. 스포츠에 의한 상해를 2가지로 분류하여 제시하고 각각의 의미를 사례를 통해 간략하게 설명하시오.(4점)

06. 스포츠용품 업체인 A사는 당좌자산 100만원, 재고자산 80만원, 기타 유동자산 30만원과 유동부채 70만원이 있다. A사의 유동비율(%)을 구하시오.(단 반드시 계산과정 기재)(4점)

07. 스포츠경영이 활성화되어 스포츠에 대한 투자가 활성화 되면 보험상품에 대한 수요가 더욱 확대될 것으로 예상된다. 스포츠 보험이 담당하는 주요 기능 4가지를 쓰시오.(4점)

08. 경기장 광고의 종류 5가지를 쓰시오.(3점)

09. 스포츠시설 관리에 있어서 공공시설 위탁관리운영이 장점 4가지를 쓰시오.(4점)

10. 스포츠 조직에서의 투자결정기법 종류를 3가지만 쓰시오.(3점)

11. Backman과 Crompton이 제시한 스포츠 소비자 충성도 모형의 4가지 유형을 제시하고 설명하시오.(8점)

12. 스포츠 스폰서십은 어떤 형태의 재화를 제공하느냐에 따라 그리고 주어지는 권리와 혜택에 따라 스폰서십의 유형이 분류된다. 재화에 따른 스포츠 스폰서십의 유형을 3가지 쓰시오.(6점)

13. 스포츠경영자가 인적자원관리 패러다임 중 비판적 패러다임을 적용하는 이유를 설명하시오.(4점)

14. 스포츠 스폰서십의 효과 분석을 위해 선행적으로 반드시 고려되어야 할 사항 3가지를 쓰시오.(6점)

15. 스포츠이벤트의 경제적 효과를 측정하는 방식의 하나인 승수분석의 3가지 유형을 제시하고 간략하게 설명하시오.(6점)

16. 스포츠소비자의 스포츠참여 의사결정에 영향을 미치는 내적인 요인들 중 태도에 대한 정의를 내리고 전통적인 3가지 태도모형을 제시하고 이에 대해 예를 들어 설명하시오.(8점)

17. 포트폴리오 전략인 BCG 매트릭스에서 Cash Cow 사업단위가 중요한 이유를 쓰시오.(4점)

18. 정부는 스포츠 산업체의 경쟁력 강화의 일환으로 스포츠용품 인증제를 추진하고 있다. 스포츠용품 인증제 도입의 기대효과를 2가지만 쓰시오.(4점)

19. 스포츠를 이용한 마케팅의 직접사업 4가지를 구분하여 간략하게 설명하시오.(4점)

20. 스포츠상품의 가격 결정에 미치는 외적 영향요인을 3가지만 쓰시오.(3점)

## 실기 모의고사 5회

01. 스포츠 조직 인적 자원 관리 기능 중 채용 기법에서 내부 채용 기법의 장·단점을 각각 2가지씩 쓰시오.(4점)

02. 스포츠 기업의 성장전략은 앤소프(Ansoff)가 제시한 제품과 시장의 매트릭스 모델을 통해 4가지 유형으로 구분할 수 있다. 다음 (    )안에 들어갈 알맞은 성장전략을 쓰고 각각에 대해 간략하게 설명하시오.(6점)

| | 기존시장 | 신규시장 |
|---|---|---|
| 기존제품 | ( A ) | 시장개발전략 |
| 신제품 | 제품개발전략 | ( B ) |

03. 관람스포츠의 핵심제품과 확장제품을 예로 들어 설명하고 관중동원을 위해 관심을 기울여야하는 이유를 쓰시오.(6점)

04. 매복마케팅의 의미를 쓰고 매복마케팅 활동을 방지할 수 있는 방안 4가지를 쓰시오.(6점)

05. 기업이 스포츠 스폰서십의 참여를 통해 얻을 수 있는 기대효과를 3가지만 쓰시오.(6점)

06. 스포츠센터의 입지 결정을 위해 가중치 이용법을 적용하여 각각의 입지점수를 계산하시오.(단 계산과정과 답 모두 기재해야하며, 소수점 둘째자리까지 기재하시오.)(6점)

| 입지요인 | 가중치 | A입지 | B입지 | C입지 |
|---|---|---|---|---|
| 시설물지대 | 0.3 | 90 | 70 | 80 |
| 상권형성 | 0.2 | 85 | 80 | 85 |
| 유동 및 거주인구 | 0.15 | 55 | 70 | 60 |
| 교통환경 | 0.15 | 60 | 70 | 65 |
| 노동환경 | 0.1 | 7 | 65 | 50 |
| 지역사회태도 | 0.1 | 50 | 70 | 50 |

07. 스포츠 스폰서십을 크게 공식스폰서와 공식공급업체로 구분할 때, 공식스폰서의 유형 3가지를 쓰고 각각에 대하여 간략히 설명하시오.(6점)

08. 스포츠 조직구조의 유형 중에 기계적 관료제 구조의 특징을 4가지만 쓰시오.(4점)

09. 관람 스포츠의 고객유치관리를 위해 가장 중요한 것은 경기관람에 영향을 주는 요소를 파악하는 것이다. 관람의사결정에 영향을 주는 요소를 5가지만 쓰시오.(5점)

10. 기업이 표적시장을 선정하기 위해 세분시장을 평가할 때 고려할 사항을 4가지만 쓰시오.(4점)

11. 스포츠마케팅은 주관자와 주 기능에 따라 스포츠의 마케팅과 스포츠를 통한 마케팅으로 구분할 수 있다. 각각에 대해 예를 설명하시오.(6점)

12. 공설운동장 리모델링 시 정책적 착안점 가운데서 시설 측면에서 고려해야할 사항을 3가지만 쓰시오.(3점)

13. BCG매트릭스에서 star사업부의 특징 4가지와 주요 전략유형 2가지를 쓰시오.(6점)

14. 스포츠조직의 자금조달 방법 중 외부에서 직접금융을 통한 자금조달방법을 3가지만 쓰시오.(3점)

15. 스포츠소비자 시장이 기존의 매스마케팅 중심에서 관계 마케팅 중심으로 변화하고 있다. 기업이 소비자와의 호의적 관계를 유지함으로써 얻을 수 있는 긍정적인 효과를 3가지 쓰시오.(3점)

16. TOP 스폰서는 현금, 용품, 서비스 및 용역 등 대회운영에 필요한 막대한 재정지원을 함으로써 성공적인 올림픽 개최에 크게 기여한다. TOP스폰서에게 주어지는 혜택 5가지만 쓰시오.(5점)

17. 소비자에게 전달되는 스포츠 상품은 스포츠 장비, 의류 등을 제외하고 서비스적인 성격이 강하기 때문에 서비스가 가지는 기본적인 특성을 가지게 된다. 서비스의 특성 4가지를 쓰시오.(4점)

18. 스포츠시설의 기능 중 이용자에 대한 서비스 측면에서 기능을 3가지만 쓰시오.(3점)

19. 프로농구 구단의 최고 경영층에서 조직의 활성화를 위해서 House가 주장한 리더십 이론 중 경로-목표이론을 활용하려고 한다. 이때 적용할 수 있는 리더십 유형을 2가지만 쓰고 각각에 대해 간략히 설명하시오.(4점)

20. 프로스포츠시장에서 팀 간 전력평준화는 해당 프로스포츠의 경쟁력 강화하는 방안으로 인식되고 있다. 프로스포츠의 전략 평준화를 위해 채택하고 있는 제도를 4가지만 쓰시오.(4점)

21. 스포츠조직의 투자결정 방법 중 회수기간법의 단점을 4가지 쓰시오.(4점)

## 실기 모의고사 6회

01. 스포츠 조직의 입장에서 투자안의 경제성을 평가하기 위한 방법이 갖추어야 할 4가지 조건을 설명하시오.(4점)

02. FIFA는 2006년 독일월드컵 이후부터 후원사 체제를 개편했다. 2010 남아공 월드컵 후원사 프로그램에 적용된 방식에 대하여 설명하시오.(5점)

03. 스포츠산업이 다른 산업과 구별되는 특징 3가지를 쓰시오.(6점)

04. 스포츠 경영전략 중 포트폴리오 전략의 의미를 설명하고, 특징과 대표적인 전략모형을 각각 2가지만 쓰시오.(5점)

05. 스포츠제품의 수명주기를 도입기, 성장기, 성숙기, 쇠퇴기로 구분할 때 도입기와 성숙기의 특징과 그에 따른 대응전략을 각각 2가지씩만 쓰시오.(8점)

06. 스포츠 조직이 관점에서 커뮤니케이션의 장애요인 3가지를 쓰시오.(6점)

07. 스포츠 조직에서는 구성원의 개인 역량 또는 성과에 따라 평가를 실시한다. 개인 평가의 긍정적인 기능 3가지를 쓰시오.(6점)

08. 스포츠 시설의 수요를 예측할 때 사용하는 요인평가법, 중력모델법, 시간거리환산법에 대해 설명하시오.(6점)

09. 경기장 수익을 극대화하기 위한 PSL(Permanent Seat License)에 대해 설명하시오.(5점)

10. 국내 스포츠 산업환경을 SWOT로 분석하고자 한다. SWOT의 개념을 설명하고, 기회(O)가 될 수 있는 요인 3가지를 제시하시오.(6점)

11. 스포츠를 이용한 광고의 성장배경(요인)을 3가지만 쓰시오.(6점)

12. 프로스포츠의 수입원을 직접 수입원, 간접 수입원으로 구분하여 각각 5가지 쓰시오.(6점)

13. 스포츠 소비자를 참여형태에 따라 3가지로 구분하고 각각에 대하여 설명하시오.(6점)

14. 스포츠조직 인적자원관리 기능 중 내부채용기법의 장·단점을 각각 2가지씩만 쓰시오.(6점)

15. 스포츠 기업이 표적시장을 선정하기 위한 3가지 시장범위전략에 대해 설명하시오.(6점)

16. 효과적인 스포츠 시장세분화를 위해 유의할 사항 5가지를 쓰시오.(6점)

17. 스포츠 스폰서십을 제공하는 재화의 형태 및 주어지는 권리와 혜택에 따라 스폰서십의 유형이 분류된다. 재화에 따른 스포츠 스폰서십의 유형 3가지를 쓰고 각각에 대해 간략히 설명하시오.(6점)

## 실기 모의고사 7회

01. 최근 기업에서 유명스포츠 선수와의 스폰서십을 통하여 마케팅 효과를 보고 있다. 이러한 기업이 스폰서십을 통해 얻을 수 있는 이점 3가지를 쓰시오.(4점)

02. 매복마케팅의 개념과 방지방안 4가지를 기술하시오.(6점)

03. 기업에서 신제품을 개발하는 단계이다. 다음 단계에 해당하는 것을 쓰시오.(4점)

| ( A )→ ( B )→( C )→( D )→포괄적 사업성 분석→상품화 |
|---|

04. 기업이 투자안의 가치를 평가하는데 이용하는 회수기간법이 가지는 단점 4가지를 쓰시오.(6점)

05. 제3섹터는 공공부분의 공공성 및 계획성을 민간부분의 효율성 및 탄력성과 결합시켜 양자의 장점을 합친 새로운 개발 방식을 의미한다. 스포츠 시설이 제3섹터로 운영되기 위한 전제조건 3가지를 쓰시오.(5점)

06. 라이센싱 사업에서 지적 재산권 소유자에게 상표사용권 등을 획득한 사업자가 다음과 같은 1년 기한에 대가 지불 계약을 체결한 후 연간 매출액이 2억이면 결산시점에서 라이센시가 라이센서에게 추가로 지불해야 할 로얄티는 얼마인가? 계산과정도 기술하시오.(3점)

| - 관리소유자에게 계약체결시점에서 최소 보장금 1,000만원을 선금 지급<br>- 로얄티는 매출액의 10%로 결정 |
|---|

07. 스포츠 산업의 특성 4가지를 쓰시오.(4점)

**08. 다음의 기회요인을 분석하여 주어진 기회 매트릭스 부문을 완성하고 다음의 기회요인이 기회 매트릭스 부분의 어느 영역에 해당하는지 쓰시오.(9점)**

| (A) \ ( B ) | 고 | 저 |
|---|---|---|
| 고 | (가) | (나) |
| 저 | (다) | (라) |

> KBL은 최근 참여 스포츠 이용자가 늘어남에 따라 그들을 위한 새로운 리그를 도입하기로 결정하였다.

**09. 다음 제시한 조건을 보고 A골프장이 취할 수 있는 경영전략은 무엇이며, 그 특징에 대해 기술하라.(6점)**

> 국내골프장 코스와 운영은 개성이 없었다. 1990년대 이후 국내 코스에 변화의 물결이 일어나기 시작했는데, 제주의 A골프장에는 자연을 그대로 살리는 링코스 스타일이 도입되었으며, 일반적으로 투그린을 원그린으로 바꾸고 조랑말 캐디를 도입해 내국인과 일본 골퍼들의 인기를 끌었다.

10. 새로운 헬스장을 운영하기에 앞서 A, B, C의 각 입지별 가중치를 계산하여 입지점수를 구했을 시, 가장 타당한 입지요인은 어느 곳인지 쓰시오. 단, 각 입지별 계산과정과 결과 모두 기술하라.(4점)

| 입지요인 | 가중치 | A입지 | B입지 | C입지 |
|---|---|---|---|---|
| 시설물 지대 | 0.3 | 90 | 70 | 80 |
| 상권 형성 | 0.2 | 85 | 80 | 85 |
| 유동 및 거주인구 | 0.15 | 55 | 70 | 60 |
| 교통 환경 | 0.15 | 60 | 70 | 65 |
| 노동 환경 | 0.1 | 70 | 65 | 50 |
| 지역사회 태도 | 0.1 | 50 | 70 | 50 |

11. 제품의 수명주기 중 성장기의 특징과 전략을 4가지만 쓰시오.(6점)

12. 현재 시행되고 있는 프로리그 스포츠에 신생구단이 프로 리그 가입시 엄청난 양의 가입금을 지불해야하는데 신생구단에게 부담금을 부여하는 이유 3가지를 설명하시오.(6점)

13. 교섭적 리더십의 특징과 변혁적 리더십이 가지는 특징에 대해 각각 3가지만 쓰시오.(6점)

14. 스포츠 시설의 수요예측을 할 때 일반적으로 사용하는 방법 3가지와 설명을 적으시오.(6점)

15. 마이클 포터가 주장하는 시장의 경쟁요인 5가지에 대해 설명하시오.(5점)

16. 스포츠시설의 소비자를 위한 서비스관리의 개념과 특징에 대해 쓰시오.(5점)

17. 광고와 홍보의 차이점에 대하여 설명하시오.(5점)

18. 마케팅 가격 결정에서 사용되어지는 묶음가격 전략의 유형 2가지만 쓰시오.(5점)

19. 전통적으로 경기장 입장권은 매표소에서 직접 구매했지만 최근 소비자들이 경기장에 오지 않더라도 인터넷으로 구입할 수 있게 되었다. 경기장 입장권을 다양한 유통경로를 통해 판매함으로써 얻을 수 있는 긍정적 효과를 스포츠 조직과 소비자 관점으로 구분하여 각각 3가지씩 쓰시오.(6점)

## 실기 모의고사 8회

01. 스포츠 기업이 표적시장을 선정한 후 활용할 수 있는 시장 커버리지 전략은 비차별화 전략 마케팅, 차별화 마케팅, 집중화 마케팅으로 구분할 수 있다. 각전략에 대해 설명하시오.(6점)

02. 인적자원에 대한 평가가 가지는 중요성을 3가지만 쓰시오.(6점)

03. 프로스포츠시장에서 팀 간 전력평준화는 해당 프로스포츠의 경쟁력을 강화하는 방안으로 인식되고 있다. 프로스포츠의 전력평준화를 위해 채택하고 있는 제도를 4가지만 쓰시오.(4점)

04. BCG매트릭스에서 star사업부의 특징 4가지와 주요 전략유형 2가지를 쓰시오.(6점)

05. 스포츠조직이 조달한 자본을 최종투자하기 위한 이상적인 투자결정기법의 4가지 조건을 쓰시오.(4점)

06. 스포츠센터에 종사하는 프로그램 지도자의 인적관리를 위한 직무분석을 할 때, 일반적으로 활용할 수 있는 방법 3가지를 쓰시오.(6점)

07. 스포츠 스폰서십의 효과 분석을 위해 선행적으로 반드시 고려되어야 할 사항을 3가지만 쓰시오.(6점)

08. 스포츠조직의 프로퍼티를 활용하여 만들 수 있는 확장 제품을 4가지만 쓰시오.(4점)

09. 공공스포츠 시설의 운영에 있어 외부조직에 의한 위탁경영을 실시 할 때의 장점을 3가지만 쓰시오.(6점)

10. 스포츠 소비자들은 자신의 스포츠 상품에 대한 관여정도에 따라 개인별 구매행동이 달라진다. 다양한 구매 상황 중 스포츠 소비자들이 저관여 상황일 때 보이게 되는 구매행동의 유형을 3가지 쓰시오.(6점)

11. 스포츠 소비자들의 스포츠 소비를 위한 일반적인 의사결정과정을 5단계로 구분하여 쓰시오.(5점)

12. 스포츠 시설 설계 시 중요하게 고려되어야 할 요소를 3가지만 쓰시오.(3점)

13. 스포츠 조직이 새로운 스포츠 상품을 시장에 출시할 때 침투가격전략이 적합한 상황을 3가지만 쓰시오.(6점)

14. 스포츠 에이전시의 유형을 4가지만 쓰시오.(4점)

15. 스포츠 이벤트 주최측이 입장수입의 20%를 사용료로 지불키로 하고 입장권 가격은 1만원으로 책정했다. 경기 개최에 소요되는 고정비는 참가선수 초청비 6,000만원, 프로그램 제작비 2,000만원이 소요되었다. 스포츠 이벤트 주최측이 손익분기점에 도달하기 위한 최소 유료 관중 수를 계산하시오.(5점) (단, 주어진 조건 외는 고려하지 않는다.)

16. 국내 자치단체를 포함한 세계 각국의 도시들이 빅이벤트나 프로구단 유치를 위해 스포츠 시설 투자에 적극적으로 나서고 있다. 자치단체가 스포츠 이벤트 유치에 성공할 때 얻게 되는 혜택을 5가지만 쓰시오.(5점)

17. 스포츠 산업의 소비는 필수재이기 보다는 선택재의 소비행동 성격을 갖는다. 이러한 성격을 반영한 스포츠산업의 특성 3가지만 쓰시오.(3점)

18. 스포츠 조직의 직, 간접 금융을 통한 외부자본조달 방법을 각각 3가지씩 쓰시오.(6점)

19. 스포츠 조직에서 브랜드를 구축하여 기대할 수 있는 긍정적인 효과를 3가지만 쓰시오.(6점)

20. 다음(　　)안에 알맞은 것을 쓰시오.(3점)

| 라이센싱은 상표 등록된 재산권을 가지고 있는 개인 또는 단체가 타인에게 대가를 받고 그 재산권을 사용할 수 있도록 상업적 권리를 부여하는 계약이다. 다시 말해서 ( A )가 어떤 형태의 대가를 받기 위하여 경제적 가치가 있는 특허권, 노하우, 상표권, 그리고 브랜드 이름 등 각종 자산의 사용을 ( B )에게 허락하는 계약을 말한다. 즉, 상표 등 지적 재산권에 대하여 권리를 보유하고 있는 자가 일정한 범위 내에서 타인에게 지적 재산권의 사용을 허락하고 그 대가로 ( C )를 받는 행위를 말한다. |
|---|

## 실기 모의고사 9회

01. 관람스포츠에서 핵심제품과 확장제품에 대해 예를 들어 설명하고 관중동원을 위해 확장제품에 관심을 기울여야하는 이유를 쓰시오.(6점)

02. 스포츠 조직구조의 유형 중에 기계적 관료제 구조의 특징을 3가지만 쓰시오.(6점)

03. 마이클 포터가 제시한 본원적 경쟁전략 3가지를 쓰시오.(6점)

04. 스포츠를 이용한 광고의 성장배경 3가지를 쓰시오.(6점)

05. 프로스포츠구단의 직접수입원과 간접수입원을 각각 5가지씩 쓰시오.(6점)

06. 소비자에게 전달되는 스포츠상품은 스포츠장비, 의류 등을 제외하고 서비스적인 성격이 강하므로 스포츠 서비스가 가지는 특성 4가지를 쓰시오.(4점)

07. 스포츠조직 인적자원관리의 기능 중 채용기법에서 내부채용기법의 장·단점을 각각 2가지씩 쓰시오.(4점)

08. 스포츠 기업이 표적시장을 선정하기 위한 3가지 시장범위전략에 대해 설명하시오.(6점)

09. 스포츠 조직의 관점에서 커뮤니케이션의 장애요인 3가지를 쓰시오.(6점)

10. 수요의 가격탄력성 공식을 적고, 탄력적 수요, 비탄력적 수요, 단위탄력적 수요에 대해 설명하시오.(8점)

11. 스포츠 스폰서십의 필요성을 스포츠 주관자와 기업의 입장에서 각각 3가지를 쓰시오.(6점)

12. 관람스포츠의 비즈니스 구조에서 스포츠이벤트를 최종적으로 구매하는 구매자는 팬을 제외하고 무엇이 있는지 3가지를 쓰시오.(3점)

13. 다음 지문에서 소비자행동이론 중 어떤 행동이론인지 쓰시오.(3점)

| 현대자동차는 매출증대를 위해 2002한일월드컵 축구대회 조직위원회와 공식공급업체로 계약하였다. 이의 참여로 소비자들이 현대자동차를 구매하였다고 단정하기는 어려운 실정이다. 이처럼 고가의 상품을 구매하는 소비자가 구매의사결정을 하기까지 고려해야 하는 많은 요인들이 상호 복합적으로 작용하는 행동이론을 말한다. |
|---|

14. 투자안에 대한 경제성을 평가하는 방법인 순현재가치법이 다른 방법보다 합리적이라고 판단할 수 있는 이유 4가지를 쓰시오.(4점)

15. 판매촉진방법 중 ATL과 BTL에 대해 설명하고 각각의 예를 1가지를 쓰시오.(6점)

16. 스포츠 스폰서십을 제공하는 재화에 따른 스포츠 스폰서십의 유형 3가지를 쓰시오.(6점)

17. 스포츠 스폰서십의 효과를 측정하는 방법으로 Meenagan은 5가지 주요영역을 주장하였다. 5가지 주요영역을 쓰시오.(5점)

18. 브랜드 확장과 강화의 개념을 설명하시오.(4점)

19. 매복마케팅의 의미를 설명하고 매복마케팅의 특징 3가지를 쓰시오.(5점)

## 실기 모의고사 10회

01. 스포츠 조직의 재무관리자는 최적의 경영의사 결정을 내리기 위해 재무비율을 사용하여 과거 및 현재의 재무상태와 경영성과를 분석한다. 재무비율 중 유동성 비율의 의미와 유동성 비율의 종류를 2가지 쓰시오.(5점)

02. BCG 매트릭스는 성장률과 점유율을 기준으로 4가지 영역으로 구분한다. 4가지 영역을 쓰고 각각에 대해 설명하시오.(8점)

03. 기업이 표적시장을 선정하기 위해 세분시장을 평가할 때 고려하여야 할 사항을 4가지만 쓰시오.(4점)

04. 스포츠 소비자 시장이 기존의 매스마케팅 중심에서 관계마케팅 중심으로 변화하고 있다. 기업이 소비자와의 호의적 관계를 유지함으로써 얻을 수 있는 긍정적인 효과 3가지 쓰시오.(6점)

05. 체육시설 공간 효율화 기본방향 4가지를 기술하시오.(4점)

06. 기업이 스포츠 스폰서십 참여를 통해 얻을 수 있는 긍정적 기대효과 3가지를 쓰시오.(6점)

07. 방송중계권은 관람스포츠 비즈니스에서 거래되는 가장 중요한 권리라고 할 수 있다. 방송 중계권 거래에 개입하는 비즈니스 핵심 주체를 3가지 쓰시오.(3점)

08. 스포츠시설 소비자의 참가 동기를 높이기 위한 방안에 대하여 설명하시오.(6점)

09. 기업이 투자안의 가치를 평가하는데 이용하는 회수기간법이 갖는 단점 4가지를 쓰시오.(6점)

10. Herzberg 2요인 이론의 위생요인과 동기요인을 각각 예를 들어 설명하시오.(6점)

11. SWOT의 개념을 설명하고 국내 스포츠산업 환경을 SWOT에 의해 분석할 때 가능한 기회 요인을 4가지만 쓰시오.(8점)

12. 경영전략의 주요 목적은 경쟁우위를 획득하고 이를 지속적으로 유지하는 것이라고 할 수 있다. Porter가 제시한 경쟁우위 2가지 범주를 설명하시오.(4점)

13. 라이센싱의 의미와 스포츠단체에서 라이센시를 선정할 때 고려해야하는 기준 5가지를 쓰시오.(7점)

14. 소비자가 상품을 구입하기까지 심리과정을 분석하는 AIDA 이론을 설명하는 다음 표에서 (　　)안에 알맞은 용어를 쓰시오.(4점)

| 인지(Attention) - ( A ) - ( B ) - 행동(Action) |
|---|

15. 스폰서십을 독점적, 1차, 보조 그리고 공식 스폰서십의 4가지로 구분하고 있다. 각각의 의미를 간략하게 기술하시오.(5점)

16. 지역사회에서 대형 스포츠이벤트 개최의 순기능적 역할을 3가지만 쓰시오.(6점)

17. 스포츠 상품은 재화의 특성과 서비스적 특성을 동시에 내포하고 있다. 유형적이고 물리적인 재화가 아닌 서비스로서 스포츠상품은 재화와는 매우 상이한 특성을 지닌다. 재화와 구분되는 서비스의 특성 4가지를 쓰시오.(4점)

18. 조직구조의 구성요소란 조직화의 기본적인 변수로 복잡성, 공식화, 집권화가 기본적인 요소이다. 다음 사례를 설명할 수 있는 조직구조 구성요소를 쓰고 그에 대해 설명하시오.(4점)

| 나이키(Nike)는 같은 다국적 네트워크 조직의 경우 운동화 디자인은 미국에서, 제조는 아시아에서 이루어지며 전세계 판매망을 통해 판매되고 있다. |
|---|

19. 스포츠 조직의 목적을 달성하기 위해 적정한 가격을 결정하는 것은 다양한 가격정략정책에서 비롯된다. 가격책정전략을 3가지만 쓰고 각각에 대해 설명하시오.(6점)

## 실기 모의고사 11회

01. 스포츠 조직의 자금조달 방법 중 외부에서 직접금융을 통한 자금조달 방법을 4가지만 쓰시오.(4점)

02. 스포츠 조직관리 면에서 구성원의 동기부여에 대한 의의를 서술하시오.(4점)

03. 스포츠 스폰서십을 제공하는 재화의 형태 및 주어지는 권리와 혜택에 따라 스폰서십의 유형이 분류된다. 재화에 따른 스포츠 스폰서십의 유형 3가지를 쓰시오.(3점)

04. 인적자원에 대한 평가가 가지는 중요성을 3가지만 쓰시오.(6점)

05. 스포츠용품 A제품의 단위 당 단가가 2,000원이고 단위 당 변동비용이 1,000원이며 고정비용이 5천만 원이라고 했을 때, A제품을 판매하여 손익분기점에 도달하기 위한 최소 판매량을 계산하시오.(5점)

06. 소비자행동에 영향을 미치는 요인 중 외적 요인을 3가지만 쓰고 그 요인들이 어떻게 스포츠행동에 영향을 미치는지 간략하게 서술하시오.(6점)

07. 스포츠 조직의 관점에서 커뮤니케이션의 장애요인 3가지를 쓰시오.(6점)

08. 현재 시행되고 있는 프로리그 스포츠에 신생구단이 프로 리그 가입 시 엄청난 양의 가입금을 지불해야 하는데 신생구단에게 부담금을 부여하는 이유 3가지를 설명하시오.(6점)

09. 앰부시마케팅의 의미를 서술하시오.(3점)

10. 소비자행동에 영향을 미치는 요인 중 심리적 요인 3가지를 쓰시오.(2점)

11. S그룹 직원인 이씨는 월급 4백만 원을 받았지만 최근 직장을 그만두고 스크린 골프장 사업을 하려고 한다. 스크린 골프장을 설립하는데는 인건비, 임대비, 설치비 등 총 4억 5천만 원이 소요되고, 연매출액은 5억 정도로 예상하고 있다. 여기에서 소득을 회계비용과 기회비용 각각의 개념을 들어 소득을 설명하시오.(8점)

12. 민츠버그가 주장한 조직의 5가지 형태를 쓰고, 국내 프로야구단은 대부분 어떤 조직 유형에 속하고 있는지를 설명하시오.(8점)

13. 스포츠 조직구조를 형성하고 있는 핵심적인 가치 3가지 차원에 대하여 설명하시오.(6점)

14. 스포츠 시설의 수요예측을 할 때 일반적으로 사용하는 방법 2가지와 설명을 적으시오.(4점)

15. 다음의 가, 나, 다에 들어갈 말을 쓰시오.(6점)

| | 도달범위 | 비용 |
|---|---|---|
| 광고 | 광범위 | 보통 |
| 판매촉진 | 광범위 | (가) |
| 인적판매 | (나) | 비싼 편 |
| 홍보/스폰서십 판매 | 광범위 | (다) |

16. 경기장 수익을 극대화하기 위한 PSL(Permanent Seat License)에 대해 설명하시오.(5점)

17. 브랜드 자산의 개념을 이론적으로 정립한 D. Aaker는 브랜드 자산의 구성 요소를 (　　), (　　), 브랜드 연상, (　　), 독점적 자산으로 표현하였다. (　)속에 들어갈 적합한 용어를 쓰시오.(6점)

18. 다음 중 (　　)안에 들어갈 적합한 것을 쓰시오.(2점)

| (　　)은(는) 상표 등록된 재산권을 가지고 있는 개인 또는 단체가 타인에게 대가를 받고 그 재산권을 사용할 수 있도록 상업적 권리를 부여하는 계약이다. 이는 계약을 하고 특허권, 상표권 등을 사용하고, 매출액의 6~10%를 지급하는 것이 일반적이다. |
|---|

19. 상품생애주기를 쓰고, 성숙기의 전략 3가지를 서술하시오.(6점)

20. 공공스포츠 시설의 운영에 있어 외부조직에 의한 위탁경영을 실시할 때의 장점을 2가지만 쓰시오.(4점)

## 실기 모의고사 12회

01. 스포츠조직의 자본조달 방법 가운데 간접금융 자본조달의 개념을 쓰고 그 예 3가지를 적으시오.(5점)

02. 스포츠 라이센싱에서 상표사용권자와의 계약형태 중 독점적 계약방법, 비독점적 계약방법, 광고적 계약방법을 각각 설명하시오.(6점)

03. 다음 (　　)에 알맞은 것을 쓰시오.(2점)

| 라이센싱(Licensing)은 상표 등록된 재산권을 가지고 있는 개인 또는 단체가 타인에게 대가를 받고 그 재산권을 사용할 수 있도록 상업적 권리를 부여하는 계약이다. 다시 말해서 ( A )가 어떤 형태의 대가를 받기 위하여 경제적 가치가 있는 특허권, 노하우, 상표권 그리고 브랜드 이름 등 각종 자산의 사용을 ( B )에게 허락하는 계약을 말한다. 즉, 상표 등 지적재산권에 대하여 권리를 보유하고 있는 자가 일정한 범위 내에서 타인에게 지적 재산권의 사용을 허락하고, 대신 금전적 대가를 받는 행위를 말한다. |
|---|

04. 앤소프(Ansoff)의 성장전략 중 제시한 제품과 시장의 매트릭스 모델을 통해 4가지 유형으로 구분할 수 있다. 다음 ( )안에 들어갈 알맞은 성장전략을 쓰고 각각에 대해서 간략하게 설명하시오.(4점)

| | 기존시장 | 신시장 |
|---|---|---|
| 기존제품 | 시장침투전략 | (A) |
| 신제품 | (B) | 경영다각화전략 |

05. 매복마케팅의 의미를 적고, 매복마케팅의 활동방지를 위한 방안을 4가지 쓰시오.(6점)

06. 스포츠경영조직이 경영전략을 수립할 때 조직체의 규모와 업종 전체적 조직 구조형태를 고려해야하는데 이때 적용하는 계층적 전략수립과정을 3단계로 구분하여 쓰고 각각 설명하시오.(6점)

07. 스포츠상품의 가격결정에 영향을 미치는 외적인 영향 3가지를 적으시오.(3점)

08. Backman과 Crompton이 제시한 스포츠 소비자 충성도 모형의 4가지 유형을 각각 쓰고 간단히 설명하시오.(4점)

09. 스포츠제품의 수명주기인 성장기의 특징과 전략을 각각 3가지 쓰시오.(6점)

10. 상품과 서비스를 포지셔닝할 때 일반적으로 고려되는 차원의 4가지를 각각 설명하시오.(4점)

11. 스포츠 라이센싱의 기대효과를 스포츠조직의 관점과 기업의 관점에서 각각 3가지씩 설명하시오.(6점)

12. 스포츠 시설 배치 시 시설의 효율적 운영과 고객 이용을 늘리기 위한 요인을 3가지를 쓰고, 각각 간단하게 설명하시오.(6점)

13. 스포츠 소비자를 참여형태에 따라 3가지로 구분하고 그 예를 각각 1개씩 쓰시오.(6점)

14. 경영다각화전략의 개념을 설명하고, 그 종류 3가지를 적으시오.(5점)

15. 스포츠 서비스적 특성 4가지를 쓰고, 간략하게 설명하시오.(6점)

16. 시장세분화의 개념과 시장세분화가 필요한 이유 3가지를 쓰시오.(5점)

17. 스포츠 이벤트 주최 측이 입장수입의 20%를 사용료로 지불키로 하고 입장권 가격은 1만원으로 정했다. 경기개최에 소요되는 고정비는 참가선수 초청비 6,000만원 프로그램 제작비 2,000만원이 소요되었다. 스포츠이벤트 주최 측이 손익분기점에 도달하기위한 최소 유료 관중수를 계산하시오. 단 주어진 조건 외에는 고려하지 않고, 문제의 풀이과정도 반드시 기재해야한다.(5점)

18. 상대적 시장점유율에 대해서 공식과 그에 대해 설명하시오.(4점)

19. 스포츠조직에서 브랜드를 구축하여 기대할 수 있는 긍정적 효과 3가지를 쓰시오.(5점)

20. 프로스포츠의 경기방식 중 승강제(Promotion and Relegation System)에 대해서 개념을 쓰고 그 예를 2개 쓰시오.(6점)

## 실기 모의고사 13회

01. 브랜드 확장과 강화의 개념을 설명하시오.(4점)

02. 다른 사업과 구별되는 스포츠산업의 특징 4가지를 쓰시오(4점)

03. 브랜드 선정시 평가 고려사항 5가지를 쓰시오(5점)

04. 스포츠마케팅 프로모션 중 ATL과 BTL을 간략히 설명하고 장점과 단점을 각각 설명 하시오(8점)

05. 가격 결정시 고려되는 요인을 3가지 쓰시오(3점)

06. 기업이 투자안의 가치를 평가하는데 있어서, 이용하는 경영기업 중 회수기간법이 갖는 단점 4가지를 쓰시오 (4점)

07. 스포츠 스폰서십 효과 분석하기 위해 선행되어야 할 3가지 요소를 쓰시오(3점)

08. 경영다각화전략의 개념을 설명하고, 그 종류 3가지를 적으시오.(5점)

09. 자치단체가 대형스포츠이벤트 유치에 성공할 때 혜택 4가지를 적으시오.(4점)

10. 스포츠 서비스 품질의 5가지 구성요인에 대하여 설명하시오.(5점)

11. 스포츠 조직의 측면에서 커뮤니케이션 장애요인을 3가지 쓰시오(6점)

12. 스포츠 소비자를 참여형태에 따라 3가지로 구분하고 그 예를 각각 1개씩 쓰시오.(6점)

13. 스포츠제품의 수명주기인 성장기의 특징과 전략을 각각 3가지 쓰시오.(6점)

14. 스포츠 기업이 표적시장을 선정하기 위한 3가지 시장범위전략에 대해 설명하시오.(6점)

15. 스포츠용품 A제품의 단위 당 단가가 2,000원이고 단위 당 변동비용이 1,000원이며 고정비용이 5천만원이라고 했을 때 A제품을 판매하여 손익분기점에 도달하기 위한 최소 판매량을 계산하시오.(5점)

16. 다음은 기업에서 신제품을 개발하기 위한 단계이다. A. B. C. D에 해당하는 단계를 쓰시오.(4점)

| ( A ) → ( B ) → ( C ) → ( D ) → 포괄적 사업성분석 → 상품화 |
|---|

17. 스포츠 소비자의 스포츠소비 의사결정과정 5단계를 말하고 이에 대하여 간략하게 설명하시오.(10점)

18. 손익분기점(BEP)의 개념과 손익분기점을 분석하는 목적을 간략하게 설명하시오.−개념, −목적(4점)

NCS 국가기간전략산업 스포츠마케팅

# 제3부

SPORT MARKETING

# 스포츠마케팅
## [비 NCS 교과]

◈ 정의 : 스포츠를 매개로 소비자의 필요 및 욕구 충족과 기업의 목표달성을 위해 스포츠제품, 가격결정, 촉진 그리고 유통계획을 수립하고 이행하는 능력이다.

### 1) 분류체계 구축하기_ 지식·기술·태도

1.1 스포츠마케팅개념을 파악하고 시장세분화 기준을 파악할 수 있다.
1.2 가치사슬 측면에서 경기장 사업의 구조를 분석 할 수 있다.
1.3 정보의 사용 목적에 따라 분야별 분류체계 구축기준의 객관성과 타당성을 검토할 수 있다.

### 2) 주제별 분류하기_ 지식·기술·태도

2.1 전통적인 미디어와 차별되는 뉴미디어의 특징을 인식할 수 있다.
2.2 스포츠산업의 핵심제품인 스포츠이벤트의 브랜드가치 사례를 분석 할 수 있다.
2.3 관람스포츠 비즈니스 사례를 분석 할 수 있다.
2.4 참여스포츠 비즈니스 사례를 분석 할 수 있다.

## 비NCS 스포츠마케팅 포트폴리오

| 평가일시 | 20. . . | 훈련생 | |
|---|---|---|---|
| 과정명 | 스포츠마케팅 | | |
| 교과목 | 스포츠마케팅1 | 훈련교사 | 이광욱 (인) |
| 능력단위명 | 스포츠마케팅1 | | |
| 능력단위요소 | 스포츠마케팅 핵심요소, 스포츠마케팅 사례연구 | | |

**01** 개인별 마케팅사례연구(30점)

2011년 1월 차두리 광고

**간 때문이야~♬**

과거 유명연예인을 출연시켜 부부나 샐러리맨의 일상에서 기존의 스타일을 과감히 벗은 차두리 광고를 통해 매력, 흥, 그리고 코믹 분위기를 잡아 **소비자들에게 친숙하게 접근하는데 성공**하였다.

그리하여, 2011년 1월 기준, 한 달 판매액이 30억으로 2010년 월평균 18억원에 비해 **67%**나 늘었다.

매출증대와 더불어 활기찬 기업이미지 상승으로 매력적인 광고촬영의 사례로 꼽히고 있다.

2013년 10월 류현진 광고

꾸준함의 대명사 오뚜기에서 진라면 제품 광고를 위해 코리안 메이저리거 류현진을 선택하였다.

오뚜기 역시 "가족"의 중요성을 어필하면서 농심과 대결을 해왔으며, 류현진 선수를 모델로 한 광고를 방송한 이후 **2014년1월~2월 매출**은 2013년 동기대비 **18%** 성장하면서 효과를 톡톡히 보고 있다.

이처럼, 스포츠스타 마케팅은 매출증대와 더불어 기업이미지 제고의 장점이 있는 반면, 그 선수의 활약이나 스캔들 여부에 따라 기대했던 광고효과를 내지 못하는 경우가 있으므로, 무조건 톱스타를 활용한다는 인식은 탈피해야 할 것 같다.

**자료출처** : ①차두리 광고_ 2011년 02월05일 (나우뉴스), 대웅제약 홈페이지
②류현진 광고_ 2015년 01월20일 (뉴스천지), 오뚜기 홈페이지

| 02 | 기업별 마케팅사례연구(20점) |
|---|---|

## 틀을 깨는 야구경영!

스포츠마케팅에 새로운 패러다임을 제시하고 있는 *SK와이번스 구단!*

### 삼미-청보-태평양-현대-SK로 이어지는 인천야구의 역사

2007년 "야신" 김성근 감독의 영입과 함께 시작된 스포테인먼트
스포테인먼트 ⇨ SPORTS + ENTERTAINMENT (운동경기를 통해 얻는 즐거움)
우승과 성적만을 강조하던 기존 운영에서 탈피, 팬들에게 즐거움을 준다는 새로운 가치 제시!

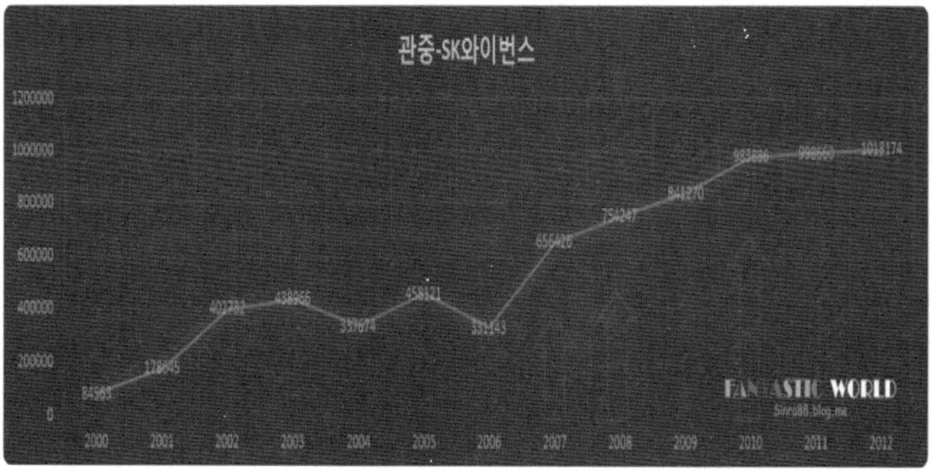


*< 2006시즌 이후 달라진 관중증가율과 우승공식 (2007년, 2008년, 2010년) >*

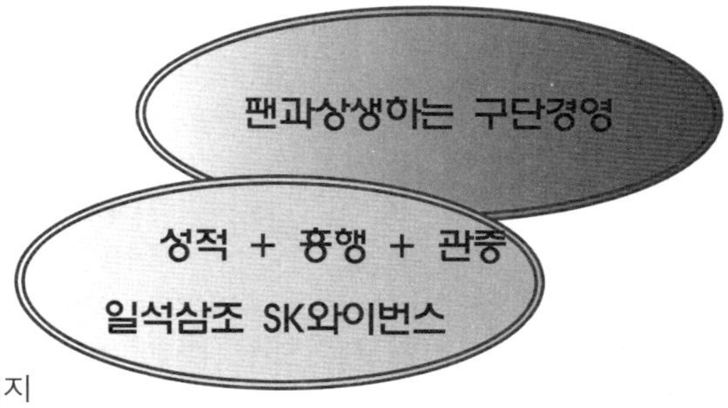


**자료출처** : ①SK와이번스 홈페이지
②개인 블로그 http ://blog.naver.com/sinra88/10176582532

| 03 | 국가별 마케팅사례연구(20점) |
|---|---|

LaLiga

Tiqui-Taca(티키타카)로 세계축구시장을 주도하고 있는 스페인 프리메라리가!

**스페인의 2010년 남아공 월드컵 우승으로 그들만의 축구스타일 재조명!**

Tiqui-Taca(티키타카)는 스페인어로 탁구공이 왔다 갔다 한다는 뜻으로, 축구에서는 짧은 패스로 경기를 풀어나가는 전술을 말한다.

각 팀의 B팀 (2군팀)이 하부리그에 참가하는 육성형 리그

⇩

2016기준 최근 5년간 챔피언스리그와 유로파리그 챔피언의 60%가 프리메라리가 팀

2010년 남아공 월드컵 우승 이후 꾸준히 각광받고 있는 스페인 축구리그

**실속 + 수준 높은 라 리가의 유스시스템**

흥행 및 중계권료에 있어서는 오일머니를 앞세운 잉글랜드 프리미어리그에 뒤쳐진다는 평이 있으나, 꾸준히 그들만의 유스시스템을 유지, 발전시켜온 스페인리그는 박수 받을 만하다.

**자료출처** : ①WIKIPEDIA ,나무위키 ②2010년 07월13일 (미디어투데이)

발표(30점) 후 느낀 점 : 개인별, 기업별, 국가별 마케팅사례를 조사하면서, 조금이나마 스포츠 산업과 전략 그리고 마케팅에 대해 깨달을 수 있었던 기호가 되어 유익했던 시간이었습니다. 우리나라 스포츠시장의 현 주소와 선진문화를 받아들였을 때의 결과를 보고 아직까지는 우리나라의 스포츠마케팅이라는 분야가 많이 모자라다고 느꼈지만, 또 한편으로는 이제 시작단계이며, 그만큼
발전가능성이 무한하다는 점에 더 큰 비중을 두고 싶은 생각이 들었습니다.
아울러, 스포츠마케팅 양성과정을 통해 우리나라 스포츠산업이 발전하는데 있어, 많은 도움이 되어야겠다는 스스로에 대한 의지도 생겨 한 단계 발전한 스스로의 모습에 박수를 보냅니다. 지금은 비록 시작단계이지만, 다양한 마케팅활동을 통해 앞으로의 50년, 100년을 내다보고 스포츠
마케팅 관련 분야에서도 대한민국이 주목받는 그 날을 위해 전진하고 또 전진하는 스스로가 되겠습니다.

# 제 1 장 스포츠 정보관리 실습자료

## 1. 스포츠마케팅 조사

### 1) 마케팅 조사 개념

스포츠마케팅 의사결정에 필요한 자료를 얻기 위해 관련 있는 사실들을 찾아내고, 분석하여 가능한 조치를 제시하는 활동으로, 의사결정의 불확실성을 감소시키는 역할을 수행한다.

### 2) 마케팅 조사 목적

스포츠조직의 효율성과 효과성을 높이고, 스포츠산업의 급속한 발달과 치열한 시장 경쟁, 과학적 조사 기법의 개발로 객관적인 기준을  설정하여 스포츠 소비자의 욕구를 파악하여 마케팅 전략수립의 자료로 활용하기 위함이다.

### 3) 통계분석이란

- 전도가 유망한 신인선수를 발굴하고 싶은데 어떤 기준으로 선발해야 할까
- 세계적인 경기에서 우수한 성적을 내고 싶은데 어떤 훈련을 하는 것이 도움이 될까

- 건강관리를 위해 운동을 하고 싶은데 어떤 운동이 도움이 될까
- 새로운 트레이닝 프로그램이 과연 효과를 볼 수 있을까
- 스포츠마케팅을 위해 큰 성공이 확실시되는 선수에게 스폰서 역할을 하고 싶은데 어떠한 조건을 갖춘 선수가 큰 성공을 거둘 수 있을까

위와 같은 불확실한 상황에서는 바람직한 의사결정을 도와주는 논리적이고 객관적인 도구가 필요한데, 수량적 논리를 이용하여 바람직한 의사결정을 도와주는 도구가 바로 통계분석이다.

* SPSS(Statistical Package for the Social Sciences) : 1969년 미 시카고대학에서 데이터 관리 및 통계분석을 목적으로 개발된 통계분석 소프트웨어로 전 세계적으로 널리 사용되고 있는 소프트웨어이다.

사회과학 분야에서 얻은 각종 자료를 컴퓨터를 이용해 쉽고 편리하게 분석하는 통계 전문 프로그램이다. 데이터 입력과 관리, 집계, 통계 분석 등의 작업을 수행하며, 분석 결과를 일목요연한 표와 그래프로 나타낸다. 교차분석, 상관분석, 회귀분석, 분산분석, 판별분석, 요인분석 등 복잡한 다변량 분석도 가능하다.

전문 통계 패키지 중 가장 많이 쓰는 것이 SPSS와 SAS입니다. 직접 명령어를 입력하는 방식의 SAS 보다는 일반적인 프로그램의 인터페이스를 채용한 SPSS가 일반적으로 쓰기에는 더 편하다.

통계학(Statistic)의 정의 : 관심대상에 관련된 자료를 수집요약 정리하고 이로부터 불확실한 사실에 대한 결론이나 일반적인 규칙성을 추구하는 학문으로 불확실한 상황 하에서 합리적인 의사결정을 하기 위한 이론과 방법의 체계이며, 자료의 수집, 분류, 분석과 해석의 체계를 갖는다.

### (1) 통계학(Statistic)의 목적

- 모집단의 속성에 대한 연구
- 정보의 요약과 축약
- 변인(variation)에 대한 연구
- 의사결정을 위한 도구

### (2) 통계학(Statistic)의 역할

- 자료에 대한 요약
- 자료의 수집
- 자료로부터 결론 유도

### (3) 통계학의 사회발전에 기여

- 타 학문 발전에 기여
- 정보화 사회의 길잡이
- 민주화 발전에 기여
- 품질 및 생산성 향상에 기여
- 스포츠 과학의 발전

### (4) 모수와 통계량

- 모수(parameter)는 모집단의 특성을 나타내는 수치이고, 통계량(statistic)은 표본의 특성을 나타내는 수치다.
- 모수 및 통계량의 대표는 평균과 표준편차이다.
- 모집단의 평균과 표준편차는 '모수'이고 표본의 평균과 표준편차는 '통계량'이다.
- 표본(sample) : 실제 조사되거나 측정되는 모집단의 일부이다.
- 통계분석은 집중경향값(대표값)과 퍼짐 정도(산포도)등을 계산하는 기술

통계(descriptive statistic)와 표본의 통계량으로 모집단의 모수를 예측하는 추리통계(inferential statistic)로 구분된다.

- 분포의 특성을 설명하는 '통계량'을 산출하는 영역이 기술통계이다.
- 표본의 '통계량'을 이용하여 모집단의 '모수'를 예측하는 영역이 추리통계이다.

## (5) 통계분석의 수행과정

- 모수의 평균은 '$\mu$(뮤)'로 표시하고, 통계량의 평균은 '$\overline{X}$(엑스바)'로 표시한다.
- 모수의 표준편차는 '$\sigma$(시그마)'로 표시하고, 통계량의 표준편차는 '$S$'로 표시한다.

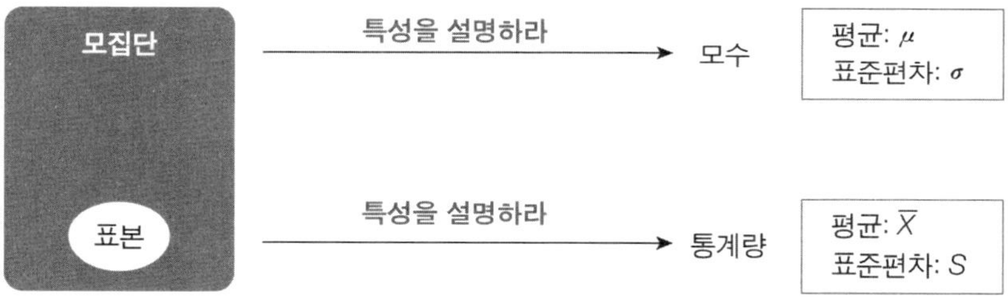


- 문제의 정의(모집단의 정의: 표본추출)-자료수집(통계처리: 컴퓨터입력 수행)-자료의 분석(결론유도)-의사결정(문제에 반영)

## (6) 자료의 종류

- 원자료(raw data) : 표본에서 조사된 처음 자료
- 양적자료(quantitative data) : 수의 크기로 조사된 자료(몸무게, 키, 나이)
- 질적자료(qualitative data) : 특성에 의해 구분된 자료 (종교, 성별)

## 2. 스포츠마케팅 조사의 영역

| 구분 | 내용 |
|---|---|
| 스포츠연맹 | 제품 가치 평가와 소비자(관중) 행동 분석 |
| 구 단 | 촉진, 서비스 전략, 홈 관중 유치 |
| 스포츠용품사 | 소비자 선호도와 스폰서십 참여 의사결정/효과분석 |
| 기 업 | 스폰서십 참여 의사결정/효과 분석 |
| 영리성 스포츠 조직 | 사업 타당성과 소비자 행동 & 직무만족 |

## 3. 스포츠마케팅 조사 방법

조사에는 탐색조사, 기술조사, 인과조사가 있다.

탐색조사, 기술조사 그리고 인과조사의 순서대로 문제의 범위를 좁혀가는 과정이 필요하다.

### 1) 탐색조사

#### (1) 탐색조사의 중요성

- 조사문제의 본질 파악
- 조사비용 낭비 방지
- 문제해결 단서 발견

#### (2) 탐색조사의 목적

- 정확한 조사를 위한 기초 자료 획득
- 가설 설정 문제 확정

- 심층조사의 우선순위 설정
- 미결정 문제에 대한 정보 수집
- 문제의 정확한 파악
- 개념의 명확한 설정

#### (3) 탐색조사의 유형

- 문헌조사 : 각종 문헌 자료 조사
- 전문가조사 : 전문가의 지식이나 경험을 통한 조사
- 사례조사 : 조사 주제와 유사한 상황(실제 & 가상)을 통한 조사
- 표적집단면접법 : 표적집단 선정 후 자유 토론을 통한 조사

### 2) 기술조사

#### (1) 횡단조사

- 모집단에서 표본을 1회에 걸쳐 선정
- 현장조사와 표본조사

#### (2) 종단조사

- 표본추출 후 고정응답자 집단(Panel)을 이용하여 일정 기간 변화 추이를 살펴보는 방법

### 3) 인과조사

- 원인과 결과 간의 관계 규명을 위한 조사
- 하나의 변수는 원인과 결과가 될 수 있음

〈인과관계 존재 결정 기준 조건〉

- 원인변수와 결과변수의 동시 발생 & 경쟁 조직 간에 차이가 있어야 함
- 원인변수와 결과변수의 순차적 발생
- 외생변수의 통제

## 4. 스포츠마케팅조사의 종류

### 1) 면접법

- 방법 : 전문가 & 경험자의 자문에 의한 조사
- 장점 : 구체적 & 정확한 자료 획득
- 단점 : 시간 & 비용 많이 소요, 전문가 선정 어려움

### 2) 관찰법

- 방법 : 통제 상황 & 자연 상태 상황을 직접 관찰
- 장점 : 구체적 & 정확한 자료 획득
- 단점 : 시간 & 비용 많이 소요, 의도적 행동 가능성

#### (1) 관찰의 종류

- 통제관찰 : 목적에 따라 인위적으로 조작한 환경 속에서 관찰하는 방법
- 비통제관찰 : 환경을 조작하지 않고 자연 상태에서 관찰하는 방법

#### (2) 관찰과정

① 사전 준비 작업

- 관련 문헌 조사

- 전문가 자문
- 해당 조직의 양해와 규칙 준수 사항 숙지
- 관찰 장소(구조, 특징 등)에 익숙

② 현장 접근

- 고지 관찰 : 관찰 대상자와 친밀한 관계 유지
- 비고지 관찰 : 은밀한 장소 선택

③ 현장 노트 작성

- 사건 발생 순서대로 작성하는 방법
- 이름 순서대로 작성하는 방법
- 사건과 현상을 느낌대로 작성하는 방법
- 순간적으로 떠오르는 생각을 기록하는 방법

④ 분석 및 평가

- 설정한 목적(기준)과 예상 결과의 일치도
- 누락된 내용 확인
- 부족한 부분 확인
- 결과의 적용

## 3) 설문지법

- 사회과학연구에서 가장 많이 사용하는 방법
- 시간과 경비의 효율성 및 경제성
- 심층적인 응답 도출에는 한계 존재

### (1)설문지 제작 시 주의사항

① 질문의 중요성

- 획득하고자 하는 정보 내용만 포함시켜야 함
- 문항 수는 조사비용 및 응답의 성실성에 영향

② 응답자의 정보 보유 여부

- 조사 대상자에 적절한 설문지
- 설문지에 맞는 조사 대상자

③ 응답자의 정보 제공 가능성

- 개인의 사적인 정보
- 자존심 & 윤리 & 도덕 관련 문항

④ 설문지의 분량

- 응답자의 성실도(신뢰도)와 직접 관련
- 응답자의 협조시간, 조사장소, 얻고자 하는 정보의 난이도, 사례비용, 의뢰자의 익명성 고려

⑤ 논리적 순서

- 쉬운 질문은 앞에 배치
- 흥미로운 문항은 앞에 배치
- 질문 주제 전환 시 도입 문장 사용
- 일반적 내용에서 전문적 내용 순으로 배치
- 감정적으로 미묘한 질문은 뒤에 배치
- 개인 신상(인구 통계적 특성)은 뒤에 배치

## (2) 조사도구의 신뢰도와 타당도

### ① 신뢰도

- 측정하려는 내용의 안정성, 일관성 & 정확성 문제
- 신뢰도의 종류
  - 반복 측정(재검사) 신뢰도 : 동일 대상, 동일 질문지, 일정 간격 유지, 학습 효과
  - 동형검사 신뢰도 : 동일 대상, 동형(다른) 질문지, 동시 측정, 그러나 제작의 어려움
  - 반분 신뢰도 : 동일 대상 혹은 두 집단, 반분 가능한 문항으로 구성, 동시 측정
  - 내적 일관성 신뢰도: 동일 대상, 동일 개념의 문항간 일관성 정도, 동시 측정 & 1회 측정.
- Cronbach's 알파계수를 이용

### ② 신뢰도 영향 요인

- 조사도구 : 문항 수
- 피험자 : 지식수준
- 검사 실시 방법 : 측정 내용의 범위 피험자의 응답시간

### ③ 신뢰도를 향상시키는 방법

- 명료한 설문 내용
- 철저한 조사원 교육
- 성실한 응답 유도
- 편안한 조사 장소 제공 답례품 증정
- 불성실하게 응답한 설문지 제거
- 유사한 질문을 이용한 반복 질문

- 검증된 다른 설문지 참고
- 자료 처리상의 오류 방지

④ 타당도

- 조사자가 의도하는 조사 내용 혹은 속성을 정확하게 측정하고 있는가의 문제
- 오류 발생의 지속성과 관련
- 동일한 요인으로 묶이는 문항들은 같은 속성

⑤ 타당도의 종류

- 내용타당도 : 주관적이며 전문가의 논리적 사고에 입각
- 기준타당도 : 객관적 기준 설정을 위해 실제 연구 결과 활용 기준 조사도구와 제작 조사도구의 상관관계
- 구성타당도 : 이론적 적합성 제시된 이론과 개념적 틀에 근거
- 수렴타당도 : 동일 개념은 몇 개의 조사도구를 개발하여 사용해도 결과 간에 높은 상관관계 존재
- 판별타당도 : 하나의 측정 내용으로 상이한 개념 측정시 개념 간 낮은 상관 존재

### (3) 조사방법

① 개별면접법

- 조사원이 직접 방문하여 조사하는 방법
- 장점 : 회수율 높음 & 정확한 응답 유도
- 단점 고비용 & 많은 시간 소요

② 방문배포-방문회수법

- 조사원이 직접 방문하여 설문지 배포 후 나중에  다시 방문하여 회수하는 방법
- 장점 : 조사대상자에게 시간적 여유 정확한 응답(확인 후 작성 가능) 부담 없이 솔직하게 응답(조사원 없으므로) 조사원의 시간 절약
- 단점 : 응답 내용에 오류 발생 가능성  2회 방문 개별면접법에 비해 상대적으로 회수율 저조

③ 우편발송-방문회수법

- 우편으로 발송 후 조사원이 방문하여 회수하는 방법
- 장점 : 직접 방묻하는 횟수 줄임
- 단점 : 응답 내용에 오류 발생 가능성(조사 취지와 목적 설명 불가능)

④ 우편발송-우편회수법

- 우편으로 발송 후 우편으로 회수하는 방법
- 장점 : 직접 방문 안 함 조사비용 절감
- 단점 : 회수율 저조
- 방법 : 우표 부착한 회수용 봉투 동봉 확인 전화 or 2차 우편 발송

⑤ 전화조사법

- 전화로 직접 질문하고 응답을 구하는 방법
- 장점 : 직접 방문 안 함
- 단점 : 협조 요청 어려움 긴 설문 불가능

## 5. 스포츠마케팅조사의 자료

### 1) 2차 자료

- 이미 다른 기관이나 연구자가 특정 목적으로 조사한 자료
- 장점 : 시간과 비용 절감(목적에 부합하는 경우)
- 단점 : 의사 결정에 도움이 안 될 수 있음 시간적 제약에 따른 가치 저하

#### (1) 내부자료

조직 내에 보유하고 있는 기존 자료

#### (2) 외부자료

조직 내에 보유하고 있는 기존 자료

### 2) 1차 자료

- 특별한 목적 달성을 위해 직접 조사한 자료
- 2차 자료로 해결할 수 없는 내용

#### (1) 태도 측정

- 사람/사물에 대하여 일관성 있게 지각하고 행동하려는 학습된 심리적 경향
- 소비자 행동에 결정적 영향을 미치는 요인

##### ① 태도 측정 시 속성의 중요도

- 태도 측정 시 소비자들이 지각하고 있는 속성(요인)의 중요도 고려해야 정확한 측정 가능 중요도 측정 방법
- 도표에 의한 방법

- 항목별 분류방법
- 비교표시법

② 측정 대상

표적시장에 따라 조사도구 및 방법 차이

(2) 동기유발

구체적 욕구/필요를 충족시키기 위하여 어떤 행동을 취하도록 하는 추진력

(3) 지각

외적 자극을 감각기관을 통하여 받아들여서 조직하고 해석하여 자기의 경험으로부터 의미를 추출해 내는 심리적 과정

## 6. 스포츠마케팅조사의 척도

### 1) 척도의 종류

- 비모수척도 : 측정값들의 전체적 분포를 보여 주는 평균과 분산을 구할 수 없음
- 모수척도 : 측정값들의 전체적 분포를 보여 주는 평균과 분산을 구할 수 있음

(1) 명목척도

- 이름이나 범주
- 집단별 빈도에 대한 분석만이 가능

(2) 서열척도

- 측정 대상들 간 순서대로 구성된 척도
- 순서 간 차이의 정도 측정 불가능
- 모수척도로 간주하기도 함(논란) 등간척도와 서열척도로 측정된 자료 처리 결과 큰 차 없는 것으로 나타남

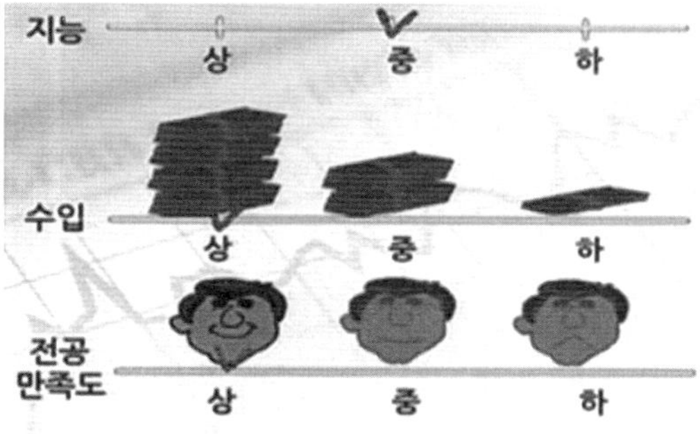


(3) 등간척도

- 속성에 대한 각 수준간의 간격이 동일한 척도
- 측정 대상들 간 속성의 차이 비교 가능
- 평균 및 사칙연산 가능
- 리커트(Likert scale): 3점, 5점, 7점

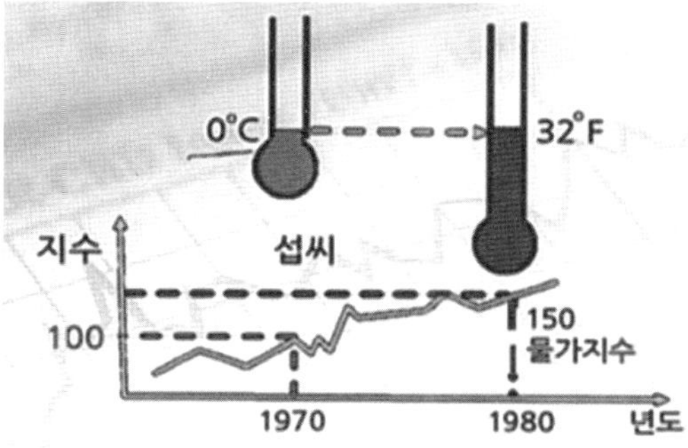


### (4) 비율척도

- 등간척도의 특성을 모두 포함
- 절대적 기준점 존재
- 평균 및 사칙연산 가능
- 무게, 크기, 마출액, 소득 등

## 2) 척도화 방법

### (1) 등급척도

질문에 대한 응답자의 반응을 글, 숫자, 그림 등으로 평가하도록 척도화 한 것

### (2) 의미분별척도

상반되는 형용사나 수식어를 척도의 양 끝에 표시하고 응답하도록 척도화 한 것

### (3) 스타펠 척도

- 의미분별척도의 변형
- 하나의 용어를 중앙에 위치시키고 양 끝으로 갈수록 정도의 차이가 나도록 척도화 한 것

### (4) 리커트 척도

- 서술형의 질문에 찬성과 반대의 정도를 표시하도록 척도화 한 것
- 같은 개념의 여러 문항은 점수를 합산하여 전체적인 태도 측정 가능

## 7. 표본추출방법

모집단 전체의 성격을 추론할 목적으로 모집단 중의 일부를 추출하여 조사하는 방법

〈표본조사를 하는 이유〉

- 비용 : 모집단을 모두 조사하려면 고비용
- 시간 : 모집단을 모두 조사하려면 시간이 많이 소요
- 제품 수명 : 제품 수명과 관련된 조사는 전수조사(Census) 불가능

### 1) 확률표본추출법

모집단을 구성하고 있는 요소가 표본 집단에 포함될 확률이 알려져 있음

#### (1) 단순무작위표본추출

모집단으로부터 표본을 균등한 확률에 근거하여 추출하는 방법

#### (2) 층화무작위표본추출

모집단의 성격이 다른 2개 이상의 집단을 여러 개의 부분 집단으로 나누어 단순무작위추출법으로 표본을 추출하는 방법

#### (3) 체계적 표본추출법

- 무작위로 배열된 모집단에서 체계적으로 일정한 간격을 유지하고 표본을 추출하는 방법
- 단순무작위표본추출법보다 작업이 용이
- 조사의 정확도 높음

#### (4) 군집표본추출

- 모집단의 요소들을 직접 추출하지 않고 군집으로 묶어 군집을 표본으로 추출하여 추출된 군집 내의 요소들을 조사하는 방법
- 조사지역이 너무 크게 분산된 경우 활용
- 조사비용 & 시간과 관련

#### (5) 다단계표본추출

몇 단계의 표본 추출 과정을 거쳐 표본을 선정하는 방법

### 2) 비확률표본추출법

- 조사자가 주관적으로 표본 선정
- 모집단을 구성하고 있는 요소가 표본집단에 포함될 확률을 추정할 수 없음

#### (1) 편의표본추출

- 표집의 편의성 때문에 조사자 임의대로 표본을 선정하는 방법
- 장점 : 비용 절감 & 시간 절약

- 단점 : 모집단을 대표할 수 없음

### (2) 유의표본추출법

조사자가 주관적 판단에 근거하여 조사 목적에 따라 대상을 임의적으로 선택하는 방법

〈특징〉

- 층 안에서 할당량이 없어도 됨
- 가장 가까이 있는 대상을 고르지 않아도 됨
- 주관적 판단에 의해 조사 목적에 적합한 대상 선정

### (3) 할당표본추출법

① 모집단의 구성비율이 표본집단의 구성 비율과 가깝도록 표본을 추출하는 방법

② 층화표본추출법과 다른점 : 할당된 수(그룹)를 편의표본 추출법에 의해 표집

③ 할당표집법의 한계

- 모집단 여러 가지 특성을 반영치 못할 수 있음
- 그럼에도 모집단의 대표성 여부를 확인할 수 없음

# 8. 통계분석 방법[4)]

## 1) 기술통계

기술통계(Frequency Analysis)는 수집된 자료에 대한 자료의 특성을 가장 효과적으로 설명할 수 있는 요약치를 찾아내는 분석방법으로 원 자료의 정보를 가장 적게 손실하면서 최대로 정확하게 설명하기 위해 사용한다. 흩어진 정도, 달리 연속적

4) 이근모외, 2016

변수 즉, 등간척도와 비율척도로 된 데이터를 분석할 때 주로 사용하며 중심경향치, 흩어진 정도, 분포의 므양 등에 대하여 요약을 하고 설명하는 것이 주 내용이다.

## 2) 산포도

산포도(Dispersion)는 특정 질문에 대한 응답이 평균값 주변에 어떻게 몰려있는지 알려주며, 이것을 통계학적 표현으로 기술통계 분석이라 한다. 따라서 산포도를 보면 변수값이 평균값 주변에 가까이 모여 있는지 멀리 떨어져 있는지 알 수 있다. 이 분석은 빈도분석에서 산출되는 모든 통계량 대신에 필요한 통계량만을 산출하고자 할때 유용하다.

## 3) 빈도분석

빈도분석(Frequency Analysis)은 변수 값들이 이루는 분포의 특성을 알아보는데 이용된다. 원자료의 분포현황을 파악하여 변수들의 빈도, 중심경향치, 최빈값, 분포도 등 변수의 개략적 특성을 살펴보는 분석방법이다. 빈도분석은 기술통계량을 제공해 주고, 자료를 입력할 때 잘못 입력된 것 들을 찾아내는 데도 유용하다. 그리고 Bar Chart(막대도표), Pie Chart(막대도표), Histogram(히스토그램)등의 그래프를 통해 여러 종류의 통계량을 연구자가 쉽게 이해할 수 있는 장점이 있다. 빈도보고서와 막대도표는 빈도에 따라 내림차순이나 오름차순으로 개별 값을 조정하고 범주순서를 지정 할 수 있다.

## 4) 교차분석

교차분석(Cross Tabulation Analysis)은 명목 서열데이터의 성향을 가지고 있는 범주형 자료인 2개 이상의 변수들이 있을 때 모집단 간의 차이 또는 변수들 간의 관계를 알아보기 위해 사용된다.

명목 및 서열척도의 범주형 변수를 분석하기 위해 한 변수의 범주를 다른 변수의 범주에 따라 빈도를 교차하는 교차표를 작성하고 두 변수간의 독립성과 관련성을 분석하는데 이용한다.

### 5) t- 검증

t- 검증(t-test)은 두 집단 간의 평균의 차이가 유의한지를 파악할 때 필요한 통계적 기법이다. 일반적으로 두 집단의 평균을 비교하는 분석방법이다. 이 통계기법은 모집단이 정규분포를 이룬다는 가정 하에 사용되는 것으로 '두 모집단 간의 차이는 없다"는 귀무가설과 '두 모집단 간에 차이가 있다"는 대립가설을 설정하여 분석을 실시한다.

### 6) 분산분석

분산분석(Analysis of Variance : ANOVA)은 비교하고자 하는 집단의 수가 둘 이상의 경우의 평균값 차이를 검정하는데 이용되는 방법이다. 변량분석은 분산분석, ANOVA, F 검정, F 분석, 일원배치분산분석(One way ANOVA)등으로 불려지는 것으로 한 개의 독립변수가 3개 이상의 집단을 가지는 경우와 2개 이상의 독립변수와 3개 집단 이상의 집단을 가지는 경우 종속변수의 평균차이가 유의한지를 비교할 때 사용한다.

### 7) 공변량분석

공변량분석(Analysis of Covariance : ANCOVA) 독립변수가 두 개일 때는 실제로 어느 하나의 효과에 초점을 두고 다른 하나의 변수는 통제변수로 하여 분석을 실시할 수도 있는데 이 경우는 다원변량분석 중에서도 공변량을 실시하여야 한다.

공변량분석(Analysis of Covariance : ANCOVA)은 종속변수에 영향을 주는 외생변수 효과를 연속형 자료의 형태를 갖는 공변량을 사용하여 제거해 내는 분석방법이다. 즉, 하나의 변수가 미치는 효과를 제거한 상태에서 나머지 하나의 종속변수에 미치는 순수한 효과만을 분석하고자 할 때 행하는 방법으로 외생변수를 명백히 통제 할 수 없을 때 적합하다고 할 수 있다.

### 8) 상관분석

상관분석(Correlation)은 둘 또는 그 이상의 변수들 간에 존재하는 상호관계 정도를 알아보고자 할 때 사용하는 것이며, 회귀분석은 하나의 변수가 나머지 다른 변수들과의 선형함수 관계 즉, 원인과 결과의 관계 여부에 관심을 갖는 것이기 때문에 둘은 사용목적이 다르다.

### 9) 회귀분석

회귀분석(Regression Anolysis)은 독립변수가 종속변수에 미치는 영향력 또는 독립변수의 변화에 따라 종속변수의 변화를 예측하기 위한 통계적 방법이다. 서로 인관관계를 가지고 있는 변수들 중에서 다른 변수에 영향을 주는 변수를 독립변수, 혹은 설명변수라고 하고, 독립변수에 의해 영향을 받는 변수를 종속변수 혹은 피설명변수라고 한다.

SPORT marketing

# 스포츠정보분류

[1204040403_14v1]

◈ 정의 : 스포츠정보 분류란 정보의 효율적인 가공·분석을 위해 분류체계 구축을 한 후 주제별 분류, 키워드·태그를 입력하는 능력이다.

## 1) 분류체계 구축하기_ 1204040403_14v1.

1.1 정보의 사용 목적에 따라 분야별로 정보 분류체계를 구축할 수 있다.

1.2 정보의 사용 목적에 따라 분야별 분류체계 기준을 대분류, 중분류, 소분류, 세분류로 설정할 수 있다.

1.3 정보의 사용 목적에 따라 분야별 분류체계 구축기준의 객관성과 타당성을 검토할 수 있다.

## 2) 주제별 분류하기_ 1204040403_14v1.2

2.1 분류체계에 맞추어서 정보를 주제별로 분류할 수 있다.

2.2 한 정보에 여러 주제가 내포하고 있을 경우 정보의 내용에 보다 맞는 주제로 분류할 수 있다.

2.3 기획 주제와 설계된 시스템별로 정보를 주제별로 분류하여 객관성과 타당성을 검토할 수 있다.

## 3)키워드·태그 입력하기 _ 1204040403_14v1.3

3.1 주제별로 분류된 정보에 제목·내용과 연관된 키워드 또는 태그를 입력할 수 있다.

3.2 추후 검색을 통해 보다 다양한 서비스와 분석이 가능할 수 있도록 정보에 함축된 키워드와 태그를 입력할 수 있다.

3.3 입력된 키워드와 태그에 대한 객관성과 타당성을 검토할 수 있다.

## 1204040403_14v1 스포츠정보 분류 실습형 평가지

| 평가일시 | | 훈련생 | |
|---|---|---|---|
| 과정명 | 스포츠마케팅 | 평가시간 | 50분 |
| 교과목 | 스포츠정보관리 | 훈련교사 | 이광욱 (인) |
| 능력단위명 | 스포츠정보 분류 | | |
| 능력단위요소 | 분류체계 구축하기, 주제별 분류하기, 키워드·태그 입력하기 | | |
| 구분 (능력단위요소) | 실습 평가 근거 자료 | | |

**분류체계 구축하기**

**1.본인전공 분야 분류체계를 대분류, 중분류, 소분류, 세 분류로 구축하시오.**

사단법인 한국야구위원회 (KBO)

구단현황 - 조직 및 활동 - 기록위원회

**주제별 분류하기**

**2. 본인전공 분야 분류체계를 영역을 주제별로 분류하시오.(스포츠연맹, 구단,용품사,기업,영리성스포츠조직)** 구단현황

구단종류 - 구단가치

| 순위 | 구단 | 창단연도 / 연고지 | 가치 총액 |
|---|---|---|---|
| 1 | 두산베어스 | 1982 / 서울 | 1633억 |
| 2 | LG트윈스 | 1990 / 서울 | 1626억 |
| 3 | 넥센히어로즈 | 2008 / 서울 | 1421억 |
| 4 | 삼성라이온즈 | 1982 / 대구 | 1420억 |
| 5 | SK와이번스 | 2000 / 인천 | 1211억 |
| 6 | 롯데자이언츠 | 1982 / 부산 | 1141억 |
| 7 | KIA타이거즈 | 2001 / 광주 | 1083억 |
| 8 | 한화이글스 | 1986 / 대전 | 1080억 |
| 9 | KT위즈 | 2013 / 수원 | 788억 |
| 10 | NC다이노스 | 2011 / 창원 | 746억 |

**프로야구 10구단 현황 및 구단가치 순위 (출처: 포브스 코리아)**

**키워드·태그 입력하기**

**3. 본인 전공분야의 키워드·태그를 입력하시오.**

사단법인 한국야구위원회 http://www.koreabaseball.com/

중앙시사매거진(포브스 코리아) http://jmagazine.joins.com/

SPORT marketing

# 스포츠정보분석

[1204040405_16v2]

◈ 정의 : 스포츠정보 분석은 정보의 효율적인 활용을 위해 정보의 신뢰성·타당성을 분석한 후, 세부 분석기법 선정·적용 및 결과를 도출하는 능력이다.

## 1) 정보의 신뢰성·타당성 분석하기_ 1204040405_16v2.1

1.1 작업 매뉴얼에 따라 샘플링으로 수집된 정보의 신뢰성을 분석할 수 있다.

1.2 작업 매뉴얼에 따라 샘플링으로 수집된 정보의 타당성을 분석할 수 있다.

1.3 작업 매뉴얼에 따라 신뢰성·타당성의 결과를 병행 분석할 수 있다.

## 2) 세부 분석기법 선정·적용하기_ 1204040405_16v2.2

2.1 작업 매뉴얼에 따라 수집 정보와 분석기법의 관련 의미를 도출할 수 있다.

2.2 작업 매뉴얼에 따라 수집된 정보에 적합한 분석기법을 비교분석 후 선정할 수 있다.

2.3 작업 매뉴얼에 따라 수집된 정보에 적합한 분석기법을 선택하여 적용할 수 있다.

## 3) 스포츠정보 분석 결과 도출하기_ 1204040405_16v2.3

3.1 작업 매뉴얼에 따라 신뢰성, 타당성 관련 분석결과를 통계치로 도출할 수 있다.

3.2 작업 매뉴얼에 따라 분석기법을 적용한 분석결과를 통계치로 도출할 수 있다.

3.3 작업 매뉴얼에 따라 그래픽 또는 표의 방식으로 통계결과를 표시할 수 있다.

# 1204040405_16v2 스포츠정보 분석포트폴리오

| 평가일시 | | 훈련생 | |
|---|---|---|---|
| 과정명 | 스포츠마케팅 | | |
| 교과목 | 스포츠정보관리 | 훈련교사 | 이광욱 (인) |
| 능력단위명 | 스포츠정보 분석 | | |
| 능력단위요소 | 정보의 신뢰성 · 타당성 분석하기, 세부 분석기법 선정 · 적용하기,스포츠정보 분석 결과 도출하기 | | |

## 01 정보의 신뢰성 · 타당성 분석하기(30점)

p197

※ 청소년 유도 참여동기에 관련된 문항의 신뢰도 분석 설문지

| 번호 | 질문내용 | 정말 그렇다 | 그렇다 | 보통이다 | 그렇지 않다 | 전혀 그렇지 않다 |
|---|---|---|---|---|---|---|
| 1 | 유도를 할 때 느끼는 쾌감, 희열감 때문에 | ⑤ | ④ | ③ | ② | ① |
| 2 | 유도를 하면 활기찬 느낌을 느낄수 있기 때문에 | ⑤ | ④ | ③ | ② | ① |
| 3 | 유도기술을 완벽하게 수행했을 때 오는 만족감 때문에 | ⑤ | ④ | ③ | ② | ① |
| 4 | 유도기술이 점점 발달되는 느낌이 즐겁기 때문에 | ⑤ | ④ | ③ | ② | ① |
| 5 | 무엇보다도 유도를 하면 재미있기 때문에 | ⑤ | ④ | ③ | ② | ① |

① 케이스 처리 요약

| 케이스 처리 요약 | | | |
|---|---|---|---|
| | | N | % |
| 케이스 | 유효 | 140 | 100.0 |
| | 제외됨[a] | 0 | .0 |
| | 합계 | 140 | 100.0 |
| a. 목록별 삭제는 프로시저의 모든 변수를 기준으로 합니다. | | | |

② 신뢰도 통계량

| 신뢰도 통계량 | |
|---|---|
| Cronbach의 알파 | 항목 수 |
| .838 | 15 |

문항은 15개 이고 검사도구의 Alpha 계수는 .833으로 나타났다. 일반적으로 신뢰도는 Alpha계수가 .50이상이면 신뢰성이 있다고 보기 때문에 유도 참여 동기를 알아보는 문항은 어느 정도 일치성을 가지고 있으며 신뢰성이 높다고 할 수 있다.

02 세부 분석기법 선정·적용하기(20점)

③ 항목 통계량

| 항목 통계량 | | | |
|---|---|---|---|
| | 평균 | 표준편차 | N |
| v1 | 3.9071 | .78563 | 140 |
| v2 | 4.0357 | .79938 | 140 |
| v3 | 3.5357 | .90092 | 140 |
| v4 | 3.7143 | .90788 | 140 |
| v5 | 3.8643 | .82419 | 140 |
| v6 | 3.9500 | .77111 | 140 |
| v7 | 4.1286 | .81216 | 140 |
| v8 | 3.2714 | .93565 | 140 |
| v9 | 3.3143 | .89833 | 140 |
| v10 | 3.4500 | .86769 | 140 |
| v11 | 3.4357 | .96865 | 140 |
| v12 | 3.2643 | 1.44745 | 140 |
| v13 | 4.2357 | .76441 | 140 |
| v14 | 4.3000 | .70660 | 140 |
| v15 | 4.1071 | .95734 | 140 |

④ 항목 총계 통계량

| 항목 총계 통계량 | | | | |
|---|---|---|---|---|
| | 항목이 삭제된 경우 척도 평균 | 항목이 삭제된 경우 척도 분산 | 수정된 항목-전체 상관관계 | 항목이 삭제된 경우 Cronbach 알파 |
| v1 | 52.6071 | 51.104 | .410 | .831 |
| v2 | 52.4786 | 50.913 | .418 | .830 |
| v3 | 52.9786 | 49.460 | .478 | .827 |
| v4 | 52.8000 | 49.571 | .464 | .828 |
| v5 | 52.6500 | 50.488 | .440 | .829 |
| v6 | 52.5643 | 50.377 | .489 | .827 |
| v7 | 52.3857 | 49.951 | .498 | .826 |
| v8 | 53.2429 | 49.984 | .413 | .831 |

| v9 | 53.2000 | 47.873 | .615 | .819 |
|---|---|---|---|---|
| v10 | 53.0643 | 48.651 | .572 | .821 |
| v11 | 53.0786 | 47.296 | .607 | .818 |
| v12 | 53.2500 | 48.174 | .301 | .849 |
| v13 | 52.2786 | 49.569 | .573 | .823 |
| v14 | 52.2143 | 51.263 | .451 | .829 |
| v15 | 52.4071 | 49.826 | .413 | .831 |

⑤ 척도 통계량

| 척도 통계량 | | | |
|---|---|---|---|
| 평균 | 분산 | 표준편차 | 항목 수 |
| 56.5143 | 56.324 | 7.50490 | 15 |

척도에 대한 평균은 56.5143, 분산은 56.324, 표준편차는 7.5049, 변수의 수는 15를 나타낸다.

## 03 스포츠정보 분석 결과 해석하기(20점)

청소년 유도 참여동기에 관한 연구에서 신뢰도에 대한 통계를 바탕으로 분석을 해보았다. 우선 청소년 140명을 대상으로 한 연구는 문항마다 높은 신뢰도는 물론이며, 청소년이 유도를 했을 경우 느끼는 즐거움이라는 주제에 맞게 모두 즐겁다 라는 평균이상의 설문에 응해 주었고 전체적으로 긍정적으로 답변해 주었다. ② 신뢰도 통계량을 보았을때 Alpha 계수는 .833으로 이 결과를 보면 유도 참여 동기를 알아보는 문항에 일치성을 가지고 있으며 신뢰성이 매우 높으편으로 나타났다.

그리고 ③ 항목 통계량 에서 본 개별 문항에 대한 기술통계량을 보았을 경우 개별 문항 전체 평균은 3.767613 으로 평균을 조금 넘는 수치를 나타냈고, ④ 항목 총계 통계량 항목이 삭제된 경우 척도 전체 평균을 보면 52.4667 로 문항을 삭제했을 경우 평균 결과 수치가 올라가는 것을 알 수 있었다.

척도에 대한 평균은 56.5143, 분산은 56.324, 표준편차는 7.5049, 변수의 수는 15를 나타낸다.

이로서 이번 청소년 유도참여동기에 관한 연구 에서는 신뢰도가 높은 편으로 나타났고,

설문주제 맞는 즐겁다 라는 답변은 모두 평균이상 이였으며, 문항을 삭제 했을 경우 항목 총계 통계량은 올라가는 것을 볼 수 있었다.

| 04 | 정보분석 작성 발표 후 느낀 점(30점) |
|---|---|

이번 정보분석 작성 후 느낀 점은 설문조사를 하기 전 충분한 조사와 어떠한 연구를 할 것 인가 주제 선택이 제일 중요하다고 느꼈고 그를 바탕으로 문항의 통일성 문항의 대한 신뢰성으로 이어 지는 것 같았습니다. 사람은 각각 자신만의 개성과 생각하는 것이 모두 다르기 때문에 이런 정보분석을 통해 전체의 평균치를 내고 그에 맞게 집합을 만들어 가는 것이 좋을 것 같다는 생각입니다. 과거에는 설문을 통해 통계 결과 값만 내려고 했었다면 지금은 설문을 통해 응답자가 설문에 대한 응답 신뢰도나 평균치 척도 등을 통해서 더 좋은 연구 결과를 얻을 수 있게 된 것 같아서 매우 만족스럽습니다. 그 결과를 바탕으로 연구논문이나 책으로 발간될 경우 보는 입장에서도 신뢰도가 매우 높아질 것 같습니다. 새로운 것을 배울 수 있게 되어 좋은 경험 이었습니다.

SPORT marketing

# 스포츠정보가공 [1204040404_16v2]

◈ 정의 : 스포츠정보 가공은 정보 분석 평가를 위해 정보가공을 기획한 후 목적별 구분을 통하여 사업별로 가공하는 능력이다.

## 1) 정보가공 기획하기_ 1204040404_16v2.1

1.1 회사 전략수행, 단위사업의 필요성에 따라 수집 분류된 정보를 가공할 수 있다.

1.2 수집 분류된 정보를 통해 시장의 트렌드 변화를 분석할 수 있다.

1.3 사업별 사용목적에 따라 수집분류 된 정보를 체계화할 수 있다.

## 2) 목적별 구분하기_ 1204040404_16v2.2

2.1 전사적·사업별 목표와 전략, 표적시장을 설정할 수 있다.

2.2 사업수행에 필요한 정보를 파악할 수 있다.

2.3 사업수행에 필요한 정보를 체계적으로 추출할 수 있다.

## 3) 사업별 가공하기_ 1204040404_16v2.3

3.1 마케팅사업의 특성에 따른 정보를 가공할 수 있다.

3.2 고객관리사업의 특성기준에 따른 정보를 가공할 수 있다.

3.3 제품·서비스의 생산 공정기준을 바탕으로 정보를 가공할 수 있다.

## 1204040404_16v2 스포츠정보 가공 실습형 평가지

<table>
<tr><td>평가일시</td><td></td><td>훈련생</td><td></td></tr>
<tr><td>과정명</td><td>스포츠마케팅</td><td></td><td></td></tr>
<tr><td>교과목</td><td>스포츠정보관리</td><td>훈련교사</td><td>이광욱 (인)</td></tr>
<tr><td>능력단위명</td><td colspan="3">스포츠정보 가공</td></tr>
<tr><td>능력단위요소</td><td colspan="3">정보가공 기획하기, 목적별 구분하기, 사업별 가공하기</td></tr>
<tr><td>구분<br>(능력단위요소)</td><td colspan="3">실습 평가 근거 자료</td></tr>
<tr><td>정보가공 기획하기</td><td colspan="3">1. 스포츠 성공전략 (구단, 용품, 시설)을 분석하시오.<br>NC다이노스 성공전략<br>1. 성적보다 가치에 집중 ▶ 야구는 승리를 파는 사업이 아니다.<br>2. 공감 마케팅 ▶ 정의, 명예, 존중<br>3. 효율적 리소스 운용 ▶ 분석팀 가동<br>4. 연공서열보다는 전문성 ▶ 상식의 파괴, 파격적 인사</td></tr>
<tr><td>목적별 구분하기</td><td colspan="3">2. NC다이노스의 STP 전략수립하기
<table>
<tr><td colspan="2">STP 전략수립</td></tr>
<tr><td rowspan="3">S시장세분화</td><td>기존 남성관중 추세에 여생팬 확보 마케팅 전략 실시</td></tr>
<tr><td>다양한 이벤트를 통한 티켓할인</td></tr>
<tr><td>지리적 기준 적용으로 지역라이벌 구도 형성</td></tr>
<tr><td>T목표시장선정</td><td>관중(팬)욕구 만족을 위한 차별화 전략</td></tr>
<tr><td>P포지셔닝</td><td>다양한 연령층을 목표시장으로 선정하여,<br>흥미, 관심도 유발</td></tr>
</table></td></tr>
<tr><td>사업별 가공하기</td><td colspan="3">3. NC다이노스의 스포츠마케팅 믹스(마케팅 4P· 7P)<br>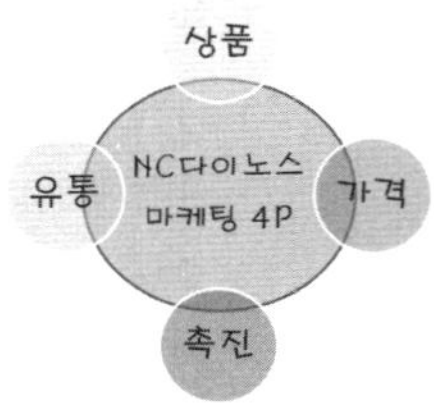
<br>홈경기 애국가 부르기 참여 이벤트와 같은 참여형 스포츠 상품,<br>꾸준한 성적유지로 인한 관람형 스포츠 상품을 동시에 만족하는 다이노스만의 상품.<br>다양한 좌석등급과 대중교통이용 홈 관중에 50% 티켓할인 이벤트 등 가격적인 면에서도<br>우수하며,SNS와 홈페이지를 통한 다이노스 마스코트와의 연봉협상 타결 소식의 전달로<br>팬들과의 소통에 중점을 둔 통합적 촉진믹스 관리에도 탁월하다.<br>성적보다 가치에 집중하는 다이노스의 철학으로 인해 상품, 가격, 촉진이 포함된 팬으로 시작해서 팬으로 끝나는 소통형 유통의 본보기가 된다.</td></tr>
</table>

SPORT marketing

# 스포츠정보수집

[1204040402_14v1]

◈ 정의 : 스포츠정보 수집은 선정된 기획주제에 적합하도록 대상·방법을 설정한 후, 양적 데이터, 질적 데이터를 수집하는 능력이다.

## 1) 대상·방법 설정하기_ 1204040402_14v1.1

1.1 정보관리체계에 따라 정보수집 대상을 선정하고 과학적인 수집방법을 연구할 수 있다.

1.2 작업 매뉴얼에 따라 정보수집 대상선정과 수집방법의 기준을 설정할 수 있다.

1.3 작업 매뉴얼에 따라 수집방법 설정기준의 타당성을 검토할 수 있다.

## 2) 양적 데이터 수집하기_ 1204040402_14v1.2

2.1 정보수집 기준에 따른 다양한 정보를 수집할 수 있다.

2.2 작업 매뉴얼에 따라 정보인프라를 구축할 수 있다.

2.3 작업 매뉴얼에 따라 수집정보를 검토하고 불필요한 정보를 선별할 수 있다.

2.4 신뢰도 평가 기준에 따라 수집된 정보를 검증할 수 있다.

## 3) 질적 데이터 수집하기_ 1204040402_14v1.3

3.1 정보수집 기준에 따라 특정 대상으로부터 특정 정보를 능동적으로 수집할 수 있다.

3.2 품질평가 기준에 따라 검증된 정보만 수집할 수 있다.

3.3 목적에 따라 필요한 정보만 수집할 수 있다.

## 1204040404_16v2 스포츠정보 수집 실습형 평가지

| 평가일시 | | 훈련생 | |
|---|---|---|---|
| 과정명 | 스포츠마케팅 | 훈련교사 | 이광욱 (인) |
| 교과목 | 스포츠정보관리 | 평가시간 | 50분 |
| 능력단위명 | 스포츠정보 수집 | | |
| 능력단위요소 | 대상・방법 설정하기, 양적 데이터 수집하기, 질적 데이터 수집하기 | | |

| 구분<br>(능력단위요소) | 실습 근거 자료 |
|---|---|
| 대상・방법 설정하기 | 1. 대상・방법 설정하기<br>※ **표본집단: 대표할 수 있는 집단**<br>**대상: 스포츠마케팅 과정 교육생** |
| 양적 데이터 수집하기 | 2. 양적 데이터 수집하기<br>**여가활동을 하지 못하는 이유는 무엇인지 모두 고르시오.(양적데이터로 분석 사례수 : 239명 )** |
| 질적 데이터 수집하기 | 3. 질적 데이터 수집하기 |

**연구문제 : 귀하가 여가활동을 하지 못하는 이유는 무엇인지 모두 고르시오.**

① 시간이 부족해서 ② 비용이 많이 들어서

③ 여가활동을 하는 방법을 몰라서 ④ 정신적으로 여유가 없어서

⑤ 주변에 여가 시설이 마땅치 않아서 ⑥ 함께 즐길 친구가 없어서

**$여가제약빈도**

| | | 응답 | | 케이스 퍼센트 | 순위 |
|---|---|---|---|---|---|
| | | N | 퍼센트 | | |
| 여가에참여하지 못하는이유a | 시간부족 | 83 | 34.70% | 60.10% | 2 |
| | 비용부족 | 101 | 42.30% | 73.20% | 1 |
| | 활동방법무지 | 2 | 0.80% | 1.40% | 6 |
| | 정신적여유부족 | 36 | 15.10% | 26.10% | 3 |
| | 시설부족 | 10 | 4.20% | 7.20% | 4 |
| | 즐길상대없음 | 7 | 2.90% | 5.10% | 5 |
| 합계 | | 239 | 100.00% | 173.20% | |

a. 값 1에서 표로 작성된 이분형 집단입니다.

**스포츠마케팅 과정 교육생이 금융거래를 하는 방법. (질적 데이터 수집하기 사례수 14명)**

① 인터넷 뱅킹 ② 텔레 뱅킹

③ 모바일 뱅킹 ④ 직접 방문

모바일 뱅킹이 4명으로 답했다

류 ○ ○ 편리함 때문에 한다고 말했다.

모바일 뱅킹과 같은 4명이 답했다

박 ○ ○ 빠른 속도 때문에 한다고 말했다.

직접방문 도 4명으로 답했다

김 ○ ○ 안정성 때문에 은행에 직접 방문한다고 답했다.

# 제 2 장 스포츠 이벤트 마케팅 실습자료

## 1. 스포츠이벤트의 개요

### 1) 이벤트 어원

이벤트의 어원은 라틴어 E-(out, 밖으로)와 Venire(to come, 오다)라는 뜻을 가진 Eventus, 「발생」(Occurrence)이나 「우발적 사건」(Happening)과 같이 일상적인 상황의 흐름 중에서 특별하게 발생하는 일을 가리키는 말이다. 서양에서 이벤트란 용어는 원래 사건, 시합을 뜻하는 말로서 마케팅 용어는 판매촉진을 위한 특별행사라는 개념으로 스페셜 이벤트(Special Event)라 불리어 사용되어 왔다. 이벤트란 공익, 기업이익 등 특정 목적을 가지고 치밀하게 사전 계획되어 대상을 참여시켜 실행하는 사건 또는 행사를 총칭하는 것으로 여기서의 특정 목적이란 지역사회의 경제, 사회, 문화적 진흥과 관련 산업의 발전, 국제교유, 관광 등을 지칭한다(이근모, 2014).

한국 이벤트개발원에 의하면, 이벤트란 “공익, 기업이익 등 주최자가 뚜렷한 목적과 함께 치밀한 사전계획을 세워 대상을 현장에 참여시켜 현장 커뮤니케이션 활동을 총칭하는 말”로 정의된다.

#### (1) 인류의 역사와 이벤트

- 이벤트의 역사는 원시시대 사냥꾼의 활동으로부터 발전해 온 것으로 이해됨.
- 원시인들은 생존을 위해 사냥을 하면서 자기가 죽이고자 하는 동물의 흉

내를 내며 의식을 거행함.

- 신석기 혁명을 통해 정착생활을 하면서 농경사회에서는 수확증대를 위한 제의에서 가면, 무용, 음악을 함께 사용함.
- 분화되지 않은 원시의 인간경험은 점차 축적되고 발전함에 따라 여러 형태로 분화하게 됨(예: 음악, 문학, 무용, 회화, 이벤트 등의 각종 예술과 문화)
- 과거에는 문화와 예술에 대한 향유는 일부 특권층에 제한되었으나 현재는 모두의 공유가 되었음.
- 예술과 문화를 감상하고 효과적으로 표현하는 그릇으로써 이벤트는 예술과 문화에 또 다른 차원의 생명력을 불어넣을 수 있음.

### (2) 우리나라 현대이벤트의 발달단계

| 단계별 | 해당 시기 | 주요 이벤트 및 발달과정 |
|---|---|---|
| 이벤트 태동 | 해방~1970년대 | • 수출 · 경제부흥 중심의 이벤트<br>• 전문전시회 또는 산업박람회 형태<br>• 종합전시장 개장과 국제규모 전시회 수용 |
| 이벤트 발전 | 1980년대 | • 정부 주도형 정치/문화이벤트<br>• 86아시안게임, 88서울 올림픽 개최<br>• 국제이벤트 개최 기반조성<br>• 스포츠 · 문화이벤트 증가 |
| 이벤트 활성화 | 1990년대 | • 93 대전엑스포 개최로 이벤트 참여 증가<br>• 94 한국방문의 해 이벤트로 오래관광객 유치<br>• 문화관광축제 육성<br>• 축제 남발로 인한 비판적 시각 대두 |
| 이벤트 질 향상 | 2000년대 | • 문화관광부 지정 축제의 정착<br>• 2002년 한일 월드컵 개최<br>• 2014 인천아시아 게임<br>• 2018 평창동계 올림픽 |

### (3) 이벤트의 발전 배경

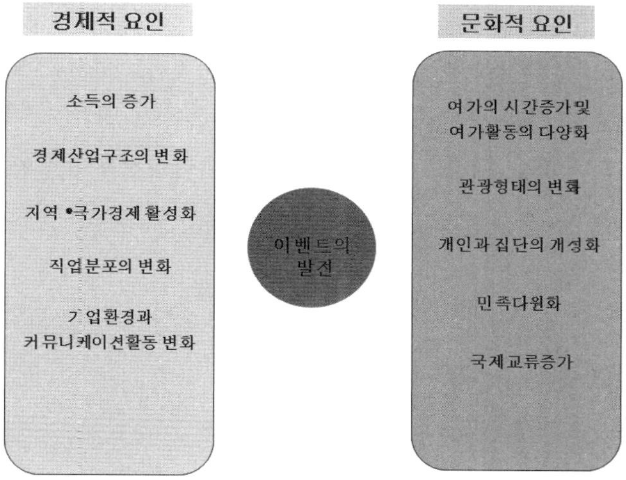


## 2) 스포츠이벤트

최근 스포츠 이벤트는 불황 속에도 꾸준한 성장을 지속하고 있다. 특히 스포츠 이벤트 시장은 스포츠가 가지고 있는 다양한 특성을 바탕으로 한 스포츠 마케팅과 이벤트의 기획과 연출, 프로모션 능력의 향상에 힘입어 짧은 기간에 급속한 성장을 달성했다. 건강에 대한 관심이 사회 전반적으로 확산되고, 레저 붐과 함께 전반적인 스포츠 인구의 꾸준한 증가로 향후 발전 가능성이 높을 것으로 보인다.

### (1) 스포츠 이벤트의 개념

스포츠이벤트란 모험 · 건강 · 레크리에이션 · 스포츠를 통해 개인의 삶의 질 향상을 도모하고자 하는 프로그램으로, 참여자가 스포츠의 관람, 스포츠 강습, 또는 스포츠 경기에 직접 참여하는 것을 목적으로 사람들이 모이도록 고임을 개최하여 정해진 목적을 실현시키기 위하여 행하여진 행사이다(이경모, 2014).

대표적인 스포츠이벤트로 각종 문화행사까지 포함하고 있는 올림픽이나 월드컵과 같은 메가 스포츠 경기와 스포츠 동호회를 중심으로 한 아무추어 스포츠 경기 등을 스포츠이벤트(이용철, 2000)라 할 수 있으며, 스포츠 마케팅에서 가장 보편적인 복합체인 것이다.

김일중(2007)은 스포츠 단체가 보유하고 있는 핵심적인 자산으로 스포츠가 고유의 건강미, 아름다움, 활동적이고 역동적인 감각이 단순 명쾌한 이미지 하에서 커뮤니케이션 도구가 되고, 올림픽, 월드컵과 같은 국제대회를 비롯해 프로야구, 프로축구, 프로농구 경기 등 모든 스포츠 경기 그자체가 스포츠이벤트라고 정의하고 있다. 결국 스포츠 이벤트란 스포츠 경기에 직•간접적으로 참여하는 선수 혹은 기관 ,단체를 활용한 기업이나 국가가 마케팅 목표를 성취하고자 하는 것(이병기 외, 2014)이라고 정의 할 수 있다.

스포츠 이벤트는 스포츠마케팅 사업 분야에서 매우 중요한 산업분야로서 이벤트가 스포츠와 결합하던 시점부터 미디어의 성장으로 지금까지 눈부시게 성장해 왔다.

스포츠이벤트란 스포츠 제반활동을 통해 흥미를 유발시키는 커뮤니케이션이라 할 수 있다.

스포츠 제반활동을 통해서 직접적 혹은 간접적으로 자극, 감동을 체험하게 하는 긍정적 측면의 모든 행사라고 할 수 있다.

스포츠 이벤트를 스포츠마케팅 측면에서 스포츠마케팅 비즈니스라고 하는데 미국 저널에 의하면 '스포츠마케팅이란 기업이 각종 스포츠 대회의 공식 후원자 권리를 획득한 후 얻게 되는 광고권, TV방영권 등을 통하여 기업 PR, 이미지 제고, 종업원의 사기고양, 새로운 프로모션 창조, 시장 점유율의 유지 및 제고, 신용창조 및 신 시장 개척 등을 이루고자 하는 것' 이라고 설명하고 있다.

일본에서는 스포츠마케팅이라 용어 대신에 '스포츠비즈니스'라는 용어를 사용하는데 스포츠 비즈니스란 스포츠를 테마로 한 PR, 광고, 판매촉진 등과 연결된 모든 활동으로, 구체적으로는 경기대회, 경기단체에 관한 대회 개최권, TV방영권, 장내 광고권, 공식용품제공권, 마크사용권 및 선수 영상사용권 등을 의미한다.

지금까지 스포츠이벤트는 일반적으로 스포츠 그 자체의 활성화 목적으로 유치되고 개최되어 왔다. 그러나 최근에 와서는 스포츠이벤트의 유치, 개최에 따른 경제적 효과와 관광산업의 활성화 그리고 지역 활성화의 촉진이라는 측면에서 기대가 주목되고 있다(김도균, 2008).

올림픽, 월드컵, 세계육상선수권, 포뮬러원(F1) 대회 등은 세계적으로 관심을 모으고 있는 대표적인 스포츠 이벤트다. 이들은 행사의 규모나 영향성에서 파급적인 효과가 매우 큰 메가 이벤트의 특징을 갖고 있다. 스포츠 이벤트는 국제 차원에서 미디어와 경제에 막대한 영향력을 끼치는 초대형 행사부터 소규모 단체가 주관하는 체육대회까지 포함하고 있는데 다른 이벤트와 차별되는 특성을 나타낸다.

스포츠 이벤트는 기업, 조직, 단체 등이 특정 목적 아래 스포츠가 갖고 있는 건강미, 오락성, 역동성, 스타성 등의 특성을 이용해 주최 혹은 협찬 형태로 이루어지는 스포츠 행사나 제전 등을 총칭한다.

최근 스포츠 이벤트는 지속적인 성장과 사회적인 관심을 유도하고 있다. 이와 같은 배경에는 다음과 같은 요인이 저변에 깔려 있다.

첫째로 현대인의 건강에 대한 높은 관심도를 지적할 수 있다. 매일같이 정신적 스트레스 속에서 생활하고 있는 사람에게는 스포츠는 똑같은 일이 반복되는 일상에서 벗어나 스트레스를 해결할 수 있는 청량제 같은 역할을 한다. 특히, 고령화 사회로 전환하고 있는 현대사회에서는 과거 스포츠에 대한 관심도가 낮았던 노인층까지 스포츠 인구는 연령별 분포가 고르게 확산되고 있다.

둘째로 여성의 활발한 스포츠 참가를 들 수 있다. 취업 여성의 증가 현상은 '제3의 성'으로 불릴 만큼 사회 · 경제 변혁의 주체가 되고 있다. 특히 안정된 경제력을 바탕으로 한 라이프스타일의 변화는 여성의 여가시간을 크게 증가시켜 스포츠에 대한 관심을 유도하게 되었다. 또한 건강 유지와 몸매 관리, 사교 등의 분명한 참가 동기와 목적의식을 나타내며 적극적인 참여 형태를 보인다. 따라서 남성 전유물 또는 제한된 특정층만 관여하던 스포츠에 대한 본래 이미지와 역할은 차츰 변화하고 있다(김희진, 2003).

한편 스포츠 이벤트는 관전형과 참가형으로 구분해 특성과 효과를 설명할 수 있다.

첫째, 관전형 스포츠 이벤트는 기업이나 특정 단체가 소비자, 관객에게 화제나 볼거리를 제공하기 위해 스포츠와 관련된 프로나 유명 선수들을 초청해 주최하는 여러 형태의 행사나 대회를 말한다. 이것은 간접적인 관전 방식이 우선되며, 이미지 향상과 수익 증대 등을 목적으로 매스미디어를 이용해 불특정 다수의 많은 사람에게 관전의 즐거움을 제공하는 이벤트다.

관전형 스포츠 이벤트는 실제 경기장을 방문해 관람하는 '직접 관전'과 TV 중계로 시청하는 '간접 관전' 방식으로 구분된다. 경기장과 같은 제한된 장소에서 관람하는 직접 관전보다는 TV 중계를 통한 간접 관전 방식의 경우가 메시지 수용자의 규모나 스폰서십(Sponsorship)에 의한 상업적인 활용과 효과 면에서 그 기대 효과가 매우 크다.

1984년에 개최되었던 LA올림픽은 올림픽을 상업적으로 이용해 성공시킨 최초의 사례로 유명하다. 이전까지 적자로 운영되었던 올림픽대회를 TV 중계권을 통한 스폰서십과 다양한 스포츠 마케팅을 활용해 올림픽을 개최해 국가의 위상을 높이고 경제적 파급 효과와 대회의 흑자 운영에도 성공해 이후 올림픽 마케팅의 좋은 선례를 남겼다.

올림픽 등 메가 이벤트는 대회 기간 중 세계 각국의 많은 사람들에게 동시간대에 TV 중계가 가능하다는 사실만으로도 상업 가치가 충분해 급속히 인류 최대의 스포츠 이벤트로 성장했다. 한국은 스포츠 마케팅에 관심이 많은 대기업을 중심으로 2002한일월드컵대회를 비롯해 2011대구 세계육상선수권대회, 2011영암세계 F1대회를 유치해 적극적인 홍보나 프로모션 활동에 나서고 있다. 그 이유는 대회를 개최해 얻게 되는 파급 효과와 기타 부수적인 수익 창출에 많은 기대를 걸고 있기 때문이다.

둘째, 참가형 스포츠 이벤트는 지방자치단체나 기업, 학교 등의 조직체가 참가자의 건강 증진과 공동체 의식의 강화를 목적으로 자발적인 참가를 유도해 개최하는 스포츠 행사다. 공익성이 크고 교류나 친선 목적의 성격이 강하며, 일반인이 직접 참가해 체험하는 이벤트 형태다.

기업이 주관하는 관전형 스포츠 이벤트는 기업의 수익성과 이미지 향상을 목적으로 시행되는 데 반해, 지자체는 지역 주민들의 자발적인 참가를 유도해 참가자와 원활한 커뮤니케이션과 건강 증진 등 비영리 목적으로 시행된다. 이러한 참가형 이벤트에는 전국소년체전, 전국체육대회, 그리고 주민 참가를 위해 각 시도별 자치단체가 주최하는 각종 스포츠 행사, 또는 기업이 주관하는 사내 체육대회, 학교 운동회 등이 포함된다(김희진, 2004).

그러나 참가형 이벤트는 공공성이나 사회성에 너무 치우치지 않고 스포츠에 관한 사회적 관심도나 유행 패턴, 시대 상황 등을 잘 파악해 시행하는 것이 중요하다. 사회적, 문화적 환경이나 시대적 트렌드를 기획력에 제대로 반영하고 활발한 프로모션을 전개하며, 스포츠에 대한 흥미를 유발시키고 대중적인 보급과 확산에 많은 역량을 기울여야 한다.

### (2) 스포츠이벤트의 특성(김도균, 2008).

#### ① 쌍방향성

스포츠라는 상품을 통해서 고객과 커뮤니케이션 하는 것, 이를 통해서 감동과 가치를 창조해내는 특징을 보인다.

#### ② 현장성

현장에서 직접보고, 만지고, 느끼고, 먹어보고, 마셔보고, 대화하다 보면 자연히 반응을 일으키는 행동이 유발된다. 즉 현장으로 이동하여야만 하고 그곳에서 관중, 선수, 심판 등과 현장의 상황에 따라 자기도취와 스릴을 최대한 누릴 수 있다는 이유만으로도 스포츠 이벤트의 현장성은 중요한 부분이다.

#### ③ 진실성

스포츠는 "각본 없는 드라마" 현장성과 함께 스포츠 이벤트의 결과를 현장에서 직접 알 수 있다. 승부는 늘 생각 밖의 놀라움과 신기함을 도출하며, 관객에게 상상, 걱정, 염려, 기쁨 등을 일으키는 것이라고 할 수 있다.

스포츠는 현장에서 생동감과 진실성이 있다.

④ 사회성, 문화성

스포츠는 사회성과 문화성을 가지고 있다.

스포츠이벤트의 개최가 직간접적으로 지역사회 발전까지 많은 영향을 미친다.

⑤ 건강성

현대인의 스트레스를 스포츠이벤트가 가지는 통쾌함과 해방감으로 정신적 안정을 찾아주는 역할을 한다.

⑥ 무형성

경험에 따르는 무형적인 혜택 즉 즐거움, 편익, 흥미, 자부심 등을 스포츠이벤트를 통해 얻을 수 있다.

⑦ 생산과 소비의 동시성

스포츠제품은 같은 장소에서 같은 시간에 생산되고 소비된다.

⑧ 소멸성

스포츠제품은 '생산되는 즉시 소비된다는 사실' 과 관련이 있다.

⑨ 계절성

스포츠제품은 기상조건의 영향을 받는다. 즉, 겨울스포츠, 해양스포츠 등의 계절스포츠가 존재한다.

⑩ 주관성

스포츠제품은 그것을 관람하는 소비자에 따라 제품으로서 느끼는 차이가 다르다.

⑪ 비예측성과 비일관성

스포츠는 생산을 해 내지만 일정한 제품을 만들어 내지는 않기 때문이다. 어제 팀이 승리하더라도 오늘도 이긴다는 확실한 보장은 없기에 경기장에 팬들이 지속적으로 찾아오는 것이다. 이것이 바로 스포츠 제품이 갖는 비일관성이다.

⑫ 독특성

스포츠는 경기마다, 게임에 임하는 선수마다 독특성을 가지고 있다.

### (3) 스포츠이벤트의 목적

① 기업의 이익을 위한 측면 즉, 홍보나 기업의 이미지를 고객에게 전달하여 매출의 극대화를 도출해 낸다. 스포츠이벤트의 참여는 기업의 사회 환원과 기업 내의 종업원들의 자부심과 사기향상을 위해서도 중요한 역할을 수행해 낸다.

② 협회나 각 경기 단체는 종목의 발전과 스포츠 행정의 일환으로서 대회를 개최하여 스포츠자체를 발전시키고 사업을 통한 수익의 창출을 기대한다.

③ 스포츠 구단은 팬들에 대한 서비스 극대를 통하여 고정 팬의 확보를 통한 입장수입 및 팀 인지도 상승에 따른 수입증가를 유도한다.

④ 국민의 정신적 욕구를 충족시키고, 지역을 활성화시키며, 국제교류를 활발하게 하는 동시에 스포츠 교류 및 진흥을 이끌어낸다.

### (4) 스포츠이벤트의 종류

① 관람형 이벤트와 참가형 이벤트

- 관람형 이벤트(See Sports)

관람형 스포츠 이벤트란 '기업이나 특정 단체가 스포츠팬에게 화제나 볼거리를 제공하기 위해서 프로 또는 유명 선수들을 초청하여 게임을 실시하는 형태의 행사'를 말한다.

관람형스포츠 이벤트는 실제 경기장에서 관전하는 '직접관람'과 TV중계를 통해 관전하는 '간접관람'으로 구분될 수 있는데 경기장과 같은 제한된 장소에서 관람하는 직접관람보다는 TV중계를 통한 간접 관전의 경우가 그 규모나 효과 면에서 훨씬 크다.

1984년 LA올림픽으로 올림픽을 상업적으로 이용하여 성공시킨 시초로서 이전까지의 모두 적자였던 올림픽 대회를 TV중계권을 통한 스폰서십과 다양한 스포츠마케팅을 활용하여 개최운영해서 국가의 위상을 높이고 경제적 파급효과와 대회의 흑자운영에도 성공하여 이후 올림픽 마케팅의 좋은 사례를 남겼다. 세계 각국의 사람들에게 국경을 초월하여 동시에 TV 중계가 된다는 사실만으로도 상업적 가치는 충분하며 올림픽, 월드컵 등의 빅 스포츠이벤트는 인류 최대의 스포츠이벤트로 자리 잡게 되었다.

- 참가형 이벤트(Do Sports)

참가형 스포츠 이벤트는 지방차지 단체, 기업, 학교 등의 단체가 참가자의 건강증진과 조직 의식강화를 목적으로 자발적인 참가를 유도하여 개최하는 스포츠 행사이다. 사회교류, 공익적인 목적의 성격이 강하며 일반인이 직접 참가하여 체험하는 이벤트 형태라고 할 수 있다.

기업에 의해 개최되는 참가형 스포츠 이벤트는 기업의 이익과 이미지 향상, 판매촉진 등을 실현할 목적으로 실시되는 데 비해 지방자치 단체가 개최하는 참가형 스포츠이벤트는 지역 주민들의 적극적인 참가를 기본으로 참가자와의 원활한 커뮤니케이션과 건강증진을 목적으로 실시된다(김도균, 2008).

#### ② 유형별 종류

- 문화이벤트 • 상점가 문화이벤트 • 지역 활성화이벤트

### (5) 스포츠이벤트의 기능

① 정체성 확립 : 자신이 가지고 있는 정체성을 확립하고 이미지를 확장하기 위해서 스포츠이벤트를 하나의 수단으로 이용하고 있는 것이다.

② 신성함과 즐거움 추구

③ 대중 동원력

④ 기업의 PR수단

⑤ 정신적 풍요로움의 제공

⑥ 현대인의 욕구 충족

⑦ 기념과 경축

⑧ 정보의 축적과 세계화

⑨ 산업 발전과 경제 활성화 도모

⑩ 국제교류와 협력

### (6) 스포츠 이벤트의 기대 효과와 활용법(김희진, 2001).

스포츠 이벤트가 가져올 기대 효과와 활용 가치를 새롭게 인식하는 데에는 다음과 같은 몇 가지 이유가 있다.

첫째, 스포츠는 모든 사람이 접근하기 쉬운 주제이며, 국경과 문화를 초월해 누구나 쉽게 공감대를 형성할 수 있기 때문에 대중매체에 의한 퍼블리시티 효과가 기대된다. 또한 다양한 파트너십과 스폰서십을 통해 마케팅 커뮤니케이션 전략의 중요한 수단으로 활용할 수 있다.

둘째, 올림픽이나 월드컵 등 대형 스포츠 행사의 개최로 스포츠는 국제관계나 정치적 주요 변수로 작용하며 국제교류와 친선의 원동력이 되고 있다.

셋째, 스포츠 이벤트 진행 중에 기업명과 상품명이 유명 선수의 유니폼이나 펜스 광고 등을 통해 직접 노출되어 브랜드 고지와 이미지 향상에 도움이 된다.

넷째, 대중매체에 의한 사전 홍보 활동으로 퍼블리시티 효과를 기대할 수 있으며, 경기 중에도 TV 중계 등 매스미디어와 효과적인 믹스 전략으로 폭넓은 파급 효과를 기대할 수 있다.

다섯째, 스포츠 이벤트에 대한 협력과 후원은 스포츠의 건강한 이미지가 기업의 이미지와 잘 연계되어 호감도가 조성되기 쉽고, 거래 회사의 인센티브 효과를 높이고 신뢰감 조성에도 도움이 된다.

여섯째, 유명 선수의 인기도, 지명도를 이용해 강한 화제성을 유발하기 쉬우며,

기업과 상품의 캐릭터 전략이나 광고 캠페인, 스타 마케팅 등에 활용할 수 있다.

일곱째, 대형 스포츠 이벤트는 개최 지역의 도로정비와 설비 투자, 그리고 지역 산업 개발을 통해 지역 활성화에 기여할 수 있다.

### (7) 스포츠 이벤트의 발전방향(이병기 외, 2014).

시대의 요구에 부응해야 한다. 시대의 흐름 속에서 변화에 대한 원인을 파악하고, 반드시 필요로 하는 요구에 보답할 수 있는 스포츠이벤트가 되어야 한다. 현대사회에서 특히 고령자와 여성의 건강과 패션의 지향은 스포츠이벤트에 있어서 무시할 수 없는 요소이다.

참여스포츠이벤트는 스포츠시설의 완비가 필요하다. 국제적 수준에는 미치지 못하더라도 스포츠이벤트, 특히 참여스포츠이벤트는 참여자에 크게 좌우되는 경향이 있으므로 선수가 구애받지 않고 즐겁게 경기할 수 있는 스포츠시설을 완비하는 것이 필요하다. 또한 참여자를 증가시키기 위해서는 '하는' 이벤트와 빅게임, 스타급 선수들과 함께 참여기회 확대 등의 화제성, 장기구상에 의한 이미지 향상전략, 선수들의 전체적 수준향상이 이루어져야 할 것이다.

도시형이벤트에서 지방형으로 이행하는 경향을 보일 필요가 있다. 도시형이벤트는 팬층이 두터워 저변확대가 용이하다는 장점이 있으며, 교통편이 편리하고 대규모 행사가 가능하며 TV와 접촉하기 쉬워 광고에 유리하고 전국 규모의 방송만을 확보하기 쉽다.

스포츠이벤트를 직접적인 기업이념을 실행하고 광고하는 장으로서 활용하는 것이 기업형 이벤트의 한 형태로서 서서히 확립되어 가야한다.

프로스포츠와 같은 관람형 스포츠이벤트에서는 경기력 수준을 향상시킬 필요가 있다. 그 방안으로 국제수준의 톱선수 육성이 시급하며, 결국 아마추어 선수를 우선적으로 육성시키는 것이 필요하다. 기업이 육성한 톱클래스 선수는 자사의 이미지를 높이고 스포츠소비자를 증가시키는 상승효과를 가져와 기업에겐 커다란 이익을 주는 효과가 있다.

### (8) 스포츠 이벤트의 쟁점

최근 들어 기업은 마케팅 전략의 차별성과 기업의 사회적 역할이 강조되면서 스포츠 이벤트를 주목하고 있다. 스포츠 이벤트 영역은 야구, 축구, 농구, 배구를 비롯해 사이클, 경마, 자동차경기 등 모든 분야에 걸쳐 있으며, 그 규모도 대형화되고 국제화가 가속화되어 과거와 비교되지 않을 정도로 괄목할 만한 성장을 이룩했다.

스포츠 이벤트는 국가, 문화를 초월해 누구나 공감과 접근이 용이하기 때문에 마케팅과 커뮤니케이션 측면에서 어떤 형태의 이벤트보다 기대 효과와 활용 가치가 높다. 또한 매스미디어의 파급 효과를 바탕으로 한 후원, 협력, 협찬 등 스폰서십과 파트너십은 여러 형태의 비즈니스 전환이 용이해 상업적인 활용을 극대화할 수 있다.

앞으로 여가 선용과 건강을 지향하는 사회 분위기에 힘입어 보다 넓은 영역에서 스포츠 이벤트에 대한 관심이 증대될 것으로 예상되며, 부가가치와 파급 효과에 대한 인식 확대로 여러 방면에서 활용이 재검토되어야 할 것이다(김희진, 2001).

### (9) 메가 이벤트 규모에 의한 이벤트(이근모, 2014)

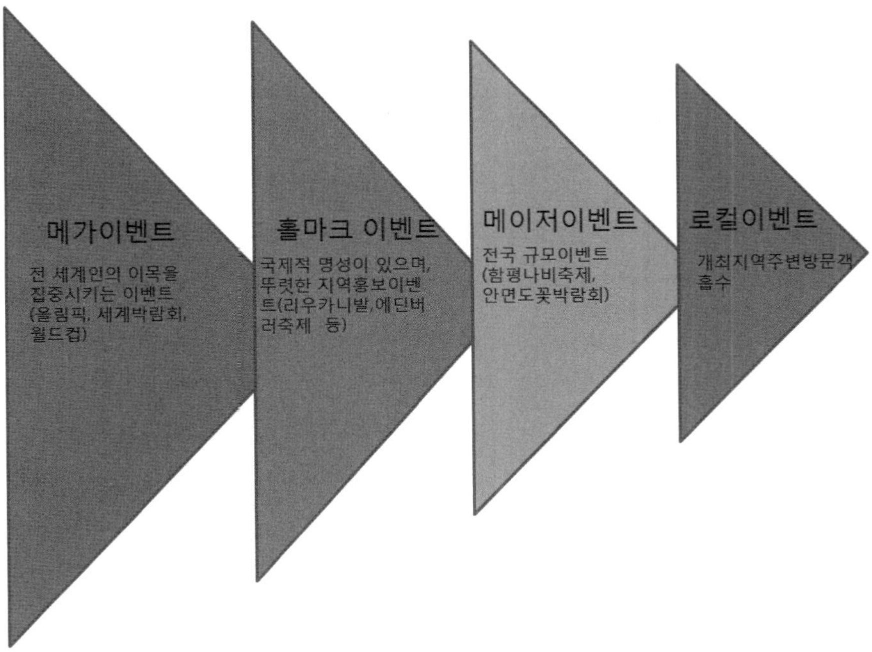

〈메가이벤트 유치활동〉

- 메가이벤트 유치활동은 신청국의 사회, 경제, 문화적 인프라와 후보도시의 유치의지, 그리고 국가적 지원체계 등의 과정을 통해 신청국의 역량을 유치결정기구에 설득하는 과정이다.
- 메가이벤트의 유치결정은 일련의 유치단계에 따라 이루어지며, 유치신청-회원국 공시-현지 실사-총회 투표 등 연속적 과정을 거쳐 결정된다.
- 메가이벤트 유치 전략은 SWOT와 경쟁력 평가모형을 기반으로 경쟁요인을 분석하고, 신청국의 국가경쟁력과 관광산업 경쟁력을 강화시킬 수 있는 전략요인을 중심으로 탐색되어야 한다.

'88서울올림픽의 의의

- 올림픽정신의 회복과 올림픽이상의 구원
- 민족적 자긍심 고취와 국민적 단합
- 스포츠, 예술, 학술의 종합축제로 문화올림픽 승화
- 개발도상국에 희망과 용기부여

## 2012 여수엑스포

여수는 2007년 11월 27일 세계박람회기구(BIE) 140여 개국 회원이 참여한 가운데 경쟁자인 폴란드와 모로코를 제치고, 2012년 세계 BIE엑스포를 유치하는데 성공

여수엑스포는 '살아있는 바다, 숨 쉬는 연안(Living Ocean and Coast)'이라는 주제로 2012년 3개월간 지구온난화와 해수면 상승 등 환경문제를 다룸

여수는 철도, 도로, 교통시스템, 숙박시설, 박람회장 등 사회간접시설에 공공부문과 민간부문으로 대규모 예산이 투입될 예정이며, 이로 인해 지역경제 파급될 생산효과는 10조원, 부가가치효과는 4조원, 고용효과는 9만 명에 이를 것으로 추정(www.expo2012.or.kr)

세계박람회의 인프라구축을 통해 여수는 세계적인 해양관광레저도시로 거듭난다는 야심찬 목표를 수립

# FIFA 월드컵

국제축구연맹(FIFA:Federation Internationale de Football Association)이 주최하는 FIFA 월드컵(FIFA World Cup)은 축구 분야의 국제기구인 FIFA에 가맹한 축구 협회(연맹)의 남자 축구 국가대표팀이 참가하는 국제 축구 대회

일반적으로 축구 월드컵이나 월드컵이라고 함.

월드컵축구대회는 매 4년마다 세계 각지에서 예선을 통과한 국가의 대표 팀이 약 1개월간 민족과 국가와 선수들의 명예를 걸고 축구의 최고를 결정하는 세계 선수권 대회

월드컵 본선은 세계에서 가장 많이 시청하는 스포츠 행사이며, 여타 메가 이벤트의 범주를 훨씬 능가하는 규모와 자본, 그리고 사회적 파급효과와 정치적 헤게모니가 결탁되어 있는 인류 최대의 스포츠

# 2002 한일월드컵

2002년 5월 31일부터 6월 30일까지 약 1달 동안 열린 2002 한·일월드컵은 국내에서는 10개 도시(서울, 인천, 수원, 대전, 전주, 대구, 광주, 울산, 부산, 서귀포)에서 개최

2002년 월드컵축구대회는 월드컵대회 역사상 최초로 아시아에서 개최되었고, 월드컵대회 본선에 한·중·일3국이 함께 참가

월드컵대회는 그동안 단일국 개최를 원칙으로 하였으나, 2002년 월드컵에서는 FIFA 역사상 최초로 2개국이 공동으로 개최하는 이변

그동안 한·일양국은 정치·경제적 상호의존성에도 불구하고 과거 역사적 경험과 독도문제 등으로 인하여 상호 신뢰감 형성이 상당부분 지체되었으나, 한·일월드컵 공동개최로 스포츠교류를 통해 양국 간의 친밀감과 신뢰감이 형성되고 양국관계가 미래지향적인 협력관계로 전환될 수 있는 계기가 마련

'조용한 아침의 나라'로 굳어져왔던 한국의 국가이미지가 2002월드컵에서 거리응원의 열정을 계기로 '역동적이고 활기찬 다이나믹 코리아'로 변화된 모습창출

## 엠블럼

하늘과 땅이 맞닿은 곳, 평창.
그곳의 눈(설상)과 얼음(빙상)에서 선수들과 지구촌 사람들이 함께 어울리는 열린 세상을 의미합니다.

PyeongChang 2018™

개최기간 : 2018.02.09 ~ 02.25(17일간)

개최장소 : 평창 / 강릉 / 정선

Getty images

### 2018 평창 동계올림픽

세계인의 축제, 제23회 동계올림픽대회는 대한민국 강원도 평창에서 2018년 2월 9일부터 25일까지 17일간 개최됩니다. 대한민국 평창은 세 번의 도전 끝에 지난 2011년 7월 6일 열린 제123차 IOC 총회에서 과반 표를 획득하며 2018년 동계올림픽 개최지로 선정되었습니다. 이로써 대한민국에서는 1988년 서울올림픽 이후 30년 만에, 평창에서 개·폐회식과 대부분의 설상 경기가 개최되며, 강릉에서는 빙상 종목 전 경기가, 그리고 정선에서는 알파인 스키 활강 경기가 개최될 예정입니다.

# <부 록>

## ▶ 스포츠이벤트 경기운영지원

(탁구대회 학교 강의실 20 . . .3층 복도)

## 1. 스포츠이벤트 목적 설정하기

### A. 이벤트 형태의 결정

**Memo** 참가자들은 단식과 복식을 하게 된다.
단식 규칙은

복식 규칙은

### B. 이벤트 대상

**Memo** 학생들과

### C. 개최일과 기간

**Memo** 20 . . .

### D. 개최장소

Memo 학교 강의실

## 2. 성공적인 스포츠이벤트개최를 위한 자금계획하기

### A. 예산준비

Memo

### B. 총수입과 계획의 실행

Memo

### C. 회계기록의 정확성

Memo

## 3. 경기규칙과 심판결정하기

### D. 이벤트 운영관리

**Memo** 컨퍼런스 사무실에서 심판비용을 지불 할 것이다 0월 0일 이전까지 관련 정보를 받지 못한다면 컨퍼런스에 확인하라.

**시작일자** 0월 0일 완성일자 : 0 월0 일

### E. 진행요원

**Memo** 기록 관리원 1명

### F. 이벤트 실행 이전의 심판과 코치의 만남

**Memo** 첫번째 경기 2시간 전에 심판과 코치의 미팅 예정, 미팅장소 확인

**시작일자** 월 일 완성일자 : 월 일

### G. 판정 항의 처리

**Memo** 판정 항의 발생을 대비 비디오 판독

### H. 비신사적 행동이나 범죄 행위

Memo 안전관리 및 강력한 법적 조치 강조

시작일자 월 일 완성일자 : 월 일

## 4. 안전한 진행을 위해 위험관리하기

### A. 위험관리

Memo

### B. 지역소방서나 안전관리 기관과의 사전접촉

Memo

### C. 음식물 판매 조건의 확인

Memo 00이벤트 개최를 위하여 정규 식품관리법 따를 것

### D. 응급환자에 대한 비상계획

| Memo | 00이벤트 개최를 위하여 정규 식품관리법 따를 것 |
|---|---|
| 시작일자 | 월 일 완성일자 : 월 일 |

### E. 관람객 관리 계획

| Memo | 응원객들을 위한 좌석배치 완료할 것 |
|---|---|

## 5. 참가선수 참가팀 선발하기

### A. 등록 시 필요한 정보

| Memo | 사무국이 필요한 정보를 제공함. |
|---|---|

## 6. 이벤트 일정 정하기

### A. 시설규모에 따른 참가선수들의 연습일정과 경기 수

| Memo | |
|---|---|

### B. 연습일정과 경기시간

Memo

### C. 일정표

Memo 오전 9 : 00 - 11 : 50

## 7. 이벤트 진행을 위한 시설물 확보 유지 관리하기

### A. 필요시설

Memo

### B. 예비시설

Memo

## C. 시설물의 관리책임

Memo

## D. 이벤트 개최 이전의 시설관리

Memo

시작일자 지금 완성일자 : 월 일

## E. 이벤트 개최 이전의 시설관리

Memo 정규 홈경기와 다른 변경사항을 스텝들에게 알려주라.

시작일자 지금 완성일자 : 월 일

## F. 시설물 유지관리

Memo

### G. 주차시설

Memo

## 8. 시상식 구상하기

### A. 시상의 종류와 대상

Memo

### B. 시상품의 전시 보관

Memo

### C. 시상품의 전시

Memo

### D. 시상식

Memo 시상식에 위원회 임원 참석예정, 결승 경기이후 우승팀과 선수 개인에 대한 시상식 개최예정, 시상식 위해 마이크로폰 준비

시작일자 지금 완성일자 : 월 일

### E. 공로자에 대한 감사

Memo 정규 홈경기와 다른 변경사항을 스텝들에게 알려주라.

시작일자 지금 완성일자 : 월 일

## 9. 음식 서비스 챙기기

### A. 음료

Memo

### B. 스텝에게 제공될 음식물

Memo

C. 관람객에게 제공될 음식물

Memo

## 10. 이벤트 프로모션 계획수립하기

A. 프로모션 내용과 대상

Memo

B. 프로모션 자료

Memo

C. 프로모션 자료의 배포

Memo

## 11. 이벤트 이미지 PR 계획하기

PR은 이벤트와 이벤트 프로그램에 대한 이미지 관리를 말한다.

### A. 이벤트 관계자, 자원봉사자에 대한 PR

Memo

### B. 대중매체를 통한 PR

Memo

## 12. 이벤트 진행을 위한 커뮤니케이션하기

이벤트 계획 수립 시에 참가자, 스텝, 운영자 간에 통신의 중요성을 잊지 말아야 한다.

### A. 이벤트 진행관계자 간의 커뮤니케이션 구축

Memo

### B. 이벤트 참가자와 코치와의 커뮤니케이션

Memo

### C. 관중들과의 커뮤니케이션

Memo

### D. 미디어와의 커뮤니케이션시상식

Memo

## 13. 이벤트 평가하기

### A. 평가 시스템

Memo

### B. 평가 설문

Memo

### C. 평가 실시

Memo

### D. 평가

Memo

## 14. 스텝 관리하기

### A. 스텝 선발

Memo

## B. 자원봉사자 모집

Memo

## C. 고용 계획

Memo

## D. 업무 분장

Memo

## E. 오리엔테이션과 트레이닝

Memo

## F. 커뮤니케이션

Memo

## G. 스텝 관리

Memo

## ▶ 탁구 [ table tennis ]

탁구는 일정한 규격의 탁구대에서 작고 가벼운 공을 라켓으로 주고받으며 경쟁하는 경기로 좁은 장소에서 적은 인원이라도 언제나 즐길 수 있는 대중적인 라켓 스포츠이다. 운동 자체가 별로 과격하지 않아서 남녀노소 누구나 할 수 있는 종목이다. 따라서 각 급 학교의 정규 체육시간, 특별활동 시간에도 이용할 수 있으며, 직장인의 건강과 체력의 유지와 증진을 위하여도 이용할 수가 있으며 특히, 레크리에이션으로도 이용할 수 있어 이용 범위가 넓다.

### 역사

탁구는 그 역사나 기원이 정확하지 않은데, 중세 이탈리아의 '루식 필라리스'라는 놀이에서 변한 것이라 하기도 하고 15~16세기 경 프랑스 궁전에서 행해진 '라파움(Lapaum)'이란 놀이가 변하여 탁구가 되었다고도 한다. 그 명칭도 일정하지 않아서 고시마, 프림프림, 와프와프 등 여러 가지로 불리어졌다. 그러나 남아프리카, 인도 등 영국 식민지에 살던 영국인들이 테니스에서 힌트를 얻어 더위를 피하여 실내에서 놀 수 있는 놀이로 변형시켰다는 것이 통설이다.

지금의 셀룰로이드 공은 1898년 영국의 James Gibb이 고안했는데, 이를 취급하던 운동구 상점 함레 상회에서 공을 칠 때 나는 핑퐁 소리(그 당시 사용됐던 탁구대와 가죽으로 된 배트에 볼이 닿는 소리를 가지고 모방한 것임)를 따서 핑퐁이라는 상호를 붙였다고 한다. 그 후 명칭이 테이블 테니스(Table Tennis)라고 고쳐지고 전 유럽에 보급되면서, 1900년 무렵에는 전 유럽에 탁구가 널리 보급되었다. 1902년 처음으로 영국에 탁구협회가 생기고, 1926년에는 독일의 베를린에서 국제 탁구연맹이 발족하여 국제적인 면모를 갖추었다. 1927년 1월에 영국 런던에서 제1회 유럽 선수권 대회가 개최되었다.

## 한국의 역사

우리나라에 탁구가 도입된 것은 상세히는 알 수 없으나 1924년 경성일일 신문사가 제1회 탁구 경기대회를 개최하게 되면서 급격한 보급이 시작되었으며 1926년 동 신문사가 주최한 제 2회 대회에는 300여 명의 남녀 선수가 참가하는 성황을 보였다. 우리의 손으로 첫 대회를 연 것은 YMCA가 1928년 2월에 YMCA체육관에서 제 1회 조선 탁구대회를 처음으로 개최한 것이다. 이후 해방이 되자 1945년 11월 조선 탁구협회가 발족되고 전국 선수권 대회가 개최되어 국제 진출의 기틀을 잡았다.

1952년 제1회 아시아 탁구 선수권 대회에 참가한 것을 시작으로 국제 대회에 참가한 한국은 1956년 동경에서 열린 제23회 세계 탁구 선수권 대회에서 여자 5위 남자 14위를 차지한 후 더욱 발전하여 1973년 4월에 유고슬라비아 사라예보에서 열린 제 32회 세계 탁구 선수권대회에서 이에리사, 정현숙이 주축이 된 여자 팀이 단체전에서 일본, 중국의 강호를 물리치며 감격의 우승을 차지하여 탁구는 물론 구기사상 최초로 세계 정상에 오르는 위업을 달성하였다. 그 이후로도 우리나라 탁구는 세계 최강의 전력을 유지하며 위상을 떨치고 있다.

## 시설

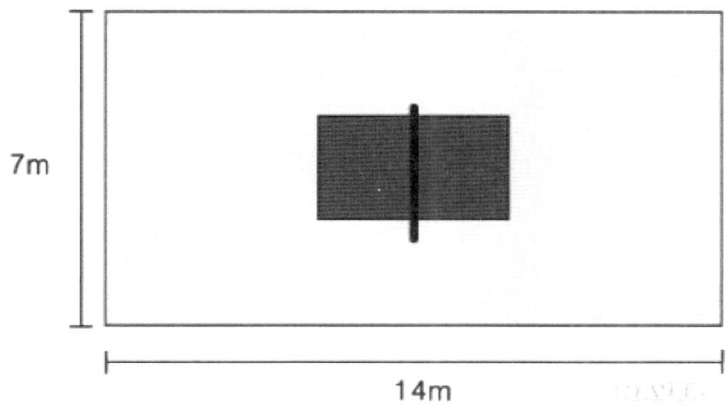

경기장은 길이가 14m, 폭이 7m, 높이가 마루 위 5m이며 조명은 세계 선수권 및 올림픽 대회는 탁구대 위 1000룩스, 탁구대 외는 500룩스를 유지해야 한다. 탁구대 코트는 직사각형으로, 규격은 가로×세로가 152.5×274cm, 두께는 2.5cm, 높이는 바닥에서 76cm 위에 수평면상에 놓여진다. 탁구대 표면의 가장자리에는 너비 2cm의 흰 선을 긋는데, 274cm를 따라 코트 끝에 그어진 선을 사이드라인, 152.5cm를 따라 그어진 선을 엔드라인이라 한다. 또한 복식 경기를 위해 탁구대 중앙에 그어진 너비 0.3cm의 중앙선을 센터라인이라 한다. 센터 라인은 하프 코트의 일부로 간주한다.

네트는 그물 구조로 되어 있으며, 윗부분은 폭 1.5cm의 흰 천을 덮어 씌운다. 높이는 15.25cm로 탁구대 표면과 평행을 이루도록 팽팽하게 쳐야 하며, 네트 길이는 탁구대에서 돌출부를 포함하여 양 지주 봉까지 183cm이다. 지주는 직경 2.2cm이하의 원통형으로 양쪽 사이드라인에서 직각으로 각각 15.25cm 돌출시켜 세운다.

**[그림 2-1] 탁구대 규격**

## 용구

공은 구기 중에서 가장 작고(지름 3.72~3.82cm), 가벼우며(무게 2.40~2.53g), 가장 회전이 많고(100회/1초), 빠르며(상대 코트 도달 시간 0.2초), 불면 날아가고 손에 쥐면 감추어진다. 공은 천연 수지인 셀룰로이드로 만들었는데, 요즘은 합성수지로 된 플라스틱 제품도 많이 있다. 공을 돌려보았을 때 회전이 일정한 구체이어야 하며, 색깔은 흰색과 오렌지색이 있다.

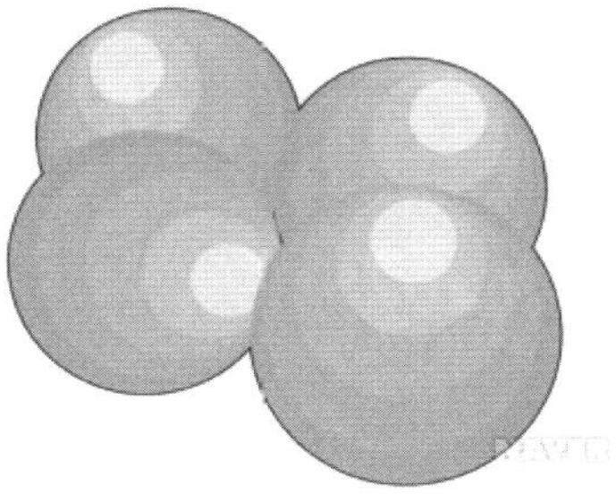

| 탁구공은 구기 중에서 가장 작고(지름 3.75~3.82cm), 가벼우며(무게 2.4~3.82g), 가장 회전이 많고(100회/1초), 빠르다

| 40mm 탁구용 공

| 러버는 라켓에 붙이는 고무판을 말하며 짙은 단일색, 무광택이며 양면은 확실히 다른색이어야 한다.

라켓은 다양한 탁구 기술의 습득이나 발휘에 가장 큰 영향을 미치는 용구로서, 나무판에 고무가 부착되지 않은 나무 탁구채 자체를 말한다. 라켓은 크기, 모양, 무게에 제한이 없지만 반드시 목재이어야 한다. 러버는 라켓에 붙이는 고무판을 말하며, 여러 종류가 있으나 자신의 경기 스타일, 기술의 장·단점, 체력, 성격, 특성 등을 고려하여 선택한다. 색깔은 짙은 단일 색, 무광택이며, 양면 사용 여부에 관계없이 양면은 확실히 다른 색이어야 한다. 러버의 재료는 천연 또는 합성고무이며, 스펀지를 포함한 전체 러버 두께가 4mm를 초과할 수 없다.

탁구 경기의 복장은 흰색, 노란색, 빨강색 등 어느 색상의 복장도 가능하다. 그러나 그 시합의 공 색깔에 따라 착용할 수 없는 경우가 있다. 예를 들면, 시합구가 노란색 공이면, 노란색 유니폼을 입을 수 없고, 흰색 공이면 흰색 옷을 입을 수 없다.

## 경기 방법

경기 방식에는 양편 1명씩 경기하는 단식과 2명씩 조를 이루는 복식이 있다. 복식은 같은 사람이 2회 계속해 칠 수 없으며, 반드시 교대로 쳐야 한다. 단체전에서 대표적인 것은 세계 선수권 방식이다. 남자 단체전은 3명이 3회씩 출전하는 5점 선취방식이고, 여자 단체전은 2~4명으로 한 팀을 편성하는 4싱글스 · 1더블스의 3점 선취 방식이다.

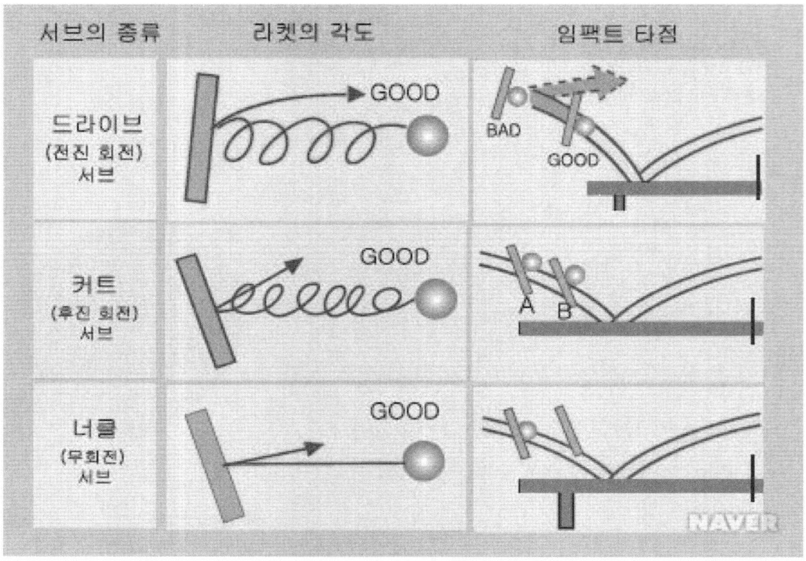


[그림 2-2] 서브의 종류

서비스는 자기 코트에 한 번 바운드시킨 뒤 상대방 코트에 넣는다. 서비스를 할 때는 라켓을 들지 않는 쪽 손바닥에 공을 얹고(이때 엄지손가락을 떼고 나머지 네 손가락을 붙인 채 곧게 편다) 공을 위쪽 45° 이내로 10cm 이상 올려 낙하해 라켓으로 친다. 손으로 공을 쥔 채 서비스를 하면 실점(失點)이 된다. 또한 공을 든 손이 코트 표면보다 위에 있도록 한다. 서비스를 받는 사람(리시버)은 자기 코트에 공을 한 번 바운드한 뒤 타구하며, 직접 네트를 넘기거나 또는 우회시켜 상대방 코트에 넣는다. 서포트 바깥쪽이나 서포트 밑을 지나 직접 상대방 코트에 들어간 것도 유효 타구이다. 서비스든 리시브든 그 뒤의 타구이든 공이 네트를 넘지 않았거나 상대방 코트를 벗어났을 때는 친 쪽이 실점하며 공을 헛치는 것도 실점이 된다.

득점법은 상대방이 정규의 반구를 하지 못하였을 경우 자신의 득점이 된다. 득점은 1점씩이며, 먼저 11점에 이른 사람이 1게임을 얻는다. 10올(듀스)이 되었을 때는 먼저 2점을 따는 쪽이 1게임을 이기게 된다. 3게임 시합인 경우 2게임, 5게임시합은 3게임을 선취한 쪽이 승자가 된다. 서비스가 네트나 서포트에 닿고 들어갔을 경우에는 네트(노 카운트)이므로 서비스를 다시 한다. 상대방 코트 가장자리에 닿은 공도 유효하다.

## 참고사항

2016년 제31회 리우데자네이루올림픽 탁구 메달 수 : 4개

2016년 제31회 리우데자네이루올림픽 탁구 종목[네이버 지식백과] 탁구 [table tennis] (스포츠 백과, 2008., 국민생활체육회)

## 2.1 이벤트의 종목에 따라 특성을 분석할 수 있다.

### <하계올림픽 경기 종목>

하계올림픽에서 경기가 치러지는 종목으로, 2016년 브라질 리우데자네이루 하계올림픽 기준으로 총 28개 종목 · 42개 세부종목 · 306개 세부경기로 구성돼 있다.

28개 종목 가운데 26개 종목은 2012 런던올림픽과 동일하고 골프(남녀 개인)와 7인제 럭비(남녀 팀)가 리우올림픽에서 정식종목으로 추가 채택됐다. 골프의 경우 1904년 세인트루이스 대회 이후 112년 만에, 럭비는 1924년 파리 대회 이후 92년 만에 올림픽 무대에 복귀한 것이다.

구체적으로 28개 종목에는 골프, 근대5종, 농구, 럭비, 레슬링, 배구(비치발리볼 포함), 배드민턴, 복싱, 사격, 사이클, 수영(경영, 다이빙, 수구, 싱크로나이즈드 스위밍, 마라톤 수영), 승마, 양궁, 역도, 요트, 유도, 육상, 조정, 체조(기계체조, 리듬체조, 트램펄린), 축구, 카누, 탁구, 태권도, 테니스, 트라이애슬론, 펜싱, 하키, 핸드볼 등이 있다.

■ 올림픽 종목 및 경기 방식

1. 골프(Golf)
2. 근대5종(Modern pentathlon)
3. 농구(Basketball)
4. 럭비(Rugby sevens)
5. 레슬링(Wrestling)
6. 배구(Volleyball)
7. 배드민턴(Badminton)
8. 복싱(Boxing)
9. 사격(Shooting)
10. 사이클(Cycling)
11. 수영(Swimming)
12. 승마(Equestrian)
13. 양궁(Archery)
14. 역도(Weightlifting)
15. 요트(Sailing)
16. 유도(Judo)
17. 육상(Athletics)
18. 조정(Rowing)
19. 철인3종(트라이애슬론, Triathlon)
20. 체조(Gymnastics)
21. 축구(Football)
22. 카누 / 카약(Canoe / Kayak)
23. 탁구(Table tennis)
24. 태권도(Taekwondo)
25. 테니스(Tennis)
26. 펜싱(Fencing)
27. 하키(Hockey)
28. 핸드볼(Handball)

■ 올림픽 종목별 메달 수

2016 리우올림픽에서는 골프(남녀 개인)와 럭비(남녀 팀 7인제)가 정식종목으로 새롭게 채택되면서 총 28개 종목, 금메달 306개를 놓고 치열한 승부가 펼쳐진다. 금메달 수는 총 306개로 여자 136개, 남자 161개, 혼성 9개이다.

종목별로 육상에 가장 많은 47개의 금메달이 걸려 있고, 수영이 46개(경영, 다이빙, 싱크로나이즈드 스위밍, 수구, 마라톤 수영)로 두 번째다. 이외에 레슬링 · 체조 · 사이클이 18개, 카누 16개, 사격 · 역도 15개, 유도에 14개의 금메달이 걸려 있다. [네이버 지식백과] 하계올림픽 경기 종목 (시사상식사전, 박문각).

## 2.2 경기 기록을 비교·분석하여 다양한 분야에 활용할 수 있다.

### 스포츠기록 분석연구원[ Performance Analyst , Sports Analyst ]

<배경 및 직업 개요>

■ 출현 배경

2000년대 초반 미국 프로야구의 최하위 팀이었던 오클랜드 아슬레틱스(Auckland Athletics)는 철저한 데이터 분석을 바탕으로 팀을 구성했고, 성적이 크게 향상되는 결과를 얻었습니다. 오클랜드 아슬레틱스의 팀 구성 방식은 머니볼 이론(moneyball theory)으로 불리며, 과학적 분석을 통한 팀 구성의 성공사례로 손꼽히고 있습니다. 이처럼 스포츠선수와 팀의 성과를 과학적으로 분석하는 사람이 바로 스포츠기록분석 연구원입니다. 오클랜드 아슬레틱스 팀의 사례는 영화('머니볼')로 제작되어 상영되기도 했습니다.

■ 하는 일

스포츠 기록분석 연구원은 과학적으로 스포츠 선수와 팀의 경기내용과 성과를 분석합니다. 감독이나 코치와 협력하여 성과향상을 위한 훈련프로그램과 환경을 개선하기도 합니다.

- 소속된 팀과 경쟁 팀, 각 팀의 선수들의 경기 모습을 촬영한 동영상과 캡처한 화면 등을 바탕으로 각 선수의 특성과 성과를 분석합니다.
- 분석한 결과를 경기에서 이기기 위한 경기 계획과 전략, 선수관리에 활용합니다.
- 선수나 팀의 명성에 좌우되지 않고 객관적인 데이터만을 바탕으로 분석합니다.

■ 해외현황

미국의 스포츠 기록 분석 연구원은 일반적으로 스포츠 팀의 소속으로 근무하며, 선수 관리와 훈련 프로그램 구성에 참여합니다. 하는 일은 다음과 같습니다.

- 상대편의 이전 시합 내용을 보면서 개인과 팀의 특성과 성과를 분석합니다.
- 분석한 결과를 감독과 관리진과 공유하며, 다음 경기의 계획을 세우는 데 활용합니다.
- 훈련 전에 공격과 방어 전략을 선수들에게 공유하고, 그에 맞춰서 훈련을 진행합니다.
- 훈련경기를 녹화해서 검토한 뒤, 앞서 구성한 경기계획이 제대로 훈련에 반영됐는지를 확인하고, 선수들이 맡은 역할을 충실히 수행했는지 검토합니다.
- 경기계획과 상대팀의 특성을 작성하여 선수들에게 제공하고 경기 전까지 각자 학습하도록 합니다.

스포츠 기록 분석 연구원은 일반 사무직에 비해 근무시간이 일정하지 않은 편이며, 경기가 많은 시즌에는 장시간 근무와 주말 근무를 하기도 합니다.(2015 미래의 직업세계 - 해외 직업편, 2015. 1. 30., 한국직업능력개발원 · 교육부)

## 2.3 이벤트에 대한 스토리를 개발할 수 있다.

스토리텔링은 독특한 이야기의 구성과 차별적인 전개로 소비자나 수용자, 관객의 마음을 의도한 대로 설득하는 기법으로 최근 들어 많은 관심을 모으고 있다. 스토리텔링과 창의적이고 개성 있는 이야기 만들기는 다양한 분야로 확산되고 있으며, 메시지의 설득성이 중시되는 이벤트 기획과 연출에서는 매우 중요한 요소로 자리 잡았다.

캐릭터가 마케팅이나 광고에 전략적으로 이용되어 그저 차가운 물건에 지나지 않는 제품에 새로운 생명력을 불어넣듯이 건물이나 시설물, 다양한 행사의 프로그램 등에 새로운 이야깃거리를 만들고 의미를 부여하는 일은 이벤트나 축제에서 설득력을 높이고 전략적인 가치를 향상시키는 일이 될 수 있다.

### 1. 스토리텔링의 개념과 발전 과정

스토리텔링(storytelling)은 한마디로 소구하거나 의도한 것을 차별화해 설득력 있는 이야기로 구성해 대상자에게 전달하는 것을 말한다. 어원적으로 그 의미를 살펴보면, 이야기(story)와 텔링(telling)의 합성어로 여러 장르의 이야기를 들려주는 활동을 의미하지만, 단순히 이야기를 구성해 메시지를 전달, 소구하는 데 그치는 것이 아니라 그 속에 담긴 꿈과 감성을 보다 적극적이고 강렬하게 설득하려는 의도가 포함되어 있다.

학자에 따라서는 단순한 이야기와 스토리텔링의 개념에 차이를 주장하는 사람도 있다. 스토리텔링은 이야기와 멀티미디어적 또는 구술적인 속성, 상호작용성으로 현재성(ing)의 특성을 포함하고 있다. 이는 디지털 매체와 정보통신의 발달로 새롭게 변화하고 있는 현대 문화나 트렌드의 속성을 잘 반영하고 있기 때문이다(최혜실, 2008).

스토리텔링이란 용어는 요즈음 여러 분야에서 그 중요성이 강조되고 있다. 이야기가 중요한 장르로 떠오르는 분야는 문학이 시초라 할 수 있지만, 이제 그 활용

범위가 영화산업으로 확산되고 근래에는 디지털 매체가 생활 속에 만연하면서 다른 장르로 이동과 융합이 가속화되어 '이야기학(學)'에 대한 폭넓은 응용이 가능해졌다.

현재 스토리텔링은 문학을 비롯해 영화나 광고, 애니메이션과 같은 문화·예술 산업과 게임, 테마파크 등 엔터테인먼트 산업 그리고 쌍방향성이 강한 디지털 콘텐츠 산업에 이르기까지 여러 분야에서 활용되고 있다(최혜실, 2006).

현대사회와 같이 경쟁이 심화되고 있는 상황에서는 경쟁 우위를 차지할 수 있는 차별화되고 정체성 있는 경쟁도구가 필요하다. 기술적인 장점과 제품, 서비스의 우위가 확실한 경우는 이를 직접 소구해 대상자를 설득할 수 있지만 현재는 보편화된 기술 능력 때문에 경쟁자와 비교해 차별화를 시도하는 것이 쉽지 않다.

따라서 새롭게 주목을 끌 수 있는 방법으로 등장하고 있는 것이 브랜드 이미지 전략이다. 이것은 사람마다 제각기 개성이 있듯이, 브랜드에 개성을 부가해 차별화된 이미지를 조성하고 있다. 결국 브랜드 이미지, 브랜드 마케팅에서의 핵심은 소비자나 관객의 마음속에 따뜻한 메시지로 다가가는 감성적 소구다. 이때 강력한 수단으로 작용하는 것이 스토리텔링이다. 이것은 동일한 메시지라 하더라도 개성 있고 감성적인 스토리가 내재되어 있으면 대상자를 더욱 감동시키고 설득할 수 있기 때문이다(클라우스 포그 외·황신웅 역, 2011).

기업 경쟁에서 제품의 속성이나 품질, 가격과 같은 이성적인 관점의 접근은 소비자의 가슴을 파고들어 이들 마음속에 살아 숨 쉬는 메시지로 작용하는 데 한계가 있다. 스토리텔링을 바탕으로 하는 브랜드 이미지의 창출은 새로운 가치를 부여하며, 생생한 크리에이티브 역할을 수행해 기업이 경쟁사를 능가하는 힘을 재생산할 수 있다. 이와 같은 성공 제품과 서비스 사례에서 우리가 발견할 수 있는 것은 하드웨어적인 장점이 아니라 그 속에 담겨 있는 이야기의 구성과 경쟁 대상과 차별화된 콘텐츠다.

예를 들어 내구성으로 정평이 나 있는 지포 라이터는, 전투 도중 가슴에 총을 맞았는데 마침 앞주머니에 있던 라이터가 총알을 막아줘 목숨을 구했다는 어느 미군 병사의 일화를 이용해 보다 강력한 메시지를 전달할 수 있었다. 또 일본의 한 지방은 큰 태풍에도 떨어지지 않고 견딘 사과를 생명력과 인내가 강한 사과로 이야기를 재구성해 입시생을 둔 학부모들에게 비싼 가격으로 판매하는 데 성공했다. 창조적 이야기의 힘은 이처럼 설득력과 소구력이 강력하다.

## 2. 스토리텔링을 활용한 이벤트 사례

다양한 형태의 축제나 이벤트에서 스토리텔링을 적극적으로 도입해 활용하는 데에는 몇 가지 이유가 있다. 먼저 이야기를 통한 의미의 소통과 공유다. 단순한 소재보다 콘텐츠가 있고 차별화된 이야기는 받아들이고 공유하기가 쉽다. 이야기를 통해 참여했던 프로그램과 장소에 대한 이해가 증폭되고 호감이 쌓이면서 공감의 폭이 크게 넓어진다.

또한 스토리텔링으로 이벤트에 참가했던 개인의 호의적인 기억과 경험은 보다 강렬하게 유지된다. 따라서 이벤트 프로그램에 대한 만족도가 크게 증가해 재방문으로 연결되는 경우가 많고, 주위 사람에게 입소문으로 전달해 호의적인 이미지를 형성하는 데 도움을 준다.

축제나 이벤트, 테마파크에서 스토리텔링을 활용하는 사례를 열거하면 다음과 같다. 첫째, 지역 축제나 관광·축제 이벤트에서 활용되는 경우다. 지역 이벤트의 여러 유형 중, 스토리텔링을 자주 도입하는 경우는 전통 문화 축제다. 전통 문화 축제는 지역의 설화나 풍습, 민속 등과 같이 각 지역에 산재한 전통 소재를 프로그램에 반영하는 축제 유형의 하나로, 강릉단오제나 진도영등제, 은산별신제 등이 포함된다(이경모, 2005).

강릉단오제는 단오제의 주신으로 모시는 국사서낭과 그 부인인 국사여서낭에 대한 구전설화를 바탕으로 구성되었다. 이것은 강릉에서 서울로 이어지는 길목인 대관령을 기점으로 전래된 영동 지역 사람들의 산신 숭배와 서낭 숭배 신앙을 소재로 이야기를 발전시켜 1000년 이상을 지속한 가장 오래된 전통 축제로 자리 잡았다(http://www.danojefestival.or.kr/). 진도영등제는 매년 특정 기간 동안 바닷길이 열리는 지역 특성을 활용해 개최되는데, 프로그램은 마을에 전래되는 용왕신앙과 뽕

할머니 설화를 이야기로 구성·발전시켰다(http://miraclesea.jindo.go.kr/).

또한 역사 인물이나 사건을 소재로 하는 축제를 통해서도 스토리텔링을 활용하는 사례를 찾을 수 있다. 여기에는 익산의 서동축제를 비롯해 완도장보고축제, 영암왕인문화축제 등이 포함된다. 익산은 백제 무왕인 서동의 탄생지다. 서동은 잘 알려진 향가인 서동요를 통해 국경을 초월해 선화공주와 사랑을 이뤄냈다. 고대와 현대를 이어주던 서동의 사랑 이야기를 토대로 익산의 대표 지역 축제로 발전시킨 것이 익산서동축제다(익산문화재단, 2011). 완도장보고축제는 역사 인물 장보고의 일대기를 소재로 해 인기를 끌었던 TV 드라마 〈해신〉의 촬영세트장에서 개최되는 호남의 대표 축제다. 이미 드라마에서 보여 준 이야기를 다양한 프로그램으로 연출해 방문객의 공감을 유도하며 호감도와 만족도를 크게 향상시키고 있다.

둘째, 스토리를 만들어 고객에게 감동의 폭을 넓히고, 재방문의 동기부여에 공헌하는 사례는 테마파크에서 자주 볼 수 있다. 테마파크는 주변 시설과 명확한 차별화를 위해서 스토리와 테마가 중요한 관건이 된다. 경쟁력 있는 테마파크가 되기 위해서는 스토리를 창출하고 고객의 마음을 움직이는 것이 필요하다. 최근 인기 있는 테마파크의 어트랙션(attraction)은 〈스타워즈〉나 〈인디아나 존스〉와 같은 유명 영화의 캐릭터를 이용한 것이 많고, 영화의 스토리를 근간으로 해 만들어진 것이 주류를 이룬다. 유니버설스튜디오나 디즈니랜드와 같이 세계적인 테마파크의 내부 시설이나 어트랙션, 공연 이벤트 등은 탁월한 스토리가 근간에 깔려 있다(김희진, 2007).

셋째, 공간의 효율성을 창출하는 스페이스 마케팅에서 스토리텔링 활용 사례다. 스페이스 마케팅은 공간을 창의적으로 디자인하고 구성하며 사람들에게 볼거리를 제공해 공간의 경제적인 가치를 향상시키려는 마케팅 기법의 하나다. 때로는 주변 시설물과 유기적인 조화나 결합으로 공간을 재구성하며 새로운 부가가치를 창출하기도 하는데 대부분 공간 가치 창출에 성공한 건물이나 시설물들은 랜드 마크 기능을 수행하며 이를 위해 '스토리(story)성(性)'을 강화하기도 한다. 최근 공공 디자인 부문에서 화제를 모으고 있는 서울 청계천과 광화문 광장은 새롭게 재구성되어 많은 시민들의 관심의 대상이 되고 있다. 과거 무용지물이던 구조물을 파기하고 공간의 가치가 다시 창출되어 새롭게 탄생한 이곳은 공공시설물을 시민들이 직접 생활 속에서 가깝게 이용할 수 있도록 만든 것도 중요했지만, 곳곳에 지역적인 의미를 부여하고 이야기 만들기를 주도해 새로운 가치를 창조하는 데 성공했다(김희진, 2011).

이벤트 규정에 대한 일반적인 특성을 분석할 수 있다.

오늘날 이벤트는 정치 · 경제 · 사회 · 문화는 물론 대중의 생활과도 밀접한 관계를 맺고 있는 총체적 사회 현상으로 인식되고 있을 정도로 각광받고 있다. 또한 현대는 '이벤트의 시대'라 불릴 만큼 다양한 이벤트가 곳곳에서 펼쳐지고 있다.

이벤트는 영상부문이 주가 되는 제3의 미디어나 사람들 사이에 이뤄지는 쌍방향 커뮤니케이션이 두드러진 제5의 미디어라고 할 수 있다. 따라서 TV, 라디오, 신문, 잡지 등 일반 4대 매체와는 달리 직접적, 쌍방향적, 개인적 커뮤니케이션을 내세우고 일반 대중의 삶과 생활 속에 깊이 파고들고 있다. 이와 같이 이벤트가 각광받고 있는 배경에는 기존 대중매체에서 쉽게 얻을 수 없는 매체적 특성이 있다. 직접적인 현장 참가와 체험을 통해 공감 영역을 확대할 수 있다는 점과 일상적인 현실을 떠나 새로운 경험의 폭을 넓힐 수 있다는 점 등이 오늘날 이벤트를 발전시킨 계기가 되었다.

우리나라의 이벤트 산업은 '88 서울올림픽'을 계기로 급성장했고, '2000 시드니올림픽'과 '2002 한일 월드컵' 개최를 통해 기업과 관련 조직체들을 중심으로 이벤트에 대한 사회적인 관심을 유도했다. 이를 바탕으로 각 기업과 지방자치단체에서는 이벤트라는 매개체를 통해 이미지 향상 및 지역 홍보, 소비자 또는 주민들과 일체감을 형성하고 있다.

이벤트의 사전적 의미는 '사건'이다. 그러나 오늘날 '이벤트'는 체험하고 공감하고 확인할 수 있고 직접적으로 커뮤니케이션할 수 있는 새로운 미디어로 인식되어 사람들의 입에 오르내리고 학자들 사이에서 논의되기 시작했다.

그러나 이벤트를 둘러싼 사회적 · 경제적 · 문화적인 관심과 기대는 빠른 속도로 증가하고 있는 데에 반해, 이와 관련된 학술 연구 활동은 뒤따르지 못하고 있다. 또

이벤트의 영역 및 전개 형태가 너무 광범위해 이벤트의 이론적 체계화가 명확하게 제시되지 못하고 있으며, 용어와 개념조차도 쓰는 이에 따라 의미하는 영역이 다르게 나타나고 있는 것이 현실이다.

### (1) 이벤트 성격과 종류

#### ■ 캐릭터 이벤트

캐릭터(character)란 광고, 마케팅뿐만 아니라 여러 비즈니스 속에 자주 사용되는 상징물로 실존하는 것이나 가공의 것, 그리고 경쟁 대상과 차별화와 정체성(identity)을 표현, 확립하기 위한 다양한 수단이다. 이와 같이 캐릭터가 여러 기업이나 다양한 기관의 관심을 유발하는 이유는 캐릭터 안에 본질적으로 내재한 상징성, 차별성, 독창성, 오락성, 문화성 등이 경쟁 대상과 손쉽게 차별되고 넓은 계층의 메시지 수용자에게 심리적 위안이나 친밀감 등이 전달될 수 있다는 장점 때문이다.

캐릭터는 남녀노소 구분 없이 폭넓은 계층에 친밀감과 소구력이 높다는 특성을 갖는다. 이 때문에 과거에는 단순히 디자인 영역에서 주로 사용되었지만 오늘날에는 비즈니스나 홍보 수단으로 다양한 이벤트 분야에서 활용되고 있다. 최근 들어 범세계적인 캐릭터 열풍과 함께 현재 우리 주변에도 다양한 형태의 캐릭터들이 등장하고 있다. 단순한 상징적인 의미를 갖는 심벌에서 마케팅과 광고, 이벤트 분야의 상업 측면까지 소비자와 공감을 유도하는 커뮤니케이션 수단으로써 그 중요성과 역할이 증대되고 있다.

#### ■ 관광 · 축제 이벤트

이벤트의 가장 고전적이며 보편적인 형태가 관광 · 축제 이벤트다. 관광 · 축제 이벤트는 일반적으로 '지역 이벤트'라는 용어로 자주 사용된다. 지역 이벤트는 '지방자치단체가 주도하는 이벤트로, 일정 지역의 주민을 대상으로 지역 활성화와 지역 산업의 진흥, 지역 문화의 육성 등의 목적을 실현하기 위해 개최되는 이벤트'로 정의할 수 있다.

오늘날 관광·축제 이벤트는 점점 다양화되고 복합화, 대형화하는 경향을 보이고 있다. 관광 이벤트 또는 지역 문화 축제, 문화 관광 축제, 문화·예술 축제 등과 같이 여러 형태로 존재하지만 이에 대한 정확한 구분은 쉽지 않다. 전통적 소재를 중심으로 축제 형식에서 지역 활성화, 이미지 향상, 주민 참여와 자긍심 함양, 문화 교류에 이르기까지 목적과 개최 주체에 따라 광범위하게 구분된다.

관광·축제 이벤트는 다른 대중매체와 달리 지역 매체를 활용해 지역 특성을 갖고 있는 세분화된 특정 대상층을 소구할 수 있다. 특정 지역에 연고를 두고 있는 기업은 지역 연대감과 기업 이미지를 향상시킬 수 있는 중요한 전략 수단의 하나로 활용하고 있다.

### ■ 문화·예술 이벤트

현대사회가 점점 성숙 사회로 움직이면서 소비자나 관객은 고도성장 시대에 향유해 왔던 물질적인 충족보다는 삶의 질과 자신의 개성, 타인과 차별성을 중시하는 정신적, 문화적인 충족을 추구하게 되었다. 현대인의 생활은 그 자체가 하나의 문화로 인식된다.

이벤트와 문화의 관련성은 매우 밀접하다. 이벤트에서 문화와 관련되는 아이템은 이벤트 기획, 연출을 위한 각종 아이디어나 프로그램 소재의 중심이 되고 있다. 먼저 지역 축제에서 문화적인 소재는 주최자나 관객에게 친근감과 폭넓은 지지를 받게 되면서 전통문화 축제나 관광 문화 축제 등과 같이 다양한 장르의 문화 이벤트가 등장하고 있다.

일반적으로 문화 이벤트는 음악, 연극, 미술 등과 같은 예술이나 문예 활동을 비롯해 세미나와 심포지엄, 콘테스트, 문화 전시회, 문화 교실, 영화제 등 폭넓은 영역을 대상으로 한다. 믄화 이벤트를 실시함으로써 문화에 관한 기업의 관심과 열정을 알릴 수 있다. 또한 고객에게 기업 활동의 내용을 더 잘 이해시키거나 기업에 대한 호감도를 형성할 수 있도록 한다. 그뿐만 아니라 문화라는 소재는 이벤트를 통해 새로운 커뮤니케이션 수단으로 탄생해 기업과 소비자의 관계를 원활히 하는

데 도움을 주고 또 현장 매체로서 특성을 극대화해 다양한 문화적 접근을 시도하고 있다.

### ■ 기업·판촉 이벤트

기업 · 판촉 이벤트는 영리를 목적으로 기업이 주관하는 이벤트의 총칭이다. 이벤트의 효과적인 측면을 강조하는 판매 촉진형 이벤트와 장기적인 기업 이미지 향상을 지원하기 위한 퍼블리시티형 이벤트로 구분된다.

현대는 대중 소비사회로서 마케팅 시대라고 일컬어지고 있다. 시장은 공급 과잉의 무한 경쟁 체제에 돌입했고, 이에 따라 기업 · 판촉 이벤트는 더욱 설득력 있게 받아들여지고 있다. 오늘날 기업은 현장에서 직접 참가하고 체험할 수 있는 새로운 매체로서 이벤트에 거는 기대가 매우 크다. 기업으로서는 이벤트의 특성인 쌍방향성과 현장성 등을 마케팅 측면에서 검토 · 활용해야 하는 시대에 직면하고 있는 것이다. 기업 · 판촉 이벤트는 고객을 설득하기 위한 적극적인 커뮤니케이션 도구로 인식되기 시작해, 다른 마케팅 믹스와 통합적인 효과를 향상시키기 위한 효과적인 수단으로 재평가되고 있다.

오늘날 이벤트는 고객과 소통할 수 있는 새로운 '매체'로 정착하고 있다. 기업이 기업 · 판촉 이벤트를 중시하는 이유는 일방적인 대중매체의 한계를 벗어나 현장에서 직접 체험하고 경험할 수 있는 쌍방향성이라는 특성을 적극적으로 활용할 수 있기 때문이다.

### ■ 전시·박람회 이벤트

전시 이벤트는 일정한 공간의 전시 기법이나 연출 효과를 효율적으로 활용해 방문객의 만족을 이끌어내는 특징을 갖고 있다. 현장 매체의 장점을 바탕으로 조직체가 의도하는 것을 직접적이고 쌍방향으로 제시해 매체의 효율성을 극대화한다. 특히 시각적으로 공간의 가치를 창출해 소구할 수 있기 때문에 이를 잘 활용하면 다른 유형의 이벤트 형식보다 차별된 효과를 기대할 수 있다.

다른 이벤트 영역과 달리 전시 이벤트의 특성으로 주목되는 것은 참가 업체나 출품 업체의 역할과 기능이다. 또한 전시 이벤트는 참가 업체가 행사장이나 부스를 임대·사용해 제품과 전시품을 독자적 형태로 전시·소개하고 소기의 목적을 달성한다.

최근 들어 전시 이벤트나 전시 산업의 중요성이 인식되기 시작하면서 '마이스(MICE)'라는 용어가 자주 사용되고 있다. 특히 MICE 산업과 관련성이 많은 전시·박람회 이벤트는 사람마다 그 개념을 이해하는 방식과 사용 방법에서 다양성을 보이고 있다. 특히 박람회, 견본시나 교역전, 전시회 등은 각자 독립된 의미와 특징을 지녀 공공기관이나 기업이 고객과 만나는 새로운 커뮤니케이션 채널로서 이를 활용하고 있다. 기업이나 공공기관이 전시관이나 홍보관 등을 설립해 다양한 전시 마케팅과 홍보 활동을 전개하고 있는 것이 바로 그 예다.

스포츠 이벤트는 기업, 조직, 단체 등이 특정 목적 아래 스포츠가 갖고 있는 건강미, 오락성, 역동성, 스타성 등의 특성을 이용해 주최 혹은 협찬 형태로 이루어지는 스포츠 행사나 제전 등을 총칭한다. 올림픽, 월드컵, 세계육상선수권, 포뮬러원(F1) 대회 등은 세계적으로 관심을 모으고 있는 대표적인 스포츠 이벤트다. 이들은 행사의 규모나 영향성에서 파급적인 효과가 매우 큰 메가 이벤트의 특징을 갖고 있다.

스포츠 이벤트는 국가, 문화를 초월해 누구나 공감·접근하기 용이하기 때문에 마케팅과 커뮤니케이션 측면에서 어떤 형태의 이벤트보다 기대 효과와 활용 가치가 매우 높다. 또한 매스 미디어의 파급 효과를 바탕으로 한 후원, 협력, 협찬 등 스폰서십과 파트너십은 여러 형태의 비즈니스 전환이 용이해 상업적인 활용을 극대화할 수 있다. 특히 스포츠 이벤트 시장은 스포츠가 가지고 있는 다양한 특성을 바탕으로 한 스포츠 마키팅과 이벤트의 기획과 연출, 프로모션 능력의 향상에 힘입어 짧은 기간에 급속한 성장을 달성했다. 또한 건강에 대한 관심이 사회 전반에 확산되고, 레저 붐과 함께 전반적인 스포츠 인구의 꾸준한 증가로 괄목할 만한 성장을 이룩하고 있다.

### (2) 10개 항목 선정 이유와 제안점

■ 이벤트 기획

현대는 기획력이 요구되는 사회다. 올바른 기획을 입안할 수 있는 능력은 모든 분야에 종사하고 있는 사람들이 다 같이 바라는 공통된 사항이다. 특히 이벤트 업계는 비일상적이고 새로운 가치를 창조하는 창의성이 매우 요구되는 분야로 기획력은 가장 필요한 덕목이라고 하겠다. 누구에게나 높은 평가를 받을 수 있는 이벤트 기획서를 작성하기 위해서는 먼저 기획이 무엇인지 그리고 기획력을 향상시키기 위해서 어떻게 접근해야 하는지에 대해 충분한 인식이 선행되어야 한다.

한편, 이벤트 기획을 논할 때 가장 문제가 되는 것은 각각의 이벤트가 가진 속성과 특징을 무시한 채 모두 동일한 방법으로 기획 과정이 진행된다는 점이다. 모든 제품이 고유의 속성과 이미지를 가지고 있으며 이에 따라 서로 다른 마케팅 기법과 광고 기획 방법이 적용되고 있듯이, 이벤트도 다양한 종류에 따라 이에 맞는 기획 방법이 도입되어야 한다.

이벤트 기획 방법은 크게 세 가지로 구분할 수 있다. 첫째로 이벤트의 실시 목적을 상업성 · 경제성에 두는 방식으로 기업이 마케팅 활동의 하나로 이벤트를 실행하는 경우다. 이런 경우 이윤 추구를 극대화하기 위한 합리적 사고가 기획 과정에 반영되어야 한다. 판촉 이벤트, 기업 이벤트 등과 같이 비교적 직접적이고 단기적인 효과를 얻어내려는 경우에 이 방법을 활용한다.

둘째로 상업적인 목적보다는 공공성 · 문화성 · 예술성에 중심을 두어 이벤트를 실시하는 경우다. 주로 공공 단체나 지역 자치단체가 주체가 되며 지역 이벤트나 문화 · 관광 축제, 문화 · 예술 · 공연 이벤트 등과 같이 장기적인 효과와 공적 가치를 추구하기 위해 개최한다.

셋째로 상업적 · 경제적인 목적과 문화적 · 예술적 · 공적 가치가 함께 추구되는 복합적인 이벤트 형태다. 이윤을 추구하는 기업이나 공공 기관을 막론하고 다양한 주체가 참여한다. 박람회, 견본시 등 전시 이벤트나 스포츠 이벤트 등이 대표적인 예이며, 이벤트 운영 방식과 프로그램 구성, 기획 방법 등이 앞선 두 사례와 달리 혼합된 방식으로 추진된다. 먼저 전시 이벤트는 대상물을 전시하거나 프레젠테이션, 데먼스트레이션 등을 통해 다양한 정보나 지식을 관객에게 제공함으로써 기대효과를 창출한다. 또한 스포츠 이벤트는 스포츠가 가지고 있는 고유의 건전성, 건강미, 드라마틱한 속성을 이용해 프로그램을 전개해야 하고, 특히 스타플레이어를 상업적으로 활용하기 위해 다양한 마케팅 기법을 도입해야 한다.

### ■ 스토리텔링과 이벤트

스토리텔링(storytelling)은 이야기(story)와 텔링(telling)의 합성어로 여러 장르의 이야기를 들려주는 활동을 의미한다. 그러나 단순히 이야기를 구성해 메시지를 전달, 소구하는 데 그치는 것이 아니라 그 속에 담긴 꿈과 감성을 보다 적극적이고 강렬하게 설득하려는 의도가 포함되어 있다. 최근 스토리를 만들어 고객의 감동 폭을 넓히고 재방문 동기 부여에 성공한 사례는 〈아바타〉나 〈해리포터〉 등 영화뿐만 아니라 이벤트, 지역 축제, 테마파크, 문화 콘텐츠 산업 등 여러 장르에서 찾아볼 수 있다. 이렇듯 스토리텔링은 융합적인 형태를 보이며 이벤트에 폭넓게 활용되고 있다.

스토리텔링은 이야기가 가지고 있는 감성과 창의성을 바탕으로 소비자를 설득하는 매우 강력한 도구다. 또한 식상하고 무덤덤한 정보의 홍수 시대에 기업과 이벤트 주최자에 대한 고객의 호감도와 충성도를 높이고 고객 만족을 유도해 고정적이고 장기적인 고객 확보에 매우 용이한 수단이다. 창의적이고 개성 있는 이야기 만들기는 다양한 분야로 확산되고 있으며, 메시지의 설득성이 중시되는 이벤트 기획과 연출에서는 매우 중요한 요소로 자리 잡았다. 캐릭터가 마케팅이나 광고에 전략적으로 이용되어 그저 차가운 물건에 지나지 않는 제품에 새로운 생명력을 불어넣듯이 건물이나 시설물, 다양한 행사의 프로그램 등에 새로운 이야깃거리를 만들고 의미를 부여하는 일은 이벤트나 축제에서 설득력을 높이고 전략적인 가치를 향상시키는 일이 될 수 있다.

### ■ 스페이스 마케팅과 이벤트

스페이스 마케팅(space marketing)은 목표 소비자를 대상으로 해 공간을 효율적으로 관리하고 의도된 목적을 달성하기 위해 다양한 마케팅 방법을 통합적으로 제공하는 행위나 일련의 과정이다. 스페이스 마케팅은 마케팅학과 같은 이론과 학문 체계를 갖춘 정통 입장에서 출발한 것이라기보다는 마케팅의 기능 측면을 강조하면서 주목받기 시작했다. 특히 오늘날과 같이 쌍방향적이며 직접적인 마케팅 효과를 중시하는 사회적인 배경 속에서 더욱 각광받게 되었다.

전시 공간과 장소를 효율적으로 관리하고 수요자가 요구하는 것을 제대로 찾아내어 가치를 제공하고 교환 과정을 창출하는 것이야말로 스페이스 마케팅의 중심이다. 특히 공간의 효율성을 향상시키기 위해서는 주변 시설이나 자원과 통합되고 연계된 클러스터 효과가 요구되며, 집객력을 높이기 위해 효과적인 홍보 활동이 전개되어야 한다.

오늘날 도시나 공공기관의 건축물이나 전시관 그리고 백화점, 슈퍼마켓 등 유통기관을 비롯한 상업 시설 등 다양한 전시 대상물과 공간을 이용해 고객에게 강력한 자극을 주거나 설득적인 요소를 제공하고 의도된 효과를 거두려는 상업적 행위가 주목 받고 있다.

### ■ 여성 소비자의 중요성

오늘날 경쟁이 심해지고 소비자의 다양화, 개성화가 진행되는 가운데 불특정 다수를 대상으로 한 지금까지의 전략은 재검토해야 한다. 여성의 소비성향은 남성과 크게 다르며 여성 경제인구 증가와 함께 커진 구매력은 여러 기업이나 단체의 주목을 받고 있다. 여성과 같이 세분화된 시장의 소비자 욕구를 충족시키려는 데 중점을 두는 이유는 경제성과 효율성 때문이다. 따라서 여성의 소비심리를 자극하고 설득할 수 있는 이벤트의 개발은 치열한 시장 상황에서 경쟁 우위를 확보하는 데 좋은 전략 수단으로 자리 잡을 수 있다.

취업 여성은 과거의 여성층이나 남성층과는 다르게 좀 더 새로운 형태의 구매자,

소비자로 등장하고 있다. 최근 기업이나 여러 단체에서 여성 소비자의 마음을 사로잡고 만족을 추구하려는 프로모션 활동과 이벤트가 계속해서 증가하는 이유도 여기에서 찾을 수 있다. 성공적인 이벤트 전략을 위해 여성 목표 대상층에 대한 철저한 이해, 분석과 함께 이벤트 프로그램의 구성과 콘셉트, 테마 등에서 차별화된 시각과 자세가 필요하다(김희진, 이벤트, 2013. 2. 25., 커뮤니케이션북스).

SPORT MARKETING

# 스포츠이벤트 경기운영 지원

[1204040105_14v1]

◈ 정의 : 스포츠이벤트 경기운영 지원은 해당 경기에 대한 운영방식의 이해를 통해 성공적인 스포츠이벤트가 될 수 있도록 경기 규정이나 일정을 활용하는 능력이다.

## 1) 경기 규정 활용하기_ 1204040105_14v1.1

1.1 이벤트 규정에 대한 일반적인 특성을 분석할 수 있다.
1.2 각각의 이벤트에 대한 스폰서십 규정을 활용할 수 있다.
1.3 이벤트의 종목에 따라 특성을 분석할 수 있다.

## 2) 경기 데이터 활용하기_ 1204040105_14v1.2

2.1 경기 기록을 비교·분석하여 다양한 분야에 활용할 수 있다.
2.2 의미 있는 기록을 추출하여 이슈화 할 수 있다.
2.3 이벤트에 대한 스토리를 개발할 수 있다.

## 3) 경기일정 운영하기_ 1204040105_14v1.3

3.1 기본적인 경기일정·방식에 대한 특성을 분석할 수 있다.
3.2 종목별 흥행을 위한 경기일정·방식을 찾아낼 수 있다.
3.3 주변 환경, 경기 장소에 따른 일정을 분석할 수 있다.

**(1204040105_14v1) 스포츠이벤트 경기운영지원 필답/실습형 평가지**

| 평가일시 | | 훈련생 | |
|---|---|---|---|
| 과정명 | 스포츠마케팅 | | |
| 교과목 | 스포츠이벤트 | 훈련교사 | 이광욱 (인) |
| 능력단위명 | 스포츠이벤트 경기운영 지원 | 평가시간 | 50분 |
| 능력단위요소 | 경기규정 활용하기, 경기데이터 활용하기, 경기일정 운영하기 | | |
| 평가방법 | **필답 평가/실습 평가/개인실습자료 별도 첨부** | | |
| 구분<br>(능력단위요소) | **필답 평가/실습 평가** | | |
| 경기 규정<br>활용하기<br>필답평가<br>(지식) | 1. 스포츠이벤트, 메가이벤트의 개념과 이벤트의 일반적인 특성을 기술하시오.<br>* **스포츠이벤트의 개념** : 스포츠이벤트란 모험, 건강, 레크리에이션, 스포츠를 통해 개인의 삶의 질 향상을 도모하고자 하는 프로그램으로 직접 참여를 목적으로 모임을 개최하여 정해진 목적 실현에 그 의의를 두고 있다.<br>* **메가이벤트의 개념** : 대규모 스포츠 행사를 통칭하는 것이며, 월드컵대회나 올림픽 같은 국제적인 큰 대회를 의미한다. 하지만 상황에 따라 작은 행사도 메가이벤트라는 말을 쓸 수 있다.<br>* 스포츠이벤트의 일반적인 특성 : 스포츠이벤트의 일반적 특성으로는 현장성, 진실성, 사회(문화)성, 무형성(생산과 소비 동시성), 건강성, 대중성, 그리고 쌍방향성이 있다. | | |
| 경기 규정<br>활용하기<br>실습평가<br>(기술,태도)<br>근거자료 | **배구! 더 이상 소외받는 비인기 종목이 아니다.**<br>하나, 관중과 흥미유발을 위해 **1996년** 교체제한이 없는 **리베로 제도**를 도입한다. 스파이크 서브의 발달로 수비 전문 선수를 지정해 랠리를 길게 가져가 재미를 더하자는 취지로 생겨나게 되었다.<br>둘, 기존 사이드아웃 점수 방식(서브권을 가진 팀이 점수를 얻어가는 방식)에서 지루함과 경기속도 개선을 위해 **1999년 랠리포인트 점수 방식**(서브권에 상관없이 점수를 얻는 방식)으로 바뀌었다. | | |
| 경기 데이터<br>활용하기<br>필답평가<br>(지식) | 2. 의미 있는 기록을 추출하여 이슈화하고 스토리를 개발하시오.<br><br>* 의미 있는 기록 (Suzuki Ichiro)<br>**미국 메이저 야구 108년의 대기록을 갱신.**<br>108년 간 깨어지지 않았던 메이저리그 8년 연속 200안타 달성.<br>**미국/일본 통산 최다 4257안타 기록 보유(세계기록 보유)**<br>외국인이라는 텃세로 미국은 비공인 기록으로 인정하고 부정적 시선이 있지만, 기네스의 판단은 달랐다. 1973년 생, 불혹의 나이에도 끊임없는 노력이 비결이라는 그의 행보에 박수를 보낸다.<br>* 스토리를 개발<br>현존하는 야구계의 살아있는 전설 MLB 17년 차 스즈키 이치로.<br>그의 스토리는 정해져 있는 것이 아닌 게임에 뛰는 하루하루가 역사 그 자체다. | | |
| 경기 데이터<br>활용하기<br>실습평가<br>(기술,태도)<br>근거자료 | ☑ 2001년 Seattle mariners 에서 27세의 나이로 MLB 선수생활 시작.<br>☑ 2017년 현재, Miami Marlins에서 아직까지 현역으로 뛰고 있는 살아있는 전설.<br>☑ 메이저리그 통산 2577경기, 9800타석, 3055안타에 평균 타율 .312 라는 경이적인 기록 보유.<br>자료출처 : BASEBALL REFERENCE | | |

<table>
<tr>
<td>경기일정<br>운영하기<br>필답평가<br>(지식)</td>
<td>3. 종목별 흥행을 위한 경기일정·방식을 운영하시오.<br>*종목별 흥행을 위한 경기일정<br><br>프로배구는 겨울스포츠로서 프로농구와 경쟁하는 위치에 있다.<br>한국 구기종목 프로스포츠 중 제일 먼저 비디오 판독을 도입하였고, 관중 친화적인 배구경기장의 특성상 올스타전도 상당히 특색이 있어 겨울스포츠의 꽃이라 불린다.<br>남자부의 경우 6라운드 풀리그로 팀당 36경기를 소화하고, 여자부의 경우 팀당 5라운드 30경기를 소화한다.<br><br>*종목별 흥행을 위한 경기방식(경기방식에는 토너먼트, 풀리그, 결승방식 구간별 우승 등이 포함)<br>2011-12시즌부터 정규리그에 승률이 아닌 차등승점제를 도입하여 패한 팀도 승점을 가져갈 수 있어 시즌 끝까지 박진감을 더하는 제도가 되었다.</td>
</tr>
<tr>
<td>경기일정<br>운영하기<br>실습평가<br>(기술,태도)<br>근거자료</td>
<td>2005 시즌 ~ 2008-09 시즌<br>남녀 모두 정규시즌 2, 3위 팀이 3전 2선승제의 플레이오프를 치르고, PO에서 이긴 팀과 1위 팀과의 5전 3선승제 챔피언 결정전을 통해 시즌 우승팀을 가렸다.<br>2009-10 시즌<br>나머지는 이전과 동일하지만 남녀 모두 플레이오프는 5전 3선승제, 챔피언 결정전은 7전 4선승제로 바뀌었다.<br>2010-11 시즌<br>남자부는 3, 4위 팀의 3전 2선승제 준플레이오프가 새로 생겼다. 여기서 이긴 팀이 플레이오프에 진출한다. 여자부는 전과 동일.<br>2011-12 시즌<br>남녀 모두 플레이오프는 3전 2선승제, 챔피언결정전은 5전 3선승제로 축소되었다.<br>2012-13 시즌<br>2011-12 시즌 프로배구 승부조작 사건의 여파로 남자부의 준플레이오프가 폐지되었다.<br>2013-14 시즌 ~<br>남자부의 준플레이오프가 부활되었다. 단, 3위 팀과 4위 팀의 승점차가 3점 이내일 때만 실시하며, 3위 팀 홈 경기장에서 단판으로 열린다.</td>
</tr>
</table>

## (1204040105_14v1) 스포츠이벤트 경기운영지원 포트폴리오

| 평가일자 | | 훈련생 | |
|---|---|---|---|
| 과정명 | 스포츠마케팅 | 평가시간 | 50분 |
| 교과목 | 스포츠이벤트 | 훈련교사 | 이광욱 (인) |
| 능력단위명 | 스포츠이벤트 경기운영지원 | | |

### 01 탁구경기규정 활용

대회 포스터 작성하기 (30점)

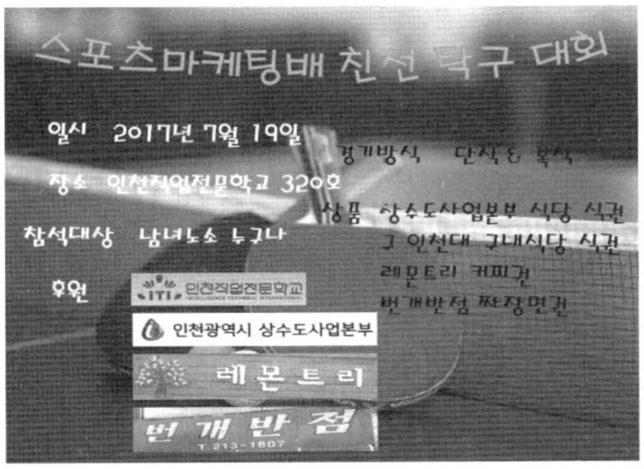


### 02 탁구경기데이터 활용

대회 경기데이터 활용 팀 편성하기 (20점)

| | 1팀 | 2팀 | 3팀 | 4팀 |
|---|---|---|---|---|
| 제 1경기 | 승 | 승 | 패 | 패 |
| 제 2경기 | 승 | 승 | 패 | 패 |
| 제 3경기 | 승 | 패 | 승 | 패 |
| 1팀 | 권병훈, 류미향, 배영재, 김재환 | | | |
| 2팀 | 김기범, 김윤아, 주현식, 김진희 | | | |
| 3팀 | 최병호, 왕필상, 김형기, 정원웅 | | | |
| 4팀 | 박희민, 김판근, 김종헌, 이경아 | | | |

### 03 탁구경기일정운영

탁구대회 경기일정 운영하기(20점)

▣ **행사명:** 제7기 스포츠마케팅배 친선 탁구대회

▣ **행사기간 :** 2017년 7월 19일

▣ **장 소 :** 인천직업전문학교 320호

▣ **주요내용 :** 제7기 스포츠마케팅과정 탁구대호 [미니탁구, 정식탁구]

▣ **경기방식 :** 단식 & 복식

### 04 탁구경기 운영지원 발표 후 느낀 점(30점)

모두 함께 한마음으로 대회를 마쳐 뜻 깊은 하루였습니다. 승패를 떠나 다 같이 기획하고 실천하는 과정에서 팀워크의 중요성을 느꼈으며, 서로 응원하고 격려하면서 탁구를 통해 다시 한 번 하나가 되는 스포츠마케팅 7기가 되었습니다.

# 제 3 장 스포츠 관광마케팅 실습자료

## 1. 스포츠 관광의 개념

"스포츠 관광은 직접 스포츠에 참여 • 관람하거나 모든 경쟁적 • 비경쟁적 스포츠 관광대상(Sport Attraction) 활동에 참여하기 위해 집을 떠나는 여행" - Delpy

스포츠관광상품 고객관리란 스포츠관련 관광상품의 소비자들을 상담하거나 소비자들에게 상품을 추천하는 능력이다.

<이색 스포츠 대회 : 세발자전거 스파르탄 레이스>

현대 젊은 사람들은 남녀노소 불문하고 신선하고 재미있는 문화가 있다면 조금 부담스러운 비용이더라도 기꺼이 지불하고 체험한다. 그를 반영하여 이색적인 체험, 이색 카페 등이 생겨나기 시작했다. 필자가 기획한 대회도 이색 대회로서 현재 리복에서 매년마다 개최하고 있는 리복 스파르탄 레이스(장애물 경기)처럼 열 가지에서 스무가지가 넘는 장애물들을 넘어 도착지점에 골인하는 경기인데 세발 자전거를 타며 레이스를 펼친다는 점에서 이색적인 차이점이 있다.

우리나라에서도 2013년부터 시작된 리복의 스파르탄 레이스가 마니아를 포함한 사람들의 관심을 받고 있다.

**<장애물 통과 경기, 스파르탄 레이스>**

스파르탄 레이스로 단일 종목으로 이루어지는 스포츠 경기에 비해 이러한 경주는 개인 참가자의 체력 부담이 덜한 데다 야외로 나가 캠핑 등과 연계하여 친구, 애인 등과 함께 즐길 수 있는 '놀이'의 성격이 강하므로, SNS 등을 통해 점점 더 입소문을 타고 있다.

몸짱에 이어 체력에 대한 관심이 지속적으로 높아지는 사회에서 스포츠와 다른 요소를 접목할 수 있다면, 이것이 바로 우리 시대의 새로운 놀이가 되지 않을까?

## 2. 스포츠관광 상품 상담고객 관리의 올바른 방법

신규고객을 유치하는 데 천문학적인 비용이 드는 환경에서 고객 유지는 분명 중요한 일이다. 몇몇 기업은 유익한 고객과 문제 고객을 손쉽게 가려낼 수 있는 새로운 소비자 세분화 방법과 기술을 사용하여, 장기간 기업 매출의 대부분을 책임져 온 바람직한 고객군을 유지하기 위해 노력을 집중하고, 문제고객은 퇴출시키고 있다. 기업은 고객거부와 관련된 행동을 하기 전에 본 연구에서 제시한 5단계 프레임 워크를 기준으로 사업과 고객(B2B, B2C 포함)을 살펴보아야 한다. 이를 통해 기업은 고객거부의 파급효과가 단지 수익성에만 국한되지 않음을 알 수 있을 것이다. 5단계 프레임 워크를 통해 개별 고객과 고객 집단의 현재와 미래의 잠재가치를 객관적으로 평가할 수 있다. 즉 제시한 프레임 워크를 적용하면 고객관계 상황에 따라 가장 적합한 행동 방안을 결정할 수 있다.

### 스포츠관광 상품 상담고객 관리의 성공사례를  원인 분석하시오.

□ 한국타이어(주) 독일 법인/한국타이어(주) 구주본부

회사개요는 다음과 같다.

- ○ 소재지: 노이-이젠부르크(Neu-Isenburg)
- ○ 투자 형태: 법인(단독투자)
- ○ 진출 시기: ' 86년 (구주본부의 경우 ' 03년)
- ○ 업종: 타이어
- ○ 매출규모: 총 매출 42억 유로 (글로벌 시장 내 7위, 유럽 시장 내 6위)
- ○ 종업원: 본사 직원 4명, 현지 직원 39명 (한국타이어(주) 독일 법인)/ 본사직원 21명, 현지직원 25명 (한국타이어(주) 구주본부)

경영전략으로 철저한 현지화 전략을 사용하였다. 유럽 내 헝가리 생산 공장을 통한 공급에 집중하고 있으며, 지금까지 헝가리 생산 공장에 5억 5000만 유로를 투자한 데 이어, 향후 공장 증설을 통해 유럽 내 생산 비중을 확대해 나갈 계획이다. 또한 유럽 시장 내에서 철저한 현지화를 통해 비즈니스 측면에서 제조원가 및 물류비용을 절감하고 환율변동 위험 최소화하는 효과를 보고 있다.

SPORT marketing

# 스포츠관광 상품 마케팅

[1204040116_16v1]

◈ 정의 : 스포츠관광 상품 마케팅이란 스포츠 관련 관광 상품의 마케팅, 광고·홍보 및 판매 전략을 수립하고 실행하는 능력이다.

## 1) 스포츠관광 마케팅 시장환경 조사하기_ 1204040116_16v1.1

1.1 마케팅의 개념을 파악하고, 조사과정을 수립할 수 있다.

1.2 마케팅 조사를 위한 환경분석 도구를 수립할 수 있다.

1.3 마케팅 전략 수립을 위한 시장 환경 및 상황요인을 분석할 수 있다.

## 2) 스포츠관광 마케팅 시장환경 분석하기_ 1204040116_16v1.2

2.1 SWOT 분석을 통해 시장 환경 및 상황요인을 분석할 수 있다.

2.2 관광상품을 세분화하여 목표시장을 선정하고, 포지셔닝할 수 있다.

2.3 관광상품의 마케팅 믹스를 수립할 수 있다.

## 3) 스포츠관광 마케팅 전략 수집하기_ 1204040116_16v1.3

3.1 스포츠관광 마케팅 광고 전략을 수립할 수 있다.

3.2 스포츠관광 마케팅 홍보 전략을 수립할 수 있다.

3.3 스포츠관광 마케팅 판매 전략을 수립할 수 있다.

3.4 광고·홍보 기획안을 작성할 수 있다.

(1204040116_16v1.1) **스포츠관광상품 마케팅 필답/실습형 평가지**

<table>
<tr><td>평가일시</td><td></td><td>훈련생</td><td></td></tr>
<tr><td>과정명</td><td>스포츠마케팅</td><td></td><td></td></tr>
<tr><td>교과목</td><td>스포츠이벤트</td><td>훈련교사</td><td>이광욱 (인)</td></tr>
<tr><td>능력단위명</td><td colspan="3">스포츠관광상품 마케팅</td></tr>
<tr><td>능력단위요소</td><td colspan="3">스포츠관광상품 추천하기, 스포츠관광상품 상담하기, 스포츠관광상품 상담고객 관리하기</td></tr>
<tr><td>구분<br>(능력단위요소)</td><td colspan="3">필답 평가/실습 평가</td></tr>
<tr><td>스포츠관광<br>마케팅시장<br>환경조사<br>하기<br>필답평가<br>(지식)</td><td colspan="3">1. 스포츠관광상품 마케팅개념과 환경분석하기<br>스포츠관광상품 마케팅개념:<br>스포츠관광상품 마케팅이랑 스포츠 관련 관광상품의 마케팅, 광고·홍보 및 판매 전략을 수립하고 실행하는 능력이다.<br>마케팅 전략 수립을 위한 시장환경분석하기 :<br>SWOT 분석을 통해 시장 환경 및 상황요인을 분석할 수 있다.<br>관광상품을 세분화하여 목표시장을 선정하고, 포지셔닝 할 수 있다.<br>관광상품의 마케팅 믹스를 수립할 수 있다.</td></tr>
<tr><td>스포츠관광<br>마케팅시장<br>환경조사<br>하기<br>실습평가<br>(기술, 태도)<br>근거자료<br>(ppt 작성)</td><td colspan="3">스포츠관광 마케팅 시장환경 조사<br>24종 20만 마리의 나비가 화려한 군무로 눈길을 사로잡는 함평 나비축제.<br>2017년 5월 7일 성공리에 폐막한 함평 나비축제는, 관광객 30만명 돌파하며, 지자체축제 1위와 함께 2년 연속 흑자 기록.<br>입장료 수입 9억8200만원, 농·특산물 판매 10억9100만원의 매출을 올려 군민소득 향상 기여.<br>알찬 성과와 더불어 내년 2018년에 20회를 맞는 뜻깊은 해. 축제와 지역경제 모두 잡는 효자축제로 거듭나고 있다.<br><br></td></tr>
<tr><td>스포츠관광<br>마케팅시장<br>환경분석<br>하기<br>필답평가<br>(지식)</td><td colspan="3">2. 관광상품을 세분화하여 목표시장을 선정하고, 포지셔닝하기. 관광상품의 마케팅 믹스를 수립하기.<br>관광상품을 세분화하여 목표시장을 선정하고, 포지셔닝하기<br>S 시장세분화 전형적인 농업도시에서 군민소득 증대를 위한 나비를 테마로 축제 기획<br>T 표적시장 결정 남녀노소 구분 없이 즐길 수 있는 친환경 나비축제로 표적시장 결정<br>P 포지셔닝 버스, 열차, 항공 등 다양한 교통수단을 선택할 수 있는 위치<br>모두 즐기는 나비축제를 통해 지역 특산물로 말 그대로 "나비효과"를 보고 있으며, 이것이야말로 나비대축제라는 프로세스를 통한 관광상품의 마케팅 믹스라 할 수 있다.</td></tr>
</table>

| | |
|---|---|
| 스포츠관광<br>마케팅시장<br>환경분석<br>하기<br>실습평가<br>(기술,태도)<br>근거자료<br>(ppt 작성) | 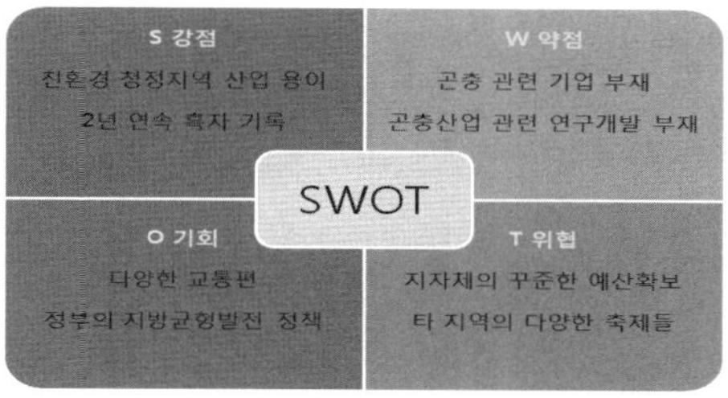<br><br>**스포츠관광 마케팅 시장환경 분석** |
| 스포츠관광<br>마케팅 전략<br>수립하기<br>필답평가<br>(지식) | **■ 판매전략**<br>꽃, 나비, 곤충을 소재로 한 전시, 문화, 체험행사로써 나비, 곤충을 소재로 각종 체험프로그램을 운영하여 친환경 농,수,축산물 및 우수 특산품 등을 전시 및 판매<br><br>**■ 목표시장에 대한 특징**<br>주요기관 관련 인사들과 지역군민들이 참여한 개막식 및 폐막식 행사로 하나가 되는 축제의 장으로 발전하고 있으며, 함평 주변 관광지와 숙박업소 그리고 맛집소개를 통해 지역경제 활성화를 최대치로 끌어올리고 있다.<br><br>다양한 계층을 목표로 하고 있기에 입장료 또한 저렴하게 기획되었다.<br>어른(7,000원), 청소년/군인(5,000원), 어린이/노인/유치원성(3,000원),<br>단체 (20인 이상 적용) 1,000원 할인 |
| 스포츠관광<br>마케팅 전략<br>수립하기<br>실습평가<br>(기술, 태도)<br>근거자료<br>(ppt 작성) | **예) 보령 머드 축제**<br>- 스포츠관광 마케팅 전략 수립<br><br><br><br><br><u>함평 나비축제는,</u><br>조사 분석 ⇨ 전략수립 ⇨ 전략실행 ⇨ 결과평가와 같이 철저한 시장분석과 더불어 목표를 설정하였으며, 전략을 기획하고 결과평가를 모니터링 하면서 다양한 후원사를 통한 광고 홍보 전략으로 인해 관광객 30만명 돌파 및 2년 연속 흑자라는 놀라운 성과를 거두게 된다.<br>지역경저 활성화라는 날개를 달고 외국인 관광객의 증가로 새로운 지구촌 축제로 발전하는 계기가 되길 바란다. |

SPORT marketing

# 스포츠관광상품 행사관리

[1204040115_16v1]

◈ 정의 : 스포츠관광행사 관리란 스포츠관광상품 소비자에게 행사상품 브리핑, 관광상품 체험, 일정 안내 및 관광행사 관리 등을 하는 능력이다.

## 1) 스포츠관광상품 브리핑하기_ 1204040115_16v1.1

1.1 스포츠관광 행사 상품의 특성과 대상에 따라 상품 브리핑 방법을 선택할 수 있다.

1.2 스포츠관광 행사 상품 판매 트렌드에 따라 상품 브리핑 방법의 종류를 선택할 수 있다.

1.3 스포츠관광 상품설명 매뉴얼에 따라 상품 설명회를 개최하여 상품을 브리핑할 수 있다.

## 2) 스포츠관광 상품 체험하기_ 1204040115_16v1.2

2.1 스포츠관광 상품 체험에 대한 체계적인 준비 계획을 수립할 수 있다.

2.2 참여자들의 스포츠 관광에 대한 저변 확대를 통한 관심증가를 위한 프로그램을 계획할 수 있다.

2.3 참여자들이 스포츠문화를 즐길 수 있도록 기회의 장을 제공할 수 있다.

2.4 참여자들이 스포츠관광 상품을 통하여 대리만족, 성취감 및 에너지 발산의 기회를 제공할 수 있다.

## 3) 스포츠관광 상품 향후 일정안내하기_ 1204040115_16v1.3

3.1 스포츠관광 상품의 향후 일정에 대해 계획을 수립할 수 있다.

3.2 스포츠관광 상품의 특성, 상품의 지역, 대상자의 특성 등을 고려하여 향후 일정 안내에 대한 방법, 종류 등을 설정할 수 있다.

3.3 스포츠관광 상품의 향후 일정에 대해 보고서를 작성할 수 있다.

1204040115_16v1 **스포츠관광행사관리 마케팅 평가지**

<table>
<tr><td>평가일시</td><td></td><td>훈련생</td><td></td></tr>
<tr><td>과정명</td><td>스포츠마케팅</td><td>평가시간</td><td>50분</td></tr>
<tr><td>교과목</td><td>스포츠이벤트</td><td>훈련교사</td><td>이광욱 (인)</td></tr>
<tr><td>능력단위명</td><td colspan="3">스포츠관광행사관리</td></tr>
<tr><td>능력단위요소</td><td colspan="3">스포츠관광상품 브리핑하기, 스포츠관광상품 체험하기, 스포츠관광상품 향후 일정 안내하기</td></tr>
<tr><td>구분<br>(능력단위요소)</td><td colspan="3">필답 평가/실습 평가</td></tr>
<tr><td>스포츠관광상품<br>브리핑하기<br>필답평가</td><td colspan="3">1. 스포츠관광 행사관리 개념과 스포츠관광 행사 상품을 소개하시오.<br>스포츠관광 행사관리란 소비자에게 행사상품 브리핑, 관광상품 체험, 일정 안내 및 관광행사 관리 등을 하는 능력이다.<br>연합뉴스 보도에 따르면 2015년 기준 전 세계 스포츠관광 시장 규모가 6천억 달러에 육박하며. 대표적인 스포츠관광 행사 상품으로는 FC바르셀로나의 홈경기장인 캄프누(camp nou) 경기장 투어가 있다.</td></tr>
<tr><td>스포츠관광상품<br>브리핑하기<br>실습 평가<br>근거자료<br>(ppt 작성)</td><td colspan="3">1-1. 스포츠 관광상품의 특징을 브리핑하시오.<br>▷부담 없는 입장권<br>25유로(한화 약 3만3천원)<br>▷관광객을 위한 다양한 볼거리 제공<br>예) 박물관 및 관중석 관람, 선수 대기실, 기자회견장, 잔디밭 입장 및 멀티미디어 zone<br><br></td></tr>
<tr><td>스포츠관광상품<br>체험하기<br>필답평가</td><td colspan="3">2. 스포츠관광 상품 체험에 대한 체계적인 준비과정 및 계획을 설명하시오.<br>항공편 (인천공항)<br>직항 대한항공 ⇨ 바르셀로나 13시간 55분 (편도 기준 167만원 선)<br>1회 경유 영국항공 ⇨ 런던 경유 ⇨ 바르셀로나 16시간 15분 (편도 기준 100만원 선)<br>1회 경유 독일항공 ⇨ 뮌헨 경유 ⇨ 바르셀로나 15시간 45분 (편도 기준 100만원 선)<br>바르셀르나 공항에서 캄프누 경기장 까지 대략 1시간 거리<br>버스<br>A2 버스 ⇨ D20 버스 환승 ⇨ 하차 후 도보 2분 거리<br>지하철<br>공항 건너편에서 탑승 메트로 5호선 Collblanc 역에서 하차 후 5분 거리</td></tr>
<tr><td>스포츠관광상품<br>체험하기<br>실습 평가<br>근거자료<br>(ppt 작성)</td><td colspan="3">2-1. 스포츠관광 상품 체험하기 프로그램에 대해 설명하시오.<br><br><br><출발과 도착 사이 설렘과 볼거리로><br>유럽에서 가장 큰 축구경기장<br>(최대 10만명 수용)<br>FC 바르셀로나 파헤치기<br>캄프누 구장과 부대시설을 느껴보자!</td></tr>
</table>

| | |
|---|---|
| 스포츠관광상품<br>향후 일정<br>안내하기<br>필답평가 | 3. 성공한 스포츠관광 상품에 대하여 기술하고 향후 일정에 대한 계획을 수립하시오.(보완점)<br><br>대표적인 스포츠관광 성공 상품으로는 앞서 언급했듯이, FC바르셀로나의 홈 경기장인 **캄프누 투어**가 있다.<br>경기가 없는 날에도 팬과의 소통을 위해 박물관, 락커룸, 기자 브리핑룸 등을 엮은 관람상품권을 25유로(한화 약 3만3천원)에 판매하고 있다.<br>이 투어를 찾는 **관광객**은 **연간 150만명에 육박**하며 하나의 문화로 자리 잡고 있다.<br><br>선진 관광 상품의 도입을 위해 국내 주요 경기장의 부대시설과 주변 환경 정비는 물론이고, 스포츠 자산발굴과 더불어 정부 및 지자체의 협력이 필요하다고 생각한다. |
| 스포츠관광상품<br>향후 일정<br>안내하기<br>실습 평가<br>근거자료<br>(ppt 작성) | 3-1. 실패한 스포츠관광 상품에 대하여 기술하고 원인을 분석하시오.<br><br><연평균 100억 적자의 부산 아시아드 주경기장><br>부산 연제구 월드컵대로에 위치한 최대 80,000석 규모의 종합운동장 형태 주경기장.<br>현재 K리그 챌린지의 부산아이파크의 홈구장이었지만, 경기를 관람하기에 불편한 시야와 유지관리 문제로 타구장으로 이전하였다.<br>2002월드컵과 부산 아시안 게임은 막을 내렸지만, 이후 부담은 국민들의 몫이 되어버렸다.<br>국제대회 개최는 좋지만, 그 후 구체적인 활용방안이 없다는 것이 적자의 가장 큰 원인이 된다. 스포츠와 결합한 상품개발이 시급하며 그 상품에 대한 시너지효과를 내어 적자를 최소화 하는 것이 현재로선 최선의 방법일 것이다.<br><br>*명문구단, 명문구장은 하루아침에 생겨나는 것이 아니다.*<br>왜 안 될까? 라는 생각보다는 어떻게 하면 될까? 라는 사고방식으로 접근해야 할 것이다.<br>선진문화를 무조건 받아들이고 시행하는 것보다는 성공사례들을 분석하고 우리의 상황에 맞게 장기적으로 나아가길 바란다. |

SPORT marketing

# 스포츠관광상품 고객관리

[1204040113_16v1]

◈ 정의 : 스포츠관광상품 고객 관리란 스포츠 관련 관광상품의 소비자들을 상담하거나 소비자들에게 상품을 추천하는 능력이다.

## 1) 스포츠관광 상품 추천하기_ 1204040113_16v1.1

1.1 고객의 정보를 파악하여 고객 데이터 기록부에 기록할 수 있다.

1.2 고객의 욕구를 파악하여 고객이 선호하는 상품을 파악할 수 있다.

1.3 고객접점 환경형태에 따라 고객응대기법을 적용하여 상품을 추천할 수 있다.

1.4 고객의 정보·욕구를 파악하여 고객이 원하는 상품을 추천할 수 있다.

## 2) 스포츠관광 상품 상담하기_ 1204040113_16v1.2

2.1 상품의 정보를 파악할 수 있다.

2.2 상품정보파악 자료를 바탕으로 상품상담 매뉴얼을 작성할 수 있다.

2.3 매뉴얼에 따라 고객판촉 상담을 진행할 수 있다.

## 3) 스포츠관광 상품 상담고객 관리하기_ 1204040113_16v1.3

3.1 부가상품 정보를 제공할 수 있다.

3.2 네트워크를 활용할 수 있다.

3.3 관광 상품상담을 통해 계약을 성사할 수 있다.

3.4 관광 사후 관리를 통해 재방문 고객을 창출할 수 있다.

( 1204040113_16v1 ) **스포츠관광상품 고객관리 마케팅**

| **평가일시** | | **훈련생** | |
|---|---|---|---|
| **과정명** | 스포츠마케팅 | | |
| **교과목** | 스포츠이벤트 | **훈련교사** | 이광욱 (인) |
| **능력단위명** | 스포츠관광상품 고객관리 | | |
| **능력단위요소** | 스포츠관광상품 추천하기, 스포츠관광상품 상담하기, 스포츠관광상품 상담고객 관리하기 | | |
| **구분<br>(능력단위요소)** | **필답 평가** | | |
| 스포츠관광상품<br>추천하기<br>**필답평가** | 1. 스포츠관광의 개념과 스포츠관광 고객관리 개념에 대하여 기술하시오.<br>〈스포츠 관광의 개념〉<br>"스포츠 관광은 직접 스포츠에 참여 • 관람하거나 모든 경쟁적 • 비경쟁적 스포츠 관광대상(Sport Attraction) 활동에 참여하기 위해 집을 떠나는 여행" - Delpy 스포츠관광상품 고객 관리란 스포츠 관련 관광상품의 소비자들을 상담하거나 소비자들에게 상품을 추천하는 능력이다 | | |
| 스포츠관광상품<br>추천하기<br>**실습 평가**<br>**근거자료**<br>(ppt 작성) | 1-1. 스포츠 관광상품을 추천하시오.< 여수시 해양레저스포츠 무료 체험 ><br>**여수시 해양레저스포츠 무료 체험 폭발적 '인기'**<br><br>여수시의 해양레저스포츠 무료 체험 프로그램이 폭발적인 인기를 끌고 있다. 2일 시에 따르면 지난 5월부터 7월 말까지 여수에서 이뤄진 해양레저스포츠 체험자 수는 무려 5만4천797명에 달한 것으로 집계됐다.<br>이는 지난해 같은 기간 참여자 수보다 150% 증가한 수치다. 앞으로 9월까지 두달의 운영기간이 남았지만, 이미 지난해 참여자 수인 4만674명을 훌쩍 넘어섰다.<br>특히 전체 체험자의 60%인 3만2천702명은 외지에서 온 관광객으로 파악되고 있다.<br>시는 해양레저스포츠의 저변 확대와 관광 상품의 다변화를 위해 지난 2011년 해양레저스포츠 체험 프로그램의 운영을 시작했다. | | |
| 스포츠관광상품<br>상담하기<br>**필답평가** | 2. 스포츠관광 상품 지역에 대한 지식(특정 스포츠, 역사, 문화 등)을 설명하시오.<br>주제 : 나비와 함께 행복한 세상!<br>부제 : 행복한 나비, 함평에서 만나보세요!<br>축제기간 : 2017년 4월27일(금)~5월8일(화) 12일간<br>축제장소 : 함평천수변공원<br>내용 : 꽃, 나비, 곤충을 소재로한 전시, 문화, 체험 등<br>홈페이지 : http://inabi.or.kr/2008_hpm/hpm01/m1index.php | | |

<table>
<tr><td>스포츠관광상품<br>상담하기<br>실습 평가<br>근거자료<br>(ppt 작성)</td><td>2-1. 스포츠관광 상품의 역사(유래)에 대해 설명하시오.<br><br>축제의 유래<br><br>지난날의 함평은 호남가 첫머리 "함평천지 늙은 몸이..." 에서 느래하듯이 농경지가 많아 평온하고 풍요로운 전형적인 농업군이었다. 그러나 산업사회로 접어들면서부터 젊은 이들이 도시로 도시로 떠나게 되었고 농촌은 노령화, 부녀화 등 구조 변화와 농산물 수입 개방으로 농업경쟁력이 저하 되었다.<br><br>산업자원이나 관광자원이 전무하고, 특별한 특산품이나 먹을거리도 부족한 지역에서 살아갈 길은 친환경지역인 함평에서 생산된 농특산물 판매로 지역경제 활성화와 군민소득 증대가 절실히 요구되어 지역홍보 수단이 필요하게 되었다.<br><br>문제는 어떻게 알릴 것인가 였다. 함평천 정화사업에 따라 마련된 고수부지 33ha에 만개할 유채꽃을 배경으로 유채꽃 축제를 추진하려고 하였지만 유채로는 경쟁력과 차별화를 기할 수 없어 친환경지역임을 가장 어필할 수 있는 나비를 테마로 축제를 기획하게 되었다.</td></tr>
<tr><td>스포츠관광상품<br>상담고객<br>관리하기<br>필답평가</td><td>3. 스포츠관광 상품 상담고객 관리의 올바른 방법에 대하여 기술하시오,<br><br>신규고객을 유치하는 데 천문학적인 비용이 드는 환경에서 고객 유지는 분명 중요한 일이다. 몇몇 기업은 유익한 고객과 문제 고객을 손쉽게 가려낼 수 있는 새로운 소비자 세분화 방법과 기술을 사용하여, 장기간 기업 매출의 대부분을 책임져 온 바람직한 고객군을 유지하기 위해 노력을 집중하고, 문제고객은 퇴출시키고 있다. 기업은 고객거부와 관련된 행동을 하기 전에 본 연구에서 제시한 5단계 프레임워크를 기준으로 사업과 고객(B2B, B2C 포함)을 살펴보아야 한다. 이를 통해 기업은 고객거부의 파급효과가 단지 수익성에만 국한되지 않음을 알 수 있을 것이다. 5단계 프레임워크를 통해 개별 고객과 고객 집단의 현재와 미래의 잠재가치를 객관적으로 평가할 수 있다. 즉 제시한 프레임워크를 적용하면 고객관계 상황에 따라 가장 적합한 행동 방안을 결정할 수 있다(그림 '고객거부의 연속 단계' 참조). 이를 바탕으로 먼저 현재의 고객관계를 재평가하거나, 수익성이 낮은 고객을 교육하거나, 가치 제안을 재협상하거나, 고객을 다른 사업자에 이전하는 등의 작업을 해보라. 이를 통해 고객이 기업의 장기적인 발전에 미치는 중요성을 더 명확하게 알 수 있을 것이다.</td></tr>
<tr><td>스포츠관광상품<br>상담고객<br>관리하기<br>실습 평가<br>근거자료<br>(ppt 작성)</td><td>3-1. 스포츠관광 상품 상담고객 관리의 성공사례를 원인 분석하시오.<br><br><월간잡지 행복이 가득한 집><br><br>월간 '행복이 가득한 집'은 주부와 중산층, 전문직 종사자를 주요 독자로 보유하고 있는 소위 '잘 나가는' 잡지 중 하나다. 이 책을 출판하고 있는 디자인 하우스는 전문 디자이너를 타겟으로 하는 '월간 디자인'과 함께 꾸준한 성장을 계속해왔다. 이 두 잡지의 고객(정기구독자)은 상당히 높은 열독률을 보이고 있는데 독자 중에는 지난 14년 동안 지속적으로 꾸준히 구독하고 있는 사람도 있으며 꼬박꼬박 애독자 카드를 작성해서 잡지사로 보내는 독자만도 한달에 1천명이 넘는다. 또한 디자인 하우스에서 주기적으로 실시하고 있는 이벤트에 참가하는 독자도 연간 10만명에 이른다.<br><br>그러나 디자인 하우스의 핵심인 독자관리는 마케팅 부서나, 고객관리팀, 회계팀 등 각자 따로 관리하고 있어 어느 독자가 얼마동안 구독을 했는지, 어떤 특성을 갖고 있는지, 불만 사항을 무엇인지를 아는 것은 상당히 힘든 일이었다. 출판사에 있어 독자 및 특성정보를 하나의 DB 속에 넣는 일이 시급했다. 디자인 하우스의 독자정보관리시스템은 이렇게 시작됐다.<br><br>2000년 초, 디자인 하우스 경영지원실은 지난 1년간 구축해 온 독자정보관리시스템을 보면서 설레임에 차 있었다. 그 시스템은 화려한 웹버전의 멋진 모습이었으며 그간의 데이터를 모두 넣어 토실토실해 보였다. 그러나 구축 이후 10여개월동안 디자인 하우스의 전산팀과 고객관리팀은 짜증나는 업무와 시스템 사이에서 허덕여야 했다.</td></tr>
</table>

# ▣ 트렌드조사

## YOLO(You Only Live Once)' 한번뿐인 인생!!! (류미향)

"현재" 와 "선물" 이라는 영어 Present '현재는 곧 선물이다.' 라는 의미가 내포되어 있고, 지금 이 순간의 가치를 중요시 여기는 것이 욜로 라이프의 핵심이라고 할 수 있습니다.
서울대 소비트렌드 분석센터에서 쓴 '트렌드코리아 2017' 에 의하면 **욜로라이프는 후회없이 즐기고 사랑하고 배우라는 삶의 철학을 의미**합니다.
욜로 라이프는 물질적인 것보다 여행이나 학습과 같은 비 물질적인 소비, 미래를 위한 것보다 현재를 위한 소비를 추가하는 것이 특징입니다. 예를 들어 노후자금보다는 현재의 자기 계발이나 취미생활에 투자를 하는 것입니다. 욜로족은 순간순간을 즐기고 도전하며 자신만의 가치를 쫓는 소비를 선호하고 있습니다.

**욜로 라이프는 청년들에게만 국한된 것이다?** 우리나라의 해외여행 지출 비용이 해마다 급증! 욜로 라이트와 무관하지 않다고 합니다.
**욜로 라이프의 확산은 불확실한 미래에 대한 불안감과 상실감 때문이다?** 취업난 등으로 상실감과 무기력증, 고립감 같은 내적 불안이 커지면서 이에 비례해 미래보다 오늘이 중요하다는 인식이 퍼지게 되었습니다.
**욜로를 바라보는 우리의 시선은?** 도전하고 실천하는 삶이라는 긍적적인 시각과 현실도피수단이라는 부정적인 시각이 존재합니다.

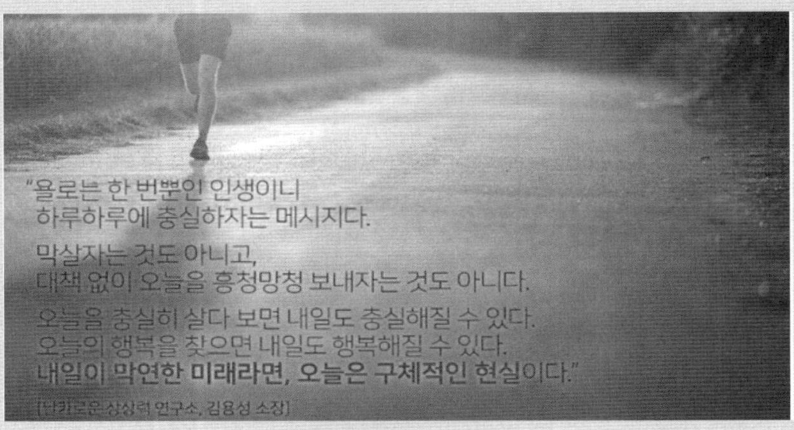

**"라이더 강병철"** http://blog.naver.com/hiphop846/220305382015

일년 중 9개월은 3교대로 출판 인쇄업계에서 일을 하며 매년 2월~4월까지는 필리핀으로 웨이크보드 티크닉 캠프에 참가합니다. 4월부터 11월까지 주말에는 부부가 함께 가평으로 웨이크보드를 타러 다닙니다. 그의 나이는 43세입니다. 그와 그의 아내는 현재의 시간을 충실히 살며 순간의 즐거움을 탐닉하는 것도 빠뜨리지 않습니다.

**"드론을 이용한 촬영"**

http;//www.pandora.tv/view/nkmellph/54774566#38637299_new

※2017 소비트렌드는 'YOLO(You Only Live Once)' 'B+Premium' '픽미세대' 'Calm-tech(조용한 기술)', 'Key to success Sales(영업)', 'Era of 'Aloners'(나홀로 소비)', 'No Give Up, No Live Up', 'Rebuilding Consumertopia(수요중심)', User Experience Matters(사용자 경험), No one Backs You Up(각자도생)등 10가지다.

# Calm-Tech (김 진 희)

## 'Calm-Tech', Felt but not seen

## 보이지 않는 배려 기술 '캄테크'

공기가 언제 어디서나 사람과 함께 공존하듯이 언제 어디서나 사람을 지원하는 기기들을 통해 사람과 상호 작용을 하는 조용한 기술 우리는 캄테크의 배려속에 살고 있다. "캄테크"란 조용하다, 차분하다는 의미의 캄(Calm)과 기술(Tech)의 합성어로 일상 생활 환경에 센서와 컴퓨터, 네트워크 장비를 보이지 않게 내장하고 이를 활용해 사람들이 인지하지 못한 상태에서 각종 편리한 서비스를 제공한다는 뜻이다.

기술은 느껴져야지 보여서는 안된다!

# 드론이란? (김기범)

드론(Drone)은 무선전파로 조종할 수 있는 무인항공기를 말한다. 2000년대 초 군사용 정찰용 무인항공기로 탄생하였고 최근엔 고공 촬영, 배달 등의 다방면으로 활용도가 높아졌다.

또한 대중화를 위해 비교적 값싼 **키덜트(KID + ADULT)제품**을 내놓아 개인도 부담없이 드론을 구매하는 시대를 맞이했다

# '합리적인 가격으로 추억을 선물하라' 스포츠 스타트업 'GO Ale'

드론을 띄워 축구중계를 서비스하는 **고알레**는 페이스북 좋아요 12만, 유튜브 구독자 1만8000명을 보유한 **'슈퍼 스포츠 스타트업'**이다. 상도동 말디니' 박진형, '공릉동 무리뉴' 윤현중, '장안동 토레스' 이병욱 이 3인의 대표가 "아마추어 축구문화를 바꾸고 싶다"는 슬로건으로 의기투합하여 창업되었다.

2015년 12월 시작된 '고고고알레알레알레(고알레)'는 아마추어 축구 경기를 드론으로 촬영·편집해 제공하면서 색다른 영상으로 축구팬들의 관심을 모았다. 이에 그치지 않고 고알레는 트레인위드알레, 게릴라풋볼 등을 기획하며 생활축구에 다양한 체험을 제공하고 있다.

https://www.youtube.com/watch?v=3lDSzNe2qwA&index=4&list=PLdodOAX3PhTwINWfG8TvWAyqnHAGyTN0W

*<점점 감성적인 것을 추구하는 소비자들> (김판근, 왕필상)*

↳ **소비를 할 때에도 단순한 물질의 구입뿐 아니라, 추억을 심어주는 특별한 경험을 찾는 것을 반영한 트렌드!**

사례 1-포켓몬 GO

사례2-방탈출 카페

사례3-VR

## 2017년 1인세대 1코노미세대 (김윤아)

▶ 1코노미(1인 단위의 경제) ▶ 가성비 ▶ 소비의 편의성 ▶ 일상의 재미 등 4대 트렌드와 맞물려 대세가 되고 진화했다. ‘혼자라도 괜찮아’ 정도로 퍼져 나갔던 혼밥(혼자 밥 먹기), 혼술(혼자 술 마시기)은 이제 어엿한 식문화 중 하나가 됐다. 꼭 혼자 살지 않더라도 내 일정, 내 입맛, 내 기분에 맞게 자유롭게 식사하고 한잔하는 문화가 자연스러워 졌다.

NCS 국가기간전략산업 스포츠마케팅

# 부록

우리나라 골프에 한 획을
그은 여자 선수죠.
진짜 그 양말 벗고 강에
들어가서 공을 치던 모습이
아직도 생생해요.
그리고 양말을 벗어도 마치
신고 있었던 거처럼 다리가
탔던 모습도 기억에 남네요.
**"반복은 천재를 낳고**
**믿음은 기적을 낳는다."**
반복이 천재를 낳는다는 말..
와 닿네요.

# 부록 실습자료 1. 미션과 비전 만들기

미션은 내가 매일매일 최선을 다하여 성취하는 부분,
비전은 좀 더 미래지향적인 느낌으로 미션이 잘 성취되었을 때 도달할 수 있는 미래의 모습인 것 같습니다.

**So what's the difference?** As simply as I can say it, your mission is what you do best every day, and your vision is what the future looks like because you do that mission so exceedingly well. In fact, I like to compare them to another old debate: *management versus leadership.*

비전은 회사가 지향하는 목표이며, 미션은 비전을 달성하기 위해 수행하는 단계별 전략입니다.

**미션을 수행하기 위해 외부환경 분석을 통해 기회와 위기요인을 검토하고 내부전략으로 핵심역량분석, 사업부전략 분석 등을 통해 강점과 약점을 파악하여 전반적인 회사의 단기, 중기 장기 전략을 수립합니다.**

# Ⅰ.StoryTelling

<table>
<tr><td colspan="2" rowspan="3">StoryTelling<br></td><td>과 정 명</td><td>스포츠마케팅<br>(20 . . ~20 . . )</td></tr>
<tr><td>성 명</td><td></td></tr>
<tr><td>지도교수</td><td>(인)</td></tr>
<tr><td>희망 직업</td><td colspan="3">1. 스포츠브랜드 영업 2. 스포츠브랜드 영업MD 3. 스포츠브랜드 영업관리</td></tr>
<tr><td>목 적<br><br>( 꿈 )<br><br>(비 전)</td><td colspan="3">스포츠마케팅 전문지식배양<br>+ 스포츠경영관리사<br>+ ITQ(워드,엑셀,파워포인트)/컴활<br>+ 회계관리 2급<br><br><br>= 스포츠브랜드 영업 관련 직무에 취업</td></tr>
<tr><td>목 표<br><br>(미 션)</td><td colspan="3">1. 어학성적(토익, 850점 + 토스/오픽, Lv7/IH) 취득<br>- 매일 R/C + L/C + Shadowing + Voca<br>2. 스포츠경영관리사/회계관리 2급 자격증 취득<br>3. 컴퓨터 관련 자격증(ITQ-워드, 엑셀, 파워포인트 / 컴활) 취득<br>4. 스포츠브랜드 영업 관련 직무에 취업(2017년도 하반기 이전)<br><br>*세부목표<br>11월 - 스포츠마케팅 이해 및 자격증 취득관련 정보수집<br>12월 - 토익/토스/오픽 공부 및 시험<br>1월 - 토익 목표성적 취득 및 토스/오픽 공부<br>2월 - 토스/오픽 목표성적 취득 및 ITQ/컴활 자격증 취득<br>3월 - 회계관리/스포츠경영관리사자격증 공부 및 시험지원<br>4월 - 스포프경영관리사 시험 및 입사지원<br>상반기 내 취업 목표이나 하반기까지 열심히!</td></tr>
</table>

# 실습자료 2. 명함 만들기

Everybody wants happiness
but you can not have a rainbow
without a little rain
ADIDAS Sports co.

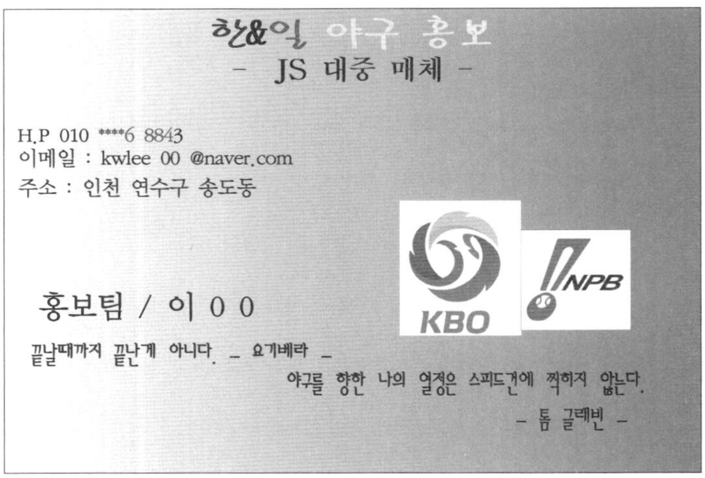
한&일 야구 홍보
- JS 대중 매체 -
H.P 010 ****6 8843
이메일 : kwlee 00 @naver.com
주소 : 인천 연수구 송도동
KBO
NPB
홍보팀 / 이 0 0
끝날때까지 끝난게 아니다. _ 요기베라 _
야구를 향한 나의 열정은 스피드건에 찍히지 않는다.
- 톰 글래빈 -

# 실습자료 3. 미래직업의 대한 홍길동의 SWOT 분석

## Ⅲ-Ⅰ. 홍길동의 SWOT분석

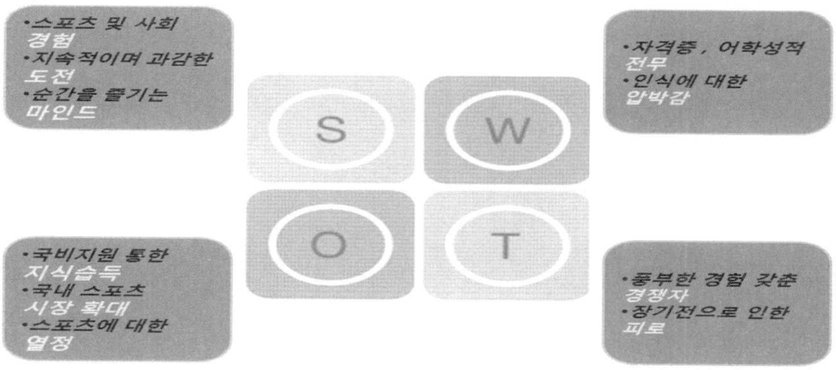


## Ⅲ-Ⅱ. 스포츠브랜드영업 SWOT분석

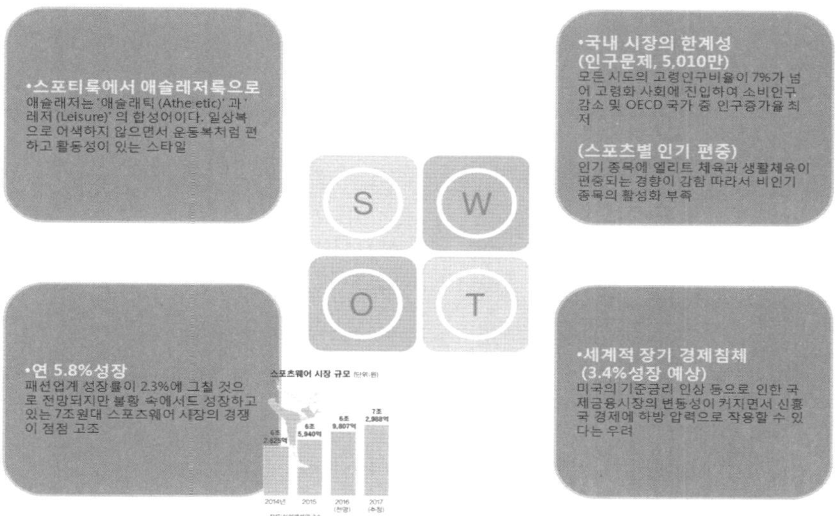

# 실습자료 4. 전공 BCG 분석

보스톤컨설팅 그룹에 의해 개발된 시장점유율과 시장성장율을 기준으로 현재의 사업부를 평가하고 향후 전략을 수립하는 분석의 툴이다.

BCG 매트릭스: 성장. 점유매트릭스

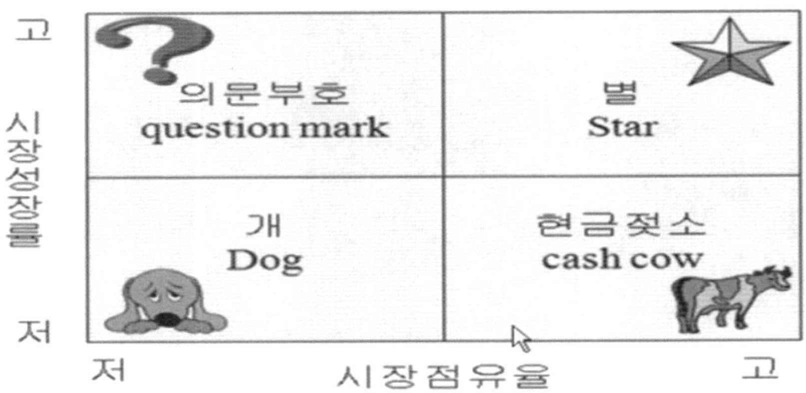


## BCG 모형에 따른 SBU전략

•방향: Cash Cow로 만들어야 성공
•전략: 확대전략, 자원/사업부/자금 추가

•방향: 지속적 안정, 유지
•전략: 현금흐름유지, 투자최소화, 안정전략

•방향: Star의 위치로 가야 성공
•전략: 성장전략 또는 축소전략

•방향: 투자자금 회수, 매각
•전략: 축소전략 또는 철수전략

## 실습자료 5. 맨유 성공 전략

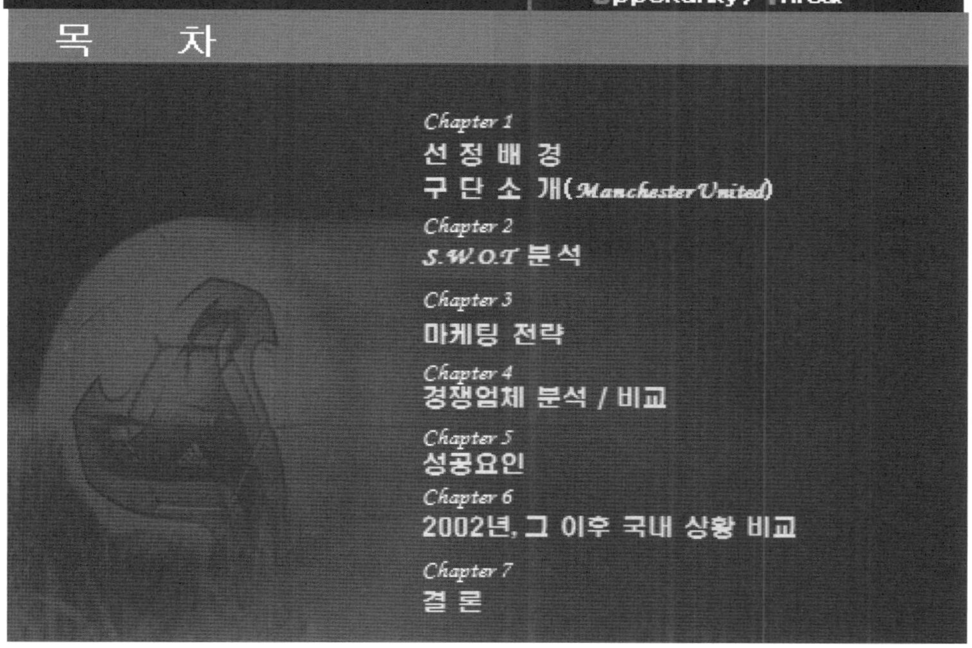

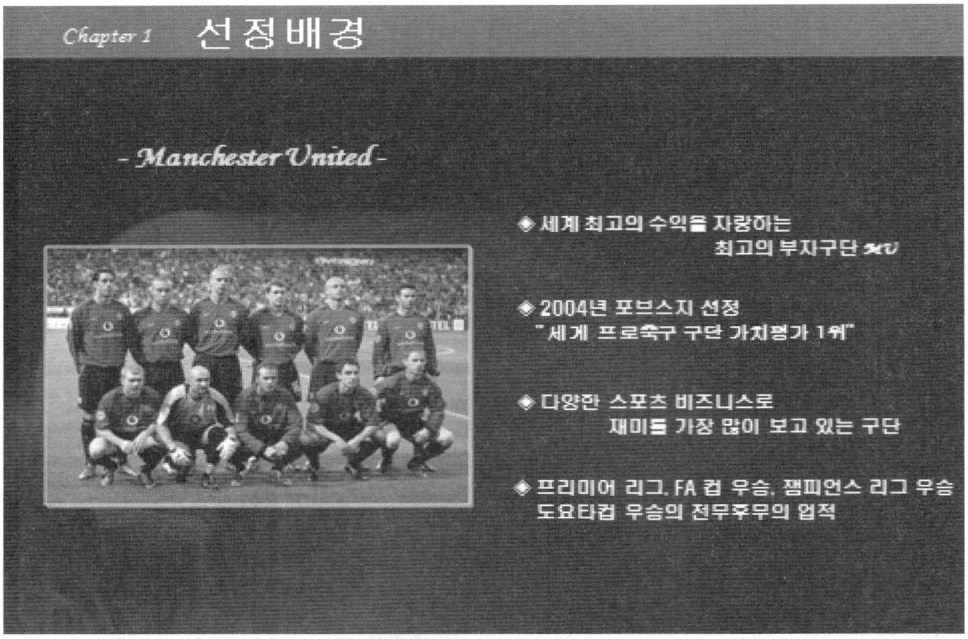
Chapter 1 선정배경
- Manchester United -
◈ 세계 최고의 수익을 자랑하는
최고의 부자구단 MU
◈ 2004년 포브스지 선정
"세계 프로축구 구단 가치평가 1위"
◈ 다양한 스포츠 비즈니스로
재미를 가장 많이 보고 있는 구단
◈ 프리미어 리그, FA 컵 우승, 챔피언스 리그 우승
도요타컵 우승의 전무후무의 업적

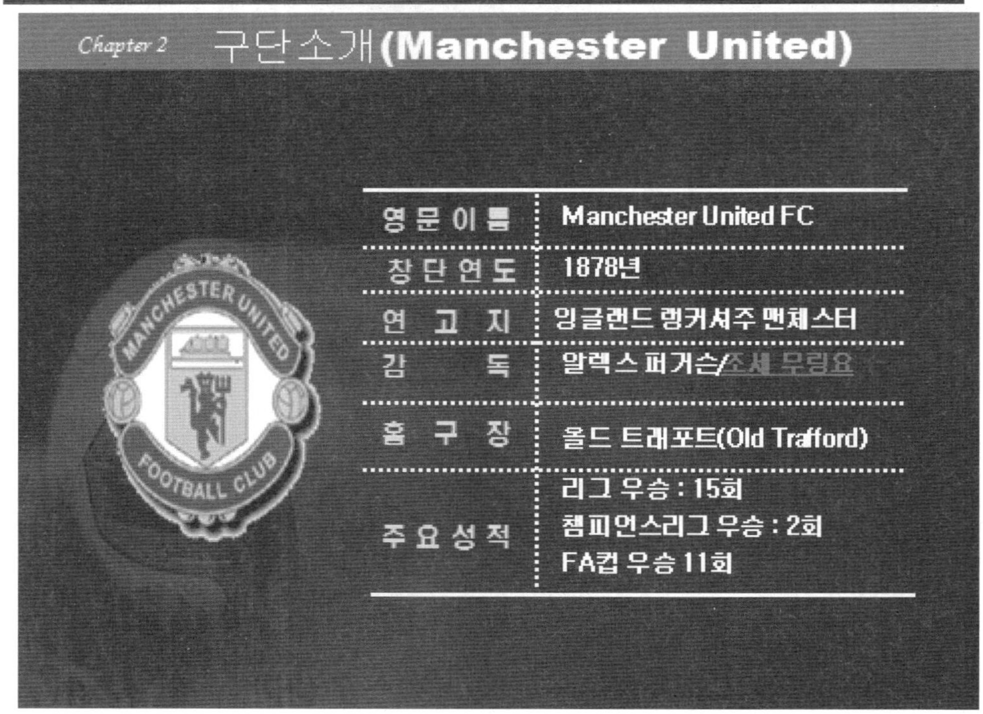
Chapter 2 구단소개(Manchester United)
영문이름 Manchester United FC
창단연도 1878년
연고지 잉글랜드 랭커셔주 맨체스터
감독 알렉스 퍼거슨/조세 무링요
홈구장 올드 트래포트(Old Trafford)
주요성적 리그 우승 : 15회
챔피언스리그 우승 : 2회
FA컵 우승 11회
MANCHESTER UNITED
FOOTBALL CLUB

## Chapter 3 S.W.O.T 분석

Manchester United – Strength / Weakness / Opportunity / Threat

### 1. 강 점[Strength]

최고의 선수 발굴 시스템
가장 많은 서포터 보유
강력한 브랜드 파워의 기반
다양한 마케팅 전략

### 2. 약 점(Weakness)

노쇠화된 선수 층
(선수교체 과도기)
리그 우승은 자국 내 타 구단

### 3. 기 회[Opportunity]

확대되는 스포츠 시장
유럽 외 전세계 축구의 활성화
스타 마케팅을 통한 부가가치 창출

### 4. 위협[Threat]

자국 내 타 구단의 급부상
(첼시, 리버풀)
타국 유명구단의 인지도 상승
(레알 마드리드)

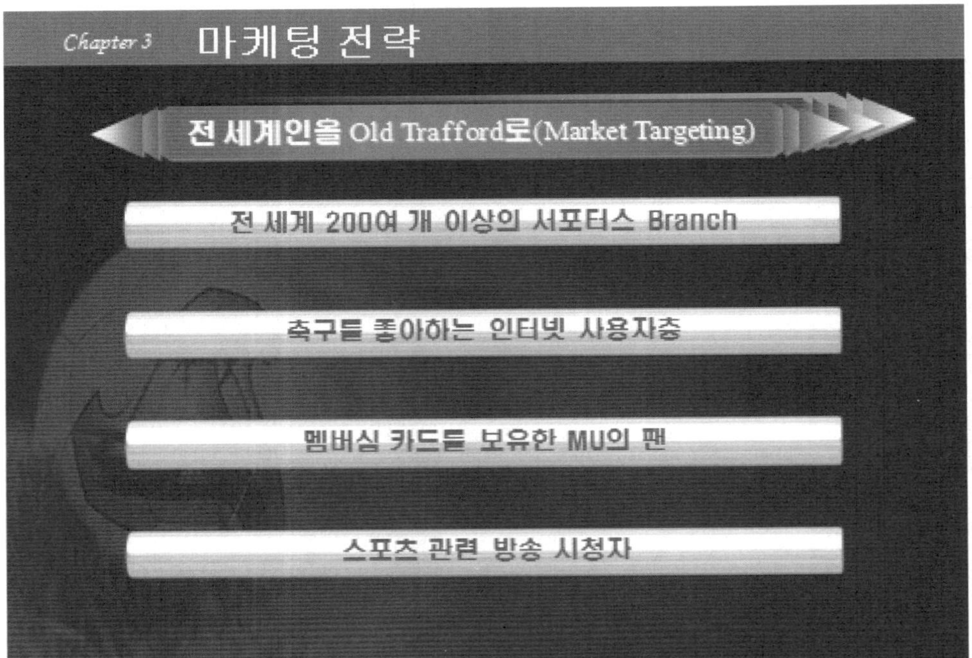
Chapter 3 마케팅 전략
전 세계인을 Old Trafford로(Market Targeting)
전 세계 200여 개 이상의 서포터스 Branch
축구를 좋아하는 인터넷 사용자층
멤버십 카드를 보유한 MU의 팬
스포츠 관련 방송 시청자

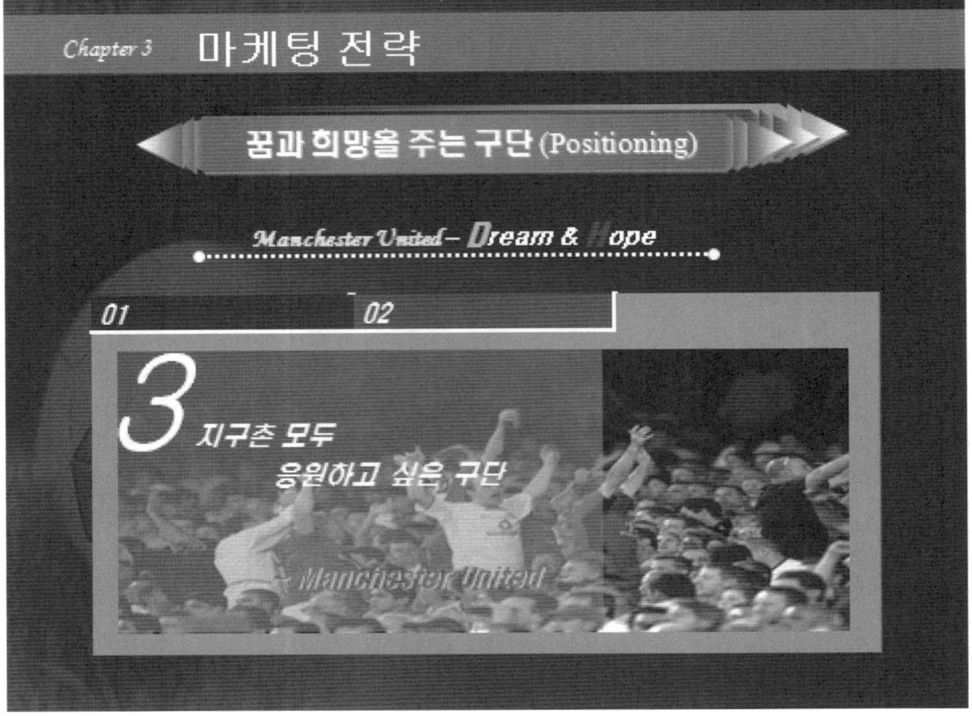
Chapter 3 마케팅 전략
꿈과 희망을 주는 구단 (Positioning)
Manchester United – Dream & Hope
01
02
3 지구촌 모두
응원하고 싶은 구단
Manchester United

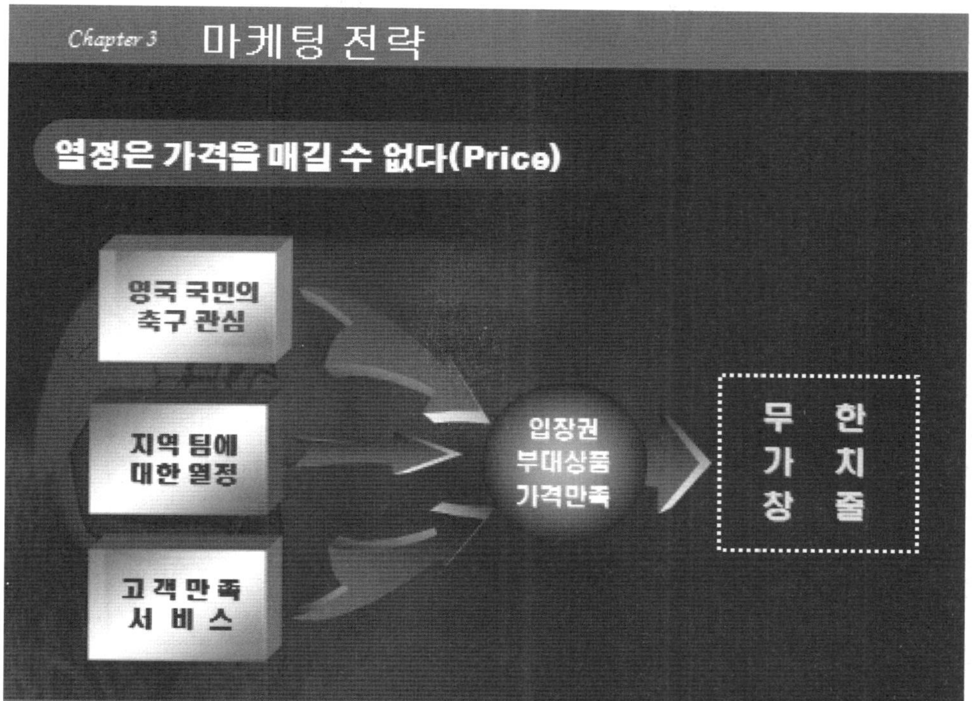
Chapter 3 마케팅 전략
열정은 가격을 매길 수 없다(Price)
영국 국민의 축구 관심
지역 팀에 대한 열정
고객만족 서비스
입장권 부대상품 가격만족
무한 가치 창출

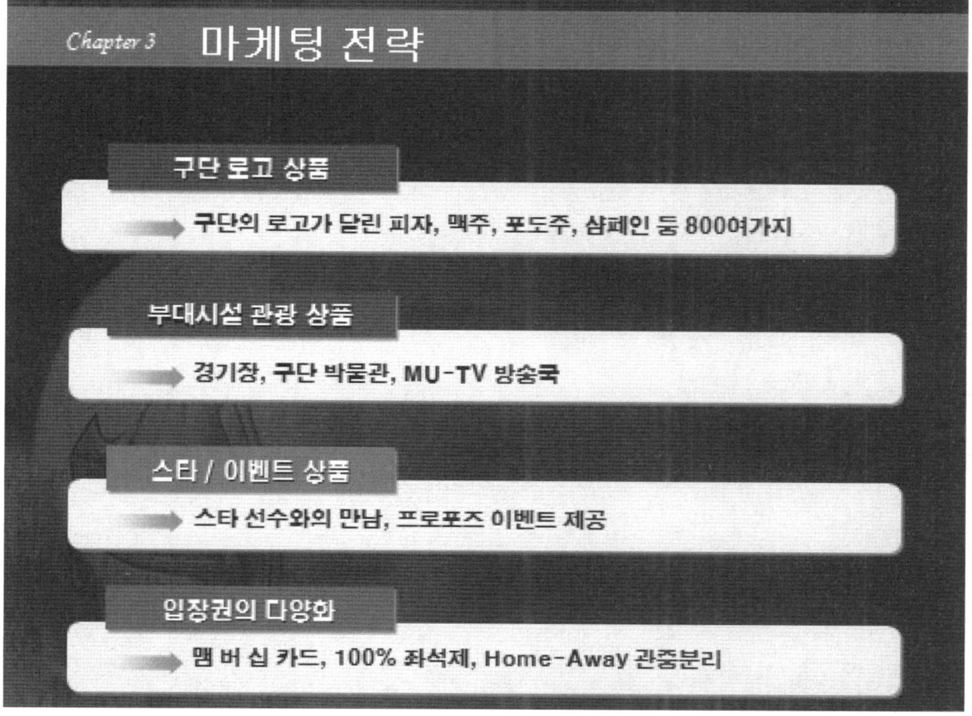
Chapter 3 마케팅 전략
구단 로고 상품
구단의 로고가 달린 피자, 맥주, 포도주, 샴페인 등 800여가지
부대시설 관광 상품
경기장, 구단 박물관, MU-TV 방송국
스타 / 이벤트 상품
스타 선수와의 만남, 프로포즈 이벤트 제공
입장권의 다양화
맴버십 카드, 100% 좌석제, Home-Away 관중분리

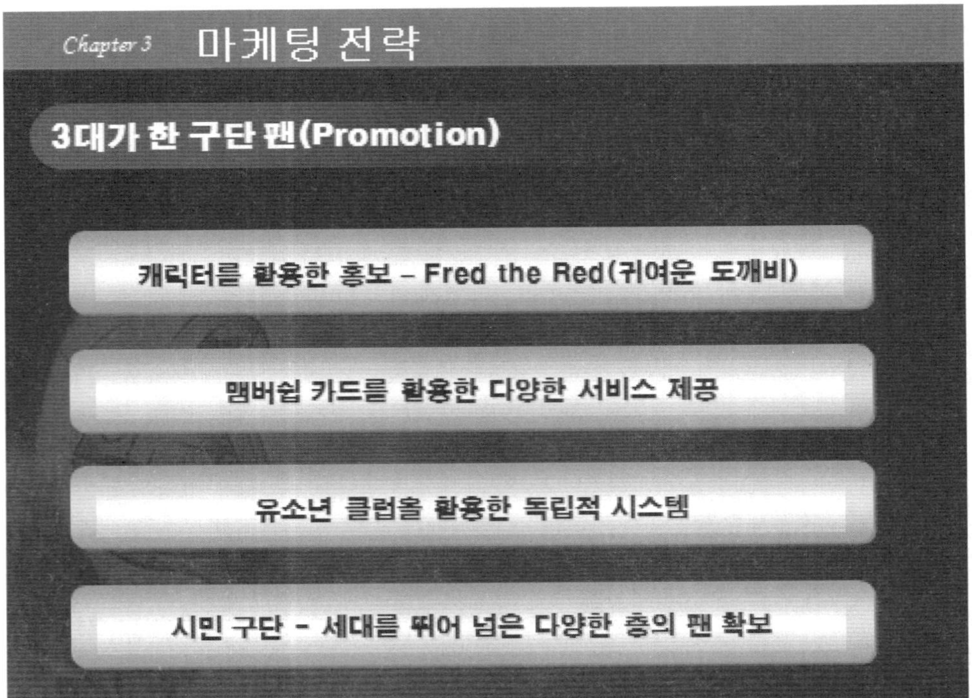
Chapter 3 마케팅 전략
3대가 한 구단 팬(Promotion)
캐릭터를 활용한 홍보 – Fred the Red(귀여운 도깨비)
맴버쉽 카드를 활용한 다양한 서비스 제공
유소년 클럽을 활용한 독립적 시스템
시민 구단 - 세대를 뛰어 넘은 다양한 층의 팬 확보

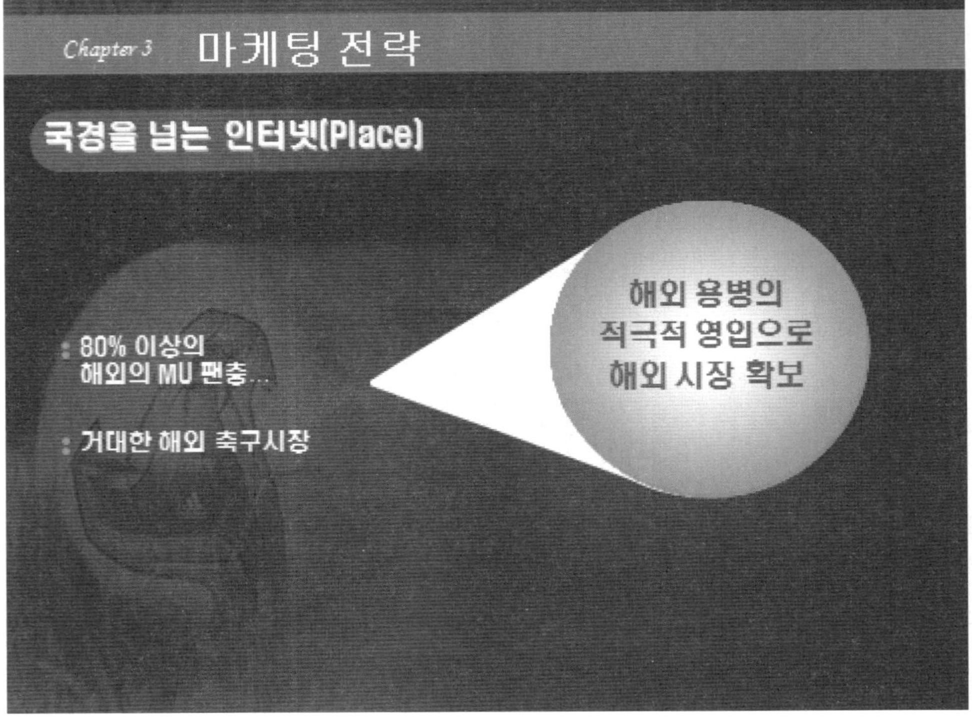
Chapter 3 마케팅 전략
국경을 넘는 인터넷(Place)
: 80% 이상의
해외의 MU 팬층...
: 거대한 해외 축구시장
해외 용병의
적극적 영입으로
해외 시장 확보

Chapter 4 경쟁업체 분석

## - Chelsea FC -

| 영문이름 | Chelsea FC |
|---|---|
| 창단연도 | 1905년 |
| 연고지 | 영국 런던 |
| 감독 | 호세 무리뉴/[illegible] |
| 홈구장 | Stamford Bridge |
| 주요성적 | 리그 우승 : 3회<br>FA컵 우승 : 3회 |

Chapter 4 경쟁업체 분석

## - Real Madrid CF -

| 영문이름 | Real Madrid CF |
|---|---|
| 창단연도 | 1902년 |
| 연고지 | 스페인 마드리드 |
| 감독 | [illegible] 로페스 카로/[illegible] |
| 홈구장 | Snfiago Bemabeu |
| 주요성적 | 리그 우승 : 27회<br>FA컵 우승 : 16회<br>챔피언스리그 : 8회 |

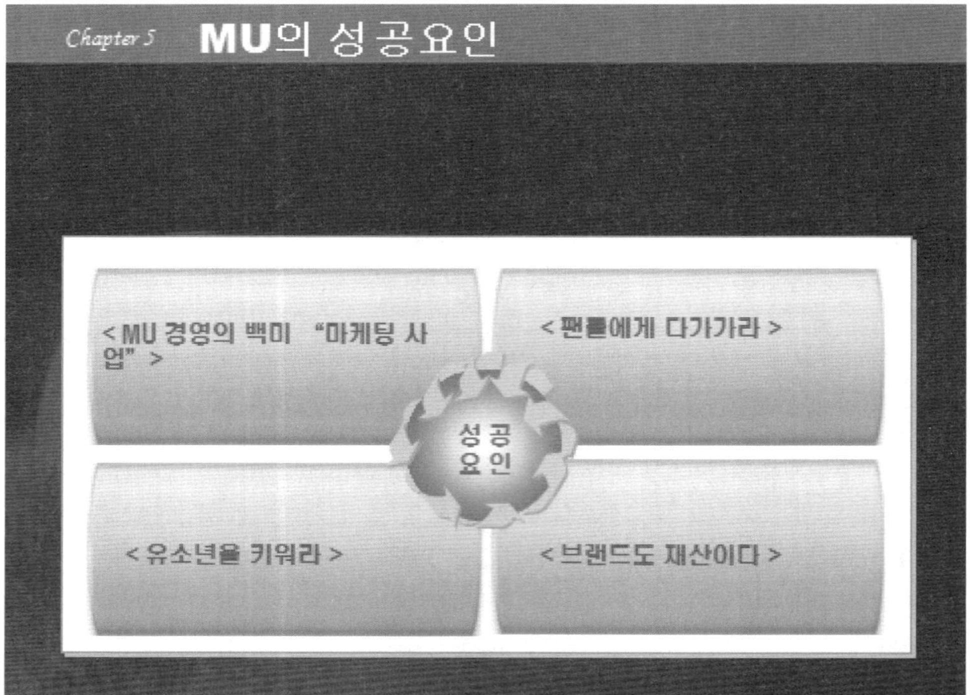
Chapter 5
MU의 성공요인
< MU 경영의 백미 "마케팅 사업" >
< 팬들에게 다가가라 >
성공
요인
< 유소년을 키워라 >
< 브랜드도 재산이다 >

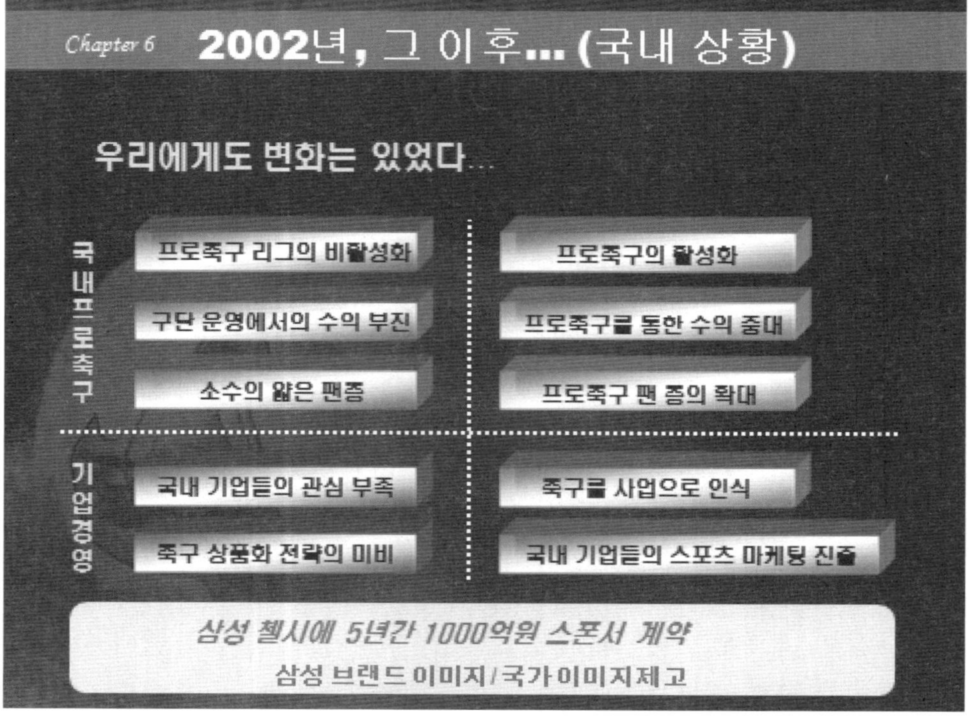
Chapter 6
2002년, 그 이후... (국내 상황)
우리에게도 변화는 있었다...
국내프로축구
프로축구 리그의 비활성화
구단 운영에서의 수익 부진
소수의 얇은 팬층
프로축구의 활성화
프로축구를 통한 수익 증대
프로축구 팬 층의 확대
기업경영
국내 기업들의 관심 부족
축구 상품화 전략의 미비
축구를 사업으로 인식
국내 기업들의 스포츠 마케팅 진출
삼성 첼시에 5년간 1000억원 스폰서 계약
삼성 브랜드 이미지/국가 이미지제고

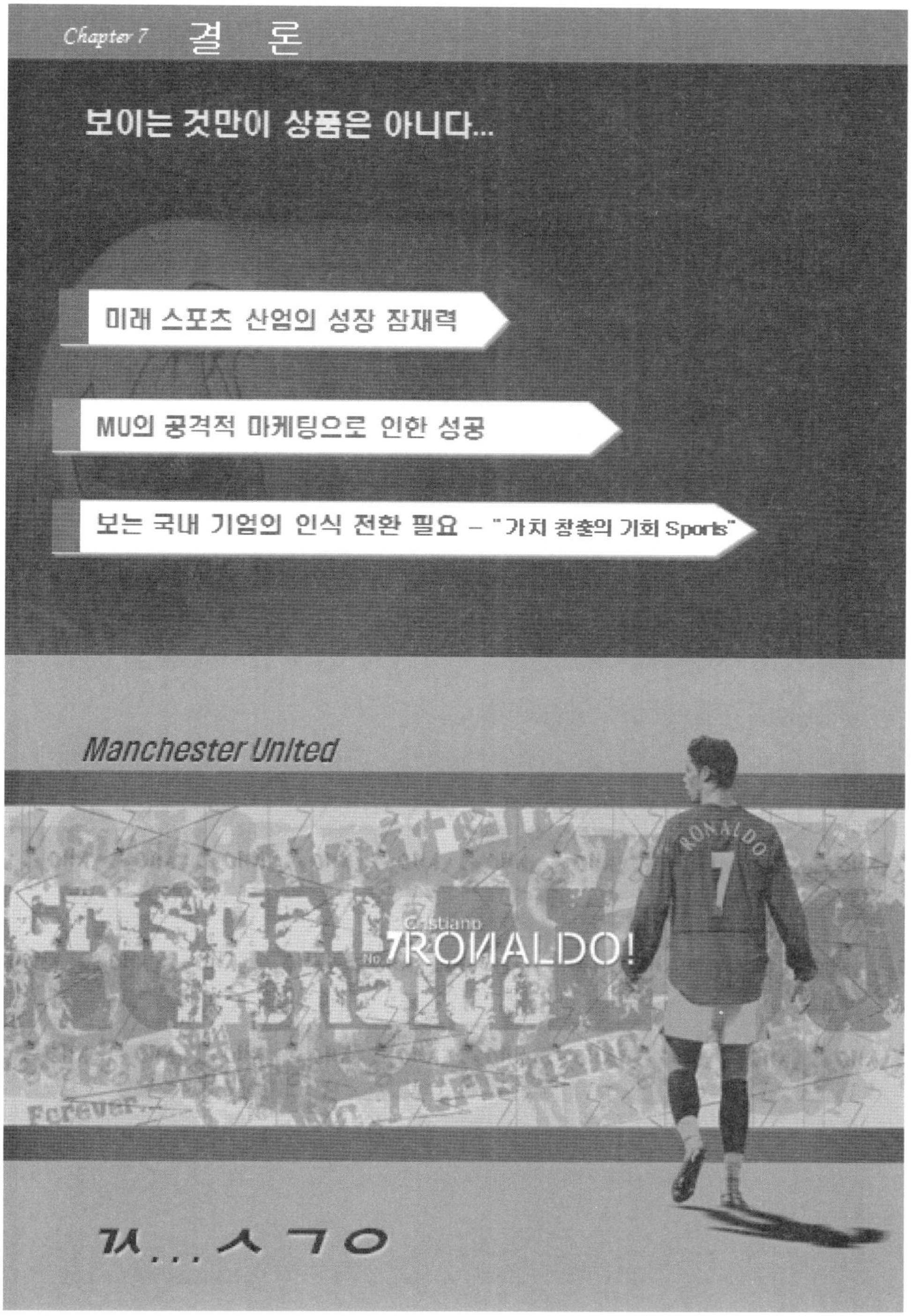
Chapter 7 결 론
보이는 것만이 상품은 아니다...
미래 스포츠 산업의 성장 잠재력
MU의 공격적 마케팅으로 인한 성공
보는 국내 기업의 인식 전환 필요 – "가치 창출의 기회 Sports"
Manchester United
RONALDO
7
Cristiano
No.7RONALDO!
Forever..

## 존 우든 감독*의 성공 피라미드

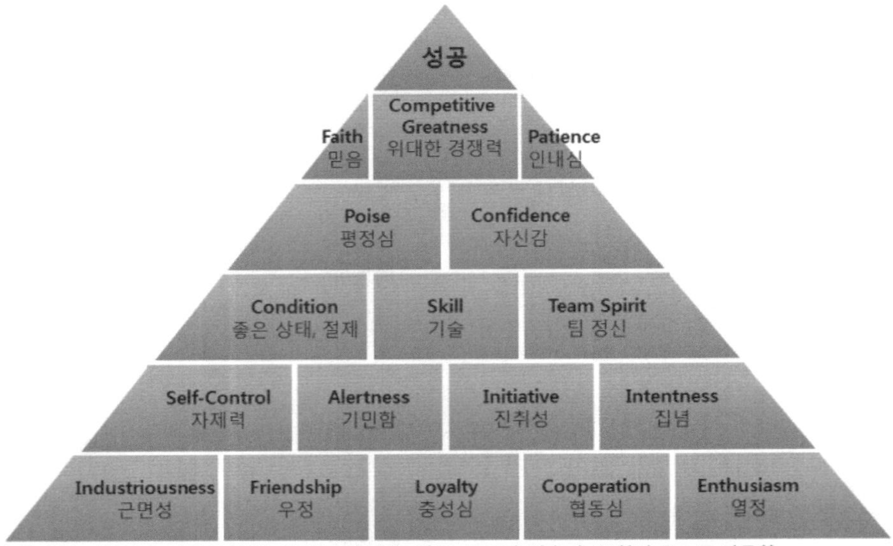


* 존 우든 : UCLA 농구팀의 1948~1975년(27년간) 감독, 1964년 이후 총 10회의 우승을 기록함
* 참조 : DBR (동아 비즈니스 리뷰) / November 2014 Issue 1, No.164 / p.92

1. 자신에게 진실 될 것.
2. 다른 사람에게 도움을 줄 것.
3. 매일 매일 최선을 다해 살 것.
4. 좋은 책들, 특히 성격으로부터 훌륭한 내용을 섭취할 것.
5. 친구와의 우정을 돈독히 할 것.
6. 힘들 때를 대비하여 피난처를 만들어 놓을 것.
7. 매일 매일 올바른 길로 인도해 줄 것을 기도하고, 자신에게 내려진 은총에 감사 할 것.

<존 우드>부드러운 것보다 강한 것은 없다

# ▸▸▸ 참고문헌 ◂◂◂


강준호 외(2013.). 『스포츠 산업의 창조적 발전을 위한 새로운 분류제안-스포츠 시장 가치망을 중심으로-』. e-KIET스포츠 산업정보.

강현민 · 정규수 · 이현섭 · 한남희 · 김지영(2006). 팀 동일시에 따른 프로야구관중 유형 및 구매행동분석, 한국사회체육학회지, 28, 113-124.

강호정 · 이준엽(2005.). 『현대스포츠경영학』, 파주 : 학현사.

김도균(2011.). 『스포츠마케팅』, 서울 : 오래.

김상민(2003). 골프참여동기와 골프연습장 선택이유 및 만족도 분석, 석사학위논문, 제주대학교 대학원.

김상현 · 오상현(2002). 고객가치가 고객만족과 재구매의도에 미치는 영향, 한국산업경영학회,17(1), 65-92.

김소연(2006). 대학생들의 스포츠활동 참여동기, 심리적웰빙 및 행동의도 간의관계분석, 석사학위논문, 제주대학교대학원.

김수경(2004).고객 불평처리 공정성과 고객만족과의 관계 :호텔산업을 중심으로.관광연구, 19(2),147-161.

김용만 · 박세혁 · 전호문(2009.). 『스포츠 마케팅 3판』. 파주 : 학현사.

김용만(2004). 스포츠마케팅커뮤니케이션, 서울, 학현사

김용만(2004). 프로스포츠 팀 속성과 팀 동일시, 기업동일시 및 기업이미지의 관계 : sponsorship 동일시 모형을 중심으로. 마케팅연구, 19(2),191-120.

김용만 · 박세혁 · 전호문(2000). 스포츠마케팅. 서울, 학현사.

김용만 · 이준원 · 김은정(2006). 스타플레이어의 속성이 관중의 구단에 대한 동일시, 몰입 및 충성도에 미치는 영향. 체육과학연구. 2006. 17(1),83-94.

김원형(2002). 조직동일시와 조직몰입의 선행변수와 결과 변수 간의 인파관계모형, 한국심리학회지, 15(2), 83-121.

김이영(2004). 라이프스타일에 따른 스포츠이벤트 참여동기와 참여만족도, 석사학위논문, 전북대학교대학원.

김정만 · 전찬수(2009.). 『생생한 현장사례와 함께 배우는 스포츠 마케팅』. 서울 : 대한미디어.

김정승(2003).호텔 고객과 종업원의 상호작용이 관계마케팅의 성과에 미치는 영향관광 · 레저연구,14(3),105-122.

김주영(2005). 스포츠센터의 관계마케팅 실행요인이 고객충성도에 미치는 영향. 미간행 석사학위논문, 이화여자대학교 대학원.

김주영 · 김정규(2002). B2C 환경에서 신뢰가 e-Loyalty에 미치는 영향에 관한 연구 :인터넷 서적 시장을 중심으로, 한국경영정보학회. 추계학술발표대회, 107-130.

김창호(2000). 스포츠마케팅에 Ethnography 연구방법의적용, 마케팅과학연구, 6, 114-130.

김철한(2003). 관계마케팅 실행요인이 고객 애호도에 미치는 영향에 관한 연구 미간행 박사학위 논문. 국민대학교 대학원.

김태형(2002). 동계 리조트이용자의 참여동기와 만족도, 석사학위논문, 한국교원대학교대학원.

김한주 · 옥정원(2004). 프로스포츠관람 동기가 스포츠 소비자의 심리적 애착과 스폰서십효과에 미치는 영향, 한국광고홍보학보, 6(4), 50-86.

김해룡 · 이문규 · 김나민(2005). 브랜드애착의 결정변수와 결과변수, 소비자학연구, 16(3), 45-65.

문화체육관광부(2013.). 『2013 스포츠 산업 실태조사』.

문화체육관광부(2014.). 『2013 체육백서』.

문화체육관광부(2014.). 『2014 산업백서』

박봉규(2005). 호텔기업의 상황요인이 CRM 성과에 미치는 영향. 부산지역특급호텔 중심으로. 호텔경영학연구,14(4).117-136

박상윤 · 장경로(2005). 스포츠 팬 일체성에 따른 스폰서십효과 및 구매의도에 관한 연구, 한국체육학회지, 44(5), 611-620.

박세혁 · 전호문 · 김용만 공저(2004년), 『스포츠마케팅-2판』, 학현사.

박지려(2012). 스포츠 마케팅을 통한 브랜드 이미지 전략에 관한 연구. 성균관대학교대학원.

박지영(2006). 호텔 기업의 관계마케팅활동과 성과의 구조적 관계 연구. 미간행

서동효(2001). 집단에 대한 애착 및 문화적 가치관과 심리적 적응의 관계연구, 박사학위논문, 고려대학교대학원.

석영근(2007). 스포츠센터 관계마케팅 실행요인이 관계품질 구매행동에 미치는 영향. 미간행 석사학위논문. 대구. 카톨릭 대학교 대학원.

성은희(2005). 이벤트 스폰서십 추구편익에 관한 연구, 한국사회체육학회지, 28, 113-124.

양진영 · 장진 · 장경로(2009). 상업스포츠 시설의 관계마케팅이 고객만족관계. 몰입, 재 구매의도에 미치는 영향관계. 한국사회체육학회지, 제35호, 159-169.

오지민(2005). 관계마케팅 실행요인이 관계품질과 고객충성도에 미치는 영향에 관한 연구 미간행 석사학위논문. 영남대학교 대학원.

오현환 · 노동연(2004). 스포츠센터 관계마케팅 실행요인이 고객신뢰 및 고객몰입에 미치는 영향. 한국학회지,44(2),443-451.

윤태호 · 오일영 · 손석정 · 채재성(2011.). 『스포츠 시설경영』. 서울 : 대한미디어.

이병기 · 김주호(2014.). 『스포츠 마케팅플러스』. 서울 : 대경북스.

이정학(2012.). 『스포츠 마케팅』. 서울 : 한국학술정보(주).

이종호 · 윤일기(2006). 기업의 스포츠스폰서십 참여에 따른 기업 이미지 태도와 제품구매의도에

관한 연구, 한국스포츠리서치, 17(1), 89-100.

이종호 · 김태순 · 옥정원(2005). 프로스포츠 관람동기가 팀동일시, 관람의도 및 브랜드태도에 미치는 영향, 마케팅연구, 15(2), 99-117.

이창기(2003). 생활체육참여자의 참여동기가 직무만족도 및 생활만족도에 미치는 영향, 석사학위논문, 제주대학교대학원.

임기태 · 김종우 · 박상윤 · 전찬수(2015.). 『스포츠경영관리사 필기+실기』.

장진 · 장경로(2003). 스포츠팬의 일체성에 따른 경기장 시설/환경에 대한인식, 한국체육학회지, 42(2), 281-290.

조호석(2004). 라켓볼참가자의참여특성과참여동기와의관계, 석사학위논문, 울산대학교대학원.

체육과학연구원(2010.). 『스포츠 산업실태 및 경제적 효과분석 연구』.

통계청(2014.). 『한국표준산업분류』.

한국스포츠 산업 · 경영학회(2005.). 『스포츠경영관리총서』. 서울 : 비앤앰북스.

한국스포츠개발원(2013.). 『2013년 스포츠 산업 실태조사』.

Aaker, F. S., & Brasel, S. A. (2004). When good brands do bad, *Journal of Consumer Research*, 31(2), 1-16.

Bitner, M. J., Brown, S. W., & Meuter, M. L. (2000). Technology infusion in service encounters, *Journal of Academy of Marketing Science*, 28(1), 138-149.

Cialdini, R. B. (2001). *Influence : Science and Practice,* 4th ed., Boston : commitment professional, consumer services. International *dissertation*, The Ohio State University, Columbus.

Fried, G.(2005.). Managing sport facilities. 김애랑 외 옮김(2008.). 『스포츠 시설경영론』. 서울 : 대한미디어.

Swanson, S. (2003). A Model of fan identification : identification : a field study of winners and losers, *Journal of psychology & Marketing*, 15(1), 23-40.

James, J. D., Kolbe, R. H., & Trail, G. T. (2002). Psychological connection to a new sport team : Building or maintaining the consumer base? *Sports Marketing Quarterly*, 11(4), 215-225.

Madrigal, R. (2001). Social Identity Effects in a Belief-Attitude-Intentions Hierarchy : Implications for Corporate Sponsorship, *Psychology and Marketing*, 18(2), 145-165.

Matsuoka, H. (2001). Multidimensionality of fans' psychological commitment to sport team : Development of a scale, *Unpublished doctoral*

Pons, F., Mourali, M., & Nyeck, S. (2006). Consumer Orientation Professional Sport, *Journal of Sport Management*, 16(1), 54-81.

Trail, T. J., & James, J. (2001). An Analysis of the Sport Fan Motivation Scale, *Journal of Sport Behavior*, 12(1), 8-17.

## 저/자/소/개

■ 이광욱(李光旭) kwang-Uk Lee

- 세종대학교 Health Promotion and Wellness Management 이학 박사
- Dankook Univ. Post-Doc
- 現 인천직업전문학교 국가기간전략산업 스포츠마케팅과정 교수
-     스포츠경영관리사 자격취득
- 前 인천대학교(전 시립인천전문대학) 겸임교수
- 前 세종대학교 국민건강증진연구소 선임연구원
- 前 경희대 대학원, 단국대 대학원, 대구한의대, 인천경인교대 외래교수
- 前 한국연구재단 인문사회. 책임연구원.
- 前 한국연구재단 기초연구지원 인문사회. 공동연구원.
- 前 한국학술진흥재단 Post-Doc 책임연구원.
- 前 한국학술진흥재단 보호학문 책임연구원.

Homepage : http://cafe.daum.net/somatic

e-mail : kwlee680223@hanmail.net



NCS 국가기간전략산업

**스포츠마케팅**

1판 1쇄 인쇄 — 2017년 11월 27일

1판 1쇄 발행 — 2017년 12월 1일

저 자 - 이 광 욱

발 행 인 - 강 철 원

발 행 처 - 양 성 원

주 소 - 경기도 파주시 검산로 173번길 29-20

전 화 - 031-946-3861(代)

팩 스 - 031-946-3864

이 메 일 - tnwpub@naver.com

홈페이지 - tnwpub.co.kr

출판등록 - 2015년 8월 31일 제 2015-000211 호

ISBN 979-11-6126-074-7

정가 33,000원